Irene Franken

Köln
Der Frauen-Stadtführer

Mitarbeit
Inka Schneider

Kiepenheuer & Witsch

Umschlaggestaltung: Jan Ü. Krauthäuser, Köln
Karten: Ernst Butschan, Hachenburg
Satz und Layout: Prima Print, Köln
Druck und Bindearbeiten: Clausen und Bosse, Leck
ISBN 3-462-02415-9

Vorwort

Ein Stadtführer mit einem Rundgang durch Köln ist
eigentlich schon eine Unmöglichkeit: In den Jahren
des Zweiten Weltkriegs wurden 80-90 Prozent der
Innenstadt zerstört – die Spuren der historischen
Stadtbevölkerung sind im Stadtkern kaum auszumachen, und manche Straßenzüge finden wir nur
noch auf alten Karten.

Erst recht dürfte ein Stadtführer zur Frauengeschichte Probleme bereiten: Wie die langjährige
Arbeit des Kölner Frauengeschichtsvereins, dessen einstige Initiatorin die Verfasserin ist, verdeutlicht hat, ist es fast unmöglich, auf materielle Zeugnisse aus der 2000jährigen Geschichte der Kölnerinnen hinzuweisen. Seien es Frauenklöster, ehemaliger Hausbesitz von Frauen, Arbeitsstätten der
Zunftmeisterinnen, Versammlungsräume oder etwa die antialkoholischen Gaststätten der 20er
Jahre ... mittelalterliche oder auch frühneuzeitliche
Gebäude sind in Köln kaum zu finden.

Dabei war Köln sowohl bezüglich des geistlichen Lebens als auch bezüglich der Zunftarbeit ein
wichtiges Zentrum. Hier wurden unzählige Klöster,
Frauenstifte, Beginenkonvente, Klausen oder De-
votessenhäuser gegründet, in denen gebetet,
gesungen, gemalt, gebildet, gelesen und nicht
zuletzt gearbeitet wurde. Auch finden sich nirgends
im spätmittelalterlichen Deutschland so viele qualifizierte Arbeitsmöglichkeiten für Frauen wie in Köln.

Frau Franken wagt das Unterfangen. Und das
Kennenlernen der herausragenden Frauengestal-
ten (Heilige, Herrscherinnen, politisch bewußte
Zeitgenossinnen) lohnt sich ebenso wie die Wahr-
nehmung der sogenannten »kleinen Frau auf der
Straße«.

Im 19. Jh. finden sich erste »Frauenbünde«. Die
Kölner Frauenbewegung begann im Vergleich zum
Berliner oder Hamburger Aufbruch verspätet
(1895), auch wurde der Ton nie besonders scharf,
doch setzten Kölnerinnen wie Mathilde von Mevissen etwa im Bereich der gymnasialen Mädchenbildung durchaus reichsweit beachtete Akzente. Der
konfessionellen Verteilung der Stadtbevölkerung
entsprechend, dominieren die Katholikinnen bei
den Vereinsgründungen zahlenmäßig, nicht jedoch
bezüglich der Aktionen und Debatten, die auf eine
Demokratisierung, etwa durch Erlangung des Frau-
enwahlrechts, hinzielten. In Köln hatte bisher – wie
in anderen Städten auch – seit dem Beginn des 19.
Jh.s die unbezahlte Wohltätigkeitsarbeit von Frau-

en Leerstellen der städtischen Sozialpolitik gefüllt, wie wir es aus heutigen Krisen kennen. Als »Belohnung« erschlossen sich die Aktivistinnen neue Berufsbilder mit qualifizierten Ausbildungen. Die »alte« Frauenbewegung reicht in die Gegenwart hinein, wenn wir erfahren, daß heute noch bestehende Institutionen ihre Existenz oft Gründungen von Frauen verdanken.

In jeder Stadtgeschichte gibt es auch »Täterinnen«, und so erscheinen z.B. die Vertreterinnen einer harten Kolonialpolitik, des Nationalismus und Chauvinismus wie Mitwirkende an der Auflösung bzw. Gleichschaltung der Kölner Frauenvereine im Jahr 1933.

Nach der Lektüre wissen wir: Es gibt für Frauen keine lineare Entwicklung aus der Unmündigkeit hin zur politischen Mitsprache, von der Hausfrau zur selbständigen Produzentin, sondern ein Auf- und Abbewegen je nach wirtschaftlicher Lage und Machtabsicherungsgelüsten. An vielen Orten stehen sich Männer und Frauen mit unterschiedlichen Interessen gegenüber. In diesem Zusammenhang werden die auch in Köln über Jahrhunderte etablierten Männerbünde thematisiert: der Rat, der Klerus, militärisches Wachpersonal, die Universität, die Ärzteschaft und auch die Zünftevertreter. Die Herausdrängung aus den qualifizierten Arbeitsplätzen des Spätmittelalters ging einher mit einer neuen gesellschaftlichen Platzzuweisung.

Ein Stadtführer über die Geschichte von Frauen in Köln ist auch ein Buch über das historische und daher veränderbare Verhältnis von Privatheit und Öffentlichkeit: Wir sehen, daß der Ausschluß von Frauen nie so strikt durchgeführt werden konnte, wie von gelehrten Ideologen geplant. Das kulturelle Motto »Die Frau ins Haus« gilt zwar seit Jahrtausenden, aber zugleich finden wir aus den verschiedensten Anlässen Grenzüberschreitungen, Frauen als reisende Pilgerin wie als Kauffrau, als einkaufende Bürgersfrau wie als Besucherin des Brauhauses, als Marktfrau wie Käuferin, als Straßendirne oder als Philanthropin (Hauspflegeverein). Auch die Frauen, die sich freiwillig oder gezwungen in einen umgrenzten Bereich zurückgezogen haben, seien es Kloster, Konvent oder Stift, leben nicht so abgeschlossen wie vermutet. Zum Erwerb des Lebensunterhalts blieben weltlichen Frauen allerdings nur die nicht zunftmäßig reglementierten Berufszweige wie Wirtin, Hökerin, Textilarbeiterin, vielleicht auch Schmugglerin übrig; erst im 19. bzw. 20. Jh. kamen neue Arbeitsbereiche wie etwa die professionelle Krankenpflege, Kindererziehung oder Sozialarbeit (wieder) hinzu. Unterschichtsfrauen wie Arbeiterinnen, Bettlerinnen oder auch Dienstmädchen durften sich freier bewegen als Ober- und Mittelschichtsfrauen, deren Ehrbarkeit vom gesellschaftlichen Schein abhing. Die Grenzen zwischen »privat« und »öffentlich« sind fließend, werden je nach Situation und Stand definiert. Hilfreich hier die Bilder, um historisches (Straßen-) Leben sichtbar zu machen.

All diese Themen waren einmal mit Schauplätzen verbunden. In diesem Band wurde nur ein kleiner Stadtbereich ausgewählt, um wichtige Lebenszusammenhänge der Kölnerin zu konkretisieren. (Andere Stadtteile werden sicher noch mit überraschenden Themen aufwarten ...) Es war notwendig, aber auch erhellend, des öfteren auf ein Bild aus Kölner Archiven zu verweisen, um den beschriebenen Inhalt in einen nicht mehr sichtbaren Kontext einzubinden.

Die Bildauswahl zeigt eine Fülle bisher unbekannter Kölner Lebenswelt. Abgedruckte Quellen belegen gleichfalls die Vielfältigkeit bisheriger Aktivitäten von Frauen und erleichtern oft den direkten Zugang zum Thema, führen mitten in die Geschichte.

Gefragt ist die eigene Phantasie über die Beschreibung, über Bild- und Textquellen hinaus: Hier findet kein Spaziergang zu den touristisch anerkannten Glanzpunkten statt, sondern es wird ein touristisch zentraler Stadtbereich neu aufgeschlossen mit bisher meist nicht bekannten Informationen. Und es scheint auf: In jeder Straße, in jedem Stadtteil hat es einen Beitrag von Frauen zur Stadtgeschichte gegeben. Beim Nachvollziehen eignen wir uns ein Stück »unserer« Frauengeschichte an, erfahren von interessanten Frauen, von für uns geführten Kämpfen, von lesenswerten literarischen Erzeugnissen von Vorgängerinnen. Vielleicht kann diese Geschichte mancher Zeitgenossin, die sich angesichts zunehmender Gewalt in ihre Wohnung zurückzieht, ein Stück dazu verhelfen, die Straße, das Viertel als ihren eigenen Ort zu begreifen und sich wieder offensiver, stolzer zu bewegen angesichts der Vielfältigkeit und des gelebten Reichtums dieser Vorgängerinnen.

Renate Canisius

Wir beginnen unseren Rundgang am **Kölner Hauptbahnhof**, einem von überall her gut erreichbaren Ort. Da im folgenden wiederholt einzelne Themen ausführlicher behandelt werden, empfehlen wir zum bequemen Lesen öfters Sitzmöglichkeiten. Dazu ist hier z.B. der Warteraum bei Gleis 7 geeignet. Wenn Sie mehr von der früheren Atmosphäre des Ortes einfangen wollen: Der alte Wartesaal 3. Klasse von 1910 existiert noch; am Sonntagmorgen steht dort z.B. ein reichhaltiges Frühstücksbüffet zur Auswahl.

Hier fand sich um 1905 der folgende Aufruf angeschlagen: »Dringende Warnung und wohlgemeinter Rat an alleinreisende junge Mädchen (...). Hütet euch bei der Ankunft am Bahnhofe, sowie auch auf der Fahrt vor fremden Menschen, Männern oder Frauen, auch wenn sie noch so freundlich scheinen, die euch eine Dienststelle oder ein Nachtquartier besorgen wollen! Laßt euch nicht ins Gespräch mit solchen Leuten ein, auch wenn sie euch noch so Angenehmes sagen und versprechen! Denn ihr müßt wissen, daß es schlechte Menschen gibt, Männer sowohl als Frauen, die sich heimlich ein Geschäft daraus machen, junge unerfahrene Mädchen durch falsche Vorspiegelungen in verrufene Häuser zu verschleppen, wo sie dann gegen ihren Willen festgehalten werden und um Ehre und Freiheit gebracht werden.«[1]

Der Kölner Bahnhof, 1857 auf dem Gelände eines alten botanischen Gartens erbaut, wurde von den ZeitgenossInnen als unüberschaubarer öffentlicher Ort wahrgenommen, von dem eine Gefahr für

Der Ausgangspunkt des Frauenstadtrundgangs: der Hauptbahnhof Köln, seit der zweiten Hälfte des 19. Jh.s Ankunftsort für Reisende und Zuwanderer/Innen.
Hier eine Straßenszene von 1920 mit Priesterseminar anstelle der heutigen Bank.

Ch. Bernhoeft, Kunstinstitut, Luxemburg 1905.   Verlag: Lichtbert-Grossmann & C°, Cöln.

W<small>ARTESAAL</small>-G<small>EBÄUDE DES</small> H<small>AUPTBAHNHOFES</small>.

Nach dem Umbau von 1909 bot der Bahnhof spezielle Warteräume für alleinreisende Frauen und Arbeitsräume für Damen des Mädchenschutzes.

Frauen und besonders für Mädchen ausging. Sowohl auf der Reise selbst als auch bei einem Aufenthalt in der fremden Stadt waren weibliche Reisende dem Zugriff von Zuhältern ausgesetzt, die Minderjährige und Ortsfremde an den Bahnsteigen abpaßten und in Bordelle in Köln, im nahegelegenen Ausland (Holland, Belgien) oder auch in andere deutsche Landesteile verschleppten.[2]

Daß der Mädchenhandel gerade im katholischen Köln ein aktuelles Thema war, zeigen Veröffentlichungen der Jahrhundertwende.[3] Die 5. Nationalkonferenz zur Bekämpfung des Mädchenhandels stellte z.B. 1905 in Düsseldorf fest: »Der Schub der Mädchen ging (…) durch das mittlere und westliche Deutschland ins Rheinland, das Hauptgebiet der Bordelle und des Mädchenhandels.«[4] Die Zuhälter gingen damals genauso vor, wie es heute noch beschrieben werden könnte: Ansprechen, Werben mit verlockenden Angeboten, Unterbringung auf Kosten des Werbers, Erzeugung finanzieller Abhängigkeit, Verschleppen an einen fremden Ort.[5]

Um diesen sittlichen, körperlichen und natürlich auch psychischen Gefahren zu begegnen sowie als Antwort auf die zunehmende Mobilität der weiblichen Bevölkerung[6] bildeten sich Ende des 19. Jh.s verschiedene Vereine, die sich um die »einwandernde weibliche Jugend« kümmerten; sie nannten sich »Mädchenschutzvereine«.

Diese Frühform der Sozialarbeit wandte sich – nach Konfessionen getrennt – an alleinreisende

Mädchen, insbesondere Dienstmädchen, die die größte Gruppe der »Arbeitsmigrantinnen«[7] der Jahrhundertwende ausmachten.

Bis dahin waren Mädchen wesentlich stärker als Jungen in den Familienzusammenhang integriert

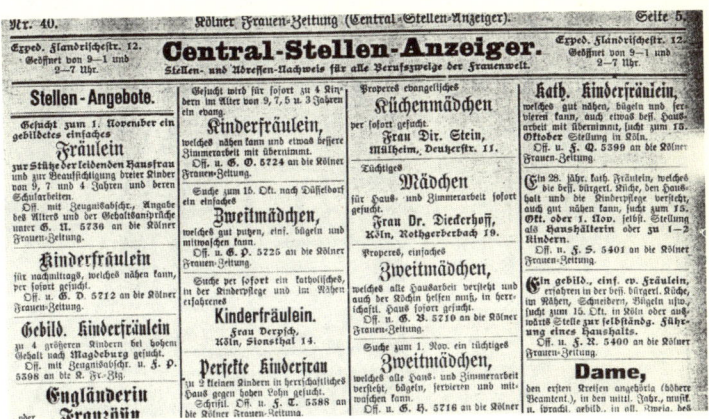

gewesen, nun, mit wachsender Armut, bewarben sich auch bäuerliche und bürgerliche Mädchen aus kleinstädtischem Milieu auf Stellen in anderen Städten und sogar im Ausland; viele waren erst 14, 15 Jahre alt und erlebten erstmals die Situation, allein außer Haus zu sein.

Der Begriff »Mädchen« sollte in diesem Zusammenhang übrigens nicht zu eng aufgefaßt werden: Unverheiratete wurden zum Teil bis zu ihrem Tod nicht als »Frauen« betrachtet, sondern waren und blieben »Jungfrauen« – und potentielle Fälle für Betreuung. Zugleich stellte der Begriff auch eine Berufsbezeichnung dar, war ein Synonym für eine Haushalts- bzw. Hilfskraft.[8] In Anzeigen der kölnischen Lokalzeitung »Stadt-Anzeiger« oder auch in der »Kölner Frauenzeitung« wurden um die Jahrhundertwende z.B. Küchenmädchen, Kindermädchen, erfahrene Zweitmädchen, gesetzte Mädchen, brave Mädchen zum Waschen und Putzen, anständige Mädchen etc. gesucht.

Die Mitarbeiterinnen der erwähnten konfessionellen Frauenvereine wollten ein »Absinken« der Mädchen verhindern und setzten im Bahnhof die Einrichtung eigener Frauenwartesäle durch (die nach einigen Jahren sogar mit Kiosk und Telefon ausgestattet wurden).[9] Auf einem Grundriß, der den Zustand des Bahnhofs nach dem Umbau von 1909-15 zeigt, sind sowohl diese »Frauenräume« als auch ein Beratungsraum für den sogenannten »Mädchenschutz« eingezeichnet.[10]

Tüchtig, proper, gebildet, einfach, von der richtigen Konfession: Hier wird das perfekte Dienstmädchen gesucht – Stellenangebote für »Mädchen« aus der Kölner Frauenzeitung zu Beginn des 20. Jh.s.

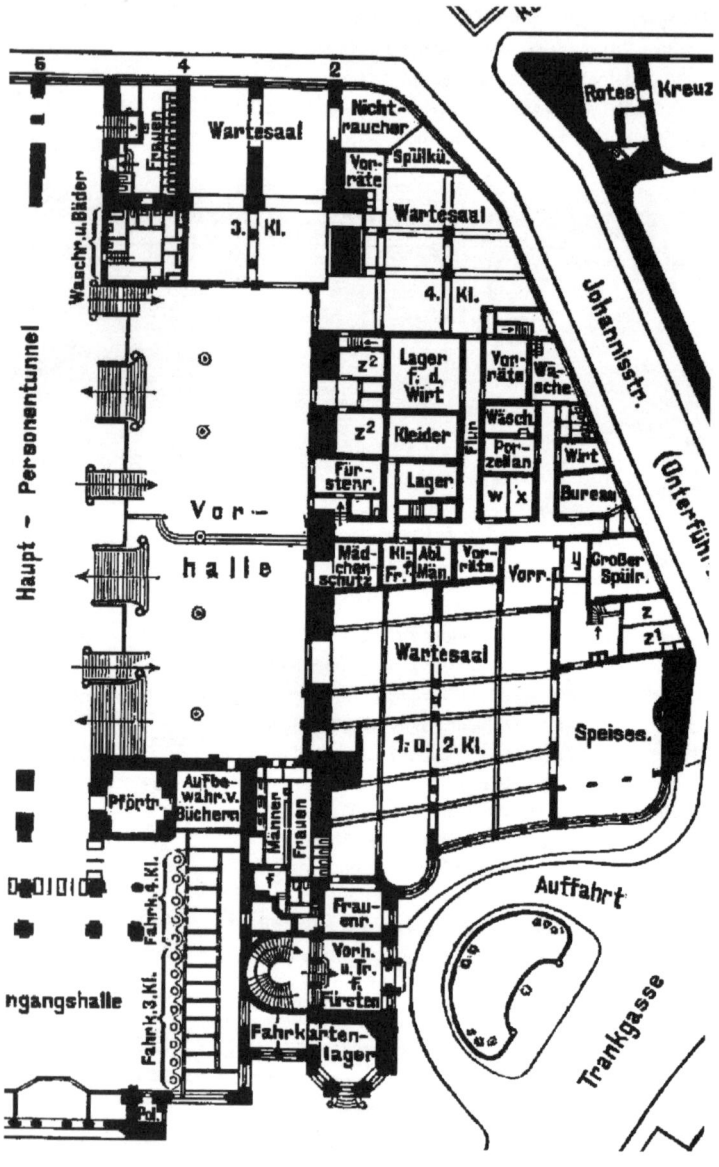

Das Innere des einstmals größten Bahnhofs des europäischen Festlands war ebenso grandios wie einschüchternd. Wartesäle waren nach Schichten und Geschlechtern unterteilt.

Daneben versahen »Schutzdamen« der Vereine einen Präsenzdienst auf den Bahnsteigen, sprachen dort die weiblichen »Wandernden« an und versuchten, sie gegebenenfalls an andere christliche Institutionen weiterzuvermitteln. Zu diesem Zweck unterhielten die drei großen Glaubensgemeinschaften Heime in Köln. In einem zeitgenössischen Handbuch heißt es, im Kölner Bahnhof sei der sogenannte Missionsdienst »von morgens 10 bis abends 9 Uhr von 52 Damen, die sich alle zwei Stunden abwechselten«, geleistet worden.[11]

Wie auf vielen Arbeitsgebieten gab es in Köln mindestens drei Ausprägungen ein und derselben Organisation, was die SoziologInnen mit dem Begriff der »Versäulung« bezeichnen, der u.a. bedeutet, daß sich in der Gesellschaft des 19. und beginnenden 20. Jh.s jede Konfession bzw. weltanschauliche Ausrichtung ihre eigenen Hilfsvereine, Netzwerke und Unterstützungsheime schuf.[12] »Konfessionelles Gruppenbewußtsein war dabei Grundlage, Ziel und Resultat der evangelischen, katholischen und jüdischen Vereinsgründungen.«[13] Dabei entwickelte sich »ein regelrechtes Konkurrenzverhalten der Konfessionsgruppen um möglichst zahlreiche, eindrucksvolle und leistungsfähige Einrichtungen.«[14] Ziel der Arbeit auch der »Schutzdamen« war nicht zuletzt die Herausbildung einer katholischen, protestantischen bzw. jüdischen Frauenpersönlichkeit bei ihren »Klientinnen«.

Im folgenden einige nähere Erläuterungen zu den drei konfessionellen Richtungen der »Mädchenarbeit« und zu den Einrichtungen, die sie im Innenstadtbereich hervorgebracht haben. Wer diesen Teil später vertiefen möchte, kann die Wanderung auf Seite 17 fortsetzen.

Der überwiegende Teil der KölnerInnen war zwar um die Jahrhundertwende katholisch, und karitative katholische Gruppen hatten eindeutig die meisten Mitarbeiterinnen. Dennoch waren es protestantische Frauen, die die Idee des Mädchenschutzes im Bahnhof entwickelt haben.

Der Ursprung der bis heute existierenden Bahnhofsmission: Schutz für alleinreisende Mädchen und junge Frauen.

1. **Verein für evangelische Bahnhofsmission.**

Abzeichen: weiße Armbinde mit rosa Kreuz.

Die Berufsarbeiterin des Vereins, Fräulein Burow, ist tagsüber bei allen ankommenden Zügen am Hauptbahnhof anwesend und sucht alleinreisenden und fremd ankommenden Mädchen Schutz zu bieten, indem sie unentgeltlich gewissenhaften Rat und Auskunft erteilt und ihnen zum Verbleib in der Stadt passendes Unterkommen in Heimen und Hospizen nachweist.

Als die evangelischen Frauen diese Ankündigung 1905 im Adreßbuch des Frauenrechtsschutzes[15] plazieren konnten, hatte ihre karitative Arbeit bereits eine längere Geschichte. Seit 1864 bestand Im Ferkulum 29 ein sogenanntes Aufnahmehaus: die »Mägdeherberge Marthastift«. Die Einrichtung war auf Initiative zweier Gemeindemitglieder, vermutlich Mitarbeiterinnen des Evangelischen Frauenvereins, errichtet worden,[16] um jüngere Mädchen aus Kölner Heimen gegen ein geringes Entgelt zu Dienstmägden auszubilden und Auswärtige »ohne Unterschied der Confession« aufzunehmen, wenn diese vorübergehend unbeschäftigt waren.[17] Hier konnten sie lernen, wie richtig gebügelt, genäht, gewaschen wird.

1903 wurde der Verein »Evangelische Bahnhofsmission Köln« gegründet. Die heute noch aktive Institution der Bahnhofsmission ist – wie kaum jemand weiß – in den meisten Städten von Frauen gegründet worden.

Auch der katholische Mädchenschutz, um 1900 als Teil eines Geflechts umfassender Fürsorge für Frauen und speziell Mädchen begründet, wollte »ortsfremden, alleinreisenden Frauen und Mädchen Seelsorge und Schutz gewähren«.[18] »Die Missionsdamen sind kenntlich an weißgelben Schleifen, die auf der linken Schulter befestigt sind«, vermerkt der »Wegweiser durch die Wohlfahrtseinrichtungen der Erzdiözese« über die katholischen Schutzdamen.[19] Auch sie gründeten Heime, Dienstbotenanstalten, Stellen- und Wohnungsvermittlungen, richteten Lehrkurse ein und übernahmen die Fürsorge für zugereiste Mädchen.[20] Plakate in den Zügen und auf Bahnhöfen informierten über ihre Hilfsangebote, und im ersten Jahr des Bestehens der Kölner Bahnhofsmission konnte in 2000 Fällen Rat und Hilfe an Reisende vermittelt werden.

Auch bei den Katholikinnen mündete die Mädchenschutzarbeit in Köln langfristig in die Gründung einer Bahnhofsmission. Frau »Justizrat Carl Trimborn« – hinter diesem eher männlich formulierten Namen verbirgt sich Jeanne Trimborn (1826-1919) –, Mitbegründerin des reichsweiten »Katholischen Deutschen Frauenbundes« und Verantwortliche im »Verband Katholischer Kaufmannsgehilfinnen«[21], initiierte die Kölner (und westdeutsche) Mädchenschutzarbeit in sogenannten »Marianischen Mädchenschutzvereinen«. »Marianisch« hießen diese Vereine, weil sie sich die Mutter Jesu zur Schutzmatrone gewählt hatten, passenderweise die »Gottesmutter vom guten Rat«.[22] Die Kölnerinnen galten nach zeitgenössischen Einschätzungen als besonders aktiv.[23] Aktiv war vor allem Frau »Sanitätsrat« Emilie Hopmann (1845-1926), die ab 1901 die Präsidentschaft des Kölner Ortsvereins innehatte.

Förderung erfuhr der Mädchenschutz in der Zeit
nach 1923 besonders durch die Kölnerin und spätere Kultusministerin Nordrhein-Westfalens Christine Teusch (1888-1968), die in der Weimarer Zeit
erste Vorsitzende des überregionalen katholischen
Mädchenschutzverbandes geworden war und ihn
viele Jahre auf nationaler Ebene führte, bis er in den
60er Jahren in den »Verein für Mädchensozialar-
beit« überging.[24]

Zur Verhinderung von
Mädchenhandel wurden
alleinreisende Mädchen am
Zielbahnhof angekündigt,
von Mädchenschutz-
Betreuerinnen in Empfang
genommen und weitergelei-
tet.

Wie so oft in der Geschichtsschreibung ist anders
als über die evangelische und die katholische Einrichtung über die entsprechende jüdische Institution noch nicht viel bekannt. Wir wissen zwar, daß
der »Jüdische Frauenbund« reichsweit die »Liebes-

tätigkeit« für die weibliche Bevölkerungsgruppe übernommen hatte – für Köln ist die Tätigkeit dieses der Frauenbewegung nahestehenden Bundes zur Zeit der Jahrhundertwende jedoch nicht belegt. Es gab allerdings den rein karitativ tätigen »Israelitischen Frauenverein« unter Vorsitz von Ida Auerbach, der sicher auch im Mädchenschutz aktiv war.

Auch die jüdische Gemeinde hatte »ihre« Bahnhofsmission gegründet, sie jedoch »Bahnhofshilfe« genannt, weil das Judentum mit dem christlichen Missionsgedanken nicht konform geht.[25] Die jüdischen Schutzdamen trugen einen gelben Davidstern auf ihrer Armbinde, auf der der Schriftzug »Hilfe von Frauen für Frauen« eingestickt war.[26] Ihr Mädchenheim lag in der Nähe der Synagoge in der Lochnerstraße.

Für alle drei konfessionellen Vereinigungen bedeutete Mädchenschutzarbeit vorbeugenden Einsatz: Kontakt mit »kriminellen Elementen«, Absinken in die Prostitution und Mädchenhandel sollten verhindert werden. Die offene Diskussion politischer Fragen, die hinter diesen gesellschaftlichen Phänomenen standen, war in Preußen für Frauen strafbar aufgrund des bis 1908 geltenden Verbotes, in Vereinen tätig zu sein, die politische Themen besprachen, und nur wenige Frauen wagten es, das Gesetz zu ignorieren. Aber gesellschaftspolitische Analysen waren auch nicht unbedingt das Anliegen der »Schutzdamen«.

Weibliche Dienstboten garantierten noch bis ins 20. Jh. das Funktionieren vieler bürgerlicher Haushalte. »Der weibliche Dienstbotenstand ist von der größten Bedeutung für das Glück und den Wohlstand der Familien, für die Erziehung der seiner Wartung anvertrauten Kinder«, formulierten z.B. die Kölner Gründerinnen des Marthastiftes. Da im Bürgertum über die Dienstboten jedoch »allenthalben laute Klagen« vernehmlich wurden, das »herzliche theilnehmende Verhältniß zwischen Herrschaften und Dienstboten« geschwunden war, sollte die Einrichtung einer solchen Herberge auch die Möglichkeit bieten, auf die zukünftigen »Perlen« einzuwirken – und war somit nicht zuletzt auch großbürgerliche Selbsthilfe.[27]

Eine Art Wiederaufleben erfuhr der Mädchenschutzgedanke 1989 durch die Gründung des »Mädchencafé Mäc-Up« für obdachlose Mädchen am Breslauer Platz 2a, eingerichtet durch den »Sozialdienst Katholischer Frauen«. Wie damals in unmittelbarer Bahnhofsnähe gelegen, dient es

Sozialarbeit gegen die Prostitution und »Bahnhofsmission« heute.

Hilfe für Mädchen und Frauen in Not

Das Mädchencafé Mäc-Up am Breslauer Platz 2 a ist Anlaufstelle für minderjährige Mädchen und junge Frauen bis 27 Jahre, die auf der Straße leben. Wer Hilfe sucht, kann das Café über den Hintereingang des Hotels Euro-Plaza an der Johannisstraße aufsuchen oder unter der Telefonnummer 13 35 57 ersten Kontakt aufnehmen. Zudem sprechen Mäc-Up-Mitarbeiterinnen Frauen und Mädchen auch rund um den Bahnhof an. Doch nachdem die Stadtverwaltung nun eine der vier Stellen nicht mehr finanziert, muß das Angebot stark eingeschränkt werden. Nur noch zwei Stunden pro Wochentag kann das Café — meist am frühen Nachmittag — geöffnet bleiben. Montags um 13 Uhr wird dort ein Mittagessen serviert, dienstags um 11 Uhr ein Frühstück. (pl) jungen Ausreißerinnen und wohnungslosen Frauen als erste Anlaufstelle und Schutzort.

*Aus dem Haupteingang des Bahnhofs geht es beim Blumengeschäft heraus und hinauf auf die **Domplatte**. Wo wir heute eine Treppe hinaufsteigen müssen, um das Gefälle zwischen profanem Grund und heiligem Boden zu überbrücken und auf einen der Kölner Hügel zu gelangen, führte früher der Weg über ein enges Gäßchen, das um 1800 kurzfristig auch einmal Hexengäßchen hieß.[28] Nach links schauend sehen wir nur Gleise, darunter führte bis zur Fertigstellung des Bahnhofes die Verlängerung der Trankgasse zum Rhein hinunter.*

Der Wohnort des Mädchens Sibylle Schaaffhausen lag in direkter Domnähe – Blick in die Trankgasse Ende des 19. Jh.s

In der **Trankgasse 23** lebte Anfang des 19. Jh.s eine der interessantesten Frauen dieser Zeit: Sibylle Mertens-Schaaffhausen (1797-1857). Diese vielseitige Frau zeichnete sich durch rationale Klugheit, aber auch durch eine außergewöhnliche Solidarität mit ihren Freundinnen aus. Sibylle Mertens-Schaaffhausen wuchs als Tochter des Bankiers Abraham Schaaffhausen auf. Mütterlicherseits stammte sie aus der Winzerfamilie Giesen, ihre Mutter lernte Sibylle jedoch nie kennen, denn sie starb wenige Tage nach der Geburt der Tochter. Sibylle erlebte ihre Kindheit denn auch mit einem starken Gefühl der Verwaistheit.[29] Schon als Mädchen wurde sie »Privat-Schülerin« bei den Lokalpatrioten Ferdinand Franz Wallraf und Matthias Joseph de Noël und erhielt so eine umfassende Bildung mit den Schwerpunkten Klassik, Geschichte und – Köln. »In jungen Jahren schon hatte (... sie) eine glühende Leidenschaft für die kleinen und oft so kostbaren Denkmäler römischer Kunst gefaßt, welche der Boden Kölns bei Ausschachtungen für Neubauten, Straßenanlagen usw. hergab. (...) Von ihren großen Geldmitteln begünstigt, umgab sie sich mit erlesenen Denk-

Sibylle Mertens-Schaaff-
hausen (1797-1857),
Altertumsforscherin und
großherzige Frauenfreun-
din, gezeichnet von Adele
Schlesinger.

mälern jeder Zeit und jeder Kunst«, bemerkt hierzu
der Kunsthistoriker Otto Helmut Förster.[30] Auf dem
Gebiet der Numismatik galt sie auch unter den
Gelehrten ihrer Zeit als unbestrittene Autorität.[31]

In Köln machte sie sich nach Anregungen durch
ihre beiden Lehrer um den Weiterbau des Domes
verdient, obwohl sie – bedingt durch eine Zwangsehe mit dem Bankier Louis Mertens, den sie auf
Wunsch ihres Vaters mit 19 Jahren heiratete –
bereits in Bonn wohnte. Der Bau war, obschon
bereits 1248 begonnen, jahrhundertelang unvollen-
det geblieben, weil wegen Geldmangels und Inter-
esselosigkeit der StifterInnen die Bautätigkeit um
1560 eingestellt worden war. Um die Weiterführung
nach dem ursprünglichen mittelalterlichen Bauplan
zu befördern, führte Sibylle Mertens-Schaaffhausen berühmte Persönlichkeiten durch Köln. Sie
warb für die Idee ihrer Mentoren, die auch weiterhin
enge Freunde geblieben waren, und sie verblüffte
durch ihre bei Frauen dieser Zeit ungewöhnliche
Kenntnis der Antike und der Lokalgeschichte. Der
Dom wurde schließlich 1842-80 fertiggestellt, aber
als Unterstützer werden in der Regel nur Männer
genannt.

Ihren zahlreichen Freundinnen stand Sibylle
Mertens-Schaaffhausen wesentlich näher als ihrem
Gatten, mit dem sie nach Einschätzung Annette
von Droste-Hülshoffs eine »Höllenehe« verband.
Zu ihrem Freundinnenkreis gehörten die Dichterin-
nen Adele Schopenhauer (1797-1849), Tochter der

Die Frage der Dom-Fertig-
stellung erregte im 19. Jh.
viele Gemüter – die Männer
näherten sich dem Thema
laut dieser Karikatur fach-
simpelnd, die Frauen
dilettierend.

Reiseschriftstellerin Johanna, Schwester des Phi-
losophen Arthur Schopenhauer und Scheren-
schnittkünstlerin, und Henriette von Paalzow
(1788-1847, Autorin des Romans »Godwi Castle«);
dazu kamen die noch relativ unbekannte Dichterin
Annette von Droste-Hülshoff (1797-1848) und die
englische Frühfeministin Anna Jameson, (1794-
1860, u.a. Autorin eines ins Deutsche übersetzten
Buches über Shakespeares Frauengestalten:
»Characteristics of Women« und Zeichnerin). Am
Rande des Kreises stand auch Fanny Lewald
(1811-1889), die – den Ideen der 1848er Bewegung
nahestehend – sozialkritische Romane (u.a. zum
Thema Ehescheidung) schrieb und eine spannende
Autobiographie hinterließ. Mit diesen Frauen disku-
tierte Sibylle zwar offen über eine mögliche Schei-

dung, wagte aber als Mutter von sechs Kindern und »gute Katholikin« diesen Schritt – anders als etwa zur selben Zeit eine Mathilde Franziska Anneke oder Louise Aston – nicht. Das gesellschaftliche Aus, das geschiedenen Frauen unweigerlich bevorstand, und das finanzielle Nichts wären ihr unerträglich gewesen. Andererseits beeinflußte die Religion oder die Konvention sie nicht so stark, daß sie kleingeistig geworden wäre, im Gegenteil: Sie gab der lebenslustigen und nonkonformistischen Ottilie von Goethe (1796-1872, Schwiegertochter des alten Herrn), die finanzielle Möglichkeit, ihr uneheliches Kind heimlich zu bekommen, obwohl sie ihren freizügigen Lebenswandel grundsätzlich nicht guthieß. Ottilie von Goethe wollte ihre Tochter Anna Sibylle später offiziell adoptieren, das Mädchen starb aber schon als Kleinkind.

Ottilie von Goethe (1796-1872) – die kreativ-chaotische Freundin der Mertens-Schaaffhausen, gemalt von Luise Seidler.

Viele der genannten (Lebens-)Künstlerinnen waren schon nach einem einzigen Treffen mit dieser rheinischen Persönlichkeit völlig begeistert und versuchten, sich möglichst oft mit ihr zu treffen; einige wechselten liebevolle Briefe mit ihr. Adele Schopenhauer etwa schwärmte ihrer ehemaligen »liebsten Freundin« Ottilie von Goethe nach den ersten Treffen mit Sibylle vor: »Ich habe wieder eine menschliche weiche Neigung in meinem von Kummer versteinten Herzen – zu einer Frau, die im Wesen Dir und mir gleicht, doch verschieden von beiden etwa zwischen uns zu stellen ist. Was sie alles getan hat, um mich zu gewinnen, aus welcher reinen Absicht, wie sie mittendrin die Absicht verloren und nur Gefühl geworden, das, meine liebe Ottilie, ist zu groß und wunderlich, um es einem Wisch Papier anzuvertrauen, den Du doch herumliegen läßt. (…) Wenn ich nicht mit Dir leben soll, Ottilie, so möchte ich da leben, wo die Mertens lebt, denn sie befriedigt mir Herz und Geist, obschon sie mich nicht entzückt wie Du früher oft getan durch das, was nur Du bist und ich nicht nennen kann, und was kein Mensch zu mir sein wird.«[32] Sibylle, obwohl sicherlich die Nüchternste im ganzen Kreis – sie bezeichnete sich selbst inmitten dieser schwärmerischen Frauen als »unpoetisch« –, schickte Geld oder schrieb aufmunternde Briefe an die diversen leidenden Herzen: »Wenn ich Ihre Worte lese, jenen Abdruck einer verdüsterten Stimmung, und dann Ihr ganzes Wesen vor mir auftaucht, so unendlich viel Güte und Liebenswürdigkeit, so unendlich viel Duldung und Nachsicht, so unendlich viel Geist und Vielseitigkeit – dann möchte ich stets zu Ihnen treten und fragen: Kann ich denn gar nichts tun für Deine Ruhe und Deinen Frieden, Du gequältes Herz, und ist denn mein guter Wille ebenso hilflos wie Dein Schmerz?« (17. Juni 1839 an die »Gefühls-Chaotin« Ottilie von Goethe.[33]) Sibylle fand den Ausweg aus ihrer persönlichen Krise nur durch die räumliche Trennung von ihrem Mann (sie lebte über Jahre in einem eigenen Haus, noch lieber aber in Italien, hauptsächlich in Genua), oder sie wählte die Flucht in die Krankheit.

Mit der ihr eigenen realitätsbezogenen, zufassenden Art schreckte sie auch vor körperlicher Arbeit nicht zurück: »Während sie am Tage mit Schreiner, Schlosser, Wein- und Landbauer, Vergolder, Tapezierer, kurz mit allen Handwerkern als tüchtiger Sachkenner und Berater um die Wette arbeitet, mit den feinen Händen ungeheure Lasten hebt und immer im Denken und Tun als Praktikerin den Nagel auf den Kopf trifft, liest sie des abends mit der Mutter (Johanna Schopenhauer, d. Verf.) mythologische Schriften oder Übersetzungen der alten oder auch mit mir Ihre Werke«, schrieb Adele Schopenhauer an Goethe.[34] Aber: Frauen durften sich zu dieser Zeit nicht allzusehr auf eine Sache konzentrieren, ihre Zuwendung sollte bei der Familie liegen. Angesichts dieser facettenreichen Persönlichkeit wird es verständlich, daß sich solche in ihrem Denken autonomen Frauen nicht länger so stark durch ein festgelegtes und einengendes

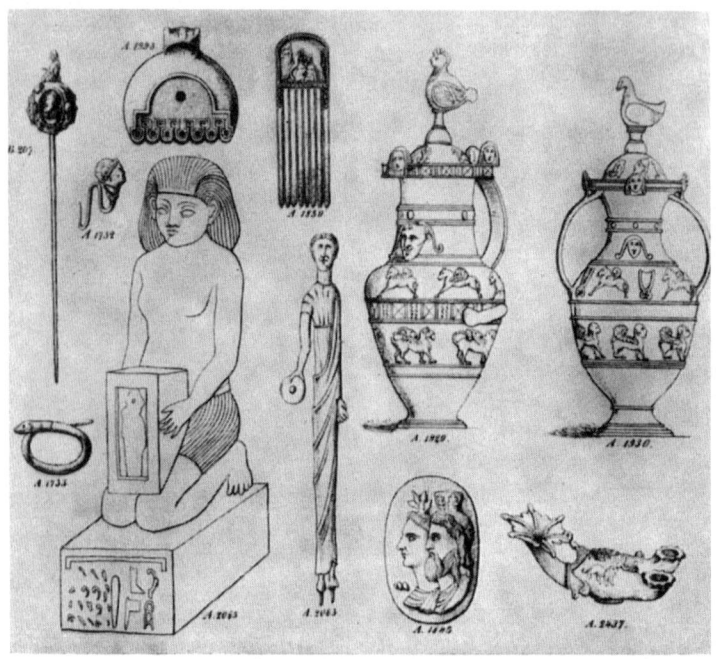

Der Forscherin großer Schmerz: Auf Veranlassung ihrer Kinder wurde ihre Kunstsammlung auseinandergerissen und versteigert.

Frauenbild gesellschaftlich und persönlich-familiär zur absoluten Abhängigkeit verurteilen lassen wollten. Solche »rebellischen« Frauen mußten und konnten (soweit sie finanziell abgesichert und charakterlich stark genug waren) Nischen finden, um ein Stück Frauenkultur jenseits gesellschaftlicher Konventionen zu leben.

Vermutlich aus Verbitterung darüber, daß Sybille ihre Freundinnen und das Leben in Italien wichtiger waren als ihre Kinder, verlangten diese nach dem Tod des »Wüterichs« Mertens 1842 die Auszahlung ihres Erbes; so wurde Sibylles Kunstsammlung (Gemmen und Antiken) von ihrem »Nachwuchs« in Bonn für den Verkauf vorbereitet und verschleudert. Noch in einem Brief vom 2. August 1857 klagte sie, »daß der heftige Verdruß über die Verstümmelung einer in 40 Jahren aufgebauten Sammlung ihre Gesundheit vollständig zerstöre«[35], und im November desselben Jahres starb sie in Rom. »Sibylla Mertens und ihre Kunstschätze waren auf das innigste miteinander verwachsen; die Sammlung und ihre gelehrte und geistvolle Eigentümerin bildeten eine markante Erscheinung im europäischen Geistesleben.«[36] Es gibt zwar in Köln kein Sibylle-Mertens-Schaffhausen-Museum, aber vereinzelte Stücke in Kölner Museen.

Ebenfalls in der **Trankgasse**, *jedoch im noch existierenden Teil auf der anderen Seite unseres Blickfeldes (Ecke Bahnhofsvorplatz) liegt das* **Deichmannhaus**. *In seinem Vorgängerbau war in den 20er und 30er Jahren der »Stadtverband der Kölner Frauenvereine« angesiedelt, in dem sich die wichtigsten »gemäßigten« Frauenvereine zusammengeschlossen hatten. Im folgenden nun eine Zusammenfassung der Verbandsgeschichte – mit dem Rundgang geht es auf Seite 28 weiter.*

Das Deichmannhaus am Dom beherbergte in der Weimarer Republik für einige Jahre die Geschäftsstelle des Stadtverbandes Kölner Frauenvereine.

1908 war das seit 1850 für Frauen geltende preußische Verbot, sich in politischen Vereinen zu organisieren, aufgehoben worden, und nun konnten sich Frauen erstmals öffentlich und legal treffen, um über Politik zu sprechen, an politischen Versammlungen teilnehmen, selbst politische Organisationen gründen, aber auch bisherige Männervereine durch ihren Beitritt »aufmischen«. Gleich nach der Aufhebung dieses restriktiven Vereinsgesetzes schufen sich in vielen Städten örtliche Frauengruppen Vereine und Dachverbände, um die Arbeit zu koordinieren.

Der Kölner Verband wurde 1909 in den Räumen des Kölner Frauen-Klubs am Neumarkt 18b unter dem Namen »Verband Kölner Frauenvereine« gegründet; das erhalten gebliebene Protokollbuch vermerkt: »Am 24. Juli 1909, 3 1/2 Uhr nachm. fand im Frauenklub Neumarkt 18 eine Versammlung von Mitgliedern der zum Verband Kölner Frauenvereine zusammengetroffenen Vereine statt. Anwesend waren je zwei bis 3 Mitglieder der Ortsgruppen des Allgem. Deutschen Frauenvereins, des Kölner Lehrerinnenvereins, der Ortsgr. Köln des preuß. Volksschullehrerinnenvereins, des Vereins zur Verbesserung der Frauenkleidung, des Frauenklubs u. der Rechtsschutzstelle für Frauen.«[37] Bald hatten sich unter dem Vorsitz von Else Wirminghaus (geb. Strackerjahn, 1867-1939), der Gattin eines Professors, der sich auch für die Frauenbewegung einsetzte, elf Vereine zusammengefunden, um sich für die Ausweitung von Frauenrechten und die Verbreiterung von Frauenkultur einzusetzen. Mitglied des Verbandes konnte jeder Frauenverein werden, der gemeinnützige Ziele verfolgte und satzungsmäßig den Interessen des Verbandes entsprach – angesichts der fehlenden Spezifizierung die meisten nicht konfessionellen Vereine. Zeitweilig waren in diesem Stadtverband 46 Gruppierungen assoziiert.

Else Wirminghaus –
für einige Jahre Vorsitzende
des Stadtverbandes Kölner
Frauenvereine.

Eine Satzung von 1912 (die von 1909 liegt nicht vor) nennt als Vereinszweck, »einen Mittelpunkt zu schaffen für die gemeinnützigen Bestrebungen und Aufgaben der Frauenvereine Kölns, um einer Zersplitterung von Zeit, Kraft und Geld vorzubeugen« . Dieses Ziel sollte erreicht werden zum einen durch das Sammeln von Unterschriften auf Eingaben, Aufrufen und Resolutionen, zum anderen durch öffentliche Kundgebungen, Vorträge und Versammlungen.

Interessant ist für uns heute die Vielfalt des damals relevanten Themenspektrums: Kleidung, Wohnen, Errichtung von Mädchengymnasien, Zulassung von Armenpflegerinnen, Diskussion allgemeinpolitischer Themen, Aufwertung der Hausfrauenarbeit, Zugang zur Universität, Verbesserung der Arbeitssituation der Heimarbeiterinnen, die Frau als Konsumentin, Wahlrecht u.a.m.

Aufschlußreich ist aber auch, welche Gruppierungen nicht Mitglied wurden. Hier sind einerseits die konfessionellen Vereine zu nennen (etwa die Mädchenschutzvereine), die mit den Vorstellungen der bürgerlichen – wenn auch in Köln durchaus »gemäßigten« – Frauenbewegung nichts zu tun haben wollten; sie gründeten zum Teil eigene Dachverbände. (Der Jüdische Frauenverband wurde später als einziger auch konfessionell ausgerichteter Verein Mitglied.) Der überkonfessionelle, aber stark nationalistisch orientierte Frauenhilfsverein »Vaterländischer Frauenverein«, der sich seit den 1860er Jahren auf karitative Trägerschaften sozialer Einrichtungen und die Unterhaltung von Krankenpflegestationen spezialisiert hatte, daneben aber auch kriegsbegleitende Bereitschaftsdienste organisierte, trat dem Zusammenschluß ebenfalls nicht bei – einzelne Aktive des »Vaterländischen Frauenvereins« gehörten jedoch durch gleichzeitige Mitgliedschaft in einem bürgerlichen Frauenbewegungsverein dem Zusammenschluß an.

Auch mit den Sozialistinnen, die seit 1908 erstmals frei für Arbeiterinnenbelange eintreten durften, kam eine Zusammenarbeit zunächst nicht zustande. Dr. Rosemarie Ellscheid, ein späteres Mitglied, hat die Geschichte des Verbandes in einer Broschüre festgehalten. Zum Thema Bürgerliche contra Sozialistinnen schreibt sie: »Ein organisatorischer Zusammenschluß mit den sozialistischen Frauen war deshalb nicht möglich, weil deren politische Ziele von der bürgerlichen Frauenbewegung nicht mitgetragen werden konnten und weil den Sozialistinnen ein gemeinsamer politischer Kampf mit den männlichen Genossen vorrangiger zu sein schien.«[38] Auch die Sozialistinnen betrachteten die bürgerlichen Damen mit Mißtrauen: »Ein tiefer Graben trennte die beiden Klassen. Er trennte auch die beiden Frauengruppen trotz mancher gemeinsamer Forderungen, wie nach dem Frauenstimmrecht und Frauenschutz.«[39] Viele Sozialistinnen mißtrauten den Bürgerlichen, die sie vor allem in der Rolle der angeblichen »Wohltäterin« kannten: »Manche der bürgerlichen Damen brachte die herablassende Miene und den überheblichen Ton mit, der uns die bürgerliche ›Liebestätigkeit‹ bisher oft unsympathisch machte.«[40] Die ArbeiterInnenschaft empfand Bitterkeit darüber, »daß die bürgerliche Gesellschaft dem Proletariat, als es zu Klassen- und Selbstbewußtsein erwachte, grundlegende Änderungen verweigert hatte, so daß es gezwungen war,

STADTVERBAND
KÖLNER FRAUENVEREINE

WINTERPROGRAMM
1930/31

DEICHMANNHAUS, ZIMMER 304 III.
TELEFON 22 63 59

In der Weimarer Republik bot der Stadtverband ein ausführliches Veranstaltungsprogramm an.

der bürgerlichen Gesellschaft seine Rechte im Kampf abzuringen«.[41] Bei Ausbruch des Ersten Weltkrieges kam eine solche Kooperation aller Beteiligten (vgl. Seite 31 ff.) jedoch schnell zustande – da kannten auch Frauen keine Parteien mehr, sondern nur noch Deutsche ...

Vortrags-Anzeiger
des Verbandes Kölner Frauen-Vereine.

Sonntag, 17. Mai 1914.

Verband Kölner Frauenvereine.
WERKBUND-AUSSTELLUNG
Kölner Frauenwoche vom 29. Juni bis 4. Juli 1914 im Saale der Farbenschau.

Vortragsfolge:

Montag, 29. Juni (Peter und Paul), nachmittags 5 Uhr, pünktlich:
1. Begrüßung und Einleitung: Werkbund und Frauenbewegung.
2. Stellung der Frau im Mittelalter und heute in Kunst und Kunsthandwerk. — Frau Käthe Creuß.
3. Was bedeutet die Frau als Käuferin für das Kunstgewerbe? — Fräulein Grete Alsberg.

Dienstag, 30. Juni, abends 7 Uhr, pünktlich:
4. Die Frau und die Kultur der Wohnung. — Frau Jenny Wieruszowski.
5. Gartenstadtbewegung. — Frau Ida Auerbach.
6. Frauenheimstätten. — Fräulein Henriette Zeegers-Veeken.

Mittwoch, 1. Juli, abends 7 Uhr, pünktlich:
7. Die soziale Wirkung der Qualitätsarbeit in der Konfektion. — Frau Jettli von Redlinghausen.

8. Über Frauenkleidung und Mode. — Frau Klara Sander.

Donnerstag, 2. Juli, abends 7 Uhr, pünktlich:
9. Was bedeutet der Dürerbund für die deutsche Frau? Fräulein Anna Caspary.
10. Der neuzeitliche Handarbeitsunterricht als Vorschule für die deutsche Konsumentin. — Fräulein Anna Mundorff, Leiterin des Handarbeitsunterrichts in den Volksschulen der Stadt Köln.

Freitag, 3. Juli, abends 7 Uhr, pünktlich:
11. Die Aufgaben der Frau im Naturschutz. — Frau Sophie Löwe.
12. Die Aufgaben der Frau in der Heimatpflege. — Fräulein Oberlehrerin Lüble.

Sonnabend, 4. Juli, abends 7 Uhr, pünktlich:
13. Der harmonische Mensch — die Grundlage kultureller Fortschritts. — Frau Else Wirminghaus.

Die Dauer der Vorträge wird in den einzelnen Tagen 1½ Stunden nicht überschreiten./ Auch Herren sind willkommen./ Zusammenkunft nach den Vorträgen im Frühstückssaal des Bier-Restaurants./ Karten für reservierte Plätze zu 50 Pfg. für den Tag sind im Vorverkauf bei D. J. Tonger, am Hof 30-36 zu haben und abends an der Kasse bis punkt 5 Uhr bezw. 7 Uhr.

Sonderdruck aus der Kölner Frauen-Zeitung, Expd. Flandrische Straße 12.

Zur Werkbund-Ausstellung von 1914 konnte der Verband Kölner Frauenvereine mit beachtlichen Beiträgen aufwarten, so mit dem »Haus der Frau« und einer Frauenvortragswoche.

Die gemäßigte Frauenbewegung – Vertreterinnen der »Radikalen« finden wir in Köln fast gar nicht – verfolgte zu Beginn des Jahrhunderts eine Doppelstrategie: In vielen gesellschaftlichen Bereichen ging es um die Überwindung der sogenannten Geschlechtersegregation, also des Ausschlusses von Frauen aus verschiedenen öffentlichen, beruflichen und rechtlichen Bereichen. Hier forderten sie z.B. die Zulassung zur Waisenverwaltung, zur Universität, zu Meisterprüfungen usw., andererseits verteidigten die Frauen zugleich das Prinzip der Geschlechtertrennung, wenn sie eigene Institutionen für Frauen forderten wie Mädchengymnasien, ein Frauen-Schwimmbad auf den Poller Wiesen (auch heute noch würde das vielen Frauen gefallen!), sogenannte Frauenheimstätten, also Wohnhäuser für alleinstehende Frauen oder eigene Frauenberatungsstellen wie Rechtsschutzstellen und Stellenvermittlungen für Frauen. War hier Bescheidenheit im Spiel (etwa bei der Forderung nach eigenen Schulen statt dem Zugang zu den Knabengymnasien)? Sollten eigene frauenbezogene Refugien geschaffen werden, Schonräume gegen eine als gewalttätig empfundene Männer- und Jungenwelt? Wurde hier gar implizit die Auffassung von der Frau als spezifischem Wesen vertreten, dessen »Wesenszüge« zur Bereicherung der bisher rein männlich geprägten Kultur erhalten bleiben sollten? Sicherlich floß von all diesen Aspekten etwas in die jeweiligen Forderungen ein – dem Verband waren mehrere tausend Frauen angeschlossen, unter ihnen waren auch die Zukunftsvorstellungen vielfältig. Gemeinsames Ziel war der schrittweise Eintritt der Frauen in die Mitverantwortung für die Gesellschaft. Nach 1918 wurde das Netzwerk in »Stadtverband der Kölner Frauenvereine« umbenannt.

Die Kommunikation, die Verbreitung der Ideen und Propagierung von Kampagnen wurden seit 1925 durch eine eigene Beilage im Stadt-Anzeiger[42] erleichtert, die acht Jahre lang erscheinen konnte – ein Verdienst von Alice Neven DuMont (geb. Minderop, 1877-1964), Gattin des Verlegers Alfred Neven DuMont, die als Mitherausgeberin fungierte und in vielen Vereinen über lange Jahre aktiv war.

In den 20er Jahren war dieser Verband im bürgerlich-öffentlichen Milieu völlig akzeptiert und etabliert; die Frauen, deren Väter und/oder Ehemänner Verleger, Rechtsanwälte, Geheimräte, Fabrikanten usw. waren, verließen das gewohnte gesellschaftliche Umfeld nur, um sich in fürsorgerischer Absicht »dem Volk« zu nähern.

Kurz vor der Auflösung des Stadtverbandes im Jahr 1933 hielt Else Wirminghaus einen ihrer letzten Vorträge vor den Verbandsfrauen: Im Kölner Frauen-Klub reflektierte sie über die »Aufgaben der Frauengemeinschaft« bzw. »Richtung und Wege heutiger Frauenbewegung«. Sie bedauerte, daß es 1919, in der Aufbruchstimmung der Weimarer Republik, nicht zu einem Zusammenschluß aller Frauen gekommen sei, um der männlichen Geistesrichtung die weibliche Auffassung entgegenzusetzen; sie verfocht auch einen mythischen Mutterkult, wollte die »neue Verbundenheit« im »Reich der Mütter« verankern. Zwar sprach sie sich gegen den Haß und die politische Überspannung dieser frühen nationalsozialistischen Tage aus, doch fand sie gleichzeitig zu keiner eigenen politischen Utopie.[43]

Im Verlauf des weiteren Rundganges werden die Wirkungsstätten mehrerer Mitgliedsvereine erwähnt und mehr über die Geschichte und das Ende des Verbandes berichtet.

*Am Dom gehen wir heute vorbei. Wir folgen also dem Strom der Erwerbstätigen, TouristInnen, Einkaufenden in Richtung auf den südlichen Domplatz, den heutigen **Roncalliplatz**. Wenn Sie halb um die Apsis des Domes herumgehen, finden Sie ein paar Bänke, dort können Sie gemütlich weiterlesen.*

(4)

Köln a. Rh.   Partie am Dom

Blick vom Dom aus auf einen Frauenbetrieb: Ab 1825 liegt hier der Produktionsort des berühmten Heilwassers »Klosterfrau Melissengeist«.

Im Jahr 1825 siedelte »gegenüber dem Süd-Portale des Domes zu Cöln am Rhein«, am **Domhof 19**, eine außergewöhnliche Frau ihre Firma an, die sie aus kleinsten Anfängen selbst aufgebaut hatte: Die Nonne Maria Clementine Martin produzierte hier »destilliertes Wasser«, genannt »Klosterfrau Melissengeist«, das bis heute als Heilwasser gefragt ist. In Köln war sie da in guter Gesellschaft, denn hier wurden diverse Wässerchen hergestellt und als Heilwasser in zahlreiche Länder verkauft.

Maria Clementine Martin unterschied sich in einem wichtigen Punkt von anderen Eau-de-Cologne-HerstellerInnen: Sie war zunächst Ordensschwester, und erst die Auflösung der Klöster durch die französische Besatzungsregierung drängte sie in ihre Laufbahn als Unternehmerin.

Maria Clementine war 1775 in Brüssel geboren worden, der Vater trat bald nach ihrer Geburt in die Dienste eines deutschen Fürsten, und das Mädchen wurde mit 17 – nach dem Tod der Mutter – ins Kloster in Coesfeld gesteckt.[44] Dort erlernte sie die Krankenpflege, und dazu gehörten damals ganz selbstverständlich auch Grundkenntnisse auf

dem Gebiet der Kräuterkunde und Arzneimittelher-
stellung.

Um 1802 wurde das Kloster »säkularisiert«, was
zunächst nur bedeutete, daß die Nonnen nun weltliche Personen waren und das Kloster einer weltlichen Herrschaft unterstellt wurde – genauer: einer
Herrin, der Fürstin zu Salm Rheingräfin zu Coesfeld
–, die den Schwestern eine regelmäßige Pension
zahlte. Nachdem die Ex-Nonne 1815 bei Waterloo
auf seiten der Gegner Napoleons Sanitätsdienste
geleistet hatte, wurde sie vom Preußischen König
mit einer jährlichen Pension bedacht. Damit war ihr
ein gewisser, wenn auch bescheidener Lebens-
standard gesichert. Nachdem nun die französische
Herrschaft in Preußen beendet war, wurden Klöster
wieder zugelassen, und Frau Martin hätte mit ihren
Kenntnissen sicherlich einen Orden finden können,
der sie aufgenommen hätte. »Durch die Pensions-
zahlung hatte sie jedoch die materielle Freiheit, sich
für ein weltliches Leben zu entscheiden.«[45] Im April
1825 zog sie nach Köln und baute sich dort mit fast
50 Jahren eine völlig neue Existenz auf. »Ob sie
bereits mit der festen Absicht nach Köln kam,
Destillate, vor allem Kölnisch Wasser und Melissengeist herzustellen, oder ob sie durch die Kontakte in Köln erst dazu angeregt wurde, ist leider
nicht mehr zu erfahren.«[46] Vielleicht benötigte sie
für ihre Krankenpflege, die sie in Köln professionell
weiter betrieb, auch große Mengen dieses »inner-
lich desinfizierenden« Heilwassers. Natürlich hatte
Maria Clementine Martin dieses Wasser nicht
»erfunden«, aber die spezielle Zubereitung war,
wie sie in einem Brief mitteilt, »mein Geheimnis,
und das eifrigste Studium fast meines ganzen
Lebens«[47] – und sie hat ihre Geheimrezeptur gut
vermarktet. Über den Beginn ihres Unternehmens
schreibt sie: »Als ich mich im Jahre 1825 unter dem
Schutze des Herrn Erzbischofs Grafen Spiegel zu
Desenberg hier häuslich niederließ, schien mir die
Destillation der besagten aromatischen Wässer ein
schickliches Mittel zur nützlichen Beschäftigung in
den Nebenstunden meiner täglichen Andachts-
übungen und Sicherung meines Unterhalts durch
eigener (sic.) Thätigkeiten darzubiethen.«[48] Schon
im Jahr ihres Umzugs erschien die erste Anzeige
für ihr Produkt in der Kölnischen Zeitung! 1829 bat
sie König Friedrich Wilhelm III. um das Privileg, auf
ihren Etiketten den Preußischen Adler führen zu
dürfen – ein Hinweis auf ihre Verdienste auf dem
Schlachtfeld –, und es wurde ihr gewährt. Sie ließ
mehrere eigene Warenzeichen eintragen. Diese

Maria Clementine Martin –
die »Klosterfrau« als
Destillateurin und
Apothekerin.

Geschäftstüchtigkeit scheint auch Mißgünstige auf den Plan gerufen zu haben; die Ex-Nonne schrieb einmal von »Unbilden und Beeinträchtigungen feindselig gesinnter Menschen«, mit denen sie konfrontiert gewesen war. Aber die zähe Frau ließ sich nicht von ihrem Kurs abbringen, sie baute ihr Unternehmen, das sie weiterhin nur mit ihrer Magd Margarethe Graß und später einem Lehrling betrieb, weiter aus: In Berlin richtete sie ein Depot zur schnelleren Belieferung Preußens ein, erweiterte das Angebot und versuchte sogar, ein »Exklusiv-Privileg« für die Melissengeist-Herstellung zu bekommen. In einem entsprechenden Schreiben gibt sie einen Einblick in ihre Denkweise und Lebenssituation: »(...) durch bittere Anstrengungen frühzeitig gealtert und geschwächt, kann es gewiß, Gott ist mein Zeuge, mein Wollen nicht sein, durch eine unbillige Sorge für zeitliche Gütern (sic.) nur die noch wenigen Tage meines Lebens zu verkümmern (...) es möge meinem hohen König gefallen, mir den Verkauf dieses Heilwassers unter dem rechtlichen Namen Carmeliter-Melissen-Wasser ertheilen zu wollen und mir das ausschließliche Privilegium für meine noch wenigen Lebenstage allergnädigst ertheilen zu wollen (...) und mir auf diese Weise das unredliche Verbreiten ähnlich genannter Fabrikate auswärtige Einführungen und Verfälschungen verhindert werden kann (...), da ich doch die erste bin, die nach Aufhebung des Ordens das Heilmittel bereitete und im Preußischen Land bekannt machte.«[49] Gegen die Gewährung des erbetenen Monopols sprach jedoch die historisch noch relativ neue und ihr ungewohnte Gewerbefreiheit, die die Französenherrschaft mit sich gebracht hatte. Im August 1843 starb die rührige Ex-Nonne – sie wurde auf Melaten begraben. Ihr ehemaliger Gehilfe baute die Firma aus, wodurch sie bis in die heutige Zeit erhalten wurde, und ließ ihren Namen aus Reklamegründen an sein neues Haus meißeln.

Schicksale wie das ihre gab es gewiß öfter, aber nur selten stehen uns die Quellen zur Verfügung, ein solches Wirken zu dokumentieren. Diese Klosterfrau wird in ihrer Funktion als Unternehmerin in Stein symbolisch auf dem Kölner Ratsturm »verewigt« (s. dazu Seite 75).

*Am **Domhof 28**, vermutlich auf dem Platz des heutigen Ludwig-Museums, war ab 1915 in einem Gebäude der Eisenbahnverwaltung eine der Beratungsstellen des »Nationalen Frauendienstes« (in Köln »Nationale Frauengemeinschaft« genannt)*

(5)

angesiedelt, die zu Beginn des Ersten Weltkrieges im Sommer 1914 im ganzen Land von Frauen gegründet worden waren. Hier nun – bevor wir unseren Rundgang auf Seite 40 fortsetzen – Genaueres über die Situation, die Reaktionen und die sozialen Aktivitäten der Kölner Frauen während des Ersten Weltkrieges.

Auch in Köln hatte der Großteil der Bevölkerung zugleich enthusiastisch und schockiert auf die Kriegserklärung vom 1.8.1914 reagiert: »(...) die Frauen stürzten zu Hamsterkäufen. In den Kölner Straßen und Kaffeehäusern tobte der nationalistische Rummel.«[50] Zwar hatte am 28.7. mit etwa 10 000 Menschen eine der größten Protestkundgebungen in der Geschichte der Kölner Arbeiterbewegung stattgefunden,[51] zu der die Kölner Leitung der Sozialdemokratischen Partei aufgerufen hatte, doch waren diese KriegsgegnerInnen letztlich nur eine Minderheit unter den etwa 635 000 EinwohnerInnen Kölns. Auch große Teile der SPD-Anhängerschaft waren begeistert auf Kriegskurs: »(...) dieser Aufmarsch eines großen Volkes hat etwas Gewaltiges, etwas Mitreißendes. Eine Riesenwoge unerhörten Opfermutes rollt durch das Land (...). Aus dem Frondienst für das Kapital, aus dem Befreiungskampf für seine Klasse, aus dem schweren Ringen für des Lebens Notdurft wird er zum Schutze für das bedrohte Land gerufen. Er gibt hin alles was er hat: sein Leben, seine Familie, seine Organisation (...)«, schrieb die Rheinische Zeitung am 4. August 1914 über »den« Proletarier.[52] Noch Ende Juni/Anfang Juli 1914 war auf der Werkbund–Ausstellung in Deutz die Bandbreite der Kölner Frauenaktivitäten vorgeführt worden – nun wurde all die mühsam geschaffene Frauenkultur reduziert zugunsten eines einzigen Themas: Kriegsfolgenbewältigung, also indirekte Kriegsbeihilfe.[53]

Die gebürtige Kölnerin Adele Gerhard (geb. de Jonge, 1868-1956) schildert in ihren autobiographischen Aufzeichnungen die Stimmung der ersten Kriegstage, die sie in Berlin erlebte: »In langen Reihen zogen die Reservisten, grüne Zweige am Helm, die Wilhelmstraße hinunter. ›Zum Rhein, zum Rhein, zum deutschen Rhein‹ tönte es weithallend. In schnell geschaffenen Näh- und Strickstuben saßen Frauen und Mädchen in fiebernder Emsigkeit über ihrer Kriegsarbeit. (...) Die Welt erschien gewandelt. Aus Not und Bedrängnis stieg jäh und heftig das Gefühl der Gemeinschaft auf. Trat man in diesen ersten Wochen in einen kleinen Laden, in einen Kohlenkeller, so schlug einem oft aus ganz einfachen Naturen ein stärkeres Leben entgegen, eine ernste Verbundenheit, ein gemeinsames, tapferes Sich-Einsetzen. (...) Später wandelte sich das Gesicht der Dinge. Aber in jenen frühen Tagen spürte man ein vertieftes Volksempfinden sich regen.«[54]

Am 15.8.1914 veröffentlichte die Kölner Presse einen Gründungsaufruf zur Schaffung einer »Nationalen Frauengemeinschaft«, wie sie Gertrud Bäumer, eine der konservativen Führerinnen der bürgerlichen Frauenbewegung, gefordert hatte. Schon am Vorabend der Kriegserklärung, am 31.7., hatte sie verkündet, es bedürfe eines Nationalen Frauendienstes, um gerüstet zu sein, wenn die Schicksalsstunde schlage.

Nationale Frauen-Gemeinschaft, Köln.

A. Geschäftsordnung.

1. Die Frauen der Stadt Köln verbinden sich zu einer Nationalen Frauen-Gemeinschaft für die Dauer des Krieges zur Regelung notwendig gewordener Frauentätigkeit im Anschluß an die bestehenden Organisationen, seien sie städtisch oder privat.

2. Die Nationale Frauen-Gemeinschaft hat einen Vorstand und einen Ausschuß. Der Vorstand besteht aus sieben Damen. Der Vorsitz wechselt. Der Ausschuß besteht aus den Köpfen der unten genannten Abteilungen.

3. Die Nationale Frauen-Gemeinschaft bildet neun Abteilungen, und zwar 1. Abteilung: Auskunft, 2. Abteilung: a) Kinderhort, b) Säuglingspflege; 3. Abteilung: Haushaltspflege, 4. Abteilung: Volksküchen und Suppenanstalten, 5. Abteilung: Einrichtung von Lazaretten, Einstellung von Schwestern und Verwundetenfürsorge, 6. Abteilung: Vermittlung von Arbeit gegen Lohn, a) Heimarbeit, b) Vermittlung für kaufmännische Arbeit, 7. Abteilung: Vermittlung ehrenamtlicher Arbeit, 8. Abteilung: Volksabende, 9. Abteilung: Pressedienst

4. Der Vorstand bestimmt die Verteilung der Gelder und reicht Eingaben an die Behörden ein.

Der Ausschuß bespricht mit dem Vorstand die Richtlinien der einzelnen Arbeitsgebiete.

Jede Abteilung arbeitet selbständig.

Die Gründung der Nationalen Frauengemeinschaft wird in der überregionalen Frauenpresse angekündigt.

Im Mitteilungsblatt des Rheinisch-Westfälischen Frauenverbandes, eines Zusammenschlusses bürgerlicher Frauenvereine auf regionaler Ebene, war über die Kölner Gründung zu lesen: »Die Frauen der Stadt Köln verbinden sich zu einer Nationalen Frauen-Gemeinschaft für die Dauer des Krieges zur Regelung notwendig gewordener Frauentätigkeit im Anschluß an die bestehenden Organisationen, seien sie städtisch oder privat.«[55] Die Nationale Frauen-Gemeinschaft (NFG) war mit ihren (1917) ca. 38 beteiligten Kölner Frauenvereinen verschiedenster Couleur ein für Köln typischer pragmatischer, aber nicht wirklich demokratisch-paritätischer Zusammenschluß – eben ein Spiegel der eingefahrenen Machtverhältnisse. Als organisatorische Keimzelle ist zunächst der seit 1909 existierende erwähnte Stadtverband der Frauenvereine zu nennen; er umfaßte das bürgerlich-liberale Spektrum sowie einzelne Aktive aus diesem Umfeld. Jüdische Frauen aus dem Israelitischen Frauenverein, dem Kindersparverein und dem Zionistischen Debattierklub wirkten neben den stark patriotisch-chauvinistisch ausgerichteten »Vaterländischen«; Frauen aus der »Gesellschaft für Mutter- und Kindesrecht« kooperierten mit katholischen Gruppierungen. Die Kölner Ortsgruppe des Katholischen Deutschen Frauenbundes entschied sich zwar gegen eine Mitwirkung, doch arbeiteten die Leiterinnen des Bundesvorstandes, der ebenfalls in Köln residierte, sehr aktiv an der Erleichterung des Lebens unter Kriegsbedingungen mit, ebenso zwei auf Pfarreibasis tätige Hilfsvereine, sogenannte Elisabethenvereine. »Ich glaube sicher, dass der katholische Frauenbund, mit dessen 2. Vorsitzender Frau Bachem-Sieger ich täglich eng zusammenarbeite, ebenfalls die Möglichkeit, auch über den Krieg hinaus auf neutralem Gebiet zusammenbleiben zu können, freudig begrüßt«, schreibt Luise Wenzel, eine bekannte nationalliberale Frauenrechtlerin, über diese neue Verbindung an den Vorstand des Bundes Deutscher Frauenvereine (BDF) nach Berlin.[56] Der Deutsche Evangelische Frauenbund und die evangelische Bahnhofsmission gliederten sich ein und stellten wichtige Infrastruktur zur Verfügung, ebenso kamen Frauen aus dem Nationalliberalen Verein. Das Spektrum der genannten Mitgliedsvereine entspricht etwa dem des Kölner Bürgertums, lediglich die zahlenmäßig eigentlich dominierenden Katholikinnen sind unterrepräsentiert. Die NFG bestand fast ausschließlich aus wohlhabenden Damen, die zum Teil durchaus gesellige Kontakte untereinander pflegten, auch wenn sie unterschiedliche »Gesangbücher« (oder gar keines) hatten, zum Teil aber auch bisher nur in ihrem jeweiligen Milieu verkehrt hatten. Vorsitzende war, der Bedeutung der Vereinigung entsprechend, die Gattin des Oberbürgermeisters, Frau Wallraf.

Marie Luise Juchacz – die erste Sozialdemokratin, die in Köln von den bürgerlichen Frauenrechtlerinnen akzeptiert wurde – im Jahr 1920.

Historisch bedeutsam ist, daß in dieser Situation erstmals auch die Sozialdemokratinnen mit den Bürgerlichen zusammenarbeiten. Die Parteisekretärin und spätere Begründerin der Arbeiterwohlfahrt Maria Luise Juchacz (geb. Gohlke, 1879-1956), die erst ein Jahr zuvor von der Sozialdemokratischen Partei als hauptamtliche Frauensekretärin für den Bezirk Obere Rheinprovinz nach Köln geschickt worden war, hatte den Aufruf des Stadtverbandes gelesen und wollte die Arbeit der »Kriegswohlfahrt« nicht den Bürgerlichen allein überlassen.[57] Die SPD-Vertreterin, deren Fraktion bei den Reichstagswahlen 1912 in Köln immerhin die meisten Stimmen erhalten hatte,[58] »durfte« denn auch mitmachen, weil die SPD-Männer durch ihre Entscheidung für die Kriegskredite sich »in die nationale Gemeinschaft eingegliedert«[59] hatten – eine Entscheidung, die Juchacz selbst nach eigener Aussage »wie eine Zentnerlast« bedrückte.[60] Die bürgerlichen Liberalen hatten keine Probleme mit Frau Juchacz: »Betr. der Teilnahme der Sozialdemokratinnen habe ich und die Damen, mit denen ich sprach, keine Bedenken. Wir haben die Vertreterin der sozialdemokrat. Frauengruppe, mit der sich ausgezeichnet arbeiten läßt, kürzlich in den Vorstand der Nat. Frauengemeinschaft gewählt, und auch anderswo, wo vielleicht schwierigere Persönlichkeiten im N.F.D. mitarbeiten, wird man gerade jetzt während des Krieges auf keinen Widerstand stossen, im Gegenteil bei den Sammlungen grosse Hilfe finden. Denn von den ärmsten Familien soll groschenweise gegeben werden können – neben einer Liste mit Büchse gesammelt«, schrieb Luise Wenzel.[61]

Auch Marie Juchacz erinnert sich an ihre erste Begegnung mit den Damen: »Der ›Kölner Stadtverband der Frauenvereine‹ rief alle Frauen auf, sich für gemeinsame Arbeit bereit zu stellen. Bisher war es gar nicht üblich gewesen, daß die bürgerliche und die proletarische Frauenbewegung zusammenarbeiteten. Aber war hier nicht eine Situation gegeben, die in sich selber zwingend war? (…) Ich mußte mich bei der Entscheidung ja auch in erster Linie auf die Kölner Genossinnen stützen, weil es sich um die Arbeit in ihrer Stadt handelte. Soweit ich ihrer habhaft werden konnte, waren sie für Mittun. (…) Ich kannte keine der Damen. Sie vertraten katholische, evangelische, liberale und soziale Vereinigungen mannigfacher Art. (…) Zu Anfang wurde ich übrigens mit sehr sichtbarer, etwas peinlicher Neugier begrüßt und ›sehr wohlwollend‹ willkom-

men geheißen, es waren recht exklusive Damen der
Kölner Gesellschaft dabei. Doch bei einzelnen
spürte ich bald sehr deutlich die größere Vorurteils-
losigkeit heraus. Diese waren mir angenehmer. (...)
Die Arbeit der Nationalen Frauengemeinschaft
empfand ich zunächst nicht als besonders produk-
tiv. Es war auch so vieles dabei, was meinem
demokratischen Gefühl widersprach, z.B. hieß es in
einem Aufruf (er betraf Kindergärten und die Sorge
für die Kleinkinder), daß diese Arbeit ›unter dem
Protektorat der Frau Oberbürgermeister‹ stünde.
Das ging mir stark gegen den Strich, und ich prote-
stierte dagegen. Das waren aber Dinge, die sich mit
der Zeit einrenkten, auch hier bewahrheitete es
sich, daß man in der Arbeit gegenseitig voneinander lernt.«[62] Dennoch: Auch in der Folgezeit erlebte Marie Juchacz, wie einige der Kölnerinnen über-
heblich über die einfachen Kriegerfrauen sprachen,
denen man von oben herab helfen müsse.[63]

Die verschiedenen Geschäftsräume der Nationalen Frauengemeinschaft waren in städtischen
Gebäuden eingerichtet (im Stadthaus in der Gürzenichstraße, im Hauptbahnhof, sogar in der Dom-
bauhütte und – wie hier – in der Eisenbahnverwaltung). Das war nicht verwunderlich: Immerhin erledigten die Vereinsfrauen auch eigentlich Stadt-
bzw. Staatsaufgaben, nämlich die Verteilung der
Güter, die Verwaltung des Mangels. Frauen ordneten sich bei der konkreten Arbeit denn auch den
einzelnen Kommunalverwaltungsstellen unter.[64]
Die Beratungsstelle am Domhof wurde zusätzlich
eingerichtet. Sie kümmerte sich primär um Flücht-
linge aus Kriegsgebieten, Frauen von Kriegsteil-
nehmern und »Kriegshinterbliebene«.

Über die konkrete Arbeit gibt eine Selbstdarstellung Auskunft: »Die Beratungsstelle Domhof der
Nationalen Frauengemeinschaft unterhält seit
Beginn des Krieges für die bedürftigen Kölner Mit-
bürger und verschämten Armen, sowie für durchreisende Hilfsbedürftige eine Wohlfahrtsstelle,
deren Inanspruchnahme eine solche Ausdehnung
angenommen hat, daß die Beratungsstelle Domhof
sich zu den grössten hier bestehenden Wohlfahrts-
stellen rechnen darf. Ihre Aufgabe bestand und
besteht heute noch darin, Hungernde sofort zu
speisen, Heimat- und Obdachlosen Unterkunft zu
verschaffen, allen durch den Krieg in Not Gerate-
nen Rat und Unterstützung zuteil werden zu lassen,
auch wo es nötig ist, sofortige geldliche Beihülfe
zu gewähren, mit dem besonderen Ziele, den
Bedürftigen über die erste Zeit ihrer Notlage bis

zum Eintritt geregelter Fürsorge hinweg zu helfen.«[65]

Die Beratungsstelle Domhof wurde tatsächlich
viel genutzt, von 1915 bis 1917 gab es durchschnittlich 9500 BesucherInnen pro Jahr. Zeitweilig
wurde auch ein kleiner Laden unterhalten, wie
Marie Juchacz notiert. Besonders die sogenannten
Kriegerfrauen hatten Überlebensprobleme: Die
Ehefrauen der Soldaten erhielten oft überhaupt
keine Zahlungen zum Lebensunterhalt; arbeitende
Frauen aus der Unterschicht wurden erwerbslos
wegen der Umstellung von Konsumgüter- und Tex-
tilindustrie (die überwiegend Frauen beschäftigte)
auf neue, kriegsorientierte Wirtschaftszweige.[66]
Der Arbeitsschwerpunkt der Beratungsstelle lag zu
Anfang des Krieges auf der Vermittlung von
Arbeitsstellen und der Vergabe von Unterstüt-
zungsbeihilfe, auf Beschaffung von Wohnungsein-
richtungen und Direkthilfe (Volksküchen). Später
dann rückte die Ernährungsfrage in den Vordergrund: Lebensmittelausgabe, Gutscheinsysteme,
Weitergabe von Kenntnissen auf dem Gebiet des
sparsamen Kochens, der Resteverwertung usw.[67]
Mit zunehmender Kriegsmüdigkeit wurde die
»innere Mobilmachung« zum wichtigsten Einsatz-
feld der Frauen, z.B. durch moralische Beeinflus-
sung auf Vorträgen etwa über den »Wert der Hausarbeit«. Die konkrete Arbeit knüpfte eng an der
haushalterischen Kompetenz der Frauen an:
»Überall wuchsen ›Stadtküchen‹ wie Pilze aus der
Erde«, notierte Juchacz.[68] Nähen, Kinderversor-
gung, Vorratshaltung – alle sonst individuell erledigten Reproduktionsarbeiten wurden nun im
großen Rahmen organisiert. Die NFG bildete mehrere Abteilungen zu den Bereichen Auskunft, Kinderhort und Säuglingspflege, Haushaltspflege,
Volksküchen und Suppenanstalten, Einrichtung
von Lazaretten, Einstellung von Schwestern und
Verwundetenfürsorge, Vermittlung von Arbeit gegen Lohn (Heimarbeit und kaufmännische Arbeiten), Vermittlung ehrenamtlicher Arbeit usw. Die
Frauen nähten Hunderte von Soldatenhemden,
kochten für durch die Stadt marschierende Trup-
pen und leisteten Truppenverpflegung auf dem
Hauptbahnhof. Alle diese Aktivitäten dienten der
Kriegsunterstützung, waren »Frauenhilfe für den
Krieg«; auf sogenannten »Volksabenden« wurde
»vaterländische Gesinnung« vermittelt. Die Leitung
der entsprechenden »Abteilung Volksabende« mit
der Vortragskommission – eine ideologisch wichtige Position – hatte übrigens Helene Weber (1881-

1962), eine spätere Führerin des Katholischen Deutschen Frauenbundes und eine der vier »Mütter des Grundgesetzes«, inne.[69] Auch Juchacz hielt Vorträge wie »Die sozialen Aufgaben der Frau im Krieg«.[70] Immer wieder wurde an die Durchhaltekraft der Frauen appelliert. Noch im Oktober 1918 forderte Else Wirminghaus im Gürzenich die Kölner Frauen auf, der »über das Maß der Berechtigung hinausgehenden gedrückten Stimmung echt deutsche Zuversicht entgegenzusetzen«.[71] Wie andere NFGlerinnen bemühte sie sich, die Bevölkerung zu befrieden. Dabei waren die Interessen vieler Kölnerinnen anders gelagert. Die Straßenbahnerinnen etwa, die vermutlich nur als Ersatz für eingezogene Männer kassieren und kontrollieren durften, setzten in einem dreitägigen Streik im Juni 1916 Lohnforderungen von 50 Pfennig pro Tag für sich selbst und die Beteiligung von Frauen an den Arbeiterausschüssen der städtischen Bahnen durch.[72] Obwohl diese Streikenden kaum organisiert waren, zogen sie sogar noch an den Forderungen der SozialdemokratInnen »links vorbei«. Die Frauen von der NFG haben diesen ersten Kölner Kriegszeit-Streik gegen die Versorgungsschwierigkeiten sicherlich nicht unterstützt.

Pazifistische Positionen waren innerhalb der Kölner Frauenbewegung tabu, und so wurden die Aktivitäten der Kriegsgegnerinnen vom radikalen Flügel der Frauenbewegung als »Dolchstoß der Frauen gegen die Männer im Schützengraben« empfunden.[73] Die Kölnerinnen waren auf den nationalen Taumel hereingefallen. Minna Bachem-Sieger etwa dichtete Verse zum Thema »Deutschland muß Sieger werden«, und da hieß es: »Und starren Feinde ringsumher / mit wütenden Gebärden, / und dräuen sie auch noch so sehr – Deutschland muß Sieger werden! (…) / Uns schreckt auch nicht die Flottenmacht / der schnöden falschen Briten, / Volldampf voraus! Eh sie's gedacht, / ist ihr der Kurs zerschnitten. / Kommt nur, ihr Feinde, dichtgeschart / von Nord und West und Osten, / sollt kennenlernen deutsche Art / und deutsche Hiebe kosten!« usf.[74]

»Rückblickend kann der nationale Frauendienst als das größte jemals existierende ›Frauenprojekt‹ angesehen werden, da es Millionen von Frauen beschäftigte.«[75] Selbst in Köln arbeiteten Tausende von Frauen und auch eine nicht unerhebliche Zahl Männer zu. Wie ist diese Vereinigung zu bewerten? Für die bürgerlichen Frauen brachte sie sicherlich Fortschritte: So bewirkte gerade die Krisensituation, daß die Stadt erstmals Frauen aus diesem Spektrum in ihre Deputationen und Ausschüsse berief. Die meisten Frauen dieser Nationalen Vereinigung konnten überhaupt erstmals öffentlich sichtbare Arbeit tun und dafür Anerkennung erhalten. Marie Juchacz schreibt – etwas verkürzt – über die Lage von Frauen in Köln vor und nach dem Krieg: »Man muß sich immer wieder sagen, daß die Frauen bis dahin als Bürgerinnen gar nicht gewertet worden waren. Es gab in Köln ein paar weibliche katholische Waisenpflegerinnen, sonst nichts. Das Wahlrecht hatten die Frauen nicht, so konnten sie nicht Stadtverordnete werden. Zu Armenpflegern nahm man den Herrn Schlachtermeister, den Bäckermeister, mal einen Lehrer, aber nur keinen Sozialdemokraten, oder wenn, dann nur zufällig und ausnahmsweise. (...) Jetzt schickte die Kölner Stadtverwaltung ein paar mal Frauen der ›nationalen Frauengemeinschaft‹ auf Informationsreisen.«[76] Es wurden erstmals Fabrikpflegerinnen eingestellt, die die arbeitenden Frauen vor der gröbsten Willkür schützen sollten, Frauen übernahmen Stellen als Angestellte und arbeiteten als Straßenbahnerinnen. Wahrscheinlich wurden viele Frauen sich hierdurch erstmals ihrer Fähigkeiten – und ihrer gesellschaftlichen Beschränkungen – bewußt. Sie forderten sowohl das Wahlrecht als auch den Zugang zu besoldeten Ämtern.

Frauen als Lohnarbeiterinnen wurden eher akzeptiert, da die Männer im Kriege waren; für Frauen aus der Unterschicht und für ledige Frauen galt Lohnarbeit als notwendig, die Proletarierinnen hatten kaum eine Wahl, im Gegenteil: Es wurden völlig neue Arbeitsplätze für Frauen erschlossen – und keineswegs immer freiwillig angetreten.

Frauen waren an der Herstellung von Sprengminen und Granaten beteiligt – wie gefährlich die Arbeit war, belegt das Buch der Kölner Munitionsarbeiterin und späteren KPD-Stadtverordneten Gertrud Meyer-Plock: Die Frau mit den grünen Haaren.

»Während des Krieges erwuchs aus der Knappheit der Männer, die Kriegsdienst taten, für die Regierung die Notwendigkeit, sich werbend an die Frauen zu wenden, damit sie in den Munitionsfabriken arbeiteten. Für die Männer wurde die ›Kriegsdienstpflicht‹ angeordnet, während man sich bei den Frauen an die ›Freiwilligkeit‹ wandte, was natürlich bei einem großen Teil der Frauen durch den Zwang, einen zusätzlichen Verdienst zu haben, unterstützt wurde. Die vermehrte Anteilnahme der Frauen am Erwerbsleben schuf soziale Probleme, an denen die Regierung nicht vorbeikommen konnte.«[77]

Entsprechend hatte die Oberste Heeresleitung eine neue Devise ausgegeben: »Es gibt ungezählte Tausende von kinderlosen Kriegerfrauen, die nur dem Staate Geld kosten. Ebenso laufen Tausende Frauen und Mädchen herum, die nichts tun oder höchstens unnützen Berufen nachgehen. Der Grundsatz ›Wer nicht arbeitet, soll auch nicht essen‹ ist in unseren jetzigen Tagen mehr denn je berechtigt, auch den Frauen gegenüber.«[78]

Warum Frauen nicht gerade begeistert Arbeitsplätze in Munitionsfabriken annahmen, verdeutlicht schon der Titel der Biographie einer Kölner Munitionsarbeiterin: Gertrud Meyer-Plock (1898-1975, später Kölner KPD-Stadträtin) wurde »die Frau mit den grünen Haaren« genannt, denn an ihrem Arbeitsplatz war sie schädlichen Chemikalien ungeschützt ausgesetzt gewesen.[79]

Für die Sozialdemokratinnen brachte die Mitarbeit in der NFG keine langfristigen, greifbaren Erfolge. Juchacz, die in den für ArbeiterInnen durchaus wichtigen Ernährungsausschuß gewählt worden war und sich dort als Arbeitervertreterin und als Frau Respekt verschafft hatte, blieb »Ausnahmefrau«. Aber auch den bürgerlichen Organisatorinnen war klar, daß die erlangten Positionen nicht unbedingt auf Dauer zu halten sein würden. Daß dennoch die Hoffnungen der Frauen auf eine dauerhafte Erweiterung ihres Handlungsspielraumes gerichtet waren, zeigt ein Kommentar von Luise Wenzel, in dem sie betont, auf den bisherigen Erfahrungen müsse neu aufgebaut werden, nicht nur für Kriegs-, sondern auch für Friedenszeiten. Ziel sei die beständige Mitarbeit der Frauen in den städtischen Verwaltungen.[80] Sie schickte auch im Auftrag der Frauen von der Nationalen Frauengemeinschaft Köln schon im Januar 1918 vorsorglich Anträge an entsprechende Stellen, »alle Maßregeln zu ergreifen, die eine Schädigung des Wirtschafts- und Volkslebens durch die Entlassung weiblicher Arbeitskräfte bei der kommenden Demobilisierung verhüten können«, mit der Begründung, selbst wenn alle Frauen, deren Ernährer zurückkomme, sich wieder ausschließlich ihren Hausfrauen- und Mutterpflichten widmeten, blieben doch etwa viereinhalb Millionen Frauen übrig, die bei der Demobilisierung arbeitslos dastehen würden.[81]

Die Beratungsstelle am Domhof wurde übrigens nach 1918 nicht aufgelöst, sondern langfristig in einen karitativen Verein umgewandelt (Domhof e.V.).

Vier Museen liegen hier in unmittelbarer Nähe, sie sind täglich außer montags zur Besichtigung geöffnet:

(6)

Das **Wallraf-Richartz-Museum** stellt schwerpunktmäßig männliche Weltkunst aus mehreren Jahrhunderten aus (Mittelalter bis 1900; u.a. die sogenannte »Kölner Malerschule«) – es dokumentiert zugleich den Ausschluß von Frauen aus der Kunst. Es sind hier kaum Kunstwerke von Frauen ausgestellt oder auch nur im Depot vorhanden. Interessant sind Porträts von Kölnerinnen aus dem Spätmittelalter, Kölns ökonomischer Hoch-Zeit.

(7)

Das **Museum Ludwig** unter demselben Dach ist eine Dauerschau moderner Kunst (20. Jh.) mit einem Schwerpunkt auf der Pop-Art, einer oft chauvinistischen Kunstrichtung. Über die Berücksichtigung von Malerinnen in diesem Museum gibt ein Artikel von Marion Kranen Auskunft.[82] Der Museumsshop und die Katalogtheke bieten die Möglichkeit, sich einen guten Einblick in die verschiedenen Ausstellungsteile und die regelmäßigen Sonderausstellungen der beiden Museen zu verschaffen.

Im Depot des Ludwig-Museums hängen viele spannende Bilder von Frauen, so z.B. diese »Collage« von Louise Rösler von 1951 aus der Graphischen Sammlung.

(8)

Im Flachbau des **Römisch-Germanischen Museums** sind mehrere Aspekte von Frauenleben dargeboten: Im Untergeschoß sind Funde zum Frauenalltag ausgestellt, im ersten Stock sind z.B. lokale Göttinnen (Matronen, Epona) sowie Hinweise auf römische Herrscherinnen aufzuspüren. Schmuckstücke, Keramik und Münzen aus der keltischen, germanischen und römischen Kultur geben Aufschluß über damalige Symbolwelten. Allerdings ist in diesem Haus – wie in den meisten archäologischen Museen – eine rein material- und fundortbezogene Beschriftung üblich; es gibt keine Erläuterungen zu möglichen Funktionen von Gegenständen in kultischen Zusammenhängen oder auch Erklärungen zum Symbolgehalt von Motiven und Mustern (Lunula/Mondreifen, Buckelvasen mit Brustmotiven usw.). Weiblichkeitssymbole sind folglich fast nur mit Vorkenntnissen zu finden. Zur Vorbereitung empfiehlt sich Gerta Wolffs Führer zum Römisch-Germanischen Köln.

Im Römisch-Germanischen Museum stehen interessante Weihesteine, u.a. für die in Köln verehrte ägyptische Göttin Isis mit den Tausend Namen.

Im **Erzbischöflichen Diözesanmuseum** sind die Grabbeigaben eines merowingischen Frauengrabes von ca. 550 interessant – Schmuck und Alltagsgegenstände einer aus dem Boden des alten Domes ausgegrabenen »Prinzessin«. Bisher war hier nur sakrale Kunst seit der fränkischen Zeit zu sehen, inzwischen ist durch Hinzunahme moderner Objekte und Bilder eine spannende Konfrontation gelungen.

*Über den **Roncalliplatz** (im Sommer: Vorsicht vor SkateboardfahrerInnen!) geht es weiter zur Straße **Am Hof.***

Adele Josefine Esser – eine großbürgerliche Kölner Kolonialistin.

Im Haus **Am Hof 20** (heute ein 50er-Jahre-Haus mit WDR-Studios und einer Espresso-Bar im Erdgeschoß) wohnte Ende des 19. Jh.s die Vorsitzende der Frauenvereinigung »Deutscher Frauenverein vom Roten Kreuz für die Kolonien« von 1888, Frau »Geh. Justizrat« Adele Josefine Esser (geb. von Kaufmann, 1845-1919).[83] Diese Dame der höchsten Gesellschaft war auf vielen »paramilitärischen« und kolonialistischen Gebieten tätig. So unterstützte sie kriegshinterbliebene Offizierstöchter des Krieges von 1870-71, beteiligte sich an der Einrichtung eines Erholungsheimes für Rotkreuzschwestern der Kolonien und war Mitglied im »Frauenbund der Deutschen Kolonialgesellschaft«, der seit 1907 existierte.

Eine erste Information über Adele Essers Engagement.

> **310.**   **Deutscher Frauenverein für Krankenpflege**
> **in den Kolonien.**
> Abteilung: Cöln.
> **Vorsitzende:** Frau Geh. Justizrat Rob. Esser, Am Hof 20.

Das Wohnhaus der Essers, die sich um die deutschen »Schutzgebiete« kümmerten – ein bekanntes Stadtpalais (ehemals Brabanter Hof).

Große Teile des Großbürgertums in Deutschland unterstützten die Kolonialpolitik des Kaiserreiches, die darauf gerichtet war, hinsichtlich der Ausbeutung der Rohstoffe fremder Länder auf Kosten der dort lebenden Menschen mit England und Frankreich gleichzuziehen. Und auch die Kölnerinnen aus den »besseren Kreisen« beteiligten sich an den vornehmen Frauen-Kolonialvereinen, deren Ziel es laut einer Selbstdarstellung von 1914 war, »Frauen aller Stände für die kolonialen Fragen zu interessieren« und »Fraueneinwanderung in die Kolonien anzuregen«[84]; dazu gehörte die Vermittlung von »Rat und Tat« an die Frauen, die sich in den Kolonien niederlassen wollten. Fraueneinwanderung vor allem in die afrikanischen Kolonien wurde praktisch unterstützt. »Die Erkenntnis von der Notwendigkeit, auch die Frauen zur Mitarbeit an der Hebung und Förderung unserer Kolonien heranzuziehen«, wie es in einem Aufruf von 1913 heißt, war ein Ausfluß des Rassismus. Die Katholikin Pauline Gräfin Montgelas wies auf einer Tagung zum Thema »Die Frau in den Kolonien« auf die »Notwendigkeit« hin, »unsere Kolonien mit weißen Frauen zu besiedeln und deutsche Heimstätten zu gründen«. Fehle die weiße Frau in den Kolonien, dann »verbreiteten sich ausschweifende Sitten und Gebräuche, die ein Volk demoralisierten und dem europäischen Manne zur Schande gereichten«.[85] In einem Gedicht der in der Kölner Kolonialgesellschaft engagierten Charlotte

Francke-Roesing von 1913 wird dies besonders deutlich:

Und wenn Euch Euch Frauensorge zart umwallet
Und deutsche Sommernacht Euch lind umfängt,
Dann denkt, daß Eure Luft auch Luft gestaltet
Den Brüdern, die Äequators Sonne sengt. —
Der Frauenbund, der Euch zu Gaft geladen,
Steht heute, so wie Ihr, am Scheidenstand
Und zielt für brave, treue Kameraden,
Die fern der Heimat pflügen deutsches Land.
Ihr wißt, wir wollen Ihnen Schwestern senden
Von unverfälschter, echter deutscher Art,
Denn wo sie klug mit weiblich zarten Händen
Rauhfremdes mildern, drückt es minder hart.
Sie sollen mit erobern, kämpfen, bauen —
Fremdland zur Heimat wandeln nur die Frauen.

Doch führt ein weiter Weg von hier nach dorten
Und junge Blumen brauchen treue Hut,
Wer sie verpflanzt aus sichern Heimathorten,
Trägt Sorge für ein anvertrautes Gut.
Daß sie auf langem harten Pfad nicht gleiten,
Ihr Neuland schauen, fröhlich und gesund,
Soll eine Frau sie auf der Fahrt geleiten —
Nach diesem Ziel, seht, zielet heut' der Bund.
Nun helft uns, schließt nicht ängstlich Eure Hände.
Der Tag verglüht. Musik lockt Euch zum Ball.
Es geht der Sommer sacht durch das Gelände
Und im Gezweige schlägt die Nachtigall.
Buntfarbene Lampen schimmern in den Bäumen
Und alles lädt zu sommernächtigem Träumen.

Charlotte Francke-Roesing.

Gedicht für eine Kölner Sponsoring-Veranstaltung für Kolonienbesiedlung – Werbung deutscher Frauen für Afrika zur Garantie »weißen« Nachwuchses.

In ihrer geschlechtlichen Not sollten die guten deutschen Männer nicht »Rassenschande« begehen. Hinter klischierten, halbpornographischen Bildern von der »schönen Wilden«, wie sie zur dieser Zeit durch entsprechende Bücher über Rassenunterschiede (»Rasseschönheit«) verbreitet wurden, verschwand so angenehm, daß viele afrikanische und asiatische Frauen von Weißen – Brüdern, getrennt lebenden Ehemännern oder Vätern der »Kolonialdamen« – vergewaltigt, gefoltert und ermordet wurden.

Gräfin Montgelas führte weiter aus, die Frauenmission in den Kolonien sei nicht allein vorbeugend und verhütend. Von der Frau hänge es ab, ob die Kolonien den Stempel der Heimat trügen, ob auf ihrem Boden wahre Zivilisation zur Entfaltung gelange. Die Frau sei Hüterin der Sitte und Miterzieherin der Eingeborenen. Den Frauen, die nicht in Ausübung ihres hehren Berufes als Gattinnen und Mütter dort hingingen, biete der Eintritt in die Mission eine Berufsmöglichkeit, usw.[86] Nicht zuletzt konnten Frauen – zum Zwecke der Missionierung – am ehesten die Frauen der Unterworfenen ansprechen und sie gegebenenfalls christianisieren: Durch soziales Wirken werde die weiße Frau der schwarzen nahe kommen, am Gefühl der Mütterlichkeit, das auch dieser innewohne, werde sie anknüpfen, um die Brücke bauen zu helfen, die die Frau mit der Frau, die Mutter mit der Mutter verbinde – so die Vorstellung.[87]

Krankenschwestern in Afrika unterstützten mit finanzieller Hilfe die Angehörigen der berüchtigten »Wissmanntruppe«, die 1888 einen ostafrikanischen Freiheitskrieg, den sogenannten Araberaufstand, mit ungeheurer Brutalität unterdrückte.[88] Tausende von Schwarzen wurden abgeschlachtet, gefoltert, starben an Überarbeitung, Hunger usw., aber diese grausige Realität war für die Frauen offenbar kein Thema.

Für Adele Josefine Esser und ihre Kölner Mitstreiterinnen (im Kölner Ortsverein des »Frauenbundes der Deutschen Kolonialgesellschaft« waren 1913 132 Frauen organisiert[89]) ging es darum, die wirtschaftliche und gesellschaftliche Verbindung mit den Kolonisatorinnen zu erhalten, ihnen ein Band zur Heimat zu schaffen und sich vor allem um das »heranwachsende Geschlecht« zu bemühen. »Unser Bestreben ist, das Deutschtum in Afrika zu erhalten und zu pflegen, deutsche Schulen und deutsche Schülerheime in Südwest- und Ostafrika einzurichten und zu fördern, Stipendien zur Berufsausbildung der deutschen Jugend in Afrika zu gewähren, notleidende Witwen und Waisen von Kolonialdeutschen zu unterstützen, Bücher und Zeitschriften an die deutschen Farmer in Afrika zu versenden, junge Mädchen in der kolonialen Frauenschule (...) auszubilden und für deutsche Frauen und Mädchen in Übersee Stellen zu vermitteln.«[90] Die ca. 130 Kölner Kolonialfrauen hielten Benefiz-Galas ab mit musikalischer Begleitung durch Kapellen der Artillerie-Regimenter, sie organisierten Liedvorträge, Büffets und Schießbudenzauber. All das hatte mit der Situation vor Ort wenig zu tun, wichtiger war die Geselligkeit.

Die Vorsitzenden unternahmen erst später, in den 20er und 30er Jahren des 20. Jh.s, selbst Reisen in die Kolonien (Südwestafrika), um sich zu informieren und soziale Einrichtungen einzuweihen, die sie gesponsert hatten.

Adele Josefine Esser und die anderen Frauen der Kolonialvereine unterstützten letztlich eine rassistische Politik, die von einem Herrenmenschentum ausging. Die Kolonialfrauen sind klassische Beispiele für das von Christina Thürmer-Rohr beobachtete Phänomen der weiblichen Mittäterschaft: systematische Funktionalisierung der Frau für die Taten des Mannes: »»Mittäterschaft‹ der Frau meint ihre tätige Verstrickung in die Normalität der Männergesellschaft. (...) Die weibliche Mit-Tat an der zynischen Entwicklung der zivilisatorischen Männergesellschaften steckt – über den jeweiligen

Die nationalsozialistische Familie kämpft auch im Süden für neuen Lebensraum – der Bund der Kolonialdamen ließ sich problemlos in die NS-Politik integrieren.

historischen Wandel seiner Erscheinungen hinaus – in den ›normalen Eigenschaften‹ des weiblichen Sozialcharakters, der die prinzipielle Bejahung des Mannes und seiner Welt sicherstellen will: die spezifisch weibliche Akzeptanz der Täter. (...) Ihr Beitrag als Hausgenossin und Liebhaberin des Mannes, als Teilhaberin und Zuarbeiterin, als Mit-Funktionierende und Männer-Tat-Bejahende, als Protektorin männlicher Vorhaben, Muse männlicher Entwicklung, sorgende Stütze, akzeptierende Mitdenkerin oder Schweigerin, als Dulderin und damit auch Trägerin männlicher Überbewertung und eigener Ich-Losigkeit macht sie zu einem ebenso ausgegrenzten wie zugehörigen Teil des Subjekts der Geschichte; einem Teil, dessen fragwürdiges Gewicht hinter dem Schwergewicht des Mannes verschwunden erscheint.«[91]

Offensichtlich hatte die bisherige gesellschaftliche Randposition der Frauen nicht dazu geführt, daß sie ein ausgeprägtes Empfinden für andere Menschen in Unterdrückungsverhältnissen entwickelten!

Die Frauen-Kolonialvereine haben bis in die 30er Jahre bestanden – erstaunlich angesichts der Tatsache, daß Deutschland seit dem Versailler Vertrag von 1920 gar keine Kolonien mehr besaß –, in dieser Zeit forderten die Frauen die Rückgabe der Kolonien, natürlich im Interesse der Eingeborenen![92] Sie waren gut in die neue Weltmachtpolitik integrierbar; 1930 hielten Mitgliedsfrauen Vorträge über das starke Aufleben des kolonialen Gedankens in Deutschland; 1933 schloß sich der Frauenbund der Deutschen Kolonialgesellschaft dem »Reichskolonialbund« bzw. der Deutschen Frauenfront an.

(11)

*Weiter die Straße **Am Hof** in Richtung Rhein hinuntergehend kommen wir zum **Haus Nr. 36**.*

Im ersten Stock der Frauen-Klub, im dritten Stock Appartments für alleinstehende Frauen – von 1910-1928 war der Klub Schauplatz ungezählter Veranstaltungen zum Thema »Frau«.

Briefkopf des Klubs.

Kölner Frauen
Am Hof   KLub   Telephon
36   5198 A

Hier trafen sich seit 1910 engagierte Frauen der »besseren Kreise« im sogenannten »Kölner Frauen-Klub e.V.«, der von Vertreterinnen Kölner Frauengruppen bei einer Versammlung im Isabellensaal des Festhauses Gürzenich im Dezember 1905 gegründet worden war.[93] Vereinsziel war es, »gemeinnützigen, sozialen und ethischen Zwecken zu dienen«.[94] 1888 war in Berlin der erste solcher Damenclubs gegründet worden, und eine der Initiatorinnen, Maria von Leyden, erinnert sich 50 Jahre später: »Mein Leitgedanke bei diesem Unter-

Der Vorstand und Vereinsrat des Kölner Frauenklub E. V.

∾∾∾

Frl. Altenkirch
Frau Paul Andreae
III. Vorsitzende
Frau Dr. Bredt-Schmalbein
Frl. Emilie Bürgers
Frl. Anna Caspary
Frau Max Charlier
Frau Dr. Cramer
Frl. Dawson
Frau Karl Deichmann
Frau Prof. Eckert
Frau von Engelken
II. Vorsitzende
Frau L. Frank
Frau Fr. Fremery
I. Vorsitzende
Frau Dr. Fulda

Frau Dir. Gruenwald
Frau Arn. von Guilleaume
Frau Komm.-Rat Max von Guilleaume
Frau Komm.-Rat Louis Hagen
Frau Ida Harff
Frau E. Hennicke
Frau H. Hoffmann-Stahr
Frau Reg.-Rat H. Jüttner
Schriftführerin
Frau Ernst Koenigs
Frau A. Liehmann
Frau Geheimrat Leichtenstern
Frau Baronin von Lüttwitz

Frau Otto Meurer
Frau Henry Minderop
Frau Baronin S. A. von Oppenheim
Frau Robert Pelll
Frl. Wally Schausell
Frau Prof. Schröer
Frau Prof. Siegert
Frau Gen.-Musikdir. Steinbach
Frl. Selma Steinkauler
Frau Geh.-Rat Trlest

Frl. Dr. Turnau
Frau Geh.-Rat Julius Vorster
Frl. Ida Wagner
Frau Oberbürgermeister Wallraf
Frl. M. Wegner
Frl. Louise Wenzel
Frl. Maria von Wittgenstein
Frau Hans Zanders
Frau Reg.-Rat Zschirnt

nehmen war, einen neutralen Boden zu schaffen,
auf dem die Frauen der verschiedensten Kreise
und der verschiedensten Anschauungen sich treffen sollten, um füreinander Verständnis zu gewinnen und Vorurteile zu beseitigen, denn damals
waren die Salons der ›Dame‹ den kämpfenden
Frauen verschlossen, und die aus der Enge her-
ausstrebende ›Frau‹ blickte mit Nichtachtung auf
die nur den häuslichen und geselligen Pflichten
lebende ›Dame‹ herab.«[95]

Den Kölner Gründerinnen schwebte vor, allein-
stehenden und berufstätigen Frauen einen »Sam-
melpunkt zu schaffen, wo sie das Behagen eines

Heims, gegenseitigen Anschluß und geistige Anregung finden könnten«.[96] In Zeiten, in denen es nicht standesgemäß oder schicklich war, allein über die Straße oder auch zu mehreren Frauen in ein öffentliches Lokal (es sei denn in besondere »Damenräume«) zu gehen, schufen sich privilegierte Kölnerinnen Orte, um sich zwanglos zu treffen, um gemeinsam zu Mittag zu essen und um über Sitzungsräume für kleinere Vereine ohne eigene Tagungslokale zu verfügen. So war der Frauen-Klub Gründungs- und Tagungsort des »Stadtverbandes Kölner Frauenvereine«.[97] Mitglied konnte laut Kölner Satzung zwar »jede weibliche Person werden, die das 18. Lebensjahr erreicht hat«, doch nennt eine SpenderInnenliste von 1906 bezüglich der Einrichtung und Ausgestaltung der ersten Räume (Neumarkt 18) zunächst einmal eine ganze Reihe von Frauen aus Millionärsfamilien, wie Frau Guilleaume, Frau Stein, Frau Robert vom Rath, Frau Farina, Frau Deichmann, Frau Oppenheim, Frau Joest und Frau Tietz u.v.a.[98] Dazu kamen (ebenfalls reiche) Frauen, die sich aktiv für politische Forderungen wie das Frauenstimmrecht, für Mädchenbildung, das Universitätsstudium für Frauen u.a. einsetzten. Dazu gehörte aber auch Mathilde von Mevissen (1848-1924), die anders als ihre Schwestern nicht in die Kölner Salons der High Society eingeladen worden war, weil sie über ein bestimmtes Alter hinaus noch ledig und außerdem eine für Kölner Verhältnisse »radikale« Denkerin war, oder die Kaufmannswitwe Laura Oelbermann (geb. Nickel, 1846-1929), eine unglaublich reiche Protestantin, die sicher viel konservativer war als Mathilde von Mevissen, die aber viel Geld für Stiftungen ausgab, die zum großen Teil den Kölner Frauen und vor allem Mädchen zugutekamen.

Nach den wenigen überlieferten Zeugnissen (Fotos der Räume und Veranstaltungshinweise) erscheint es unwahrscheinlich, daß jemals eine einfache Arbeiterin diesen Club betreten hat bzw. ihn betreten sollte. Es wurde sogar diskutiert, ob Frauen aus der Mittelschicht Zugang erhalten sollten. Der Club war reserviert für Aristokratinnen, Ehefrauen hoher Beamter, bekannte Künstlerinnen, begüterte Studentinnen und nicht zuletzt erwerbstätige Bürgerfrauen. Zwar geben die Clubfrauen an, »geringe Mittel« zur Ausstattung der Räume verwendet zu haben, doch meinen sie damit hohe Einzelspenden um die 1000 Mark – von einer solchen Summe hätte eine Arbeiterin monate-, wenn nicht jahrelang leben können.[99] Der Jahresbeitrag von zehn RM, später auf 16 RM erhöht, lag deutlich über den Mitgliedsbeiträgen anderer Vereine, die etwa drei RM betrugen. Dennoch: Am 31.12.1906, ein Jahr nach der Gründung, waren schon 300 Frauen im Club eingeschrieben, bis 1916 wuchs die Zahl auf 575 an.

Frauen, die beitreten wollten, brauchten dazu die Fürsprache einer Mitgliedsfrau. Auch wurde, wie bei einem Aufgebot, der Name der Neuangemeldeten zwei Wochen lang in den Clubräumen ausgehängt, alle eingeschriebenen Frauen hatten Einspruchsrecht. Weibliche Gäste durften gegen Lösung einer Gästekarte und Eintragung in ein Buch eingeführt werden. Männer wurden bisweilen als Vortragende eingeladen. Besonders engagiert waren die Malerin und spätere Professorin an den Kölner Werkschulen, Alexe Altenkirch (1871-1943) und die Vorsitzende des Allgemeinen Deutschen Frauenvereins, Adele Luise Meurer (geb. Beurer, 1852-1923). Vorsitzende waren Frau (Prof.) Schroer, Frau (Generalmajor) Stephan, Frau (Rittmeister) Julie von Engelken (geb. Neven DuMont, 1858-1940) und die Industriellengattin Frau (Kommerzienrat) Andreae.

Von den an Am Hof gelegenen Vereinsräumen gibt es leider keine Bilder, aber eine Beschreibung der Einrichtung der ersten Vereinsräume (am Neumarkt) kann eine Vorstellung von dem Ambiente vermitteln. Der erste Kölner Frauen-Klub verfügte über ein Lesezimmer, eine Bibliothek, die überwiegend Klassiker und Zeitschriften im Abonnement enthielt. Hier lasen die reichen, sozial orientierten Kölnerinnen immerhin »Die Frau« (eine Zeitschrift der konservativen Frauenbewegung), das »Centralblatt für öffentliche Gesundheitspflege« und die »Daily Mail«, oder sie liehen Bücher aus. Weiter gab es ein Speisezimmer, den eigentlichen Salon und ein Badezimmer. Die Schenkungs- und Erwerbsliste im Jahresbericht von 1906 führt die Einrichtung von der Palme über das Klavier bis zum Waschtisch genau auf. Eine »Hauswirtschaft« kümmerte sich um die Beköstigung. Das Mittagessen gab es im Abonnement, was darauf schließen läßt, daß hier vor allem alleinstehende Frauen und später auch Studentinnen aßen. Da diese Räume bald als zu klein galten, ist der Komplex Am Hof eher größer zu denken. Im neuen Haus gab es zusätzlich Wohnungen für alleinstehende Frauen im dritten Stock.

Der Kölner Frauen-Klub stellte Räume zum Zurückziehen, Lesen, Diskutieren, Vortragen bereit. Er war ein Schutzraum in der Stadt, ein Ort zur

Prof. Alexe Altenkirch, seit 1904 in Köln beheimatet, wurde bald zur Förderin des Frauen-Klubs und der GEDOK.

Mitgliedsfrauen empfangen, Veranstaltungen ankündigen...

Entree.

... Sitzungen abhalten, gemeinsam zu Mittag essen, Feste feiern...

Saal

... lesen, Post erledigen, ausruhen, Kontakte knüpfen... – »Ein Treff gebildeter Frauen aller gesellschaftlichen Schichten zu geselliger und geistiger Anregung«.

Bibliothek.

eigenen Ausgestaltung, und er half privilegierten Frauen, sich nach und nach ein öffentliches Leben zu schaffen. Dazu kam kultureller Austausch. Gut besucht waren die Fünf-Uhr-Tees am Freitagnachmittag; da gab es Rezitationen, Liedvorträge von Gesangskünstlerinnen, musikalische Veranstaltungen und literarische Vorträge.

Der Frauen-Klub engagierte sich – ähnlich wie die Herrenclubs – im sozialen Bereich, die Damen veranstalteten etwa Kindernachmittage für Hortkinder aus dem Erwerbslosenheim in der Buschgasse – mit Spenden der Einzelmitglieder. »In dieser Art ist aber die ganze soziale Arbeit des Frauen-Klubs aufgezogen, die Mittagstische für Studentinnen und Künstlerinnen, die Fürsorge für alte Mitglieder, die in Not geraten sind! Echt frauliches Wirken mit dem Bestreben, materielle Hilfe mit Freuden zu bereiten und (mit) persönlicher Anteilnahme zu verbinden!«[100]

Politisches Grundwissen wurde vermittelt. So erfuhren die Damen z.B. am 9.12.1906 eine »Belehrung über den wirtschaftlichen und politischen Aufbau des Staates«, ein andermal informierten sie sich über die »sozialen Pflichten der häuslich tätigen Frau«. Es wurden Führerinnen der Frauenbewegung eingeladen wie Elsbeth Krukenberg, die für die Erweiterung der Mädchenschulen zu Hochschulen für Frauen plädierte.[101]

Die Geselligkeit förderte langfristig die Akzeptanz der Berufstätigkeit der Frau. »Mit der durch den Club gebotenen Annäherung der gesicherten Frau aus dem besitzenden Bürgerstande an die *erwerbende* gebildete Frau, für die die Annehmlichkeiten des neutralen Clublebens besonders geschaffen wurden, dürfte einem der wichtigsten Ziele der Frauenbewegung: *dem Ausgleich der Classengegensätze,* fördernd zugearbeitet werden.«[102]

Inwieweit die noblen Räume auch ein Treffpunkt für »sapphische« Frauen waren, wie damals Frauen genannt wurden, die sich lieber in Frauenkreisen bewegten, ist nicht mehr festzustellen, da über dieses Thema niemals offen gesprochen wurde. Ob einige der Damen in lesbischen Beziehungen lebten, wissen wir nicht. Sicher haben in dieser körper- und sexualfeindlichen Zeit viele Frauen niemals gewagt, den Gedanken an erotische Beziehungen zu Frauen zu äußern. Wir finden jedoch in Köln etliche Lebensgemeinschaften wie die zwischen Luise Wenzel und Anna Caspary, die über Jahre in einem Haus zusammenlebten, oder es gab

Die Londoner Frauenklub-Kultur war ein Vorbild für weitere Gründungen (Honor Club, 1903, Fitzroy Square).

Arbeitsfreundschaften, die sich aus kontinuierlichem Einsatz für die Sache der Frauen ergeben hatten, wie etwa die zwischen Mathilde von Mevissen und Elisabeth von Mumm; beide waren in fast allen wichtigen Frauenvereinen gemeinsam aktiv. Wir werden vielleicht niemals etwas über ihre Emotionen erfahren, aber es ist eine Erfahrung der »Neuen« Frauenbewegung, daß sich lesbische Frauen wesentlich stärker für Frauenthemen, Frauenräume engagieren, selbst wenn sie zum Teil kein persönliches Interesse an den politischen Inhalten der Emanzipationsbewegung haben (§ 218!). Die Sehnsucht nach einem Leben mit Frauen kann sicherlich auch für vergangene Zeiten angenommen werden.

Als nach dem Niedergang des Kaiserreiches ein demokratischer Staat entstand, verlor dieser illustre Club zunächst an Bedeutung; die Weimarer Zeit bot auch den Frauen, die nun mit den etablierten Organisationsformen konkurrierten, größere gesellige Möglichkeiten. Anfang bis Mitte der 20er Jahre gab es nur noch 85 Clubfrauen. In den Zeiten der Geldentwertung mußten auch die Clubetagen aufgegeben werden. Seit Ende der 20er Jahre ist allerdings wieder ein erheblicher Aufschwung festzustellen: 1928 bezog der Kölner Frauen-Klub ein eigenes Domizil in der Albertusstraße 29, das »Clubhaus«. Das neue Heim bot »neben Wohn-, Schlaf- und Wirtschaftsräumen auch die Möglichkeit zur Abhaltung größerer Versammlungen und Festlichkeiten«[103], und der Club hatte wieder 776 Mitgliedsfrauen. 1931 wurde 25jähriges Jubiläum gefeiert. Im Gegensatz zu vielen anderen deutschen Frauenclubs wurde der Kölner Club 1933 nicht sofort zwangsweise aufgelöst. 1937 ist der Frauen-Klub in Grevens Adreßbuch noch mit Else Kessel als erster Vorsitzender und Karola Liedgens als Schriftführerin aufgeführt. 1943 wurde der Köl-

Albertusstaße 13-17: Das clubeigene Haus vor und nach dem Zweiten Weltkrieg, rechts die heutige Ansicht als Johanna-Hesse-Haus, das vom Lyzeumclub verwaltet wird.

Das alte Haus

Das neue Haus

Johanna Hesse – letzte Präsidentin des Kölner Frauen-Klubs vor seiner Vereinigung mit dem Kölner Zweig des Lyzeumclubs.

ner Frauen-Klub dann doch aufgehoben, Haus und Vermögen konfisziert. Die Treffen fanden nun privat bei Johanna Hesse (geb. Bornheim, 1890-1965) in der Piusstraße statt. Sie scharte auch in der Nachkriegszeit die überlebenden Clubfrauen wieder um sich: Obwohl sie selbst noch in Bad Godesberg lebte, gründete sie den Kölner Frauen-Klub 1946 zusammen mit sechs anderen Frauen neu. Im Adreßbuch der 50er Jahre taucht der Club in der Albertusstraße wieder auf: Als Eigentümer sind der Kölner Frauen-Klub und der Kölner Lyzeumclub, eine ähnliche Vereinigung, angegeben.[104] Wie Ankündigungen in der Kölner Tagespresse und Festschriften der 50er Jahre zu entnehmen ist, bewegte sich das Clubleben weiterhin auf recht elitärer gesellschaftlicher Ebene: Es trafen sich Diplomatengattinnen mit Ehefrauen von Männern in hohen Positionen sowie einzelne Alleinstehende, die »Karriere« gemacht hatten. Es werden Kulturveranstaltungen (Nachmittagstees) mit den Gattinnen der Attachés oder Treffen mit Mitgliedern der Bundesregierung geschildert. Ein Schwerpunkt war die Förderung von Künstlern, nach dem Programm zu urteilen wurden jedoch nicht gezielt Frauen unterstützt.

Mit Hilfe der Stadt Köln wurde 1954-56 das Clubhaus in der Albertusstraße wieder hergestellt und das Johanna-Hesse-Haus (nun Albertusstraße 13-17) als Appartmenthaus für alleinstehende Frauen errichtet, das bis heute existiert.

Vor dem ehemaligen Clubhaus Am Hof steht eine der noch erhaltenen Kölner Pumpen, von der aus vorwiegend Frauen (Dienstmädchen) das Wasser in die Haushalte trugen.

*Ein paar Schritte weiter geht die Straße **Unter Taschenmacher** ab und führt uns in Richtung Rathaus.*

An der rechten Straßenecke steht das **Haus Saaleck**, eines der letzten alten Kölner Wohnhäuser, das einen Eindruck vermitteln kann vom Wohnen der reichen Kaufleutefamilien im Spätmittelalter. Kleine Wehrburgen waren damals »in«; typisch für Kölner Häuser ist auch die Eckmadonna, auf Kölsch »Märjenbild«, die als Schutzmantelfigur gestaltet wurde und das Haus und seine BewohnerInnen symbolisch unter ihren Schutz nehmen sollte. Die Fratzen und Masken an den sogenannten Eckwarten (Erkerkonstruktionen) dienen zur Abwehr von Schaden und als Schmuckmotiv.[105]

(12)

Produktionsort, Lagerhaus, Wohnhaus und Arbeits- stätte für das Gesinde: das Haus Saaleck mit der Eckmadonna.

Um die Jahrhundertwende wurde das Haus Saaleck als Geschäftshaus genutzt.

Der Name des Hauses ist seit ca. 1300 überliefert, doch wurde der jetzige Bau um 1460 entworfen (also in der Spätgotik). Die AuftraggeberInnen (Kaufmannsfamilie von Gilse) ließen das Haus offensichtlich in einem mit dem Festhaus Gürze- nich, das am anderen Ende dieses Straßenzuges steht, korrespondierenden Baustil errichten.

Hier mag eine reiche Patrizierin oder eine Kauf- frau gewohnt und vielleicht auch gearbeitet haben, wie wir sie im Zusammenhang mit den Zünften und Märkten noch kennenlernen werden. Im Haus wohnten neben der BesitzerInnenfamilie sicherlich noch Kontorgehilfen, Mägde und manchmal durchreisende Geschäftsleute.[106] Wie haben diese Menschen gewohnt? Edith Wurmbach hat einen Einblick in die Lebensverhältnisse der reicheren KölnerInnen, speziell in das Wohnungswesen und die Bekleidungssitten, gegeben.

Häusliche Szene aus dem 15. Jh. – die Frau sitzt auf einem sogenannten Frauenstuhl.

In Köln setzten sich früher als in anderen Städten Steinbauten durch – diese Bauweise war zunächst nur für Kirchen und öffentliche Gebäude üblich. Im 15. Jh. gab es im Erdgeschoß eines Wohnhauses wie des Hauses Saaleck z.B. die Diele, Verkaufshalle, Warenlager, einige Wohnräume, die Küche (erstmals im deutschen Gebiet ein eigener Raum), evtl. ein Kontor – und die obligatorische Zapfstube. »Weinzapf« war ein Privileg der Kölner VollbürgerInnen, und der Weinkonsum wird dem heutigen Kölsch-Verbrauch wohl mindestens ebenbürtig gewesen sein. Über dem Erdgeschoß befand sich im Haus Saaleck ein Zwischengeschoß, in dem z.B. Schlafzimmer, Gesindekammer oder Vorratskammer eingerichtet waren (sogenannte Hängestuben), wie sie heute bisweilen noch in Eifelhäusern zu finden sind.[107] Drei Obergeschosse dienten Wohnzwecken und, wo nötig, als Speicherfläche, wobei an der Vorderfront des ersten Obergeschosses meist ein Festsaal lag. Die Einrichtung war für

unsere Verhältnisse spartanisch: Bank, Truhe,
Tisch, wenige Stühle und – geschichtlich jüngstes
Möbelstück – ein Bettgestell machten den Grund-
haushalt aus. Freistehende Bänke waren die fle-
xibelsten Möbelstücke. Mit dem Aufkommen verschiedener Stuhlmodelle wurde übrigens auch ein
spezieller »Frauenstoill« entwickelt, ein Stuhl mit
geflochtenem Sitz auf drei Beinen und einem
hohen Rückenpfosten. Bilder von Innenräumen
zeigen oftmals eine Frau vor ihrem Spinnrad – dem
Symbol weiblicher Hausarbeit. Als Material für Eß-
und Kochgeräte wurde in Köln vorwiegend Kupfer
verwendet, aber im Kaufleutehaushalt waren vielfach auch kostbare Gerätschaften aus Gold und
Silber zu finden. Glasgefäße wie auch Glasfenster
waren dagegen in dieser Zeit reinste Luxusgüter –
und das, obwohl Köln in der Römerzeit Zentrum
der Glasindustrie gewesen war![108] Dieses wenige
Glas war anscheinend nicht einmal besonders
kunstvoll angefertigt: »(...) noch im 15. Jh. ist es
meistens grünlich, ziemlich dick und wenig durch-
sichtig.«[109] Im bürgerlichen Wohnhaus gab es entsprechend wenige Glasfenster. Zum Teil wurden
nur in ein winziges Fenster Butzenscheiben eingesetzt, die anderen Fensteröffnungen blieben offen,
was zur Folge hatte, daß es entweder zog oder finster war. Textilien finden sich in vielfältiger Verwen-
dung, z.B. als Tischläufer, Bettzeug und Betthim-
mel bzw. -vorhänge, Handtücher, Vorhänge gegen
die Kälte, Stuhlbezüge, Wolldecken, Wandbehänge
– der Phantasie sind keine Grenzen gesetzt. Die
»Hausfrau« stellte viele Textilien selbst her, andere
wurden jedoch auch gekauft. Die Reinigungsarbei-
ten waren sicher weniger zeitintensiv als heute, weil
es wenig Geschirr, Kleidung und Möbel gab, die
Böden nur gefegt wurden und Keimfreiheit noch
kein Aspekt von Hausarbeit war. Die Eigenproduk-
tion von Nahrungsmitteln und Hausgütern machte
bei den Frauen, die weder Handwerk noch »Kauf-
mannschaft« ausübten, einen guten Anteil des
Frauenarbeitstages aus, aber gerade in Köln wurden fast alle Nahrungsmittel eingekauft.[110]

Das Haus, wie es heute steht, ist ein Wiederauf-
bau aus der Nachkriegszeit; leider wurden die Tore
im Erdgeschoß (für den Warentransport) nicht
rekonstruiert.

An der linken Ecke zur **Bürgerstraße** wohnte in
der **Nr. 24**, im sogenannten **Haus Erfeltz**, im 16. Jh.
Sophia Korth, deren Biographie Andrea Kammeier-
Nebel in einem Aufsatz näher dargestellt hat.[111]
Ihre Lebensumstände sind aus der Perspektive

(13)

ihres Sohnes, des berühmten »Ratsherrn Weinsberg« überliefert.

(14)

Wir gehen jedoch nicht in die Bürgerstraße hinein,
*sondern biegen rechts in die **Kleine Budengasse***
ein.

Rings ums Rathaus, in der **Großen** und **Kleinen**
Budengasse, gab es immer ein großes Bevölke-
rungsgemisch: Einerseits wohnten hier im Mittelalter die Stadtbediensteten und ihre Frauen, z.B. die
»Boten«, Untergebene des »Gewaltrichters«, also
Kölner Polizeikräfte, die den beiden Straßen den
Namen gaben. Daneben residierten die »ganz Reichen« im Haus zum Papagei, im Haus zum Kurfür-
sten, im Haus zum Einhorn usw. In der **Großen**
Budengasse gab es von 1780 bis 1901 eine Bank
bzw. das Palais der Bankiers Oppenheim und
daneben z.B. Weißnäherinnen, Kolonialwaren-
händlerinnen, Büglerinnen, Stellenvermittlerinnen
oder Modistinnen. In Adreßbüchern finden wir auch
Juden und Jüdinnen als TuchhändlerInnen, Delika-
tessenhändlerInnen u.a.m.

(15)

*Wir überqueren die **Kleine Budengasse** – und ste-*
hen vor dem Eingang zu einer der für Köln typi-
*schen römischen Ruinen: dem **Prätorium** (Statt-*
halterpalast). Die Überreste sind gegen eine kleine
Gebühr zu besichtigen, und wer Lust hat, kann sich
hier in diesem Keller kurz ein paar allerdings sehr
bruchstückhafte Weihesteine für einheimische
Matronengöttinnen anschauen. Außerdem ist eine
recht gute Karte zu sehen, auf der alle einheimi-
schen Göttinnenkulte der RömerInnenzeit einge-
zeichnet sind.

Die Kellermauern können umschritten werden.
Stellen Sie sich Wandelhallen, Diensträume und
Laubengänge vor. Die Anlage wurde durch eine
Fußbodenheizung erwärmt. Durch fast 2000 Jahre
war dies der Ort des jeweiligen Regierungszen-
trums: Im ausgehenden 1. Jh. wurde von hier aus
die Provinz Niedergermanien verwaltet; im frühen
Mittelalter wurden die Gemäuer vermutlich als
Königshof benutzt; seit dem Hochmittelalter bis
heute steht an derselben Stelle das Rathaus.
    In einem Nebengebäude dieses römischen
Regierungssitzes wird der Geburtsort der Kölner
Stadtmitgründerin Agrippina (15/16 bis 59 n.u.Z.)
vermutet. Die ambivalente Rezeption dieser für
Köln so wichtigen Herrscherin wird in einigen neue-

ren Beiträgen beleuchtet.[112] Hier nur die wichtigsten Daten: 15 oder 16 in Köln geboren, ließ diese
aufgeweckte römische Patrizierin im Jahr 50 ihren
kleinen Geburtsort in den Rang einer Stadt erheben. Sie konnte dies erreichen, da sie mit dem
amtierenden Kaiser Claudius verheiratet war – und
sie wollte es erreichen, um ihre eigene Stellung zu
demonstrieren und sich ein Denkmal zu setzen.
Agrippina war machtlüstern und soll mehrere Menschen auf dem Gewissen haben. Die Stadtherren
zeigten sich bisher dementsprechend immer eher
ablehnend gegen eine solche Ahnin, die sich letztlich nur vergleichbare Schandtaten erlaubte wie
ihre Zeitgenossen …

In Köln kein Denkmal:
Agrippina d.J. Der Aus-
schnitt aus einer Reliefdar-
stellung aus Aphrodisias
zeigt die Stadtgründerin als
Göttin Fortuna mit dem
Füllhorn.

Wir umkreisen, nach links einbiegend und eine Treppe ersteigend, einen Teil des Rathauses.

(16)

Am neuen Rathaus am **Theo-Burauen-Platz** ist eine abstrakte Schutzmantelfigur »Mutter Colonia« aus den 50er Jahren angebracht. Solche Städte-Allegorien tragen schon seit Jahrhunderten Schutz- und Segensfunktionen wie früher die alten Göttinnen (z.B. auch die Göttin Roma für das römische Köln, dargestellt als Wölfin neben dem Stadtmuseum). Sie waren, da abstrakte mütterliche oder auch jungfräuliche Sinnbilder, leichter akzeptierbar als reale, machtgierige Frauen wie Agrippina![113]

Unter Goldschmied heißt die nächste Querstraße *(über den Theo-Burauen-Platz), die bis zum Festhaus Gürzenich weiterführt.*

Der Jahresbericht der Rechtsschutzstelle spiegelt die brennendsten Themen des alltäglichen Zusammenlebens.

Siebenter Jahresbericht
der Vereinigung
Rechtsschutzstelle für Frauen, Cöln
vom 1. April 1907 bis 31. März 1908.

Sprechstunden: Unter Goldschmied 38 II jeden Montag, Mittwoch und Donnerstag, nachmittags von 5—7 Uhr.
Postadresse nur: Rechtsschutzstelle für Frauen, Cöln.

Die Fälle unserer Rechtsschutzstelle haben sich gegen das Jahr 1906 um 245 vermehrt. Innerhalb 144 Sprechstunden betrug die Gesamtzahl der Besucher: 2290 — der neuen Fälle: 1650. Von den Klienten waren erwerbstätig: 792 — ledig: 424 — verheiratet: 856 — Witwen: 364 — Männer: 6.

Art der Rechtsfälle:

a) Schuldverhältnisse.

Schuld- und Darlehnsforderungen	239
Lohn-, Gehaltsforderungen und sonstige Streitigkeiten aus Dienstverträgen	125
Mietrecht	117

b) Familienrecht.

Ehestreitigkeiten, Ehescheidungen etc.	297
Eheverträge	19
Vormundschaftssachen und Alimentationsansprüche für uneheliche Kinder	208
Unterhaltsansprüche der Eltern	36

c) Erbrecht.

Testaments-, Nachlaß- und Erbschaftsangelegenheiten	149

d) Strafrecht.

Strafrecht und Strafprozeß	71

zu übertragen 1261

---

(17)

Im zweiten Stock im **Haus Nr. 38** an der **Ecke Laurenzgittergäßchen/Unter Goldschmied** war von 1907 bis 1908 die »Vereinigung Rechtsschutz für Frauen« beheimatet. Diese Frauenrechtsberatung war der erste (nichtkonfessionelle) Kölner Frauenverein der sogenannten »ersten Frauenbewegung«, in dem nur Frauen organisiert waren und in dem Frauen anderen Frauen halfen (gegründet 1901). In allen früheren sogenannten »Frauenvereinen« waren Männer nicht nur als Mitglied zugelassen, sondern öfter noch an maßgeblicher Stelle im Vorstand vertreten gewesen.

Die Rechtsschutzstelle arbeitete recht erfolgreich, und 1907 wurden die beiden Mitbegründerinnen und Mitarbeiterinnen, Luise Aline Wenzel (1857-1943) und Marie Classen (ca. 1849- nach 1929) in den Vorstand der inzwischen gebildeten »Stadtcölnischen Rechtsauskunftsstelle für Unbemittelte« delegiert. Bestimmt war es für die beiden Frauen anfangs ungewohnt, neben dem Vertreter des Oberbürgermeisters, den Herren Doktoren, Justizräten, neben Buchdruckern, Konditormeistern, Stadtverordneten und Vertretern der königlichen Regierung zu sitzen und auf die Einhaltung von Fraueninteressen zu achten! Aus den Jahresberichten wird deutlich, wie sehr ihre Arbeit behindert wurde und daß andererseits erst die Initiative der Frauen den entsprechenden städtischen Beratungsstellen »den Weg zu dem Vertrauen des Volkes gebahnt« hat.[114] Luise Wenzel, zu diesem Zeitpunkt 50 Jahre alt, fand immerhin so viel Gefallen an der Politik, daß sie später Mitglied der Nationalliberalen Partei wurde; 1909 stiegen sie und Mathilde von Mevissen als erste Frauen in den Vorstand dieser Partei auf.[115]

Dies ist das Gebiet der ehemaligen Pfarre St. Laurenz. Der heilige Laurenz ist traditionell der Patron der Stadtregierungen. Laurentius hatte sich in der Spätantike lieber von Kaiser Valerian auf dem Feuer rösten lassen, als Schätze, die er vom Papst zur Verteilung an die Armen erhalten hatte, an den Herrscher auszuliefern. Diese Standfestigkeit und Fürsorge für die Nächsten wurde wohl auch von den lokalen Regenten und Magistraten gewünscht.

In dieser illustren Straße wohnten – wie der Name erwarten läßt – über Jahrhunderte Mitglieder der Goldschmiedezunft (14.-18. Jh.), aber auch Ratsherrenfamilien. Für die Laurenzkirche stiftete z.B. das Patrizierpaar Helene Hilgen und Arnold von Brauweiler (13mal Bürgermeister von 1516-1549) eine Kapelle, in der ein gestiftetes Porträt hing, das heute im Wallraf-Richartz-Museum zu sehen ist. Es zeigt das wohlhabende Paar mit seinen zehn Söhnen und zwei Töchtern vor idealtypischen Landschaften.[116] Die Kirche wurde von den

Gleichberechtigte Darstellung des Stifterpaares Arnold von Brauweiler (Bürgermeister) und Helene Hilgen, geb. Bruggen (Gattin), durch Bartholomäus Bruyn d. Ä. (1528).

französischen Besatzern in ein profanes Tabak-
lager umfunktioniert. In der Straße hatten bis ins
20. Jh. hinein verschiedene Wohltätigkeitsvereine
ihren Sitz.

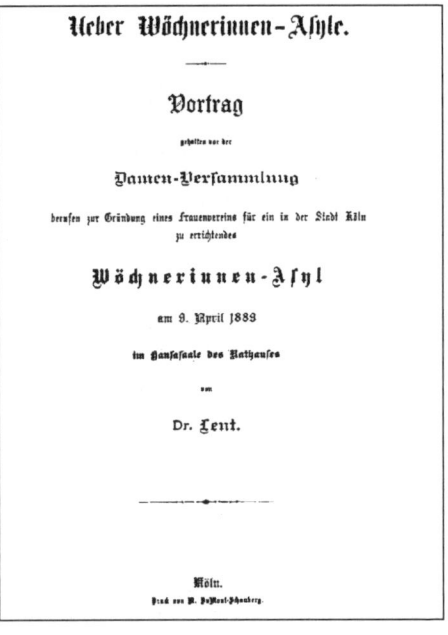

*Im **Haus Unter Goldschmied Nr. 20** zwischen Portalsgasse und Kleiner Budengasse hatten in den
20er und 30er Jahren drei verschiedene (Frauen-)
Vereinigungen ihre Geschäftsstellen: der »Kölner
Hilfsverein für Wöchnerinnen, Säuglinge und Kranke«, das »Komitee für ethische Vorträge« und der
»Verein für Hauspflege«. Die Telefonnummern werden im Adreßbuch von 1933 als städtische Rat-
hausnebenstelle geführt, was auf eine enge Verbindung zwischen Stadt und Frauen schließen läßt. Im
folgenden wird etwas eingehender über die Arbeit
von Frauen zugunsten hilfsbedürftiger Wöchnerinnen und ihrer Säuglinge berichtet; wer diesen Teil
lieber zu Hause lesen möchte, kann den Rundgang
auf Seite 69 fortsetzen.*

Aufruf zu privater Wohlfahrt
durch einen städtischen
Beigeordneten – er führt zur
Gründung eines Heimes nur
für verheiratete Mütter.

Ueber Wöchnerinnen-Asyle.

Vortrag

gehalten vor der

Damen-Versammlung

berufen zur Gründung eines Frauenvereins für ein in der Stadt Köln
zu errichtendes

Wöchnerinnen-Asyl

am 9. April 1883

im Hansasaale des Rathauses

von

Dr. Lent.

Köln.
Druck von B. Hoffmann-Schønberg.

Spezielle Häuser zur Niederkunft für arme Frauen
gab es seit dem Mittelalter; in Köln sollten sich die
Ehefrauen der sogenannten »Armenmeister« offiziell um hilfsbedürftige Kinder und Wöchnerinnen
kümmern, darüber hinaus war durch die Jahrhunderte Privatpflege durch Verwandte und Nachbarinnen oder Betreuung durch die jeweilige Hebamme im Haus der Wöchnerin üblich. Erst mit dem

Anwachsen der Städte im 19. Jh. zerrissen die alten sozialen Bindungen, und es wurde notwendig, entsprechende Institutionen zu schaffen. 1815 entstanden die ersten Wöchnerinnenvereine;[117] in Köln wurden die Damen des Vaterländischen Frauenvereins als erste professionell: Sie luden im Jahr 1889 den berühmten Gemeindearzt Dr. Eduard Lent ein, ihnen über die Vor- und Nachteile von Wöchnerinnenheimen zu referieren. Lent plädierte vor den Damen im Rathaus für die Errichtung einer solchen Fürsorgestelle, die dann auch gegründet und über Jahrzehnte aufrecht erhalten wurde.[118]

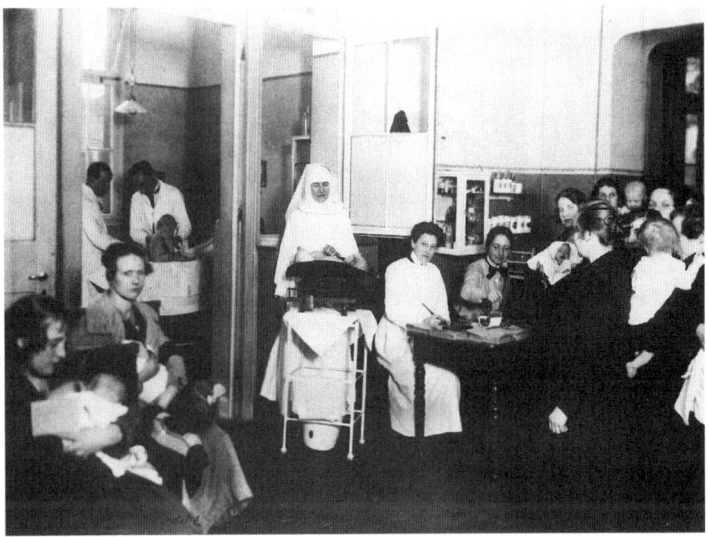

In katholischer Trägerschaft entstanden bei den Pfarreien »Vereine zur Fürsorge für arme Wöchnerinnen«.[119] Die protestantischen Frauen kümmerten sich um die bedürftigen Wöchnerinnen ihrer Gemeinden,[120] und die Ortsgruppe Köln des eher fortschrittlichen »Deutschen Evangelischen Frauenvereins« unterstützte seit 1906 »sogar« uneheliche Wöchnerinnen mit Geld- oder Lebensmittelspenden. Die jüdischen Frauen hatten Fürsorge für ihre Gebärenden in ihren Israelitischen Frauenverein (gegründet 1816) integriert.[121] Daß gerade um die Jahrhundertwende viele neue Vereinigungen zugunsten von Müttern und Neugeborenen entstanden, ist kein Zufall. Hintergrund war die Situation der Betroffenen: In Preußen starben Ende des 19. Jh.s jährlich 5-6000 Frauen am Kindbettfieber; andere erkrankten an langwierigen Leiden und erholten sich z.T. niemals wieder. Auch die Säuglingssterblichkeit war in Köln gegen Ende des 19.

Wöchnerinnen- und Säuglingsfürsorge wurde zu Beginn des 20. Jahrhunderts als eine wichtige bevölkerungspolitische Maßnahme erkannt – im Bild die städtische Kölner Beratungsstelle.

Jh.s mit 15-25 Prozent recht hoch.[122] Bedingt
durch Krankheiten der Atmungsorgane, Verdau-
ungsorgane, durch typische Kinderinfektionen,
durch »angeborene Lebensschwäche«, schlechte
Versorgungsmöglichkeiten oder auch durch gewaltsamen Tod (Kindsmord) starben hier im Jahr
1887 z.B. 250 von 1000 Neugeborenen im ersten
Lebensjahr.[123] Gerade die Unterbringung im Krankenhaus scheint zum Tod vieler Mütter und Säuglinge geführt zu haben; uns heute selbstverständliche Grundlagen der Hygiene wurden dort noch
nicht berücksichtigt. Die Kinder von Industriearbei-
terinnen hatten noch geringere Überlebenschan-
cen, nicht nur wegen ihres gewöhnlich sehr niedrigen Geburtsgewichtes, sondern auch, weil die
Arbeiterinnen, die alsbald an ihren Arbeitsplatz
zurückkehren mußten, kaum Zeit fanden, ihre Kinder zu stillen.[124] Das allgemeine Interesse an dem
Thema Mütter- und Säuglingsfürsorge um die Jahrhundertwende ist auch vor dem Hintergrund der
beginnenden Debatte über Bevölkerungspolitik zu
sehen. Der Begriff »Rassenhygiene« taucht erstmals zu dieser frühen Zeit auf,[125] die Rassenlehre
wirkte als Folge des Darwinismus auf viele Fragen
der Sozialpolitik ein. Und die Musterungsbehörden
stellten fest, daß die Militäruntauglichkeit prozen-
tual immer mehr zunahm.[126] Staat und Stadt waren
natürlich daran interessiert, diese Schwächung
aufzufangen; immerhin war gesunder und ausrei-
chender Nachwuchs eine der Voraussetzungen für
ein funktionierendes Gesellschaftsleben und eine
bezahlbare Sozialpolitik. Mütter- und Säuglingssterblichkeit zu bekämpfen, bedeutete Stärkung
der Stadt wie auch der Nation, Frauen konnten
dadurch zugleich Solidarität mit Frauen und Kindern zeigen und nicht zuletzt endlich einen eindeutig weiblichen Beitrag zum Wohl der Stadt leisten.
Die Frauen der bürgerlichen Frauenbewegung
waren um so eher bereit, sich in der Vorkriegszeit
diesem »besonderen Bedürftigkeitszustand« zu-
zuwenden, als ihnen gerade vermehrte Mitwir-
kungsmöglichkeiten in der Armenpflege zugestanden worden waren (das Armen- und Waisenpflege-
rinnenamt).[127] Bürgerinnen und Stadtverwaltung
schufen zusammen ein Versorgungs- und Unter-
bringungsnetzwerk aus Wöchnerinnenheimen,
Entbindungsanstalten, Krankenhäusern mit Ge-
burtshilfe-Stationen, Säuglingsstationen, Erho-
lungsheimen, Säuglings- und Mütterheimen, entsprechenden Fürsorgevereinen, Krippen, Milch-
küchen usw. 1908 wurde die städtische Zentral-

stelle für Säuglingsfürsorge eingerichtet, bald darauf die Säuglingsmilchanstalt in der Liebigstraße in Betrieb genommen; 1913 stellte die Stadtverwaltung eine (!) Hausarbeitswärterin für Kinderreiche ein.[128]

Einerseits begannen begüterte Damen mit der Errichtung von Wöchnerinnen- und Säuglingsheimen, damit die unvermögenden Frauen nicht länger in den eigenen Wohnungen entbinden mußten. Laut der Volkszählung von 1885 lebten über 9000 KölnerInnen mit bis zu zehn Familienangehörigen in Zwei-Raum-Wohnungen; Kliniken mit Entbindungsabteilungen wurden aber von den betroffenen Frauen nicht gern aufgesucht, weil »es bei den letzteren darauf ankommt, für Zwecke des Studiums Material zu schaffen«[129], – sie waren dort zugleich Übungsobjekte für die zukünftigen Hebammen und Ärzte. Die Wöchnerinnenheime unterschieden sich von den Geburtshilfe-Kliniken, die vielfach Universitäten angegliedert waren, vor allem dadurch, daß bei ihnen der Gesichtspunkt der Fürsorge überwog, während es in den Kliniken vor allem um den medizinischen Aspekt ging. Die betreuenden Frauen richteten ihr Hauptaugenmerk auf die Mütter und erklärten, Kinderschutz ohne Mutterschutz bleibe Stückwerk. »Die Mutter ist die kräftigste Lebensquelle des Kindes und zu seinem Gedeihen unentbehrlich«, hieß es.[130] Gebärende Kölnerinnen sollten eine hygienische »Heimstatt« aufsuchen können, wenn »gesundheitsgemäßes Wochenbett in der eigenen Wohnung unmöglich« war.[131] Die Frauen vom Vaterländischen Frauenverein, dem reichsweit Hunderttausende von Frauen angehörten (in Köln zwischen 330 im Jahre 1906 und 1200 im Jahre 1914), schufen ein im Sionsthal gelegenes Wöchnerinnenheim, das später auf die Severinstraße verlegt wurde und ab 1911 bis in die jüngste Gegenwart hinein in der Alteburgerstraße angesiedelt war. Hier konnten anfangs jährlich 400 Frauen und ihre Neugeborenen verpflegt werden, die Zahl wurde auf fast 1000 gesteigert. Es folgte das Säuglings- und Mütterheim der »Deutschen Gesellschaft für Mutter- und Kindesrecht«,[132] dessen Vorsitzende Alice Neven DuMont war, eine Mitbegründerin des Stadtverbandes der Frauenvereine. Dieses Heim lag in der Südstadt (An der Pauluskirche 3); 1916 folgte als Spende von Laura Oelbermann das »protestantische« Säuglings- und Mütterheim »Auguste Victoria« in der Overstolzenstraße, das ca. 80 Säuglingen und Kleinkindern Platz bot.[133]

Der Wöchnerinnenverein
hatte seinen Sitz in einem
der Rathausgebäude.

Kölner Verein für Hauspflege e. V.
Geschäftsst.: Unter Goldschmied 20.¹ ☎ 210211
(Rathaus-Nebenstelle 2262).

Andererseits traten Unterstützungsvereine wie der
»Kölner Hilfsverein für Wöchnerinnen, Säuglinge
und Kranke« (gegründet 1924) auf den Plan. Die
Wöchnerinnenvereine verfolgten den Zweck, »bedürftigen Wöchnerinnen teils Geldunterstützungen
zu gewähren, teils sie und ihre Familien mit Sup-
pen, sonstiger Nahrung und Wäsche zu versorgen«.[134] Die konkrete Vereinsarbeit bestand
anfangs überwiegend in Hausbesuchen; neben
den zahlenden Vereinsfrauen gab es »pflegende
oder werktätige Mitglieder, die die Pflegschaft für
die in ihrem Bezirk vorhandenen Wöchnerinnen«
übernahmen und die eine »tiefere Beziehung zwischen den Mitgliedern und den Bedürftigen« her-
stellen sollten.[135] Viele konkrete Hilfsmaßnahmen
bezogen sich auf Geld- und Materialbeschaffung:

Satzung des Hauspflege-
vereins.

Satzungen

des

Cölner Verein für Haushaltspflege

eingetragener Verein.

~~~~~~

Zweck des Vereins.

§ 1.

Der „Cölner Verein für Haushaltspflege" hat
seinen Sitz in Cöln. Er soll in das Vereinsregister
eingetragen werden und erhält dann den Namen
„Cölner Verein für Haushaltspflege, eingetragener
Verein". Er ist eine gemeinnützige Einrichtung
und bezweckt die Aufrechterhaltung des durch
vorübergehende Arbeitsunfähigkeit der ·Frau
bedrohten Haushalts.

§ 2.

Unter „Haushaltspflege" versteht der Verein
nicht eigentliche Krankenpflege, diese liegt in
Händen des beruflichen Pflegepersonals, sondern
die Pflege im Hause, wie sie von der Hausfrau
und Mutter ausgeübt wird: <u>Sorge für Haushalt,
Mann und Kinder.</u>

Im ersten Jahr seines Bestehens hat der Verein z.B. unter Vorsitz der oben erwähnten Alice Neven DuMont eine »Aktion Wäschekorb« veranstaltet, bei der große Mengen Bettücher, Säuglingswäsche und Leibwäsche gesammelt und verteilt wurden; neben der Wäsche standen über 700 Kinder- und Krankenwagen zur Ausleihe bereit.[136] Die Vereinsfrauen stellten in großer Zahl »Wandersäcke« und »Säuglingspäckchen« zusammen, die an bedürftige Familien ausgeliehen wurden. Das erforderliche Geld wurde u.a. durch Tombolas im Gürzenich beschafft, an denen sich die Ehemänner oder Väter wie auch Firmen und Banken beteiligten, ferner durch Sondervorstellungen in Kinos und Theatern, zu denen »tout le monde« des Kölner Großbürgertums kam.[137] Diese aufwendige Form der Wohltätigkeit provozierte übrigens schon um die Jahrhundertwende zynische Kommentare von Minna Cauer, einer radikalen »Frauenbewegten«: »Der Basarbazillus ist bis in die kleinsten Orte gedrungen. Man will irgend etwas ›gründen‹, man will etwas ›tun, sich betätigen‹. Schnell wird ein Komitee zusammengewählt, Frauen mit gesellschaftlicher Stellung oder mit Glücksgütern gesegnet sehen sich veranlaßt die führende Rolle zu übernehmen. Eine beispiellose Arbeitsleistung glauben

Der Vorstand des Hauspflegevereins vereint einen illustren Personenkreis.

sie auszuführen, indem sie für einen Abend oder wenige Tage alles aufgeboten haben, um einige tausend Mark zu schaffen, – Toilettenkünste, kostbare Kostüme, Buffets, Tanz, Aufführungen müssen herhalten, um Anziehung auszuüben; (...) und das alles oftmals im Namen Gottes und des Heilands, der die Nächstenliebe so herrlich in dem einfachen Satz gekennzeichnet hat: ›die linke Hand soll nicht wissen, was die rechte tut.‹‹[138]

In den 30ern wurde der Hilfsverein von Claire DuMont angeführt; Schatzmeisterin war 1934 Lilli Suth, Schwester des bis 1933 amtierenden konservativen Oberbürgermeisters Konrad Adenauer und Ehefrau des Stadtkämmerers Willi Suth. In dieser Zeit flaute der anfängliche Elan etwas ab. Ursprünglich war der Gedanke gewesen, daß die Vereinsfrauen persönlich Hilfe leisteten, nun aber war es die Regel geworden, daß sie ihre Verpflichtungen durch Jahresbeiträge ablösten und der Vorstand oder die Bezirksvorsitzenden irgendeine Person oder Anstalt gegen Entgelt mit der Hilfeleistung vor Ort betrauten.

Im Gegensatz zu den meisten fortschrittlichen Organisationen überlebte der Verein die Anfänge der Nazizeit; noch 1936 ist er im Adreßbuch erfaßt.

Wenn eine Gebärende heute nach einer ambulanten Entbindung keine geeignete Pflegeperson hat, kann sie sich von der Krankenkasse eine Haushaltshilfe bezahlen lassen. Ging zu Beginn des 20. Jh.s eine Frau ins Wöchnerinnenheim, so mußte sie die Familie allein lassen. Der »Cölner Verein für Hauspflege e.V.« entstand Anfang 1913 und schuf die Grundlagen für eine Versorgung der Familie, indem er »Hauspflegerinnen« in die Haushalte schickte, bis die Mütter völlig wiederhergestellt waren. Der Verein residierte zunächst im Stadthaus in der Gürzenichstraße, in den 20er Jahren dann hier im ersten Stock dieses Rathausgebäudes. Die Zusammenarbeit mit dem »Hilfsverein für Wöchnerinnen« lag angesichts der inhaltlichen Verwandtschaft der Arbeitsfelder nahe. Hauspflege war Sorge »für Haushalt und Kinder einer niederkommenden oder erkrankten Frau sowie deren Pflege durch meist in Krankenpflege ungeübte, in einfacher Haushaltsführung erfahrene Hauspflegerinnen, also hauptsächlich Ersatz der Arbeit der erkrankten Hausfrau und Mutter«[139]. Grundsätzliche Linie war der Erhalt der Familie – konkret: Es sollte verhindert werden, daß die Ehemänner in solchen für sie unangenehmen Situationen tageweise oder gar dauerhaft fortgingen. Viele Frauen wären ohne die Hauspflegerin gezwungen gewesen, gleich nach der Geburt aufzustehen und Wäsche zu waschen, zu kochen und einzukaufen, und das wäre die Gesellschaft letztlich teurer zu stehen gekommen. Im ersten Arbeitsbericht wird die konkrete Arbeit beschrieben: Die Fürsorge geschah in der Weise, daß ältere, in der Hausarbeit erfahrene Frauen gegen Entgelt in die betreffenden Haushalte geschickt wurden, um dort das Essen zu bereiten, die Kinder zu beaufsichtigen und überhaupt den Haushalt in Ordnung zu halten. Die zu betreuenden Familien meldeten sich im Vereinsbüro, und ihre Berechtigung wurde dort geprüft. Die Vereinsdamen erledigten außerdem vor allem die Verwaltungsarbeit und überwachten bzw. ergänzten die Tätigkeit der Pflegerinnen in den Familien. Die Kosten teilten sich städtische Ämter, der Verein, Krankenkassen, und gegebenenfalls – aber selten – zahlten die Familien selbst. In Köln erstatteten die Krankenkassen pro Betreuungsfall einen Pauschalbetrag an den Verein für Hauspflege. Dieses »Teilungsmodell« galt als besonders progressiv.

Auch bezüglich der Hauspflege gab es Vorläufervereine, bevor Damen der nichtkonfessionellen Vereine sich des Themas annahmen: »Es bestanden bereits verschiedene konfessionelle Vereine, wie die Elisabethenvereine, die (evangelische) Frauenhilfe usw., die Hauspflege auf Stunden gewährten, soweit es in ihren Kräften stand. In dem umfassenden Maße aber, wie unser Verein arbeiten wollte und sollte, hatte bisher auf diesem Gebiet keine andere Fürsorgeeinrichtung in Cöln gewirkt«, lautet ein Passus des Geschäftsberichtes.[140] Auch diese Art der Fürsorge ersetzte früher selbstverständliche Nachbarinnenhilfe – ältere soziale Auffangsysteme griffen in der inzwischen anonymen Metropole nicht mehr (Pfarrei-Ebene, Zünfteverband, Bruderschaften usw.), und Krankenversicherungen waren noch kaum verbreitet. Hauptzielgruppe waren verarmte Handwerkerfrauen und Arbeiterinnen. Ab 1914 war die Unterstützung vaterloser Familien zwingend, aber auch in späteren wirtschaftlichen Krisenzeiten waren die Kompetenz und Kapazität der Vereinsdamen gefragt. 1931 hieß es gar in der sozialdemokratischen Zeitung: »Die Arbeit des Kölner Hauspflegevereins befindet sich im Stadium langsamer Leistungssteigerung. Ihr Wert beginnt sich gerade in unserer Wirtschaftsmisere rundzusprechen.«[141] Die großbürgerlichen Leiterinnen hielten jedoch den Kontakt mit den Proletarierinnen und armen Handwer-

Kollwitz-Bilder geben Einblick ins Geschlechterver-
hältnis. (Sexuelle) Gewalt
von Männern gegen Frauen
wird auch in Köln seit Jahrhunderten aktenkundig –
eine Konstante patriarcha-
ler Geschichte.

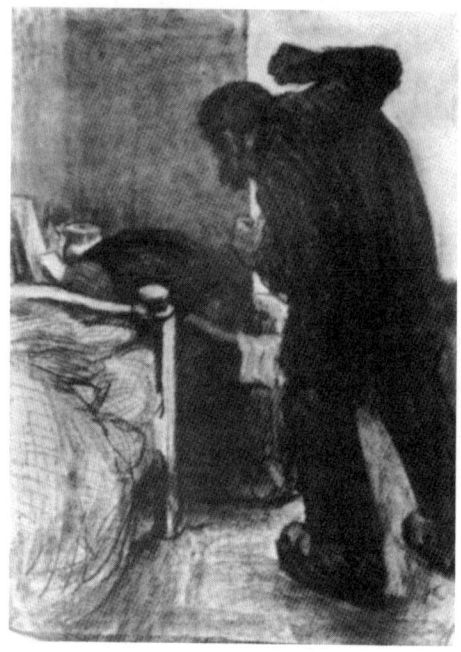

kerfrauen begrenzt.[142] Letztlich diente der Verein
auch Männerinteressen: »Mit Einsetzen des Waf-
fenstillstandes, der die Schar der Ehemänner wieder nach Hause brachte, trat die eigentliche Aufgabe der Hauspflege, dem Ehemann Heim und
Familie zusammenzuhalten, wieder in den Vordergrund, und so war ab Ende November 1918 die
Nachfrage nach Pflege stark im Steigen begriffen
(…).«[143]

Im Laufe der Jahre wurde ein umfangreiches
Kurs- und Schulungsprogramm in Nähen, Kochen,
Säuglingspflege usw. aufgebaut. 1920 hatte der
Cölner Hauspflegeverein 480 weibliche und männliche Mitglieder. Erste Vorsitzende war – wie in so
vielen karitativen Vereinen – die Ehefrau des jewei-
ligen Oberbürgermeisters (in den Anfangsjahren
Frau Wallraf); weitere Damen des engeren Vorstan-
des waren die wiederholt auftauchenden »Gattinnen« Frau (Alfred) Tietz, Frau (Robert) Peill und Frau
(Richard) von Schnitzler sowie Frau (Simon) Herz-
bach; in der Gründungsphase waren auch noch
Herren im Vorstand: ein Arzt und ein Beigeordneter
der Stadtverwaltung (Dr. Lohmer und Dr. Greven).
In den 30er Jahren wurde der Verein von Clara A.
Decker professionell geleitet. 1928-31, zu einer
Zeit, in der andere Frauenvereine viele Mitglieder
verloren, hatte er immerhin noch ca. 400 aktive Mitglieder.

Städtische und private

Wohlfahrtseinrichtungen

der Städte

Cöln,

Mülheim am Rhein und Kalk.

———

Herausgegeben von der
Vereinigung „Rechtsschutzstelle für Frauen, Cöln".

———

Zusammengestellt
von
Mathilde Scholl.

Cöln,
Selbstverlag der Vereinigung
„Rechtsschutzstelle für Frauen, Cöln"
1 9 0 5.

Das »Stadtbuch«
der Jahrhundertwende –
verantwortet von der
Frauenrechtsschutzstelle
(Buchankündigung).

Nicht ganz eindeutig ist der Vereinszweck des im selben Haus untergebrachten Vereins »Komitee für Ethische Vorträge«, dessen Vorsitzende 1934 Claire DuMont war, die sich auch lange Jahre im Wöchnerinnenverein engagiert hat. Die auch »ethisches Komitee« genannte Organisation war ein weiterer Wohlfahrtsverein, diente laut Selbstdarstellung von 1922 der »Unterstützung verschämter Bedürftiger«, eine Bezeichnung, die wir eher im Mittelalter vermuten würden ... Als Zweck wird aufgeführt: Veranstaltung von jährlichen Vorträgen »zum Zweck der Charakterbildung und zur Hebung des Deutschtums«.[144] Die Vorträge werden wahrscheinlich einen rassetheoretischen Hintergrund gehabt haben.

*Wir überqueren die Straße **Unter Goldschmied** und die **Salomonsgasse** nach links und betreten den Innenhof von Kölns (heute) teuerstem Wohnkomplex, genannt **An Farina**.*

(20)

Der Charakter einer noblen Gegend hat sich hier über die Jahrhunderte erhalten. In dem großen Hof mit prächtiger Begrünung steht seit den 1980er Jahren ein Brunnen zum Thema: »Kölner Frauen im Wandel der Zeiten«. Die Künstlerin Anneliese Langenbach hat hier reliefartig zehn (vom Stadtmuseum) relativ beliebig ausgewählte Frauen aus verschiedenen Jahrhunderten abgebildet: Römerin, Ubierin, Fränkin, Hl. Ursula, Jüdin, Magd, Italienerin, Holländerin, Preußin und Kölnerin der Gegenwart. Rieselndes Wasser hat einen tristen Moosbezug über die ehemals bunten Terrakottafiguren gelegt. Der große Blumenkranz zu ihren Häuptern rückt die Frauen in den Bereich des Pflanzenhaften und Lieblichen. Diese Frauengestalten haben – bis auf die Römerin (Agrippina) – keine Geschichte und keine Zukunft, sie sind keine Symbole des Aufbruchs, sondern verharren in einem quasi-naturhaften Sein. Vom Leben, Wirken und Lieben der oft recht frechen und unkonventionellen Kölnerinnen wird leider nur wenig vermittelt. Auch stehen die Frauen eher unverbunden und statisch nebeneinander. Sollen wir froh sein, daß hier überhaupt einmal Frauen aus der 2000jährigen Stadtgeschichte gezeigt wurden?[145]

Als nächstes steuern wir das **Rathaus** *an; auf dem Rathausplatz gibt es Bänke zum Hinsetzen, Lesen, Umschauen. Die folgenden Seiten handeln vom Rathausplatz, dem Rathaus selbst und seinem Schmuck, den Funktionen und Aufgaben des Rates – und natürlich von den Frauen: Hatten sie Einfluß und Rechte, und wenn ja welche? Wie entwickelte sich im Laufe der Jahrhunderte das Verhältnis von Frauen und Politik?* *Der Rundgang geht weiter auf Seite 100.*

Der Rathausplatz zur Zeit des Biedermeier – ein verschlafener Ort…

Stadthaus-Platz in Cöln.

Im Mittelalter war der **Rathausplatz**, ebenso wie der Domhof, völlig zugebaut, zwischen ihm und Unter Goldschmied gab es zwischen den Bauten sogar noch ein weiteres Sträßchen, das Jerusalemsgäßchen, und eine »Rathauskapelle«. »Einen geschlossenen Charakter erhielt der Platz insbesondere durch die Errichtung der Tore an den drei auf ihn mündenden Straßen, die als Sicherheitsmaßnahme gegen einen Überfall auf das Rathaus auf militärischen Vorschlag hin erfolgte.«[146] Der Rathausvorplatz war, ebenso wie ein ummauertes Areal um Kirchen oder Gerichtsstätten, ein rechtlicher »Sonderbezirk«; Verbrechen auf diesen Plätzen wurden besonders hart geahndet. Nach alter Vorstellung sollte es vor christlichen Kultstätten wie vor Regierungsgebäuden einen Asylbereich geben, einen speziellen Schutz- und Friedensbereich, eben die »Immunität«. Zugleich war der Platz hoheitliches Gebiet. Es war verboten, sich ohne Anlaß zu »vergaddern« (versammeln).[147] Jegliche Form von Aufruhr war der Stadtregierung verhaßt – der Rat hatte gerade in der frühen Neuzeit offensichtlich große Angst vor Verschwörungen.

Hungerschlange 1917

Natürlich war dieser Rathausplatz dennoch ein zentraler Ort genehmigter und nicht genehmigter Protestaufmärsche – und auch schon bevor Frauen einen Zugang zur politischen Macht erhielten (1918/19), spielten sich hier Frauen-Demonstrationen ab. So z.B. im März 1916, als sich – mitten in der Nahrungsmittelkrise des Ersten Weltkrieges – Frauen überwiegend aus Ehrenfeld in der Nähe des Domes versammelten, um mit dem nur allzu berechtigten Anliegen einer Verbesserung der Ernährungslage zum Rathaus zu ziehen. Wir kennen dieses Ereignis nur aus der Polizeiperspektive.

In Köln gab es während des Ersten Weltkrieges wie in vielen anderen Städten aufgrund der mangelhaften Ernährung Protestaufmärsche. Hier eine »Hungerschlange« aus Frauen und Kindern (nicht aus Köln).

Der kommissarische Polizeiinspektor Pohlmann berichtete nämlich am 17.3.1916: »Ich begab mich nun mit den Polizeiwachtmeistern Rautenberg und Neuhoff und dem Schutzmann Kassubeck zum Rathaus, vor dem ich etwa 400 Frauen (evtl. Tippfehler: es waren eher 40, d. Verf.) und eine Menge Neugieriger vorfand (...). Soweit ich heraushören konnte, wollte aus dem Aufzuge heraus eine Deputation zum Herrn Oberbürgermeister gehen und ihm ihre Wünsche bezüglich der Lebensmittelfrage vortragen (...). Ich drängte mich bis zur Rathaustüre durch und forderte die Menge 3 mal auf, auseinanderzugehen. Die Frauen gingen dann, wenn auch widerwillig, zum Teil langsam und johlend auseinander. (...) Auf mich machte es den Eindruck, als ob die Ansammlung vorher besprochen und von irgend einer Stelle, vielleicht vom sozialdemokratischen Verein, angeordnet war.«[148] Ein Kollege (er spricht von etwa 100 Beteiligten) ergänzte: »Sie waren fast sämtlich ohne Hut und trugen Körbe oder Markttaschen«, was er merkwürdigerweise als Indiz dafür nahm, daß die Frauen verabredet gewesen waren.

Heute ist der Rathausplatz eine relativ tote Gegend: Außer bei Hochzeiten, Stadtbesuchen und Demonstrationen ist wenig vom Alltag und den Lebenszusammenhängen der BürgerInnen spürbar, über die hier regiert wird. Bisweilen demonstrieren Gruppen von Müttern, um sich einen Kindergartenplatz zu erkämpfen …

Den ersten Blick auf das **Historische Rathaus** zieht die **Rathauslaube** aus dem 16. Jh. auf sich – sie gilt als bedeutendstes Renaissancebauwerk der Rheinlande und ersetzte eine hölzerne Freitreppe. Vom Rathausbalkon aus verkündeten die Bürgermeister vom Mittelalter bis zum Ende der freien Reichsstadt (1794) sogenannte Morgensprachen, um die Ratsbeschlüsse und Grundsätze der Verfassung, des Rechts- und Polizeiwesens bekanntzugeben.[149] Bei aktuellen Anlässen wie Krieg und Fehde wurde »das Volk« von hier aus informiert.

In dem Schmuck am Rathausgebäude wurden von Anfang an männliche Leistungen gefeiert: Medaillons und Inschriften an der Frontseite ehren Cäsar, Augustus, den Feldherrn Agrippa, Konstantin, Justinian und andere – mächtige Vertreter weltlicher Macht werden als Förderer und Patrone gezeigt. Die Mitbegründerin Kölns, Agrippina, fehlt in dieser Riege.

Drei Reliefs von 1573 zeigen Szenen mit Löwenbezwingern und feiern den Mut der männlichen

Helden. Wie in vielen Städten, so gibt es auch in Köln eine Sage, die von einer Tierbezwingung erzählt: 1262 gab es – wie schon seit Jahrzehnten – Auseinandersetzungen zwischen dem Bürgermeister und dem amtierenden Erzbischof. Der geistliche Herr, der als Haustier einen Löwen hielt, und zwei ihm Ergebene hatten den weltlichen Oberen, den tapferen Hermann Gryn, eingeladen, bei ihnen zu speisen. Nach dem Mahl stießen die Gastgeber ihren Gast in den Käfig zu dem Tier, das sie recht kurz gehalten hatten und das entsprechend hungrig war. Der listige Bürgermeister war jedoch nicht ahnungslos gewesen, er reagierte blitzschnell und streckte das Biest mutig nieder. (Im Inneren des Rathauses gibt es den sogenannten **Löwenhof**, auf dem der sagenhafte Kampf stattgefunden haben soll.) In dieser Sage und ihrer Darstellung am Rathaus äußert sich der Wunsch der BürgerInnen, der Erzbischof selbst, der auch weltlicher Stadtherr war, möge von seinen bisher unterlegenen Gegnern überwunden werden. Der Kampf mit einem königlichen Untier ist ein altes Motiv der Mythologie.[150] Die Leistung eines Heroen (Körperkraft) verwandelt Natur in Kultur/Stadt. In Köln richtete sich der symbolische Löwenkampf gegen die bestehende Ordnung, gegen die übermäßige Macht des Territorialherrn. Diese Hierarchie war überlebt, sie verhinderte die freie Entfaltung der neuen, bürgerlichen Kräfte: der Patrizier (Kaufleute) und der Zünfte (Handwerker). Viele Städte kämpften im 13. Jh. um mehr Rechte gegenüber den bisherigen Herrschern, es ging um die Entscheidungsrechte über Krieg und Frieden, Bündnisse, Steuern, Zölle, Vermögensverwaltung, die Vereinheitlichung von Maßen, Gewichten und Münzen, um Marktaufsicht, die Ernennung und Kontrolle von Amtsträgern, kurz alles, was für Handel und Handwerk von vorrangigem Interesse war.[151] 1288 in der Schlacht von Worringen wurde der Erzbischof als weltlicher Stadtherr von Köln entmachtet, ein Rat mit zwei Bürgermeistern an der Spitze trat sein Erbe an, und die Kölner Patrizier wurden die neuen Herren; die Sage vom Sieg des (patrizischen) Bürgermeisters über den bisherigen Herrscher über Köln rekurrierte auf diese Machtergreifung durch eine Gruppe privilegierter Bürger.

Auf der Schmuckfassade des Rathauses sehen wir weiter eine Justitia-Allegorie – Justitia schwebt über den irdischen Dingen und suggeriert die Vorstellung von der guten, weil gerechten Regierung: Der Rat wird nicht parteiisch entscheiden.[152] »Das

Schwert der Gerechtigkeit bezeichnet die Fähigkeit der Menschen, zwischen einer Sache und einer anderen zu unterscheiden, das Richtige vom Falschen zu trennen, die Wahrheit von der Unwahrheit, Ja von Nein.«[153]

Im Gegensatz zu heroischen Frauengestalten des Altertums, die das Schwert ergriffen und selbst benutzten (z.B. Judith aus dem apokryphen Buch des Alten Testaments, die Holofernes enthauptete), waren Allegorien bewaffneter Frauen im Mittelalter eher Sinnbild ihrer Unterlegenheit, frei nach dem Motto: »Der Sieg eines Mädchens spricht um so deutlicher für die Gerechtigkeit einer Sache, weil sie schwach ist.«[154] Die Mythenforscherin Warner fährt fort: »Da das weibliche Geschlecht bei Bezeichnungen für Tugenden vorherrscht, scheint es so, als habe die Tugend das Monopol auf die Darstellung in Frauengestalt.«[155]

Das Historische Rathaus bestand zunächst aus einer Aneinanderreihung von kleinen Bauten und macht bis heute keinen geschlossenen Eindruck. Mitte des 12. Jh.s stand hier das Haus der »Richerzeche«, der mächtigen und reichen Kaufleute, es

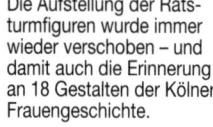

Die Aufstellung der Ratsturmfiguren wurde immer wieder verschoben – und damit auch die Erinnerung an 18 Gestalten der Kölner Frauengeschichte.

kam die Wohnung des Stadtschreibers hinzu. 1360 erfolgte die Erweiterung um den Saalbau mit Zinnen, bis 1412 wurde abermals ausgebaut. Zu dieser Zeit gab es z.B. eine Wohnung für den Burggrafen und seine Frau. Graf oder, auf kölsch, Greve war eine Art Hausverwalteramt, das von männlichen Bürgern eingenommen wurde, die nicht zugleich Ratsherr sein durften. Es gab Greven auf jedem Stadtturm, wo sie sich um die Gefangenen kümmerten – »Frau Greve« sorgte wahrscheinlich für das Essen und hatte die Aufsicht über die weiblichen Gefangenen. Später dehnte sich dieses kleine Rathaus zu dem Komplex aus mehreren Gebäuden aus, wie wir ihn heute vorfinden.

Noch kurz einige Anmerkungen zum links gelegenen, 60 m hohen **Rathausturm**: Wie Kirchtürme und die auch in Köln üblichen Geschlechtertürme war er ein Zeichen der Macht, Symbol für die kommunale Eigenständigkeit des Rates nach dem Sturz der Patrizier. Auftraggeber waren die im Rat vertretenen Zünfte.[156] Und was bei den Kölner Domportalen die Heiligen, waren beim Ratsturm die »kunstreichen Steinfiguren«. So trug einstmals jeder der 124 Steinsockel eine Figur aus Kölns Legenden- und Geschichtsfundus. Das Gebäude wurde begonnen, als der Dombau gerade einzuschlafen begann. Die ersten Figuren waren bereits im 19. Jh. zu einem großen Teil verfallen und wurden ersetzt. Im Zweiten Weltkrieg wurde der gesamte Rathausturm in Schutt und Asche gelegt. Als in den späten 80er Jahren eine Neubestimmung des »Figurenprogramms« ins Auge gefaßt und 124 historische Persönlichkeiten ausgewählt wurden, waren es laut der entsprechenden HistorikerInnenkommission nur fünf (!) Frauen, die dem Kriterium entsprachen, etwas zu Kölns Größe beigetragen zu haben. Auf den Protest der »grünen« Ratsabgeordneten Gundi Haep hin wurde der Kölner Frauengeschichtsverein hinzugezogen. Einer der Historiker trat bald aus Protest aus der Kommission aus, doch der Frauenanteil wurde – mit Unterstützung einiger Ratsfrauen aus allen Fraktionen – auf immerhin 18 Skulpturen erhöht: 18 Frauen, die offiziell zur Stadtgeschichte gehören; 18 Frauen, die nun offiziell das Handlungsspektrum von Kölner Frauen zu verschiedenen Zeiten repräsentieren können.[157]

Die Steinfiguren sollen 1995 aufgestellt werden; im unteren Bereich werden sie dann wieder von makabren oder witzigen Sockelfiguren getragen, wie etwa einem Teufel, der eine Begine in einem

---

Liste der 18 Frauengestalten am Rathausturm

Agrippina
(15/16-59)

Ursula
(Legende, 4. Jh.)

Plektrudis
(† nach 717)

Theophanu
(ca. 955-991)

Ida
(11. Jh.)

Sela Jude
(ca. 1180-nach 1230)

Fygen Lützenkirchen
(† nach 1515)

Katharina Henoth
(† 1627)

Anna Maria van
   Schürmann
(1607-1678)

Mater Augustina
   de Heers
(um 1610-1666)

»Klosterfrau
   Melissengeist«
(1775-1843)

Mathilde Franziska
   Anneke
(1817-1884)

Mathilde von Mevissen
(1848-1924)

Amalie Lauer
(1882-1950)

Hertha Kraus
(1897-1968)

Edith Stein
(1891-1942)

Christine Teusch
(1888-1968)

Irmgard Keun
(1910-1982)

Hanna Adenauer, Stadt-
konservatorin, ließ sich am
Rathaus als Konsolenfigur
verankern.

Schubkarren in die Hölle fährt, hämischen Fratzen
oder auch von dem Kopf der früheren Stadtkonser-
vatorin Dr. Hanna Adenauer (1904-1978).

Das **Rathaus** symbolisiert insofern den Sieg der
Handwerker-Zünfte über die »Geschlechter« (den
Patrizierstand), als an dem Ort, wo früher die mäch-
tigste Vereinigung von Kaufleuten (die Richerzeche)
ihr Haus gehabt hatte, nun das neue Haus der Bürger errichtet wurde. Männliche Handwerker hatten
um 1396 wiederum die ehemaligen Widersacher
des Erzbischofs in der Regierung abgelöst. Beide
Machtstrukturen, sowohl die der wenigen Patrizier
als auch die des Rates, bedeuten jedoch den voll-
ständigen Ausschluß von Frauen aus der Politik. An
feudalen Höfen konnten gelegentlich einzelne
Frauen einige persönliche Macht erlangen – in den
neuen Strukturen hatten Frauen mit Machtlust
grundsätzlich keine Chance, an der Herrschaft in
Stadt und Gesellschaft mitzuwirken.

Dabei konnte der Rat der Männer über viele Themen entscheiden, die das Leben von Frauen stark
beeinflußten, denken wir an Sexualität, Ehelichkeit
des Nachwuchses, Mädchenbildung, Eidfähigkeit
der Frau, Erbrecht, Namensrecht, Zugang zu Berufen, Duldung oder Verfolgung von Prostituierten
usw.[158] Das Zeugnisrecht/Eidrecht z.B. hat sich in
Köln wahrscheinlich ohne offizielle »Bewilligung«
einfach »eingebürgert«, weil Frauen eben qualifi-

Auch in Köln durften selbständige Frauen des Spätmittelalters vor bestimmten Gerichten Eide leisten – hier eine Darstellung aus Graz aus dem 15. Jh.

zierte Tätigkeiten ausübten und darüber auch Zeugnis ablegen können sollten. Auch zur Bestimmung der Gebürtigkeit wurden oft Frauen vorgeladen, um ihre Anwesenheit bei einer Geburt zu beurkunden (Männer durften beim Geburtsakt nicht zugegen sein) und damit einem Mann zum Bürgerrecht zu verhelfen. Die städtische »Sittlichkeit« war festgelegt in den Statuten von 1437, die 1562 schriftlich zugänglich gemacht wurden. Der Rat gab ferner in den »Morgensprachen« des 16. Jh.s bekannt, auf welche Art Ehen rechtsgültig zu schließen seien[159]: Ab Ende des 16. Jh.s galt nur die vor einem Pfarrer oder Ortsordinarius geschlossene Ehe »nach Catholischer Ordnungh«, wobei die Stadt manchmal sehr streng verfuhr und Turmhaft verhängte, wenn gegen den Willen der Eltern

Ein Braut zu Cöllen.

ES sind zu Cöllen an dem Rhein/
Die Jungfrauwen gar hübsch vnd fein/
Gezieret mit Frombkeit vnd Zucht/
Mehr dann man hinter jhnen sucht/

Wann nun ein Jungfraw zur Braut wirt/
Man sie auff dise weise ziert/
Das halten sie mit grossem fleiß/
Bey vns wer es ein neuwe weiß,

Eine Kölner Braut im späten Mittelalter.

geheiratet worden war; ein anderes Mal ließ sie die Beteiligten ziehen.[160] Eine Ehe gegen den Willen der Eltern konnte nach Kölner Gesetz mit dem Tod bestraft werden, denn sie verhinderte die Regelung familiärer Verbindungen und galt als Kuppelei.[161] Ehebruch störte die »göttliche Ordnung« und – in der Oberschicht – auch die materielle; aus diesen Kreisen wurden nur wenige Fälle von Ehebruch und heimlichen Ehen bekannt, die Strafen waren hart, die Möglichkeiten der Vertuschung günstiger.[162] Bei den Randständischen und in der Unterschicht wurde nur dann sittenrechtlich eingeschritten, wenn sich Leute beschwerten. Die Verkuppelung fremder Kinder wurde im 15. und 16. Jh. mit dem Tod der KupplerInnen bestraft.[163] Die Strafe für Kinder, die ihre Eltern mißhandelten (!), war ein halbes Jahr Turm bei Wasser und Brot plus eine Geldbuße.[164] Der Rat gab ferner Erlasse heraus bezüglich des gemeinsamen Benutzens der Badestuben und der Prostitution.[165] Prostitution wurde »umb vermeydung willen merers übels« gestattet, gesetzlich zu regeln war nur die Handhabung.[166] Zur Verantwortung der Eltern im Binnenraum des »Großen Hauses« äußerte der Rat sich folgendermaßen: In Fällen, da »haußvatter undt haußmutter ihre Kinder, Knecht und Magdt sambt anderen haußgenoßen nicht recht erziehen, undt zum gottes Dienst« anwiesen, konnten Bedienstete des Rates eingreifen. Desgleichen hielt der Rat sich im 17. Jh. für befugt einzuschreiten, »dahe eheleute sich nicht ihren pflichten gemees, sonderen freventlicher undt muthwilliger weiß verhalten, oder da iemandt unnutze haußhaltung fuehren und seine gaab und guether verschwenden solten«.[167] Zur Sittenstrenge gehört auch die Gesetzgebung bezüglich schamloser Bekleidung und Luxus: In Köln wurden – wie in den meisten Städten Nordeuropas – Anfang des 15. Jh.s Kleiderordnungen festgelegt, um der Vergnügungssucht patrizischer und bürgerlicher Kreise einen Riegel vorzuschieben und die Unterschiede zwischen den Ständen und Geschlechtern aufrecht zu erhalten. Diesbezügliche Ratsanordnungen stammen aus den Jahren 1441, 1458, 1470 und 1476. Unziemliche Kürze der Kleider, unsittliche Tiefe des Ausschnittes wurden definiert, »damyt die geledere (Glieder) – die billichen (eigentlich) bedeeckt soilen syn«, nicht weiterhin »entdeckt« würden. Auch für die Männer wurden unter Androhung von Geldstrafen züchtige (schambedeckende) Längen der »Heuken« (mantelartige Überwürfe) vorgeschrieben.[168] Den einzel-

Hoffahrt ist gotteslästerlich, die lange Schleppe des Teufels – Luxusgesetze sollten die Weltlichkeit eindämmen.

nen Ständen und Bevölkerungsgruppen (z.B. Jüdinnen!) wurden erlaubte Materialien zugewiesen: Pelze, Spitzen, Samt und Seiden, Perlen, Gold und Silber, Quaddel oder Schmuck sollten zur Differenzierung der Gesellschaft beitragen. Offiziell begründete der Rat sein Vorgehen mit der Angst vor den Konsequenzen einer Ausuferung des Luxus: »dat der almechtige got omb onser sunden ind besonder dem hovart des levens (...) groesslichen vertzoirnt wird ind daromb (...) mancherley plagen ind anvechtonge (...) oeversendt«.[169]

Zu den traditionellen Frauenfesten anläßlich der Taufe eines Neugeborenen dürfen laut städtischen Erlassen aus der frühen Neuzeit nur noch zehn Frauen erscheinen.

In diesen Zusammenhang gehören auch Erlasse, die die Teilnehmerzahlen bei Tauffesten, Hochzeiten, Erstmessen, Umzügen und Beerdigungen bestimmten: Bei der Taufe sollten nur zehn Frauen teilnehmen, Totenwache sollte nur durch das eigene Geschlecht gehalten werden; Ausgaben für Geschenke, Anzahl der Speisen und Kerzen waren festgeschrieben.

Gravierend waren die Kontrollen der Hebammen, denn diese unterlagen einer Berufsbeschränkung; aus bevölkerungspolitischen Gründen wurden sie immer wieder für städtische Belange vereinnahmt. Geburtshilfe war ja ein zunftfreies »Gewerbe«, und in diesem brisanten Fall obrigkeitsstaatlichen Interesses fühlte sich der Rat verpflichtet, Bestimmungen zu erlassen.

Das Medizinalwesen war schon im Mittelalter unter die Aufsicht des Rates gestellt worden.[170] In der Folge nun bestimmten die Herren, daß Hebammen die Geburt unehelicher Kinder anzeigen sollten, womit natürlich das Vertrauen der Gebärenden in sie gestört wurde. Die Geburtshelferinnen sollten auf den Verbleib der von Schwangeren geborenen Kinder achten: Setzte eine ihr Neugeborenes etwa aus? Die Hebammen mußten dem Waisenhausverwalter regelmäßig über ihre Beobachtungen berichteten und in ihrem Hebammeneid bezeugen, daß sie alle geborenen Kinder sofort einem katholischen Geistlichen zur Taufe übergeben würden, damit diese auf jeden Fall rechtgläubig in die Gemeinde aufgenommen würden.[171] Weiterhin bestimmte der Rat im 17. Jh., daß Hebammen, die bisher von Kollegin zu Kollegin gelernt und gelehrt hatten, ab 1628 vorgeladen, geprüft, ihr Lebenswandel beurteilt und nur die Qualifizierten vereidigt wurden. Mit diesem Berufseid mußten sich die Hebammen endgültig verpflichten, die Väter unehelicher Kinder auszuforschen und der Stadt zu melden, auch evangelische Mütter waren anzugeben. Natürlich sollten sie der »Kindbetterin« jederzeit Beistand leisten, aber keinesfalls unerlaubte Mittel, »welche einigen gebott gottes zu wider seynd«, gebrauchen – also keine Abtreibung vornehmen oder Verhütungsmittel verteilen.[172]

Auch auf die Mädchenbildung übte der Rat Einfluß aus: Er beurteilte, ob eine Schulfrau eine Mädchenschule eröffnen dürfe oder nicht. Dem Magistrat ging es im 16. und 17. Jh. vor allem darum, heimliche Winkelschulen (ohne städtische Erlaubnis und Aufsicht betriebene Kleinschulen) zu verhindern, »da man nicht weiß, was der jugent führgelesen und gelehrt wird. Auch was Religion, Condition und herkommens diejenigen sein, so sich für Meistere darstellen.«[173] So wurde 1620 einer Catharina Kesshem das Gesuch abgeschlagen, ihre Mädchenschule weiter führen zu dürfen, weil sie »minderwertiger Religion« sei, obwohl diese Meisterin beteuerte, nur Bücher gebraucht zu haben, wie sie bisher in Köln üblich seien.[174]

Viele der Verbote kreisten um den Aspekt der »Sittlichkeit« der Frau. Dahinter stand letztlich der patriarchale Wunsch nach Verfügungsgewalt über die (potentiellen) Kinder, und das wichtigste Instrument dazu war die Sicherung von deren Ehelichkeit: Jungfräulichkeit der Frau, Keuschheits- und Monogamiegebote, Züchtigungsrecht des Haushaltsvorstandes, Scheidungserschwernis, Ausgangsbehinderungen (zumindest für adelige Frauen), Verhütungsverbote, Abtreibungsverbote, Ächtung unehelicher Kinder und lediger Mütter u.a.m.

Kommen wir zum Thema Frauen und Einfluß: Wie verlief die Entwicklung auf der politischen Ebene weiter? Besaß die Frau Mitsprachemöglichkeiten in der Kommune? Hatte die Kölnerin das Bürgerrecht? Wie waren Frauen in die Stadtgemeinde integriert?

Schon vor der Vertreibung des Erzbischofs (1288) fanden sich in Köln Menschen in Organisationen mit verschiedenen Zielsetzungen zusam-

men: religiös, rituell, karitativ orientierte (Bruderschaften, private, pfarreiorientierte Wohlfahrtsbün-
de, die auch bisweilen Schwestern aufnahmen),
berufsständisch orientierte (Zünfte, in Köln Ämter
genannt) und gesellige Verbindungen (Gaffeln als
Vereinigungen von Kaufleuten, ursprünglich gesellige Eßgemeinschaften, die die Gabel als Symbol
führten). Als auch die Patrizier entmachtet waren,
mußte eine neue Integration der Stadtbewohner in
das Stadtganze geschaffen werden, ein neues
Untertanenverhältnis institutionalisiert werden. Jeder Einwohner, jede Einwohnerin wurde nun verpflichtet, mindestens einer Kongregation anzugehören. Mit der Zeit wurden die Gaffeln die wichtigsten dieser Organisationen, und alle EinwohnerInnen Kölns mußten nun einer der 22 Gaffeln beitreten. Soweit sie einer Zunft angehörten, war die
jeweilige Gaffel vorgegeben; wer kein Zunftmitglied
war, konnte die Gaffel frei wählen. Alle »Haushalts-
vorstände« mußten den Gaffeleid schwören: »Auch
gebieten unsere Herren jedermann, der binnen
ihrer Stadt Köln zu Hause sitzt oder sein Brot binnen Köln gewinnt, es sei mit Handwerk oder anderen weltlichen Sachen, und (der) bisher kein Amt
noch Gaffel gewählt hat, daß er binnen 8 Tagen
nächstfolgend ein Amt oder Gaffel wähle und seinen Eid leiste gleich anderen Bürgern und Eingesessenen der Stadt getreu und hold zu sein, wie
sich das ausweislich des Verbundbriefes erfordert.
Und wer das nicht tun wollte, der soll mit Weib und
Kindern, ob er die hätte (oder nicht) aus Köln fahren (...) und nie mehr wieder hereinkommen (...)
und hiervon soll niemand ausgenommen sein, er
sei Kleriker oder Laie (...).«[175] Damit wurde 1396
eine Schwurgemeinschaft gebildet, ein Verbund,
ähnlich wie in der Schweiz, um Friede und Eintracht
für ewig zu sichern. An dem Zustandekommen dieser »leiblichen und gütlichen« Vereinigung waren
Frauen sicherlich nicht beteiligt. Aber sie sollten
ebenso den Eid sprechen und damit versprechen,
dem Rat und der Stadt treu zu sein, stets das
gemeinsame Beste zu erstreben und die städtischen Behörden vor jeder ihnen bekannt geworde-
nen drohenden Gefahr rechtzeitig zu warnen.[176]

Welche aktive Rolle Frauen in den Gaffeln spielten, bleibt in der Fachliteratur eher verschwom-
men. Es ist z.B. fraglich, ob der Gaffel*zwang* nach
1396 auch für Frauen galt. Ein Rechtshistoriker
zitiert eine Quelle, nach der alle »Kinder« der Bürger, die das zwanzigste Lebensjahr erreichten »ind
alle werentliche personen, die bynnen Coelne

wonent, sich behelffent ind generend« (ernähren),
innerhalb von ein paar Tagen Zunft und Gaffel
wählen und damit den Treue-Eid auf die Verfassung
des Verbundbriefes leisten sollten, im weiteren Text
ist dann nur noch von »Söhnen« die Rede.[177]
Wensky fand bei ihren aufwendigen Recherchen
auf einer Steuerliste von 1417 nur vier Frauen, die
aufgrund eigener Gewerbetätigkeit Gaffeln zugeordnet waren, u.a. eine »smedynne« Fia upper
Bach, die zunftmäßig beim Schmiedeamt geführt
wurde. Das ist erstaunlich: Da alle Zünfte gezwungen worden waren, sich einer der Gaffeln anzu-
schließen, war zu erwarten, daß auch die drei Frauenzünfte hier zu finden seien – sie tauchen aber
nach bisheriger Kenntnis bei der Gaffeleinteilung
nicht auf.[178] Zwar haben sich die Frauenzünfte erst
nach der Gaffeleinteilung gegründet (erste Frauenzunft ein Jahr danach, 1397), doch hätten diese
nachträglich zum Gaffeleintritt verpflichtet werden
können.

Diese Nichtberücksichtigung ist mit dem sich
verändernden Charakter der Gaffeln erklärbar: Die
Gaffeln formieren sich nun als Waffenbrüderschaf-
ten. Im Verbundbrief von 1396, der städtischen
Verfassungsgrundlage bis 1794, lautet die sinn-
gemäße Eidstelle, die Schwörenden sollten ihrer
»Waffenpflicht genüge tun«.[179] Durch diesen Verbundbrief wurde eine Veränderung in der (Wehr-)
Verfassung geschaffen, er regelte die Waffenhal-
tung und den Wachtdienst auf der Stadtmauer
neu.[180] Nach dem Verbundbrief mußte jeder Bürger
mit einem eigenen Harnisch und eigenen Waffen
ausgerüstet sein, er wurde sonst als »einer der
seins Eidts vergeße« bestraft.[181] Ab jetzt galt die
Devise, die Stärke der mittelalterlichen Stadt beru-
he wesentlich auf der allgemeinen Wehrpflicht der
Bürger[182] (verständlich bei einer so großen Stadtmauer), und spätestens eine solche Verknüpfung
von Politik und Militär bedeutete den Ausschluß
der Frauen. Das Militär war und ist bis heute ein reines Männerbundsystem. Persönlich haben die Kölner Frauen definitiv keine Wehrpflichtaufgaben
übernommen, Frauen durften sich bei Strafe nicht
bei den Wachposten blicken lassen (»Unter 3 Thlr.
Strafe war es verboten, Frauen (...) mit zur Wache
zu bringen, ›vil weniger einige unzucht daselbst
begehen‹«[183]), und nach den Kriminalakten zu
urteilen empfahl sich dies auch nicht: Dort ging es
sehr brutal zu. Es ist jedoch aus anderen Städten
und späteren Zeiten bekannt, daß Frauen – wie
manche Männer auch – eine finanzielle oder perso-

nelle Ersatzleistung erbringen konnten.[184] Wirtschaftlich selbständige Frauen wurden jedoch nicht behindert. Gleichzeitig mit dieser neuen Gesellschaftsstruktur der Gaffelfixierung gelang es einigen sehr reichen Kölner Frauen aufgrund der ökonomischen Bedingungen in der reichsten Stadt Deutschlands, aufgrund vorteilhafter, gewinnbringender ehelicher Verbindungen, aufgrund ihrer handwerklichen Geschicklichkeit und nicht zuletzt auch aufgrund eigenen Kauffrauengeistes, in viele Zünfte einzudringen, dort mitzuarbeiten und sogar eigene Frauenzünfte beim Rat bewilligen zu lassen, ein Unikum in der ganzen deutschen Wirtschaftsordnung! Dennoch – auch in diesen wurden Konzessionen an den »Männerbund« gemacht, und die Frauenzünfte mußten einen männlichen Zunftmeister für die politische »Außenvertretung« bestimmen. Ab 1580 wurden sie zur »polizeilichen Kettenwacht« verpflichtet, was hieß, daß sie die Kosten für einen Mann zu tragen hatten.[185]

Weiterhin hatten die Gaffeln Funktionen in der Organisation der politischen Macht: die Wahl der Ratsmitglieder. Davon – und damit aus dem Klüngelsystem – waren Frauen mit Sicherheit ausgeschlossen. Im Klartext: Bis zum Ende des 14. Jh.s hatte es eine Vielfalt an einflußreichen Organisationen gegeben, die Zünfte waren städtische Organe gewesen, und durch ihre Mitgliedschaft hatten die Frauen ein gewisses Mitspracherecht gehabt; nun aber war die Macht in den Händen einer kleinen Gruppe zusammengefaßt, deren Mitglieder die Männer der Gaffelleitungen (Bannerherren) waren, die aus ihren Reihen die Ratsherren wählten.

Verschränkt mit dem Gaffelbeitritt, aber nicht identisch, war das Bürgerrecht. Der Gaffelbeitritt war Voraussetzung für die Erlangung des Bürgerrechts, es mußte aber zusätzlich beantragt werden. Konnten die Frauen Bürgerinnen sein? In der Tat sprechen zeitgenössische Quellen von »Bürgern, Bürgerinnen oder Eingesessenen«.[186] »Frauen wurde in Köln von Anfang an ebenfalls das Bürgerrecht verliehen. Sie finden sich in den Rechtsbüchern zwar weniger häufig als Männer, aber selten sind sie dort auch nicht. Die Ehefrauen der Kölner Bürger galten, wenn darüber auch sich ausdrücklich keine Bestimmung erhalten hat, ohne weiteres als Bürgerinnen.«[187] Margret Wensky ist auf Quellen gestoßen, die von Frauen berichten, die als bisherige Nichtkölnerinnen das Bürgerrecht ausdrücklich erworben haben, etwa eine Haidwigis de Mulnheim im Jahre 1361.[188] Sonderfälle waren immer die Witwen, die die Geschäfte des Mannes weiterführen durften und dafür in den Rechtsstand des Mannes versetzt wurden. Bei einer Witwe ist z.B. in einer Urkunde von 1142 der Zusatz »civis coloniensis« (Kölner Bürgerin) vermerkt.[189] Ledige Frauen sollten – ebenso wie Studenten – unvereidigt bleiben, wenn sie keinen eigenen Hausstand führten. Ob alle in Köln geborenen Töchter dagegen, wie die Söhne, qua Geburt das Bürgerrecht besaßen, ist zweifelhaft. »Ob Bürgertöchter als solche Bürgerrecht genossen oder erst durch Heirat mit einem Bürger ihnen dies zukam, steht dahin«, heißt es schwammig.[190]

Was bedeutete dieses »Bürgerrecht« überhaupt? Welche Rechten und Pflichten waren damit verbunden?

Die Pflichten: Da es in Köln fast nur indirekte Steuern gab (Akzise, Warensteuern), mußten die BürgerInnen keine regelmäßigen Abgaben entrichten, nur unabhängige Kaufleute oder auch HandwerkerInnen zahlten gewisse Geldbeträge an die Stadt, oder reiche Frauen liehen – wie Männer auch – in Krisenzeiten dem Rat riesige Geldsummen als Kredit[191], eine eher moralische Pflicht. Ein Wehrbeitrag entfiel für Bürgerinnen, wie oben dargelegt. Sie hatten, wie alle anderen, das »Beste zu bewirken und das Ärgste abzuwenden«.

Die Rechte: Neben der persönlichen Freiheit waren es wirtschaftliche und Schutzaspekte, die das Bürgerrecht attraktiv machten. Die Stadt war verpflichtet zum Schutz ihrer BürgerInnen. Das Bürgerrecht erlaubte ferner erst die Ausübung bestimmter Arbeitstätigkeiten – wobei die Grenzen

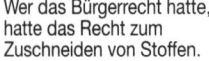
Wer das Bürgerrecht hatte, hatte das Recht zum Zuschneiden von Stoffen.

nach unserer heutigen Auffassung sehr willkürlich gesetzt wurden: Nur von Menschen mit Bürgerrecht durften der »Gewandschnitt«, also das Zuschneiden von Tuchen, und das »Weinzapfen« ausgeübt werden; hinzu kamen später das Auswiegen von »Spezereien« oder auch das Halten »eines offenen Ladens«. Bald verlangte die Stadt von ganzen Berufszweigen das Bürgerrecht: WirtIn, MüllerIn, BrauerIn u.a.m.[192] (wirtschaftliches Zugangsrecht). In einigen Zünften öffnete das Bürgerrecht den Zutritt (z.B. bei den Seidenweberinnen).[193] Für viele Frauen aber war das Bürgerrecht unter wirtschaftlichen Aspekten uninteressant, etwa für Frauen, die sich von verschiedenen, gleichzeitig ausgeübten »Teilzeit«-Arbeiten ernährten: Sie gingen als Hökerin durch die Straßen, reparierten alte Kleider, spannen Garn, prostituierten sich vielleicht – lauter »Gewerbe«, bei denen ein Zunftzwang umgangen werden konnte.

Das Recht auf politische Betätigung, die Möglichkeit, aufgrund des Bürgerrechts in den Rat gewählt zu werden, galt nur für Männer. Die Aussage: »Somit ergibt sich, daß in Köln ›Bürger‹ eine zusätzliche Qualität beinhaltet, nämlich das passive Wahlrecht zum Rat«[194] ist nicht korrekt, oder sollen wir im Ernst davon ausgehen, daß Frauen grundsätzlich das passive Wahlrecht besaßen und nur aus Zufall nie gewählt wurden? Nein, es gab eindeutig zwei Bürgerrechte: eins für Männer und eins für Frauen.

Diese Einrichtung der Stadtgemeinde beruhte auf der jahrhundertealten Vorstellung, nicht alle diejenigen, ohne die ein Staat nicht leben könne, seien für Bürger zu halten, sondern nur freie Männer. Grundlage dafür war die patriarchale Ideologie von Aristoteles und Thomas von Aquin. Der berühmte Dominikanermönch, Theologe und Heilige Thomas von Aquin (1225/6-1274), der an Pariser und Kölner Universitäten wirkte, hat im Hochmittelalter in seiner *Summa theologica* u.a. über die Stellung der Frau geschrieben. Er legt dar, dem minderwertigen Stand der Frau entspreche das mindere Recht. Die Frau sei frei im Gegensatz zum Sklaven, aber nur mittelbar durch den Mann Bürgerin des Staates. Sie sei keine Vollbürgerin, sie könne keine Ämter einnehmen und habe weder passives noch aktives Wahlrecht. Im Hause sei sie unmittelbar tätig, aber der Mann regiere das Hauswesen.[195] Hintergrund dieser Auffassung waren wiederum aristotelische Denkmodelle, nach denen jedes Ding, jedes Lebewesen und jeder Mensch seinen bestimmten Platz im Aufbau des Universums habe und dort seine ihm gemäße Funktion ausübe. Ein jegliches Ding erreiche seine Erfüllung nur dadurch, daß es seine Funktion für das ihm jeweils höher gestellte Ding erfülle; es entspreche der Natur der Frau, die Kinder der Männer (!) auszutragen und zu gebären. Dies zu tun sei ihre Seele und daher ihr Glück – usw. Die Kölner »Regierung« war nach diesem Denkmuster eingerichtet, wenn die Gesellschaft auch im ökonomischen Bereich außergewöhnliche Erweiterungen der Frauenrolle zuließ.

Frauen waren, kurz gesagt, Bürgerinnen zweiter Klasse mit verminderten Rechten. Obwohl es bisweilen heißt, alle Gaffelmitglieder hätten das aktive Wahlrecht, hatten Frauen nicht die zusätzliche »Qualifikation« der Ratsfähigkeit. Sie konnten nur »Vereidete« bzw. »Geschworene« sein, wurden aber dennoch als Bürgerin bezeichnet. Es besaßen allerdings sowohl BürgerInnen als auch Eingesessene alle »Grundrechte« der ab 1513 gültigen Verfassungsergänzung, des sogenannten Transfixbriefes. Offensichtlich war die Ausgrenzung aus den Ämtern den ZeitgenossInnen so selbstverständlich, daß sie sie nirgends schriftlich festhielten. Und auch die heutigen Historiker scheinen sie so normal zu finden, daß sie es nicht für nötig halten, in ihren Darlegungen eine entsprechende Differenzierung zu treffen!

Die frühneuzeitliche Außenszene vor dem Rathaus zeigt u.a. die Übergabe einer Bittschrift – eine Möglichkeit, die auch Frauen offenstand.

Ab wann durften Frauen ihre Belange im Rat selbst vorbringen, ihre Interessen selbst vertreten? Und wie kam der Wandel zustande?

Sicherlich durften Frauen schon recht früh das Rathaus betreten, dafür spricht schon, daß der Burggreve verheiratet war. Aber das innere »Heiligtum«, der Senatssaal, war während der Ratssitzungen zweifellos den Ratsherren, natürlich den Bür-

germeistern und evtl. Bediensteten, die etwas zu
überbringen hatten, vorbehalten;[196] selbst Ge-
sandte mußten untertänigst anfragen, ob sie wohl
vorgelassen würden. Frauen konnten sogenannte
Suppliken einreichen, um ihr Begehren kundzutun,
wenn nötig einen Anwalt nehmen, um sich zu verteidigen. Aber sie waren jahrhundertelang bei der
Darstellung ihrer Anliegen von Männern abhängig
und unterlagen der männlichen Einschätzung des
Sachverhaltes bei der Urteilsfindung.

Nicht im Spätmittelalter mit seinen wirtschaftlich
starken Frauen, nicht zur Zeit der »Aufklärung« mit
ihren Ideen über das Naturrecht des Menschen,
nicht unter der französischen Herrschaft (»liberté,
égalité« und eben nur »fraternité«; 1794-1814),
nicht während der 48er-»Revolution«, die erstmals
in breiterem Rahmen die Emanzipation der Frau
thematisierte, sondern erst kurz vor bzw. nach dem
Sturz des Kaiserreiches wurde die Kompetenz der
Frauen so notwendig und der Kampf der Frauen
um Gleichberechtigung so heftig, daß sie Gleichheit auf dem Papier zugebilligt bekamen. Der Kaiser hatte aus dem Exil 1917 noch schnell ein allgemeines Wahlrecht versprochen, 1918 wurde es
von der neuen Regierung erlassen, 1919 konnten
preußische Frauen erstmals wählen.

Blicken wir kurz zurück: Im 19. Jh. hatte der Rat
selbst nicht viel zu melden: Der Gemeinderat übte
nach der Verfassung neben dem Oberbürgermeister nur noch eine beratende Tätigkeit aus; preußische Verwaltungsstellen hatten viele der vorher
städtischen Aufgaben übernommen. Die 340 Ratsmitglieder wurden nicht mehr von Gaffeln gewählt,
sondern vom Oberbürgermeister aus dem Kreis
der Höchstbesteuerten, die über Geld und Besitz
verfügten, ausgewählt und der Regierung vorgeschlagen; diese ernannte dann den neuen Rat. Dieses Gremium repräsentierte weiterhin nur die Interessen einer sehr kleinen, wenn auch für die Entwicklung der Stadt wichtigen Bevölkerungsgruppe.[197] Von 1815 bis 1918 gab es in Preußen, also
auch in Köln, verschiedene Wahlrechte. Alle boten
wie erwähnt nur Männern die Chance, ihre Interes-
senvertreter zu bestimmen. Wenn es heißt, es habe
die »Gleichheit aller Bürger« gegolten,[198] dann liegt
dem wiederum ein auf Männer reduzierter Bürger-
begriff zugrunde. Auf kommunaler Ebene (bei
Landrats- und Stadtratswahlen) wurde nach einem
auch die Männer der Unterschicht als Wahlgruppe
benachteiligenden Dreiklassenwahlrecht vorge-
gangen. Bei den Reichstagswahlen dagegen galt

ein »allgemeines« Wahlrecht – für Männer. Der Schlüssel zur Mitwirkung wurde die Wahlrechtserweiterung.

Ein paralleles Instrument, Frauen von jeglicher (sozial-)politischen Tätigkeit fernzuhalten, war das bereits erwähnte restriktive preußische Vereinsrecht.[199] Grund für den Ausschluß der Frauen im 19. Jh. bildete die Auffassung, daß es der »Beruf« der Frauen nicht mit sich führe, sich mit politischen Dingen zu beschäftigen; die Übereinstimmung mit Herrn Aristoteles aus dem 4. Jh. v.u.Z und mit Herrn Thomas von Aquin aus dem 13. Jh. ist frappierend.

Schon vor der Vergabe des Wahlrechts an die Frauen wurden sie von städtischer Seite aus zur Beteiligung an Wohlfahrtsaufgaben aufgefordert.

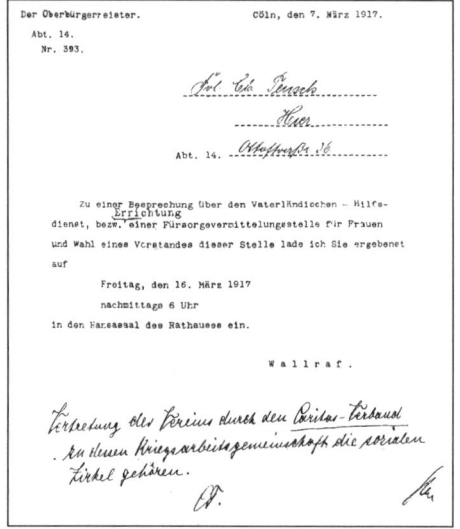

Zu Beginn des 20. Jh.s war die Annullierung dieses Ausschlußinstruments eigentlich fällig, denn Frauen waren längst in immer mehr gesellschaftliche Bereiche vorgedrungen – und wurden im sozialen Bereich auch dringend gebraucht! Schon vor Erlangung des Wahlrechts wurden Frauen seitens der Stadt und Provinzialverwaltung mehr und mehr zu sozialen Aufgaben herangezogen. Ab 1901 waren sie als Armenpflegerin zugelassen, ab 1907 als Waisenpflegerin – ein recht aufwendiges Ehrenamt –, 1917 forderte sie der Oberbürgermeister Wallraf zur Mitgründung einer Fürsorgevermittlungsstelle auf usf.[200] Noch 1902 wurde durch den preußischen Innenminister von Hammerstein eine Neufassung des Versammlungsgesetzes erlassen, in der er festlegte, es sei den Frauen in politischen Versammlungen lediglich zu erlauben, sich als

Zuhörerin in ein von den Männern getrenntes »Segment« zu begeben. Sozialdemokratinnen, Nationalliberale und Zentrumsfrauen konnten nun zwar bei diversen Veranstaltungen körperlich anwesend sein, nicht aber ihre Meinung kundtun. Eine Schnur oder eine Kreidelinie trennte sie von Männern, Freunden, Genossen und Diskussionen. Im Reichstag wurde am 14.10.1902 ein Kölner Fall diskutiert, der sogar über die Stadtgrenzen hinaus Aufsehen erregt hatte und die Absurdität dieser Situation spiegelt: Kölner Behörden hatten einer berühmten Sozialpolitikerin, Helene Simon, die im September 1902 auf der Generalversammlung der »Gesellschaft für Soziale Reform« (Sitz der Kölner Ortsgruppe: Laurenzplatz) sprechen wollte, verboten, ihr eigenes Referat zum Thema Frauenarbeitsschutz zu halten. Sie mußte ertragen, daß ein Mann ihren Text vortrug, während sie selbst unsichtbar, ohne eigene Stimme, hinter einen Bretterverschlag verwiesen war.[201] Viele Frauenverbände (wie z.B. der überregionale Dachverband der Frauenbewegung Bund Deutscher Frauenvereine) reichten wiederholt Petitionen gegen eine solche Praxis ein.

Seit 1908 dann konnten Frauen Mitglied in politischen Vereinen und Parteien werden. Die Abstimmung im Reichstag war knapp verlaufen: 195 Pro- zu 168 Contra-Stimmen, darunter allerdings auch die Stimmen der SPD-Abgeordneten, denen die Formulierung des Gesetzesantrages nicht weit genug ging, weil Jugendliche und AusländerInnen ausgegrenzt blieben. Immerhin: Die erste Hürde war genommen.

Auch das Wahlrecht fiel den Frauen natürlich nicht kampflos in den Schoß. Die Forderung nach Beteiligung an der Staatsgestaltung hatten schon einige wenige Frauen aus der demokratischen 1848er-Bewegung erhoben. Indem Frauen nicht mitwählen durften, waren sie Kindern, Jugendlichen und Geisteskranken gleichgestellt. Ab 1902 wurde das Frauenstimmrecht, wie es zeitgenössisch hieß, verschärft von Mitgliedern der bürgerlichen Frauenbewegung und von SozialistInnen eingeklagt. Auf der bürgerlichen Seite gab es einerseits ab 1907 den Kölner Stimmrechtsverein. Die Mehrheit distanzierte sich jedoch von dem eher demokratisch gesinnten Dachverband und integrierte sich 1909 in den Westdeutschen Verband für Frauenstimmrecht (Ortsgruppe Köln), danach als Frauenstimmrechtsgruppe Köln bekannt. Diese eher »gemäßigte« Gruppierung um Mathilde von Mevissen, Luise Wenzel, Rosa Bodenheimer (geb.

Das Trauma der politisch emanzipierten Frau hat sich später vermutlich im Stadtrat für viele Männer in Personen wie Henriette Ackermann oder Sibille Hartmann manifestiert.

Kontrahentinnen: Mathilde von Mevissen kämpfte für ein begrenztes, nach Klassen differenziertes Wahlrecht für Männer und Frauen...

Dahlberg, 1876-1938), Elisabeth von Mumm und andere forderte ein Wahlrecht in der Fassung, wie die Männer es besaßen, also auf der Basis des preußischen Dreiklassenrechts! Die Fraktion verknüpfte das Thema Wahlrecht mit Staatsaufgaben für Frauen: Nur wer Pflichten wie Mutterschaft, soziale Tätigkeiten oder auch Fabrikarbeit leiste, dürfe politische Rechte beanspruchen.

Als Reaktion auf diese wenig fortschrittlichen Forderungen bildete sich Ende 1910 eine etwas radikalere Frauenstimmrechtsgruppe, die von Minna Cauer beeinflußt war, einer »frauenbewegten« Denkerin aus Berlin, die eigens nach Köln reiste, um die Frauen zu entschiedenen Positionen zu ermutigen und der neuen Ortsgruppe des Deutschen Verbandes für Frauenstimmrecht (Vertreterinnen: Laura Rautenbach, Pauline Christmann, Clara Speyer-Kaufmann) auf die Beine zu helfen. Die Verbandsfrauen setzten sich für das allgemeine, gleiche und geheime Wahlrecht ein – wie auch die SozialdemokratInnen.

... Pauline Christmann forderte das demokratische Wahlrecht für alle.

Der Westdeutsche Verband für Frauenstimmrecht konnte sich zahlenmäßig durchsetzen, gesiegt hat jedoch 1918 die »radikale« Variante der Christmann.

Satzungen

der Ortsgruppe Köln des Frauenstimmrechtsverbandes für Westdeutschland.

§ 1.

Die Frauenstimmrechtsgruppe Köln verfolgt den Zweck, vertiefte politische Bildung unter den Frauen zu verbreiten und sie zu gemeinsamer politischer Arbeit anzuregen. Sie erstrebt das Wahlrecht zu den Organen der Selbstverwaltung und der gesetzgebenden Körperschaften. Letztes Ziel ist die Erlangung der Staatsbürgerrechte für die Frauen.

§ 2.

Die Gruppe vertritt keine politische Partei, ebensowenig eine besondere Partei innerhalb der Frauenbewegung.

§ 3.

Ordentliches Mitglied können Personen aller Richtungen und Stände werden, die den Bestrebungen der Gruppe zustimmen, für ihre Zwecke eintreten, und einen Mindestbeitrag von 3 Mark zahlen. Berufstätige Frauen zahlen 1 Mark. Eintritt und Austritt erfolgt durch Mitteilung an den Vorstand. Satzungsgemäß müssen pro Kopf der Mitglieder 50 Pfennige an den Hauptverband abgegeben werden.

§ 4.

Der Jahresbeitrag ist am 1. April fällig. und bei der Kassiererin unaufgefordert zu entrichten. Beiträge, die bis 1. Juli nicht eingegangen sind, werden durch Nachnahme erhoben.

§ 5.

Der Vorstand wird von der Hauptversammlung gewählt. Er besteht aus 7 Mitgliedern mit dem Rechte, sich bis zur Höchstzahl von 9 Mitgliedern zu ergänzen. Alle 3 Jahre scheidet 1/3 der Vorstandsmitglieder aus. Wiederwahl ist zulässig. Der Vorstand verteilt die Ämter unter sich.

SPD-Frauen wie die Kölnerin Anna Schneider hatten sich schon im Kaiserreich für das allgemeine, gleiche, geheime Wahlrecht für Frauen und Männer stark gemacht (Kölner Frauen- und Mädchenbildungsverein). Es gab jedoch bei diesem brisanten Thema wenig Zusammenarbeit der Sozialdemokratinnen mit dem radikalen Flügel der Bürgerlichen: Ideologische Barrieren, Klassengegensätze und Berührungsängste verhinderten gemeinsame Aktionen. Die beiden bürgerlichen Gruppen wiederum einte zwar die Argumentationslinie für das Frauenwahlrecht, wenn sie mit dem besonderen Wesen der Frau argumentierten, das sich in der Parteiarbeit (egal in welcher Partei) nur positiv auswirken könne. Aber die gesellschaftspolitischen Auffassungen waren doch unvereinbar.[202]

Trotz aller Spaltung in drei Flügel und Differenzen bezüglich der Taktikfragen verbreitete sich doch allgemein die Basis derer, die das Frauenwahlrecht forderten, seien es die protestantischen Frauen des Deutschen Evangelischen Frauenbundes, die zunächst einmal das Kommunalwahlrecht forderten, seien es Frauen aus dem Bereich der Sozialarbeit, die in den Gremien nicht immer nur Ehrenämter ausüben, sondern auch mitbestimmen wollten. Der Katholische Deutsche Frauenbund mit dem Hauptsitz in Köln, vertreten durch Hedwig Dransfeld, versicherte noch im Februar 1918, »daß er gegenüber dieser Frage zur Zeit unbedingt Neutralität zu wahren gedenkt, da er die gesamte Frage noch nicht für genügend reif erachtet, um in seinen Kreisen behandelt zu werden«.[203] Schon einige Monate später war sie überreif: Am 12.11.1918 wurde das Frauenwahlrecht beschlossen. Einige Katholikinnen empfanden dementsprechend das Wahlrecht als plötzliches und unerwartetes Geschenk.[204] Die Autorin Minna Schumacher (geb. Köhl, 1883-1970) war »wissenschaftliche Oberlehrerin« am Lehrerinnenseminar in der Spichernstraße und Vorsitzende des Verbandes katholischer deutscher Lehrerinnen (Bezirksverein Köln), bevor und während sie als Zentrumsabgeordnete der Stadtverordnetenversammlung angehörte (1919-26). Sie beschreibt die erste Besetzung: »Was aber brachten wir an Voraussetzungen für diese Aufgabe mit, besonders wir jüngeren Frauen, die wir zum Teil nicht einmal in der Frauenbewegung gestanden, die wir keinerlei staatsbürgerliche Schulung genossen hatten? (...) Von dem Aufbau und den Aufgaben der Stadt- und Gemeindeverwaltungen (...) hatten die wenigsten von uns eine Ahnung; vie-

Die Stadtverordnete Minna Schumacher-Köhl zur Zeit ihres 50. Geburtstages im Jahr 1933.

len war auch das Parteileben Neuland; in den parlamentarischen Formen waren wir ungeübt.«[205] Als Auftakt der aktiven politischen Tätigkeit veranstalteten die Kölner Frauenvereine im März 1919 eine »politische Aufklärungswoche«, weil auch die Mehrheit der Stadtbürgerinnen nicht darauf vorbereitet war, politisch mitzuwirken und sich zu informieren. Der Dachverband BDF hatte »zehn Gebote« des politischen Handelns verabschiedet, in denen u.a. zu lesen war: »Du sollst aus dem unerwarteten schweren Recht, als Bürgerin zu wählen, eine gewissenhaft erfüllte Pflicht machen; Du sollst nicht der ›guten alten Zeit‹ nachtrauern, in der die Frauen es ›viel leichter‹ hatten, sondern Du sollst Dich fest und freudig auf den Boden der Gegenwart stellen. (...) Du sollst dich für eine Partei entscheiden und sie nicht ohne Not verlassen«, usw.[206] Nicht zuletzt durch solche Aktivitäten wurde erreicht, daß sich 1919 an der ersten Wahl zur Nationalversammlung 73 Prozent der Kölner Frauen beteiligten (6 Prozent mehr als Männer[207]) – die Wahlbeteiligung war 1929 auf 46,7 Prozent abgesunken.[208]

Nun konnten Frauen auch Stadtverordnete werden – wie die Ratsmitglieder damals hießen –, und die ersten Ratsfrauen brachten es auf einen Anteil von elf Prozent der Ratsmitglieder. (Heute – nachdem die Grünen eingezogen sind – gibt es eine Frauenquote von ca. 20 Prozent im Rat.[209]) Dennoch waren die Radikalen enttäuscht, die von 50 Prozent Frauenanteil geträumt hatten.

Die erste weibliche Abgeordnete, die jemals eine Rede im Kölner Stadtrat hielt, war die SPD-Vertreterin Elisabeth Kirschmann-Roehl (geb. Gohlke, 1888-1930), die jüngere Schwester der oben erwähnten Marie Juchacz.[210] Beide Frauen waren Weißnäherinnen und Schneiderinnnen und fanden ihren Einstieg in die Politik (in Berlin) über den Besuch sozialdemokratischer Frauenversammlungen; beide hatten gescheiterte Kurzehen hinter sich; beide waren Mutter, und beide wurden später Politikerin.

Die Frau, die vielleicht am längsten im Kölner Rat gesessen hat (erst fürs Zentrum, dann für die CDU), Sibille Hartmann (1890-1973), hat sich verschiedentlich zu diesem Beginn geäußert. »Als Ende 1918 die Wahl zur Nationalversammlung bevorstand und die damaligen politischen Parteien erstmals die deutschen Frauen zum Mitwählen aufriefen, waren Frauen bereits bei ihnen mit tätig und befähigt, zur Wahl zu kandidieren. Es waren die

Elisabeth Kirschmann-Roehl, Redakteurin der Frauenbeilage der sozialdemokratischen Rheinischen Zeitung und Schwester von Marie Juchacz, hielt als erste Stadtverordnete eine Rede im Kölner Rat.

Frauen, welche von der Frauenbewegung her das Stimmrecht erstrebt und sich für staatsbürgerliche und politische Arbeit geschult hatten«, schreibt sie in einer CDU-Festschrift.[211]

Im damals provisorischen Rathaus der Nachkriegszeit trug sie anläßlich ihres 30jährigen Jubiläums als Stadtverordnete vor: »Somit wählten wir am 5. Oktober 1919 erstmalig in Köln eine Stadtverordnetenversammlung, der auch Frauen angehörten. Mit mir wurden in diese erste Stadtverordnetenversammlung noch zwölf weitere Frauen gewählt. (...) Wenn ich als Frau den Vorzug hatte, durch Wiederwahl fortgesetzt dem Stadtverordnetenkollegium anzugehören, so fühle ich mich heute verpflichtet, an *die* Frauen zu denken, die in einer oder auch während mehrerer Wahlperioden mitarbeiteten. (...) In den Jahren zwischen 1919 und 1933 – ich habe es einmal nachgezählt – waren es 31 oder 32 Frauen, die Mitglieder der Stadtverordnetenversammlung waren. (...) Von den 31 oder 32 während der Zeit von 1919 bis 1933 tätig gewesenen weiblichen Stadtverordneten sind zwölf, vielleicht aber auch 15, nicht mehr unter den Lebenden (...). Acht waren bei der KPD, die heute keine einzige Frau im Kollegium hat, neun bei der SPD, je zwei bei der Demokratischen Volkspartei, bei der Deutschen Volkspartei und bei den Deutschnationalen und acht beim Zentrum.«[212] Wie waren die Erfahrungen der ersten Abgeordneten? Zwei Aussagen – zwei Urteile (beide aus einer Partei, dem Zentrum): Sibille Hartmann: »Es war doch gar nicht so einfach, erstmalig im politischen Leben tätig zu sein und dabei immer und in jeder Fraktion in der *Minderheit* gegen Meinungen, die oft, wie angeführt wurde, auf Erfahrungen zurückgehen. Es wurde uns entgegengehalten: Wir Männer sind diejenigen, die bis jetzt die Politik allein beherrschten. Es war schon *mutig*, als Minderheit dabei zu bleiben und sich durchzusetzen.«[213] Minna Schumacher-Köhl: »Zunächst darf man wohl sagen, daß die Stadtväter sowohl wie die amtlichen Stadtoberhäupter samt ihren Beigeordneten die Frauen von vornherein als absolut gleichberechtigt behandelt und sie in jeder Weise ernst genommen haben, wenn sie nicht durch Unsachlichkeit oder Parteileidenschaft selbst ihre Position verdarben.«[214]

Die Zeitzeugin Rosemarie Ellscheid widerlegt für Köln die oft erhobene Behauptung, Frauen hätten Hitler stärker zur Macht verholfen als Männer: »Die nichtdemokratischen Parteien wurden von den

Kölner Bürgerinnen weniger gewählt als von den Männern.«[215] Die Nationalsozialisten erhielten (1929) 5,7 % männliche und 3,4 % weibliche Stimmen (im Schnitt 4,6), die Kommunisten 17,2 % männliche und 9 % weibliche (im Schnitt 13,7).[216] Bei der entscheidenden Wahl des Reichspräsidenten von 1932 votierten 26,1 % der Männer und 19,7 % der Frauen für Hitler.[217] Die meisten Frauen hatten dem Kandidaten Hindenburg ihre Stimme gegeben. Kurz darauf wurden die Nazis aber erstmals größte Fraktion im Landtag (im April 1932). Sogar der sonst auf Neutralität bedachte »Stadtverband der Kölner Frauenvereine« rief angesichts dieser dramatischen Lage, gewarnt durch erste Diskriminierungen (Verabschiedung eines Frauen ausgrenzenden Beamtinnengesetzes[218]), vor der Reichstagswahl von 1933 »zur Stimmabgabe für die demokratischen Parteien« auf: »Deutsche Hausfrau, deutsche Mutter! Es geht am 5. März um

Katholikinnen starteten 1933 eine letzte (hilflose) Aktion gegen die Wahl von Hitler und riefen zur Wahl von Hindenburg auf.

Köln, den 25. Februar 1933.

Sehr verehrte Frau!

Bitte nehmen Sie in diesen Tagen der Erregung ein ruhiges Wort freundlich auf und geben es weiter.

Es geht um deutsches Schicksal. Wir Frauen sind mitverantwortlich für seine Gestaltung. Wir gestalten es durch die Abgabe unserer Stimme. Wer der Entscheidung ausweichen will und deshalb nicht wählt, wird mitschuldig an der weiteren Radikalisierung unseres Volkes, die ein Unglück und eine Gefahr für Vaterland und Kirche bedeutet.

Wir haben bisher diesen Radikalismus durch die besonnenen Elemente im Volke einzudämmen vermocht; jetzt aber ist er ins Maßlose angewachsen. Denken Sie nur an die traurigen Ereignisse der letzten Tage und Wochen. Sie werden mit uns bestürzt sein, daß die Polizei bei Aufrechterhaltung von Ruhe und Ordnung nicht mehr wie bisher gegen jeden Angreifer, gleichgültig welcher Partei er angehört, vorgehen kann, sondern daß sie verpflichtet ist, gegenüber bestimmten Volkskreisen rücksichtslos von der Waffe Gebrauch zu machen, gegenüber anderen sich aber zurückzuhalten, sich sogar „gut mit ihnen zu stellen."

Die ersten Folgen einer solchen Anweisung haben wir erlebt. Unsere Versammlungen wurden gesprengt, die Redner am Sprechen verhindert, Minister Stegerwald verwundet, Geistliche tätlich angegriffen, katholische Druckereien gestürmt, ohne daß die Polizei eingegriffen hätte. Die Straßenüberfälle häufen sich. Jeder Tag bringt Tote und Verwundete, nicht nur aus den Reihen der radikalen Parteien, sondern auch aus der ruhigen und unbeteiligten Bevölkerung.

Die traurigen Vorfälle lassen sich nicht allein aus der Erregung des Wahlkampfes erklären; sie sind Ausfluß einer Gesinnung, die hemmungslos Haß predigt und die Vernichtung des Gegners will. Es erschüttert uns zutiefst, daß selbst die Jugend mit solchen Gedanken vergiftet wird.

Sie wollen gewiß wie wir, daß diese Zustände bald ihr Ende finden. Dann beherzigen Sie bitte die eindringliche Mahnung unserer Bischöfe und wählen Männer und Frauen, „deren Charakter und erprobte Haltung Zeugnis geben von ihrem Eintreten für Frieden und soziale Wohlfahrt des Volkes, für den Schutz der konfessionellen Schule, der christlichen Religion und der katholischen Kirche."

Für diese Güter sind die Männer und Frauen des Zentrums unentwegt eingetreten. Darum bitten wir, geben auch Sie Ihre Stimme am 5. und 12. März dieser Partei und wählen Liste 4.

Wir begrüßen Sie herzlich!

Frau Gussie Adenauer, Antonie Hopmann,
Frau Barbara Joos, Dr. Amalie Lauer,
Christine Teusch, Katharina Zinnicken.

Dein und Deiner Kinder Schicksal. Soll es so wei-
tergehen? Keine Frau darf auf ihr Wahlrecht ver-
zichten. Mit dem Stimmzettel wehren wir uns
gegen die Verdrängung der Frau im Staatsleben,
gegen die Zerstörung der Sozialpolitik. (...) Mit dem
Stimmzettel fordern wir (...) Recht auf Arbeit auch
für die Frauen« – wie wir wissen, ohne Erfolg.[219]
1933 erging an die Frauen, die in politische Ämter
gewählt waren, der Befehl, diese niederzulegen.[220]
Nun standen auch keine Frauen mehr auf den
Wahllisten, der aktiven Staatsbürgerinnenschaft
der Frau war ein frühes Ende bereitet worden.

Eine der Unterzeichnerin-
nen des Aufrufs vom 25.
Februar 1933 war die Gattin
des Oberbürgermeisters,
Gussie Adenauer.

Über die ersten Kölner Ratsfrauen ist bisher
recht wenig bekannt. Die bereits zitierte Rede von
Sibille Hartmann, die Erinnerungen von Minna
Schumacher-Köhl, Gertrud Meyer-Plock und Marie
Juchacz und Texte der SPD-Geschichte helfen bei
der Rekonstruktion einiger Biographien.[221]

Minna Schumacher-Köhl schreibt über das erste
»Aufgebot«: »Woher kamen also die ersten Stadtmütter? Da waren die Frauen, die schon seit Jahrzehnten in der Stille soziale und caritative Arbeit in
der Armen- und Waisenpflege, in der Fürsorge an
gefährdeten Frauen und Kindern geleistet hatten;
neben ihnen Persönlichkeiten aus der Frauenbewegung, die einen Überblick über das Gesamtge-
biet der Frauenfragen hatten und jetzt in den Par-
tei- und Fraktionsversammlungen den Standpunkt
der Frau am besten vertreten konnten. Zahlreich
waren die Lehrerinnen gewählt worden, da das
Schul- und Bildungswesen zu den wichtigsten
Angelegenheiten der Gemeinden gehört, ferner
Frauen, die an den erst neuerdings eingerichteten
weiblichen Abteilungen der Arbeitsämter und in der
Gewerkschaftsbewegung mitarbeiteten und besonders die Arbeiterinnen vertraten; nicht zuletzt
solche, die während des Krieges durch freiwilligen
Einsatz ihrer Kräfte bei der Linderung der Not her-
vorgetreten und dadurch ihre soziale Verantwortung bekundet hatten. Damals wie heute fehlten
aus freilich begreiflichen Gründen meist die jüngeren Familienmütter.«[222]

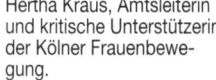

Hertha Kraus, Amtsleiterin
und kritische Unterstützerin
der Kölner Frauenbewe-
gung.

Die einzige Frau, die eine höhere Verwaltungs-
position erringen konnte und zudem auch Frauenrechtlerin war, mußte, ebenso wie die Stadtverordneten, den Nazis weichen. Dr. rer. pol. Hertha Kraus
(1897-1968) gehörte zu der ersten Generation
deutscher Frauen, die in Deutschland studieren
und promovieren konnten.[223] In Berlin war sie
führend an der Sozialarbeit (Kinderspeisung) beteiligt und Bezirksleiterin eines Quäker-Komitees,

Trotz des traditionell starken Flügels katholischer Stadtverordneter können sich die Nationalsozialisten auch in Köln schließlich durchsetzen. Am 13.3. übernehmen NSDAPler die Macht im Rathaus, bis Anfang Juli sind alle Parteien außer der NSDAP verboten oder haben sich selbst aufgelöst – nach nur 14 Jahren Mitwirkung in der Stadtverordnetenversammlung gibt es nun wieder keine Politikerinnen mehr.

bevor Adenauer die 25jährige nach Köln ins Amt der Leiterin der Abteilung Sozialwesen bzw. des Wohlfahrtsamtes berief.[224] Über die Parteigrenzen hinweg haben sich beide wohl gut verstanden, wie Briefe aus dem Exil zeigen. Gleichzeitig war sie Stadtdirektorin, d.h. dem Dezernenten Ernst Schwering direkt nachgeordnet, und hatte damit die höchste Stellung inne, die bis weit in die Nachkriegszeit hinein eine Frau in der Verwaltung erreicht hat; sie war »die erste Frau, die wenigstens zur Verwaltungs- oder damals hieß es Beigeordnetenkonferenz zugezogen wurde«.[225] 1923 trat die Soziologin in die Arbeiterwohlfahrt und die SPD ein und begann bald, sich im »Stadtverband der Kölner Frauenvereine« zu engagieren. Im Jahr 1928 hielt sie etwa einen Vortrag über grundsätzliche Fragen der Friedenspolitik und gehörte zu einer Gruppe, die sich gegen Aufrüstung wandte und öffentlich gegen einen potentiellen Gaskrieg eintrat.[226] Ihren Arbeitsschwerpunkt legte sie – was damals innovativ war – eher auf die Prävention als auf die Nachsorge; sie ließ in den Zeiten der größten Arbeitslosigkeit Volksküchen, Freizeitstätten und Werkstätten errichten. »Ich brauche nur zu erinnern an die Riehler Heimstätten, an die Wohnstifte, an die Arbeitsfürsorge, an die Organisation des Kreiswohlfahrtsstellenwesens, an die Künstlerhilfe, an das Atelierhaus, an das männliche Ledigenhaus«[227], führt Sibille Hartmann in ihrer Jubiläumsrede von 1949 aus.

Bei den KölnerInnen ist die zu den Quäkern konvertierte jüdische Sozialpolitikerin vor allem aufgrund ihrer erfolgreichen Kampagne, die ehemalige Kaserne in Riehl (Boltensternstraße) und andere Gebäude nach amerikanischem Vorbild zu Familienwohnungen bzw. Wohnkomplexen mit Betreuung umzufunktionieren (Einweihung 1.11.1927), im Gedächtnis geblieben. »Die einzelnen Wohnquartiere wurden in ›Nachbarschaften‹ aufgeteilt mit je einem Zentrum, das Kindergarten und Hort, Näh- und Bastelstuben, Clubräume und ein Beratungszimmer enthielt. Für je 60 Familien waren eine fachlich qualifizierte Wohnungspflegerin (...) und ein vollamtlicher Hausmeister tätig«[228]; in Riehl entstand – laut Minna Schumacher-Köhl »auf die Initiative von Frauen hin« – »eine großzügige Anlage, durch die vielen alten Leuten ein Heim mit Verpflegungsmöglichkeiten geboten wurde«.[229] Die Amtsleiterin Hertha Kraus unterstützte – wie wir aus Unterlagen des Stadtverbandes wissen – stets die berufsorientierte Frauenbewegung, besonders den »Verein der Sozialbeamtinnen«.[230] So trug sie mit Vorträgen zur Ausweitung der Erfahrungen und Professionalisierung von Frauen bei[231] und unterrichtete an der Kölner Wohlfahrtschule, der späteren Fachhochschule für Sozialarbeit, deren Amtsaufsicht sie innehatte. Scharf wandte sie sich gegen Tendenzen der ersten Notverordnungen (1932), die Wohlfahrtsleistungen zu kürzen. Ihre Entlassung aufgrund ihrer »nicht reinrassigen« Abstammung und ihres sozialdemokratischen Engagements (»politisch unzuverlässig«) erfolgte prompt zum 1.4.33 – und diese kluge Frau wanderte gleich im selben Jahr mit Eltern und Freundin (Frl. Schulz) nach Nordamerika aus, wohin sie schon früher mehrmonatige Studienreisen unternommen hatte. Hier gelang ihr der Anschluß an ihre bisherige Berufstätigkeit: Ab 1936 konnte sie als Professorin für Sozialökonomie am berühmten Quäkercollege Bryn Mawr (Pennsylvania) arbeiten und verfaßte ein Standardwerk über »Theorie und Praxis der Einzelfallhilfe« in der Sozialarbeit (1950 ins Deutsche übersetzt). In ungewöhnlichem Ausmaß unterstützte sie von ihrer privilegierten Position aus EmigrantInnen, u.a. Marie Juchacz. Sibille Hartmann lobt in ihrer Rede Hertha Kraus' wohlfahrtspflegerische Ideen, ihren unermüdlichen Schaffensdrang, ihre feinfühlige Verhandlungsart und ihr zielsicheres Vorgehen[232] und setzte sich bei Oberbürgermeister Schwering dafür ein, daß sie, die inzwischen US-Bürgerin geworden war, 1954 von der Stadt eingeladen wurde und Vorträge halten konnte.[233] Seit 1990 trägt eine Straße in Riehl ihren Namen.

Sibille Hartmann (erst Zentrum, dann CDU) war in der Geschichte der weiblichen Ratsabgeordneten vermutlich am längsten aktiv.

»Vor mir und leider nicht mit mir, hat keine Frau in Köln eine gleich lange kommunalpolitische Tätigkeit erleben dürfen.« Sibille Hartmann wurde, wie sie gern betonte, in der Nacht von Karnevalsdienstag auf Aschermittwoch geboren. Sie war das zweite von sechs Kindern einer armen Arbeiterfamilie; die Mutter starb, als sie neun war. Die Kinder kamen 1899 ins Kinderheim, und Sibille Hartmann erlebte schlimme Zeiten mit Kälte, harten Strafen, mangelnder Förderung und Trennung von den Geschwistern. Diese Erlebnisse waren so prägend, daß sie später einen Schwerpunkt ihrer Arbeit auf die Verbesserung der Heimerziehung legte. Nach der Jugend im Heim arbeitete sie als Lagerarbeiterin, in der Fabrik, in Heimarbeit als Schirmnäherin und stieß zur Politik über die Mitgliedschaft im Windhorst-Bund (der Jugend der Deutschen Zentrumspartei) und die Bekanntschaft mit Helene Weber. Sibille Hartmann engagierte sich im Gewerkverein der (christlichen) Heimarbeiterinnen, der in Köln eine Auskunftsstelle mit Annahme von Näharbeiten unterhielt, und arbeitete im Katholischen Deutschen Frauenbund mit, der 1903 in Köln gegründet worden war. Während des Ersten Weltkrieges war sie »Betriebsfürsorgerin«, auch bei ihrer Ratsarbeit legte sie den Schwerpunkt auf die Sozialpolitik – wie fast alle Frauen. Für die Ausstellung »Die Frau, ein Ja zum Leben« gestaltete sie die Abteilung »Ein Ja, auch zur Politik«. In den 50er Jahren stieg sie bis zur Leiterin des Jugendamtes auf und war eine der »Frontfrauen« der CDU (wie das frühere Zentrum nun hieß): Sie wurde auf manch unliebsamen Diskussionsabend geschickt, um den Volkszorn über die Wohnungsnot u.ä. zu kanalisieren, wobei sie auch unpopuläre Maßnahmen der CDU-Regierung im sozialpolitischen Bereich rechtfertigte. Bescheiden und energisch zugleich, holte sie dann für die Partei die Kohlen aus dem Feuer. Vielen Betreuten aus Stadtrandsiedlungen oder Heimen erschien sie zu hart, aufgrund ihres forschen Wesens war sie bei den BürgerInnen beliebt und gehaßt zugleich. Wie sehr sie sich an Frauen orientierte, zeigen sowohl die Rede von 1949 zum Gedenken an ihren Eintritt in das Stadtparlament vor 30 Jahren, in der sie sich – von drei Fraktionskollegen abgesehen – ausschließlich auf Begleiterinnen aus allen Fraktionen im Rat bezog, als auch die Tatsache, daß Sibille Hartmann

in den 50er Jahren eine Kartei mit über 100 Frauenbiographien aus der Kölner Geschichte der letzten Jahre anlegte, Frauen, die sie zumeist noch
kennengelernt hatte. Leider ist diese Arbeit, die ein
wichtiges Stück Kölner Frauengeschichte darstellen würde, nicht mehr auffindbar.

Wie beurteilten Stadtverordnete der ersten Stunde ihre Zusammenarbeit? Minna Schumacher-Köhl
sah keine besondere Solidarität zwischen den
weiblichen Ratsmitgliedern: »Als in Köln Frau
Minna Bachem-Sieger, die der Zentrumsfraktion
angehörte, einige Zeit nach dem ersten Zusam-
mentreten der Stadtverordneten den Versuch
machte, durch eine private Einladung an alle weiblichen Stadtverordneten wenigstens eine menschliche Begegnung herbeizuführen mit dem Ziel, in
den eigentlichen Frauenangelegenheiten von Fall
zu Fall eine gemeinsame Aussprache und Stellung-
nahme zu erreichen, mußte sie die Unmöglichkeit
einer solchen Zusammenarbeit einsehen. Zu tief
waren die Gegensätze in den grundlegenden Fragen und zu stark die Bindung des Einzelnen an
seine Partei und Fraktion, zu gering vielleicht auch
das Vertrauen zueinander. Wohl gelang es im Laufe
der Jahre, bei dieser und jener weltanschaulich
indifferenten Frage in einzelnen die Frauen betreffenden Fragen in den Kommissionen oder auch im
Plenum einen gemeinsamen Boden zu finden und
dadurch Erfolge zu erzielen. So setzten sich z.B.
alle Frauen dafür ein, daß die mittlere Beamtenlauf-
bahn den Frauen erschlossen und in Ausnahmefällen auch höhere städtische Beamtenstellen mit
Frauen besetzt wurden, was die Zulassung zu den
entsprechenden Prüfungen voraussetzte.«[234]

Sibille Hartmann urteilte positiver: »Ich erinnere
mich vieler Gelegenheiten, wo diese Frauen vereinzelt oder auch – das haben wir in den 14 Jahren
zwischen 1919 und 1933 gepflegt – in *Zusammenarbeit* außergewöhnliche Sachen vertraten, verfolgten und auch durchsetzten. Die Frauen blieben
ihrer Auffassung und ihrem Streben treu. Lieber
brachten sie Opfer, als bequem nachzugeben. (…)
Das ist vielleicht der innere und bleibende Wert
unseres Mittuns im politischen Leben, daß wir uns
dem Manne wohl zugesellten, daß wir aber unserer
eigenen Anschauung aus unserem Frauenleben
und Frauenbewußtsein heraus treu geblieben sind.
(…) Wir waren eben doch Frauen, ob wir aus der
Frauenbewegung oder der Arbeiterbewegung
kamen, die etwas mitbrachten, was außerordentlich wertvoll war. Das war nämlich die Solidarität,

und die führte uns dann von selbst zusammen, um bestimmte Dinge miteinander zu besprechen und zu planen, wie wir sie in Zusammenarbeit durchführen könnten. Wir beriefen uns auch oft auf die Meinung der Frauenverbände.«[235]

Im September 1969 gab es die erste Vertreterin des Oberbürgermeisters, Else Schmitt (SPD) – seit 1971 tragen diese den Titel BürgermeisterIn. Viele weibliche Abgeordnete haben überhaupt keine Spuren hinterlassen und auch nichts Großartiges bewirkt; von einer Frau geht zum Beispiel das Gerücht, sie sei nur in den Stadtrat gegangen, um die Entschlüsse ihres (kirchlich tätigen) Mannes auszuführen. Und in den meisten Fällen haben Frauen die traditionellen Ressorts übernommen (Soziales, Kultur, Gesundheit). Es bleibt unserer Generation überlassen, sich auch in die klüngelverdächtigen Bereiche wie Hoch- und Tiefbau, städtische Gesellschaften und Finanzen einzuklinken und (vielleicht zum Wohl der Frauen ...) mitzuklüngeln. Erst wenn auch Frauen Bestechungsangebote erhalten, wird die Machtverteilung wirklich ausgewogen sein ...

Bis heute ist der Kölsche Klüngel eine reine Männersache geblieben.

24

*Auf dem **Rathausplatz** gehen wir weiter parallel zur Straße Unter Goldschmied zu der gläsernen Pyramide über der **Mikwe**, dem ehemaligen mittelalterlichen Judenbad.*

Die Mikwe, das rituelle Reinigungsbad im früheren Judenviertel mit Zugang zu fließendem Wasser.

Wir befinden uns auf dem Gebiet der mittelalterlichen jüdischen Stadtansiedlung, die seit 321 für Köln, seit dem 11. Jh. für diese Stelle bezeugt ist. Andersfarbige Steine im Boden markieren heute die Umrisse der ehemals gemeinschaftlich genutzten Bauten: Da standen eine Synagoge mit einem Extra-Raum für die Frauen (die »Frauenschule«, gegründet 1012), ein Backhaus, ein Hochzeitshaus, ein Hospital (gestiftet von Bela und deren Sohn Eliakim, Mordechai und dessen Frau Hanna)[236], eine Talmudschule, ein kaltes und ein warmes Bad u.a.m. Der Friedhof lag vor dem Stadttor St. Severin. »Die locale Absonderung war eine freiwillige und hatte ihren Grund in der alten Sitte, daß Bürger derselben Erwerbsthätigkeit bestimmte Straßen bewohnten und die Juden eine besondere Gemeinde bildeten, deren Mittelpunkt die Synagoge war.«[237] Es wohnten zu Beginn dieser Ansiedlung auch christliche KölnerInnen unter ihnen. Mit großer Sicherheit waren Jüdinnen und Juden nie ganz »normale« BürgerInnen (sofern es die überhaupt gab), denn sie unterstanden einem

Sonderrecht, das sie nicht selbst erlassen hatten, sondern das ihnen aufgezwungen worden war; z.B. bedurften sie einer besonderen Aufenthaltsgenehmigung. Damit hatten sie per se einen rechtlichen und religiösen Sonderstatus inne. Ob und welche sozialen Konsequenzen das im Alltag hatte, wissen wir nicht im einzelnen; die Quellen berichten hauptsächlich vom Ausnahmezustand.

Seit Beginn der Kreuzzüge (der erste war 1096) mit ihrem religiösen Wahn kamen verstärkt antijüdische Denkweisen der Bevölkerung an die Oberfläche; Verfolgungen, Grabschändungen und andere aggressive Akte gab es durchaus schon im Mittelalter. Im Kontext der gewalttätiger. Missionszüge begannen in Köln große Verfolgungswellen. Ähnlich wie es zu unserer Zeit hinsichtlich der AusländerInnen und AsylbewerberInnen festzustellen ist, wurden die Argumente von den »Oberen« (Theologen, Politiker) vorgebracht (z.B. »Die haben unseren Jesus totgeschlagen«), die Ausführung vor Ort übernahm frustrierter Pöbel. In Köln war beim ersten Kreuzzug – ebenso wie im restlichen Rheinland – eine ungewöhnlich heftige Resonanz auf den Aufruf zu dieser »bewaffneten Wohlfahrt« zu beobachten. 150 000 niederrheinische Kreuzfahrer müssen sich in der Stadt zusammengefunden haben, um nach Süden zu ziehen, darunter auch viele Kölner.[238] Schon nach der Predigt des eremitischen Fanatikers Peter von Amiens zu Ostern 1096 gab es Pogrome.

Der Kölner Erzbischof hatte seinen jüdischen Schutzbefohlenen, von denen er kräftige Schutzgelder kassierte, zwar angeblich sichere Verstecke in anderen Ortschaften angezeigt, aber dort wurden sie auch bald aufgespürt. Drei Tage lang tobten sich die angeblichen VerteidigerInnen des Glaubens an Menschen und Sachen aus. »Wie hat sich Gottes Hand so schwer gelegt auf die hochgeschätzte, herrliche Gemeinde zu Köln!« klagten die wenigen Überlebenden.[239]

Ab dem 12. Jh. nahm die Stadtverwaltung erstmals eine topographische Eingrenzung des Judenviertels innerhalb der Laurenzpfarre vor, um die Unversehrtheit des jüdischen Wohngebietes mit seinen damals etwa 600 BewohnerInnen zu garantieren, und ließ an drei Straßenecken Tore anbringen, die nachts verriegelt werden konnten. Abends wurde das Viertel von einem Stadtboten abgesperrt – außer bei längeren Ratssitzungen. Um 1340 wurden die Grenzen des Ghettos definiert, von nun an durfte auch kein Christ mehr einem

Juden ein Grundstück verkaufen.[240] Das Bürgerhaus bzw. Rathaus wurde von den Christen 1135
mitten in die jüdische Ansiedlung von etwa 48 Häusern gebaut. Zeugnis der Toleranz und des Mitein-
anders? Oder stille Art der Besetzung? Das ist
heute nicht mehr zu beurteilen.[241] Die Freizügigkeit
innerhalb der Stadt wurde für Jüdinnen und Juden
beschränkt, auch konnten sie keine freie Berufs-
wahl mehr treffen. Der Zugang jüdischer Männer zu
Ämtern wurde für diejenigen, die nicht zum Christentum konvertieren wollten, massiv eingeschränkt. Der Erzbischof, der frühere Schutzherr,
verließ die Stadt und hatte seither nur noch gerin-
gen Einfluß. Für angebliche Schutzleistungen kas-
sierten nun Kaiser und Rat horrende Gelder,[242] die
Bedrohung für Jüdinnen und Juden war eher
gewachsen.

Lange Jahre wohnten jüdische und nichtjüdi-
sche KölnerInnen neben- und miteinander, und
dies verlief je nach Mentalität, allgemeinpolitischer
Lage und dem Verhältnis zwischen Erzbischof und
Rat zeitweise relativ konfliktfrei und zu anderen Zeiten auf Kosten der jüdischen EinwohnerInnen, zu
deren Vernichtung oder zumindest Vertreibung
schließlich beitrug, daß keine Partei mehr die Verantwortung übernahm.

Die größte Verfolgungswelle fand 1349 statt:
Eine europaweite Pestepidemie löste ab 1346 eine
allgemeine Hysterie aus; wie in vielen anderen
Städten Europas wurde auch in Köln zur Vernichtung der Juden aufgerufen, und mehr als dreitau-
send Jüdinnen und Juden sahen keine andere
Möglichkeit, als sich und ihre Familie umzubringen
(meist zu verbrennen) oder die Stadt schnellstens
zu verlassen – sonst wären sie den Schlächtern in
die Hände gefallen. Das jüdische Wohn- und
Arbeitsviertel wurde zerstört. Trotz vielfach wieder-
holter Schutzversprechungen (»Schutzbriefe«) von
Rat und Erzbischof waren diese KölnerInnen als
Sündenbock benutzt und vertrieben bzw. ausge-
rottet worden.

Auch wenn sich 1372 wieder einige hundert
ansiedeln »durften«, so gab es doch mehr und
mehr Reglementierungen und fadenscheinige Vorschriften: Ausgehverbote, Aufenthaltsverbote im
Rathausbereich, ihrem angestammten Wohnbe-
zirk, Kleiderordnungen[243], es wurde verboten,
Ammen einer anderen Religion einzustellen – und
1423 bahnte sich das Ende des Zusammenlebens
von ChristInnen und JüdInnen für Jahrhunderte an.
Der Rat hatte die langfristige Ausweisung be-

schlossen, den vorhandenen 26 Familien entzog er die Aufenthaltsgenehmigung; 1424 mußten sie alle die Stadt verlassen. Viele zogen nach Deutz oder in weiter entfernte Gegenden. Erst 1801 konnte sich wieder eine jüdische Gemeinde gründen, die langsam anwuchs. 1925 lebten 17 000 Jüdinnen und Juden in Köln. Über die Geschichte der Gemeindemitglieder wie auch der nichtgläubigen Jüdinnen und Juden in der Nazizeit kann hier nicht ausführlich berichtet werden: So viele Menschen, so viele Schicksale – jede/n einzelne/n traf die Entscheidung der RassistInnen, diese Bevölkerungsgruppe vollständig auszumerzen; die meisten wurden ermordet. Von einigen wenigen KölnerInnen sind Zeugnisse ihrer Vertreibung, ihres Leidens und ihrer Ermordung überliefert.[244]

Ist schon wenig über jüdische Männer bekannt, so ist das Informationsdefizit bezüglich der Jüdinnen noch wesentlich größer; über ihr Alltagsleben wissen wir so gut wie nichts, kennen nur einzelne Splitter. Selbstverständlich war die Mitwirkung der jüdischen Frauen in der Stadt- und Religionsgemeinde begrenzter als die der Männer, diese wiederum waren auf kommunaler Ebene den christlichen Männern gegenüber diskriminiert. Die gesellschaftliche Position der Frau im heutigen Judentum, wo sie als Zuständige für die Sabbat-Rituale eine wichtige Rolle im Kult einnimmt und in der Familie eine starke Stellung hat, wird der aus der Antike, dem Mittelalter und dem 19. Jh. ähneln.[245]

Über die mittelalterliche Erwerbsarbeit von Jüdinnen ist bis heute wenig bekannt – hier eine Goldwägerin.

Frauen haben selbstverständlich alle Verfolgungswellen mit erlitten, sie haben 1096 laut alten Texten ihre Kinder eigenhändig umgebracht, um sie nicht den mordenden Horden preiszugeben.

In Köln haben jüdische Frauen erwiesenermaßen mit ihrer Arbeit zum Familienunterhalt beigetragen: Im 14. Jh. beteiligten sich Jüdinnen am Darlehensgeschäft[246], einem der gesellschaftlichen Bereiche, die Christen durch das »Neue Testament« verwehrt waren; diesen Geldhandel konnten Frauen gegebenenfalls im eigenen Haushalt betreiben. Umgekehrt waren die Jüdinnen wie ihre Männer aus den handwerklichen Zusammenhängen der Zünfte ausgeschlossen.

»Anfassen« können wir die Geschichte der Jüdinnen am ehesten in dem letzten Zeugnis des jüdischen Kultlebens: der **Mikwe**, dem ehemaligen Kultbad, heute mit einer modernen Glas-Stahl-Konstruktion überdacht. Dieses im 12. Jh. erbaute Ritualbad lohnt durchaus einen Besuch; holen Sie

Das Jüdinnenbad von
innen.

sich beim Pförtner des Rathauses den Schlüssel.
Vielleicht können Sie nachspüren, wie Hunderte
von Frauen einst diese Stufen hinabstiegen, ihr
Trockentuch in einer der Nischen ablegten, ihre
Leuchte im letzten Winkel abstellten. »Mikwe«
bedeutet »Ansammlung von lebendigem Wasser«
und bezieht sich auf die Anlage des Bades: Hier
wird Grundwasser aufgefangen, die Wassermenge
(normale Wassertiefe etwa 70 cm) ist vom jeweiligen Wasserstand abhängig, denn sie korrespon-
diert mit dem Wasserspiegel des Rheins. Als Ort
der spirituellen Erneuerung wurde die Mikwe überwiegend von Frauen genutzt, obwohl Männer aufgrund der »levithischen Reinheitsgesetze« (3. Buch
Mose, 15) ebenfalls Anlaß hatten, sich dort einzu-
finden. Nach der Menstruation, am Vorabend des
Hochzeitstages und nach der Geburt eines Kindes

Mittelalterliche Abbildung
des für Jüdinnen rituell
vorgeschriebenen
Tauchbades, vor dem
ersten Beischlaf einer Braut
oder nach der monatlichen
Menstruation auszuüben.

stiegen die Kölner Jüdinnen hier in 16 Meter Tiefe
hinab und tauchten in das Becken, wobei sie
Erneuerungsgebete sprachen. Das Untertauchen
symbolisierte eine monatliche Reinigung von allen
negativen Energien des letzten Zyklus, das regelmäßige Wiederherstellen eines »jungfräulichen«
Zustandes, der durchaus als Privileg der Frauen
begriffen wurde; dazu kam gegebenenfalls eine
Vorbereitung auf die »erlaubten Tage« mit

Geschlechtsverkehr. Sicher erlebten viele Frauen dabei eine monatliche »Erhebung« über den Alltag und auch die Besinnung auf die Kraft des Frau-seins. (Für die rein körperliche Reinigung gab es noch ein weiteres Badehaus.) Von einigen heutigen jüdischen Feministinnen wird das alte Ritual durch-aus begrüßt; wie andere Frauen regelmäßig einen Saunatag in ihr Leben integrieren, nutzen sie die Mikwe als regelmäßige Reflexions- und Reini-gungsmöglichkeit.[247]

Der Name des ehemaligen Jerusalems-gäßchens, das parallel zu Unter Goldschmied ver-lief, war ein makabrer Verweis darauf, daß die Rats-kapelle St. Maria in Jerusalem 1426 (kurz nach der Vertreibung der Juden) auf den Resten der jüdi-schen Synagoge erbaut worden war. Für diese Kapelle hat Stefan Lochner (1400-1451) ursprüng-lich das berühmte Altarbild gemalt, das die Kölner Stadtpatrone zeigt (u.a. St. Ursula als Matrone der Kölnerinnen) und jetzt im Dom zu sehen ist.

Gehen Sie über die Straße und weiter zur Ecke **Obenmarspforten**. *Wie der Straßenname* **Unter Goldschmied** *anklingen läßt, befand sich in dieser Straße (auf dieser Ecke) seit 1401 das Zunft- und Gaffelhaus der Goldschmiede* »**Zum goldenen Horn**«.

(25)

Dieses Haus war wohl auch das Zunfthaus der Goldspinnerinnen (»goltspenressen«), die zusam-men mit den Goldschlägern den dünnen Brokatfa-den für die kostbaren Stoffe der reichen KölnerIn-nen und der Geistlichkeit herstellten und mit ihnen in einer Zunft verbunden waren. Die Goldspinnerin-nen umwoben einen Grundfaden (Seele genannt) aus Seide, Leinen oder Baumwolle mit Metallfäden aus Gold und Silber oder anderen Metallen, welche Goldschläger durch Ziehen und Plattklopfen eines Gold- bzw. Silberstranges zu einem Faden gear-beitet hatten. Ihre Produkte wurden zur Weiterver-arbeitung in kostbaren Brokatstoffen gebraucht, und die Kölner Fernkaufleute exportierten sie bis nach Italien. Im toskanischen Lucca wurden im 14. Jh. neben den einheimischen diese Kölner Gold- und Silberfäden explizit zur Verarbeitung empfoh-len.[248] Die Goldspinnerinnen bildeten neben den Seid(en)macherinnen und den Garnmacherinnen die dritte der sogenannten Kölner Frauenzünfte – wenn auch keine ganz selbständige: Aufgrund der Abhängigkeit der Arbeitsprozesse voneinander waren sie mit den Goldschlägern in einer Arbeits-

Goldspinnerinnen
drehten Brokatfäden für
Wappenstickerei auf
kostbaren Seidenstoffen,
Zielgruppe: Geistliche oder
PatrizierInnen.

gemeinschaft assoziiert[249] –, sie erhielten 1397 zugleich mit den Goldschlägern einen Zunftbrief. Darin waren verschiedene mögliche Streitfälle geregelt: Lehrzeit der als Lehrtöchter angenommenen Mädchen; Anzahl der erlaubten Lehrmädchen; Qualitätsgarantien; die Frage, wer den Rohstoff, das streifenförmige »leyssen«, zuteile usw. Ein Paragraph enthält Informationen über die politische und betriebliche Außenvertretung dieser Frauenzunft. Da heißt es etwa, die Goldschläger und Goldspinnerinnen sollten jedes Jahr unter sich »zwene meistere« und »zwa vrauwenmeistersen« wählen, und zwar beriefen sowohl die Goldschläger unter sich einen Meister und eine Meisterin als auch die Goldspinnerinnen unter sich einen Meister und eine Meisterin in ihre »Bruderschaft« bzw. Zunft. Diese vier Personen, Männer und Frauen, übernahmen unterschiedliche Aufgaben. Es war vorgesehen, daß »die vrauwenmeistersen (...) dat werk unss amptz besien (besehen) ind proeven solen bi iren eiden (...). Ind die zwene meistere (...) solen datselve (Hand)werk regieren ind mit der stede (Stadt) zeichen ind siegel, dat der broederschaft vurs. gegeven is, zeichenen«, damit die Kaufleute und ein jeglicher Mann, der eine Ware

PATRICIA VEL NOBILIS COLO . 80
nienſis ad Rhenum,

LXXX,
Ein Fraw vom Geſchlecht oder Adel zu Cölln am Rhein.
Was von Geſchlechten iſt auff Frawen/ Die gehn in ſolcher Klaidung fein/
Oder von Adelichen Frawen. In der Stadt Cölln an dem Rhein.

Gewandung einer
kölnischen Patrizierin aus
dem Spätmittelalter.

kaufe, nicht hinsichtlich der Maße betrogen werde,
so wie es sich gehöre und gebühre.[250] Eine weitere
gewählte Zunftfrau war vereidigte Plattenmesserin
und maß die Gold- und Silberstreifen für alle anderen Zunftfrauen aus. Wir wissen zwar aus den überlieferten Zunftbriefen einiges über die Arbeitsvor-
gänge, die Beschaffung der Rohstoffe und den
Umgang mit ihnen; wir kennen das Verbot, eigenständig Gold und Silber weiterzuverkaufen – unklar
sind aber die rituellen, auf das Zunfthaus und die
Arbeit bezogenen Einzelheiten wie: Wer verhandelte zu Beginn mit dem Rat über die einzelnen Zunft-
bestimmungen? Haben die Meisterinnen in diesem
Haus ihre Lehrmädchen mit einem Ritual aufgenommen? Haben sie in diesem Haus ihre Ware zur
Begutachtung vorgelegt? Waren die verheirateten
Zunftmeisterinnen und abhängig arbeitenden Spin-
nerinnen über ihre eigene Zunft in einen rituellen
Kontext eingebunden und finanziell abgesichert?
Feierten sie eigene Zunftfeste? Begingen sie hier
Hochzeiten, Beerdigungen, bekamen sie Witwen-
geld? Hier bleibt einiges der Phantasie überlassen.

Am selben Ort **Ecke Unter Goldschmied/Oben-
marspforten Nr. 21** war im 18./19. Jh. ein Zentrum

26

Die stark an der wirtschaftlichen Seite der Frauenfrage interessierte Elisabeth von Mumm wohnte bei Verwandten in einem ökonomisch bedeutsamen Haus: Hier hat die Kölnisch-Wasser-Produktion der Familie Farina stattgefunden.

»Eine der verdienstvollsten Bürgerinnen Kölns«: Elisabeth von Mumm legte mit ihren Vereinsgründungen (Kölner Frauenfortbildungsverein, Kölner Verein weiblicher Angestellter und Höhere Handelsschule für Mädchen) ihren Schwerpunkt auf die qualifizierte Erwerbsarbeit von Frauen.

der Kölnisch-Wasser-Herstellung, und das Gebäude wurde nach dem Firmennamen **Haus Farina** genannt. Für diesen frauenspezifischen Rundgang wichtiger: Es bot zeitweilig einer Kölnerin Wohnung, die all ihre Energien für den Zutritt von Frauen zu tabuisierten gesellschaftspolitischen und pädagogischen Bereichen einsetzte. Ab etwa 1906 wohnte hier Elisabeth von Mumm (1860–um 1937) aus der angesehenen Familie und späteren Sektdynastie Mumm von Schwarzenstein; sie war durch einen männlichen Vorfahren zugleich mit den Farinas verwandt. »Hand in Hand« mit Mathilde von Mevissen gründete Elisabeth von Mumm 1895 den »Kölner Frauenfortbildungs-Verein«, Kölns ersten »frauenbewegten« Verein überhaupt. Im selben Jahr baute sie eine entsprechende Fortbildungsschule am Rothgerberbach mit auf, und 1900 rief sie mit anderen zusammen eine Höhere Handelsschule für Mädchen ins Leben, die 1920 in städtische Trägerschaft übernommen wurde. Berufsengagement von Frauen unterstützte sie außerdem mit dem »Verein weiblicher Angestellter« (gegründet 1897), der seinerseits Träger eines Heims für weibliche Angestellte und einer »Auskunfts- und Beratungsstelle in Frauenberufsfragen« war, Projekte, in denen Frau von Mumm selbst sehr aktiv war.[251] In den meisten im Verlauf unseres Rundganges erwähnten Vereinigungen war sie zumindest zahlendes Mitglied (Stimmrecht, Rechtsschutzverein, NFG, Frauen-Klub, Wöchnerinnenverein, weiterhin im »Verein Mädchengymnasium« und im »Allgemeinen Deutschen Frauenverein«). Elisabeth von Mumm war selbst nie »berufstätig«, sie lebte von sicher großzügigen Bezügen aus Familieneinkommen; laut Adreßbuch hieß diese Existenzweise damals »Rentnerin«. Daß sie selbst keinen Beruf erlernte, war vermutlich keine eigene Entscheidung, sondern eine durch die Herkunft

erzwungene: Für Frauen des reichen Großbürgertums war eine bezahlte Berufstätigkeit außer Haus
einfach undenkbar. Durch ihre Mitarbeit in gemeinnützigen Vereinen sowie ab ca. 1906 mit einer
ehrenamtlichen Tätigkeit als Waisenamtsmitarbei-
terin konnte sie ihre Lebenszeit sinnvoll ausfüllen,
wobei sie an den jeweiligen Orten ihres Wirkens
durchaus aufwendige »Arbeit« leistete.

Ehrung der
Elisabeth von Mumm
auf der reichsweiten
Tagung des ADF in
Köln 1903.

DER Verlauf der jüngsten Tagung des Allgemeinen deutschen
Frauenvereins bedeutet einen großen Erfolg nicht nur für
die Frauenbewegung selbst, sondern auch für unsere Stadt,
für die in ihr lebenden und für diese Sache eintretenden
Frauen. Mit freudiger Genugtuung blicken sie auf dieses bedeutungs-
volle Gelingen zurück, aber auch mit herzlicher Dankbarkeit. Die Frauen
Kölns wissen, daß dieser Erfolg ohne Sie, hochverehrtes Fräulein
ELISABETH v. MUMM, nicht möglich gewesen wäre. Sie denken
hierbei nicht nur an Ihre rastlose und umsichtige Tätigkeit in dem
den Empfang vorbereitenden Ortsausschuß, sondern weit mehr an die
langjährige, mutige Führung auf der neuen, HIER bis dahin unbe-
schrittenen Bahn, die Sie zusammen mit Fräulein Mathilde v. Mevissen
übernommen haben. ∞∞∞∞∞∞∞∞∞∞∞∞∞∞∞∞∞∞∞∞∞∞∞∞∞∞∞∞∞∞
ᴄᴄᴄ Zu dieser Aufgabe brachten Sie mit eine seltene Pflichttreue und
Sachlichkeit und jenes selbstlose Aufgehen im Ganzen, das die Grundlage jeder erfolgreichen gemeinsamen Arbeit bildet. In den Stätten
Ihres Wirkens, dem Kölner Frauenfortbildungsverein, der Kaufmännischen
Schule für Mädchen, dem Kölner Verein für weibliche Angestellte, der
höheren Handelsschule für Mädchen, offenbaren sich deutlich die Ziele,
die Sie sich gesteckt haben. Nicht durch Werke der Wohltätigkeit
wollen Sie der Frau im Kampfe ums Dasein beistehen, sondern sie
durch Ausrüstung mit gründlichen Fachkenntnissen befähigen, diesen
Kampf selbständig zu führen. Die zahlreichen Frauenvereine, die Ihrer
Anregung und sachkundigen, längst als wertvoll erkannten Mitarbeit ihre Gründung verdanken, sind ebensoviele Denkmäler jenes
Geistes, mit dem Sie die Frauenbestrebungen in unserer Stadt durch-
drungen haben. ∞∞∞∞∞∞∞∞∞∞∞∞∞∞∞∞∞∞∞∞∞∞∞∞∞∞∞∞∞∞∞
ᴄᴄᴄ Namens aller derjenigen Frauen, die von diesen Empfindungen
erfüllt sind, nahen sich die Unterzeichneten Ihnen heute, um ihren
aufrichtigen Gefühlen der Bewunderung und des Dankes für sie, hochverehrtes Fräulein, Ausdruck zu verleihen und Sie zu bitten, dieses
Schriftstück, welches dem Ausdruck ihrer Gefühle eine dauernde Gestalt
verleihen soll, gütig entgegenzunehmen. ∞∞∞∞∞∞∞∞∞∞∞∞∞∞∞∞∞∞∞∞∞

KÖLN, den 12. Oktober 1903.

*An dieser Stelle folgen einige Ausführungen zum
Waisenamt, einem der vielen Bereiche ihrer gesellschaftspolitischen Aktivitäten. Mit dem Rundgang
geht's weiter auf Seite 112.*

In einer Ausgabe der »Kölner Hausfrau« von 1906
wird Frl. von Mumms Berufung in dieses Ehrenamt
gefeiert: »Der Stadtrat hat die Abänderung der Wai-
senordnung beschlossen, und zwar in dem Sinne,
daß zu den Sitzungen des Waisenamtes zwei, von
den Stadtverordneten zu wählende Frauen der
Stadt zuzuziehen sind – zwei Damen unserer ersten
Gesellschaftskreise, Frl. Mumm von Schwarzenstein und Fräulein von Karnap sind zu diesem
Ehrenamt gewählt worden, in Anerkennung ihrer
durch praktische Betätigung auf dem sozialen
Gebiete erworbenen hervorragenden Eigenschaf-

ten.« Waisenpflege, die Fürsorge für die »Findlinge«, also elternlose Kinder, und begrenzt auch für uneheliche Kinder, gehört zu den Aufgaben aller Arten von Gemeinschaften; in der mittelalterlichen Stadt wurde sie z.B. überwiegend von geistlichen Frauen und Männern und StifterInnen getragen. In der frühen Neuzeit übernahm die Stadt die Verantwortung für Halb- und Vollwaisen. Bis 1902 lag die Organisation der »Waisenpflege« fast vollständig in der Hand männlicher Stadtbürger, Honoratioren und Armenortsvorsteher (die Stadt war in Armenbezirke eingeteilt).[252] Was die konkrete Pflege der Kinder anging, waren Frauen natürlich seit Jahren beteiligt, sei es als Pflegemutter, als Nonne im Waisenheim oder seit 1890 als besoldete Waisenpflegerin.[253] Mit zunehmendem Anwachsen der Stadtbevölkerung stieg auch die Zahl der zu versorgenden und zu »verwaltenden« Kinder an. Nicht zuletzt aus der daraus erwachsenden personellen Notsituation heraus gab es 1902 eine Veränderung dahingehend, daß erstmals »Damen« als ehrenamtliche Waisenrätinnen in das neu eingerichtete Waisenamt berufen wurden.[254] Einziger Unterschied war: Die männlichen Mitglieder mußten – wie heute beim Stimmenauszählen – das Ehrenamt annehmen, die weiblichen meldeten sich freiwillig. »Die guten Erfahrungen, die bereits andere deutsche Staaten mit der Zuziehung der Frauen zum

Zu Beginn des 20. Jh.s professionalisierten frauenbewegte Frauen ehemals gratis geleistete Tätigkeiten und eröffneten sich neue Arbeitsbereiche – bei diesem Stellenangebot geht es vor allem um die unangenehme Aufgabe, unehelichen Müttern den Namen des Vaters zu entlocken.

Die Stelle einer besoldeten

Waisenpflegerin

ist möglichst bald zu besetzen. Der Inhaberin der neuen Stelle soll in der Hauptsache die Vernehmung der unehelichen Mütter und der sonstige Geschäftsverkehr mit denen übertragen werden. Die Bureauzeit 8½ bis 12½ und 3½ bis 7 Uhr muß innegehalten werden. Bevorzugt werden Bewerberinnen, die neben der erforderlichen geschäftlichen Gewandtheit eine soziale Schulung aufweisen können. Gehalt 1200 M. jährlich, steigend alle 3 Jahre um 150 M. bis zum Höchstbetrage von 1800 M. Unter Umständen kann ein höheres Anfangsgehalt gewährt werden.

Bewerbungen sind unter Beifügung eines Lebenslaufes und etwaiger Zeugnisse dem Städtischen Waisenamt, Cöln, Große Telegraphenstraße 31, einzureichen.

Cöln, den 22. März 1910.   Der Oberbürgermeister.
                                                        I. V.: Greven.

Waisenpflegeamt gemacht haben, veranlaßte den preußischen Minister unter anderem zu der Erklärung: Die mit der Bestellung von Frauen zu Waisenpflegerinnen gemachten Erfahrungen sind so erfreulich, daß der gegen diese Maßnahmen aus Vorurteil gerichtete Widerstand überwunden werden muß. Es ist anzuerkennen, daß Frauen es besser als Männer verstehen, die zur Pflege junger Kinder passenden Familien auszuwählen und Lebenshaltung und Erziehung der Kinder zu beauf-

sichtigen; eine ausgedehnte Anwendung des Insti-
tuts der weiblichen Waisenräte ist daher, in Anerkennung der Bewährung der Frauen in diesem
Amt, allen Gemeinden empfohlen.«[255] Die Fürsorge
für Kinder galt traditionell als weibliche Domäne:
»In der Tat ist es zu verwundern, daß bisher im Wai-
senaufsichtswesen die Mitwirkung von Frauen so
wenig in Betracht kam. Gilt es doch, den Waisen-
kindern vor allem die Mutter zu ersetzen, also Personen zu finden, die mit warmem Herzen und lie-
bevoller Hand für die Pflegebefohlenen eintreten
und dem kindlichen Wesen Verständnis entgegen-
bringen.«[256]

Wenn Elisabeth von Mumm als ehrenamtliche
Waisenrätin arbeitete, gehörte dazu, zusammen
mit Stadtverordneten, Abgesandten der drei Konfessionen und sonstigen Bürgern an den monatlichen Sitzungen des 13-15köpfigen Waisenrates
teilzunehmen, im Waisenamt Fälle durchzuspre-
chen, jeweils bis zu 15 Mündel gleichzeitig zu
betreuen,[257] Vorschläge zur Betreuung zu machen
und sich darum zu kümmern, was nach dem Ende
der Schulpflicht aus den Kindern wurde. Frau von
Mumm organisierte Stellen, die den Schützlingen
eine »zweckentsprechende Ausbildung« sichern
konnten, zu ihrem Tätigkeitsfeld gehörte aber auch,
ledige Mütter nach den Namen der Väter auszufra-
gen, ein Ansinnen, dem sich die meisten jungen
Frauen zwar »hartnäckig verweigerten«. Dennoch
hatte das Waisenamt in fast allen Fällen Erfolg; dar-
aufhin wurden Gehaltspfändungen oder Klagen
veranlaßt. Nun zogen zwei (später drei) Frauen mit
einigem Einfluß (bzw. Geld) in diese Männerdomä-
ne ein. Wie wir wissen, wird in Zeiten von Knappheit in den öffentlichen Kassen und bei städtischen
Einsparungsvorhaben verstärkt an das soziale
Engagement von Frauen appelliert und versucht,
sie für unbezahlte »Liebestätigkeit« zu gewinnen.[258]

Frauen wie Elisabeth von Mumm öffneten durch
ihre sozialpolitische Mitarbeit die Tür zur Mitwirkung in der Politik ein Stück weiter, wie wir daraus
schließen können, daß solche ersten Schritte dann
als Argument für die Einforderung des Wahlrechts
für Frauen eingesetzt wurden. Das Ehrenamt der
Waisenrätin wurde kurz darauf wieder abgeschafft;
die 330-400 Kölner Waisenpflegerinnen dagegen,
die in den 78 Kölner Waisenbezirken arbeiteten,
erreichten langfristig eine Professionalisierung. Ab
April 1906 wurden erstmals besoldete und ausge-
bildete Waisenpflegerinnen zur Betreuung auch der

unehelichen Mündel unter zwei Jahren in ihren jeweiligen privaten Familienpflegestellen eingestellt.[259] Damit war ein neues Berufsfeld erschlossen, die Pflegerinnen konnten sich nun von ihrer Arbeit ernähren.

(27)

*Wir sind zur Straße **Obenmarspforten** gelangt – dieser Name wird je nach Interpretation als »oberhalb der Marktpforte« oder »oberhalb der Marspforte« gedeutet.*

Am oberen rechten Ende der **Marspfortengasse** tagte zu Beginn des 20. Jh.s der »Deutsche Bund abstinenter Frauen« in einem Lokal besonderer Art: dem sogenannten Reformrestaurant. Innerhalb der

Die Ziele des Bundes abstinenter Frauen laut dem Adreßbuch der Rechtsschutzstelle.

309.   Deutscher Bund abstinenter Frauen, Bremen.
Ortsgruppe Cöln.
I. **Vorsitzende:** Frau Gelhausen, Rolandstraße 96 I.
Vereinslokal: Reformrestaurant, Obenmarspfortengäßchen.

Zweck: Der „Deutsche Bund abstinenter Frauen" hat den Zweck, dem Alkoholismus, welcher Familienglück und Volkswohlfahrt untergräbt, mit allen Mitteln, die den Frauen zu Gebote stehen, entgegen zu wirken.
Dies soll erreicht werden:
1. durch gänzliche Enthaltsamkeit von allen alkoholischen Getränken seitens der Mitglieder;
2. durch Aufklärung über den verderblichen Einfluß des Alkohols auf den menschlichen Organismus, auf die Gesellschaft und auf das Gemeinwohl;
3. durch Erziehung und Unterricht der Jugend aller Stände;
4. durch Bekämpfung der Trinksitten;
5. durch Errichtung von vorbeugenden Wohlfahrtseinrichtungen;
6. durch Trinkerrettung.

Anti-Alkohol-Bewegung der Jahrhundertwende war dieser Verein die größte reichsweite Frauenorganisation.[260] Er war 1900 auf Anregung der Bremerin Ottilie Hoffmann an ihrem »runden Familientisch, der schon so viele Vereinsgründungen« gesehen hatte, mit gleichgesinnten Frauen gegründet worden.[261] Kölner Vorsitzende war Frau Gelhausen.

Weitere Anti-Alkohol-Vereine waren der 1883 gegründete »Deutsche Verein gegen den Mißbrauch geistiger Getränke« der auch eine Kölner Ortsgruppe hatte, und der aus der sozialdemokratischen Bewegung hervorgegangene »Deutsche Arbeiter-Abstinenten-Bund«.

1876 wurde das erste »alkoholfreie Gasthaus« von Frauen in Memel eingerichtet, weitere folgten.[262] Oft waren es Kaffeestuben, Milchhäuschen, Volksküchen mit Mittagessenausgabe oder einfach beheizte Räume ohne Trinkzwang. Die Vereinsfrauen arbeiteten in der Regel unentgeltlich, denn Frauen hatten ein besonderes Interesse, das »Grundübel« Alkohol zu bekämpfen. Wie die in der Kölnischen Hausfrauenzeitung zitierte Referentin des »Deutschen Vereins gegen den Mißbrauch geistiger Getränke« ausführte, litten Frauen besonders unter dem »Dämon Alkohol«.[263] Auch wenn sie es »selten direkt ansprechen« mochten, ging es darum, einer der Hauptvoraussetzungen von Gewalt und Vergewaltigung in der Ehe entgegenzuwirken, Kindesmißbrauch zu verhindern und »alle anderen Grobheiten, die ein durch Alkohol gefordertes Männlichkeitsgebaren an den Tag legte«.[264] Bürgerliche wie proletarische Frauen waren durch Erfahrung davon überzeugt, daß der Alkohol die Familien zerstöre und bewirke, daß Arbeiterfrauen und -kinder Hunger zu leiden hätten, daß geistige Getränke Mitverursacher tagtäglicher Erniedrigung von Frauen aller Stände seien. Hinzu kam das finanzielle Elend. Ein Kölner Sozialdemokrat mahnte: »Jeder Betrunkene, den wir sehen, sollte uns das Bild seiner Heimkehr vor die Seele stellen: Die Frau, die vielleicht ohne Geld und Brot die Rückkehr des Mannes erwartet, der den kärglichen Wochenlohn mit sich trägt. Die Kinder, hungrig und verschüchtert, die aus Erfahrung schon wissen, was drohen kann, wenn der Vater so spät über die gewohnte Zeit bleibt. Dann Tränen und Vorwürfe der Frau, Zornesausbrüche des Trunkenen, gemeinste Schimpfworte vor den Ohren der Kinder, oft nicht nur Zank, sondern wildes Einschlagen auf Frau und Kinder, Zertrümmern mühsam erworbenen Hausrates.«[265] Und ein Genosse ergänzte: »Wieviel brave Frauen und Kinder sind lebenslang in die elende Kellerwohnung verbannt worden, weil der Vater die Miete für eine erträgliche Behausung vertrank.«[266] (Das sind die potentiellen Fälle für den Wöchnerinnen- und Hauspflegeverein!)

Schon im 19. Jh. war eine ungeheure Zunahme des Alkoholismus feststellbar. Um die Jahrhundertwende stieg der jährliche Pro-Kopf-Verbrauch nochmals an auf zehn Liter reinen Alkohols (inklusive Kinder und Frauen).

Dieses Phänomen hatte unterschiedliche Hintergründe, so z.B. die Verschlechterung des Trinkwassers, neue und billigere Produktionsweisen bei der Schnapsherstellung, Glaube an die Heilwirkung des Alkohols bei Krankheiten und Versuche, Krisensituationen zu bewältigen.[267] Vielen Besuchern von Wirtschaften war durch die Brauereien als Verpächterinnen eine Art »Zwangsalkoholismus« auferlegt worden; es gab kaum andere Möglichkeiten, die Mittagspause zu verbringen, als in den warmen Räumen der Gastwirtschaft zu sitzen und dort Alkohol zu trinken.[268] Hinzu kamen die Verkehrsformen: Ritualisiertes Trinken gab es »schon immer«; es gehörte u.a. in den Kontext städtischer Gilden und Zunftbrüderschaften und wurde über die Jahrhunderte zur Besiegelung von Vertragsabschlüssen beibehalten.[269] Zur Herstellung von Vertrautheit bei Familienfesten mußte oft Alkohol herhalten, desgleichen zur Eingliederung in eine Männerrunde im Wirtshaus und zum Ersatz für fehlendes Selbstwertgefühl. Die Trunksucht der Arbeiter wurde u.a. damit erklärt, daß ein zum Proletariat abgesunkener ehemaliger Handwerker sich in seiner Stellung als Arbeiter elend fühle und seine fehlende soziale Anerkennung in Alkoholkonsum und Männlichkeitswahn zu finden hoffe.[270] Alkoholgenuß gehörte zu den »Mannbarkeitsritualen« von der Studentenverbindung über den »Herrenabend« bis zum »Gelage« der Arbeiter. Mittels der Mengen, die sie »anstandslos vertrugen« und »ohne mit der Wimper zu zucken hinter die Binde kippen konnten«, bewiesen die Männer sich in der Gruppe gegenseitig ihre Männlichkeit.[271]

Mäßigkeits- und Abstinenzvereine waren Teil einer sozialreformerischen Bewegung, die eine Veränderung auf Dauer erstrebte.[272] Nach englischem und amerikanischem Vorbild gründeten deutsche Frauen eigene Vereine, weil sie möglichst viele Geschlechtsgenossinnen von der Notwendigkeit des Kampfes gegen den Alkohol überzeugen wollten. Nach einem ersten Versuch, das gesellschaftliche Alkoholproblem durch Mäßigung zu lösen, also einfach Verringerung des Alkoholkonsums, zeigte sich, daß dies unrealistischer war als völlige Enthaltsamkeit, eben Abstinenz, die danach als Grundsatz ausgerufen wurde.[273] Die langfristigen Ziele waren recht unterschiedlich. Manche beschränkten sich auf die Einrichtung solcher Reformgaststätten wie hier an der Marspfortengasse, um Orte ohne Alkoholzwang zu schaffen. Andere strebten darüber hinaus eine gerechtere Verteilung des gesellschaftlichen Reichtums und die Aufhebung des Gefälles zwischen Mann und Frau an.[274]

Die beiden Kölner Frauengruppen entsprachen dem bürgerlichen Wohlfahrtsmuster: Bürgerinnen kümmern sich um die minderbemittelten Klassen, u.a. weil deren Alkoholgenuß den Armenverbänden Kosten verursachte oder – in der Endphase der

Weimarer Republik – die Höhe der Reparationen an den Alkoholverbrauch der Deutschen gekoppelt worden war.[275] Die »Arbeiter-Abstinenz« zielte dagegen stärker auf die Ursachen der Verelendung ab und plädierte für die völlige Entsagung. Die Arbeit war letztlich nicht von Erfolg gekrönt: Der Bierkonsum stieg z.B. von 1917/18 bis 1920/30 von 35 auf 90 Liter pro Kopf an.

*In der Verlängerung von **Obenmarspforten** zum Altermarkt liegt der **Marsplatz** – biegen Sie dahin ein.*

(28)

Wo in römischer Zeit ein Tempel des Kriegsgottes Mars gelegen haben mag, des Gottes, der von der im nahegelegenen Prätorium einquartierten Prätorianergarde verehrt wurde, befand sich gleichzeitig eine vielbenutzte Pforte in der Grenzmauer des römischen Köln.[276] Die Laternen dieser Pforte, die anscheinend als eines von nur zwei Kölner Toren überhaupt eine Straßenbeleuchtung aufwies (künstliches Außenlicht, der Versuch die Nacht zu erhellen, galt im Mittelalter als Eingriff in die göttliche Ordnung), wurden im 14. Jh. für einige Zeit von einer Laternenanzünderin angefacht, der »candelatrix«, die dafür unter dem Tor Kleinhandel mit Gürteln betreiben durfte (sie war Ehefrau des Gürtelmachers Heinrich von Medemen).[277]

Wegen der verkehrsgünstigen Lage fand unter Torbogen häufig Handel statt.

Im Mittelalter wurden, wie angedeutet, viele restriktive Bestimmungen über das Stadtleben erlassen, und es war u.a. grundsätzlich verboten, sich nachts auf der Straße aufzuhalten; um 1400 war die Stichstunde für Einheimische elf Uhr, Fremde mußten z.T. schon um acht oder neun Uhr im Bett liegen oder zumindest ins Gasthaus zurückgekehrt sein.[278] Von Kölner Nightlife keine Spur? Eben doch, sonst wären keine Erlasse nötig gewesen! Anscheinend gingen immer wieder BürgerInnen

nachts spazieren, störten mit Lauten- und Saiten-
spiel die Nachtruhe der Schlafenden. Da ist sogar
die Rede von einem an Süditalien erinnernden
»Reihen-Gehen« mit abendlichem Singen leichtfertiger und »aergerlicher Gesaeng«.[279] Ob trotz oder
wegen dieser Beleuchtung: An dieser **Marsporz**
war im Mittelalter ein Zentrum der Prostitution, wie
viele Edikte des Rates bezeugen. So war es besonders den Wirtinnen und Wirten der Marspforte verboten, Kölner Bürger oder Bürgerskinder mit eigener Wohnung in den dortigen Häusern, meist »bait-
stoven« (Badestuben) und »bartscherers huyse-
ren«, schlafen zu lassen.[280] Gerade die Wachtorte
wie das nahegelegene »Gebürhaus« von St. Brigiden waren als Versammlungsplatz der »gehenden
Nachtwachen« und somit Treffpunkt von über 20
Söldnern eher zu meiden.[281]

Streetlife im Mittelalter.

Für Frauen empfahl es sich – ebenso wie heute –
nicht unbedingt, nachts allein auf der Straße her-
umzulaufen, da die Nacht- und Kettenwächter
selbst als Gewaltverbrecher bekannt waren.[282]
»Jugendliche Handwerksgesellen, Studenten und
Nachtwächter und ihre Gewalttaten bestimmen
das abendliche und nächtliche Leben in Köln zu
einem wesentlichen Teil. (…) Die männliche Jugend
eroberte sich nachts regelrecht die Stadt. Der
strengen häuslichen oder meisterlichen Kontrolle
und ihren Rollenzwängen entkommen, schlossen
sie sich mit anderen in gleicher Lage und in glei-
chem Alter zusammen und forderten im Hochge-

fühl von Macht und Freiheit ihre Umgebung heraus.«[283] Natürlich gingen Frauen trotzdem ins
Wirtshaus oder zu Verwandten – sie führten in der
Regel eine eigene Lampe mit sich –, und so gerieten sie bisweilen auch in nächtliche Raufereien,
meist aber nicht als Täterinnen, sondern als Opfer
und Zeuginnen. Die meisten Gewaltdelikte gegen
Frauen wurden aber auch in früheren Zeiten nicht in
der anonymen Nachtsituation verübt, sondern
innerhalb des häuslichen Bereiches.[284]

Zeit für eine Essenspause? Betrachten Sie das
Haus Marsplatz 1-3, *ein Doppelhaus aus dem 16.*
Jh. Im Keller dieses Hauses ist seit langem ein
Weinhaus untergebracht, und da die BesitzerInnen
einen Teil der römischen Stadtmauer integriert
haben, hat das Lokal mit seinem Ruinen-Ambiente
eine eigene Atmosphäre. Das Essen war bisher
immer genießbar.

Auf dem **Marsplatz** sehen wir eine weitere der
Stadtgebiet erhaltenen Pumpen – früher waren es
an die hundert.[285] Die Kölner Stadtverwaltung hat
einige dieser Pumpen für jeweils 100 000 Mark wieder funktionstüchtig machen lassen, bevor ihr auf-
ging, daß damit dieselben Probleme wieder entstanden, die zur Abschaffung geführt hatten:
Erkrankungen durch verseuchtes Grundwasser!
Nachdem inzwischen entsprechende Trinkverbots-
schilder angebracht wurden, funktionieren die
Pumpen manchmal sogar – probieren Sie doch mal
aus, wie die Frauen der Jahrhundertwende das
Wasser heraufholten. Jeder Liter Wasser mußte
mühsam ins Haus getragen werden – damals
wurde das Wasser sicher nicht so verschwendet
wie heute! Pumpen waren Treffpunkte zum Infor-
mationsaustausch von Dienstmädchen und Frauen
der unteren Schichten. »Tätigkeiten, die heute in
die Isolation des Hauses verlagert sind, werden auf
der Straße zum Moment der Begegnung: das Was-
serschöpfen an öffentlichen Brunnen, das Brot-
backen in gemeindeeigenen Backstuben, das
Waschen in den Waschhäusern, wozu alle Wege
nur über die Straße führen und die Frauen häufig zu
Aufenthalt und kleinem Schwatz verleiten.«[286]

Das Bild der Kölner Magd
wäre ohne den Wasser-
oder Bierkrug unvollstän-
dig. Am Marsplatz stand
eine von Hunderten von
Pumpen in Köln.

Wir gelangen zu dem **Eckhaus Marsplatz Nr. 10-**
14/Ecke Steinweg.

Hier residierte um 1914 der »Israelische Kindersparverein«, eine jüdische Frauenwohlfahrtsorgani-

sation, die 1897 von Fanny Marx gegründet worden war und anfangs »Kästchenverein« hieß.[287] Der
Verein hatte zunächst den »alleinigen Zweck,
armen Kindern Milch ins Haus zu liefern«[288]. Hinzu
kamen Kleiderspenden, Versorgung der israelitischen Volksschule mit Frühstück für die »Kids«;
1899 organisierten die Frauen die erste Kurver-
schickung kränklicher jüdischer Kinder und erwei-
terten das Angebot durch orthopädischen Turnun-
terricht. Der Verein kümmerte sich vermutlich überwiegend um ostjüdische Familien, von denen viele
im Kölner Griechenmarktviertel und in der Altstadt
lebten.[289] Zur Finanzierung ihrer Wohlfahrtsaktivitä-
ten stellten die Vereinsfrauen in jüdischen Familien
Sammelbüchsen unter dem Motto »Das glückliche
Kind dem Hilfsbedürftigen« auf. Seit 1914 führten
die Frauen ein Tagesheim für 70 erholungsbedürfti-
ge Vorschulkinder in der Kyllburgerstraße 7, den
ersten jüdischen Kinderhort. »Man hatte den Müttern so die Möglichkeit gegeben, ihrer Arbeit nach-
zugehen und den Kindern eine wirkliche Erholung
zu verschaffen.«[290] Unter der Leitung einer
Pädagogin aus der Kölner Frauenbewegung, Frieda Szilard, konnten sich viele Kinder in dem jüdischen Kindertagesheim regenerieren. 1930 befanden sich z.B. 150 Jugendliche und Kinder in diesem Kölner »Kurzentrum«.[291]

Der Sparverein war Teilstück eines Netzes von
Institutionen für Frauen und Kinder, die vom Israe-
litischen Frauenverein unterhalten wurden. Ins
Ehrenkomitee waren auch Männer aufgenommen:
Ärzte, Rechtsanwälte, Rabbiner unterstützten das
Anliegen der Frauen mit ihren Kenntnissen und Ver-
bindungen.

In der Nazizeit wurden solche jüdischen Wohl-
fahrtsorganisationen noch so lange zugelassen,
wie sie dem NS-Staat Arbeit und Zuwendungen
ersparten, danach wurden sie sofort zerschlagen.
»Im Jahre 1935 mußte das Haus (Blankenheimer
Straße 55) auf Befehl der nationalsozialistischen
Partei geräumt werden. Einen Teil der Kinder konnte man im Kindergarten des israelitischen Frauenvereins unterbringen, andere konnten mit den
Eltern auswandern.«[292] Auch Frieda Szilard verließ
Köln 1937 und lebte später in Israel.

(31) *Die Verlängerung dieser Straße heißt **Seidmacherinnengäßchen***.

Der Name geht auf eine Initiative des (späteren)
»Kölner Frauengeschichtsvereins« zurück, dessen

Gründerinnen Gwen Edith Kiesewalter und Irene
Franken auf dem ersten »Historischen Stadtrundgang für Frauen« am 27.4.1985 symbolisch ein
neues Straßenschild aufhängten. Hier in dieser
Straße wurde zwar die Seide nicht hergestellt – die
Werkstätten lagen vielmehr in den Wohnhäusern
der Meisterinnen –, aber in der Straße lagen ab
1373 die »Kölnische Halle«, ein Tuchkaufhaus, und
überbaute Gewerbelauben. Für 1437 wird ein
»Seidmarkt beneden der Marspforte« vermerkt.[293]
Die »Stadtführerinnen« empfanden die früheren
Namen »Unter Seidmacher« bzw. »Seidmacher-
gäßchen« (hier waren früher zwei winzige Sträßchen) als historische Verfälschung, da – wie seit
langem bekannt war – in Köln die Seide fast ausschließlich von Frauen hergestellt wurde. Der Kölner Rat hatte 1437 eine Zunft für die Seidenherstel-
lung bewilligt, in der nur Frauen zur Produktion
zugelassen waren (abgesehen von kurzfristigen
Ausnahmen im Rahmen der Altersversorgung der
Witwer). Das »Seidamt« war eine der drei oben
erwähnten Frauenzünfte. Im Textilgewerbe entwickelten die reichen Kölner Bürgerinnen ihre
erlernten Fähigkeiten weiter und stellten hochwertige Exportware her. Daß dies ungewöhnlich war,
belegt ein Schreiben aus dem Jahr 1498, in dem
ein Vertreter der Stadt an die »Herren« von Antwer-
pen schrieb, »dat dat sidemakerampt bi uns (...)
durch die frauwespersonen gemeinliken und ser
weinich durch manspersonen verhantiert und ver-
handelt wirt und darumb denselven frauwespersonen van dem handel und koupmanschap alletijd
langer und forder kundich is dan den manspersonen.«[294]
Aufgrund dieses Sachverhaltes wurde zusammen mit den Teilnehmerinnen des Frauenstadtrundgangs die Idee entwickelt, einen Antrag auf
Änderung des Straßennamens zu stellen. Am
6.6.86 kam die Nachricht, daß dem Bürgerinnenan-
trag stattgegeben worden sei, und seitdem erinnert
das Straßenschild an die bisher verborgene Frauenarbeit in den Zünften. Es gibt nicht viele andere
Möglichkeiten, auf den ökonomischen Beitrag von
Frauen zum Wohlergehen der Stadt aufmerksam zu
machen, denn die von ihnen produzierten (gespon-
nenen und gewebten) Textilien sind weitgehend
zerfallen, die Zunftbücher enthalten nur spärliche
Eintragungen, z.B. die Namen der neuen Lehrtöchter. Die Zunftmeisterinnen hinterließen nach bisheriger Kenntnis auch keine autobiographischen Aufzeichnungen.

Der Alter Markt war
lange der bedeutendste
Kleinhandelsplatz Kölns.
Hier Ansichten des 17. ...

... und des 18. Jh.s.

Durch die Umbenennung oder Neubenennung von Straßen nach Frauen läßt sich der Beitrag von Frauen zur Stadtgeschichte in Erinnerung rufen und berücksichtigen. Jede Frau kann einen entsprechenden Antrag an die Stadt stellen, und wenn sie nicht gerade fordert, das Konrad-Adenauer-Ufer oder den Roncalliplatz umzubenennen, sondern z.B. Vorschläge zur Benennung von Straßen in Neubaugebieten macht, sind diese Anregungen z.T. gar nicht unwillkommen!

*Nach links durch **Unter Käster** gelangen wir auf den **Alter Markt**, den wir vom Ratsturm aus schon einmal sehen konnten.*

(32)

Er war früher einer der belebtesten Plätze Kölns, auf ihm fanden Turniere (15. Jh.), Märkte, Volksbelustigungen, die Bestrafung von MissetäterInnen, der »Ausbruch« des Karnevals sowie (1848) kleinere Revolten mit Barrikadenbau statt. Aufgrund städtebaulicher Maßnahmen hat heute der Roncalliplatz vor dem Dom (und begrenzt der Neumarkt) dem Alter Markt diesen Rang streitig gemacht.

Viele der den Platz umgebenden Häuser trugen bei ihrer Erbauung Prachtnamen wie Zum Anker, Zum Falken, Zum Stern, Zum Leopard, Zum Einhorn, Zum Pfau usw. Schauen Sie sich einzelne Häuser an: Fast alle sind Produkt der Wiederaufbauphase nach dem Zweiten Weltkrieg. Das Haus **Nummer 20/22** ist ein berühmtes Doppel(giebel-)haus, dessen zwei Teile »**Zum Bretzel**« und »**Haus Dorn**« hießen; ersteres ist schon beim Ratsherrn Weinsberg (16. Jh.) erwähnt. Es trug eine Inschrift: »Dies haus steit in gottes handt, zo der brezell ben ich genandt«. In dem schön restaurierten **Haus Nr. 2**, dem »**Rothuseck**«, gibt es heute eine der vielen Schwulenkneipen in der Altstadt.

*Suchen Sie sich zum Weiterlesen eine Bank oder setzen Sie sich zu Füßen der Jungfrau an den Brunnen, der an den Haudegen des Dreißigjährigen Krieges, Jan von Werth, erinnert. Es folgen einige Informationen über die ehemalige Nutzung des **Alter Markt** – insbesondere Handel und Strafvollzug – und über den Kölner Karneval. Mit dem Rundgang geht's weiter auf Seite 135.*

Plätze hatten schon immer verschiedene Funktionen: Sie waren Kultplatz, Kriegertreffpunkt und Festort, Marktplatz, Ort (stadt-)politischer Auseinandersetzung und Schauplatz von Inszenierungen;

nicht zuletzt sind Plätze Anlaß zur »Möblierung« (Denkmäler!). Die städtische Öffentlichkeit war lange rein männlich bestimmt, ebenso wie viele kultische und wirtschaftliche Gruppen sich als reine Männerbünde organisierten. In unseren Gefilden war der Platz als Marktplatz – anders als etwa in vielen islamischen Kulturen – auch ein Ort der Frauen.

Kölns Alter Markt hatte im Mittelalter über den Platz verteilt verschiedene Zentren: die Brothalle, das Wachthaus, die Butterwaage am Martinspförtchen, die Fischwaage sowie die einfachen Verkaufsstände, in Köln »Gaddemen« genannt, ferner zwei Wasserstellen (eine als Brunnenhaus) und ein Lebensmittelgericht. Dazwischen wurden die Stände plaziert, aber wir sehen auf Bildern und Fotos durch die Jahrhunderte auch unzählige Frauen, die einfach ihre Ware in Säcken und Körben vor sich hinstellen, genau so wie wir es heute von Bildern aus der »Dritten Welt« kennen. Reichere Händlerinnen zahlten an die städtische Rentkammer Gebühren für die (zerlegbaren) Bänke oder festen Stände, auf denen sie ihre Waren auslegten, ärmere verkauften aus dem Tragekorb. Die Marktfrauen des Alter Markt haben vorwiegend Kleinhandel betrieben, also Lebensmittel wie Obst, Gemüse, Geflügel, Wild und Eier verkauft. Sie alle hatten feste Standorte: Die »hoenremengersen« (Hühnerverkäuferinnen) hatten ihre Stände, die der Stadt gehörten, in der Südwestecke vom Alter Markt (Richtung Marspforte), zeitweilig auch vor dem Portal von St. Martin.[295] Käse- und Butterhändlerinnen wiederum stellten ihre Tische in der Mitte des Alter Markt auf, wo hauptsächlich die Produkte des kölnischen, jülischen und bergischen Hinterlandes angeboten wurden, während Importkäse und -butter (z.B. aus den Niederlanden) ins »Kaufhaus« Gürzenich gebracht wurden und über die dortige Fettwaage gehandelt wurden. Die »eppelmengerssen« schließlich hatten ihre Stände neben den Gemüsehütten bei der Kirche Groß St. Martin. Ehefrauen von Handwerkern verkauften am Markt die Produkte aus den Werkstätten ihrer Männer, wie z.B. 1442 die bereits erwähnte Ehefrau des Gürtelmachers Heinrich von Medemen, die eine Konzession zum Kleinhandel unter der Marspforte hatte. Bäckersfrauen verkauften Brot und andere Backwaren usw.[296]

Die Marktfrauen waren ökonomisch etwas besser abgesichert als etwa die Hökerinnen, Ausruferinnen oder Bauchladenverkäuferinnen, wie sie auf

Das schwere Los
der Hökerinnen bzw.
Ausruferinnen ist dem
Kupferstich vom Ende des
16. Jh.s nicht zu
entnehmen.

einem Stich überliefert sind: eine Obsthändlerin,
eine Gemüseverkäuferin, eine Holzhändlerin, die
mit ihrer sperrigen Ware einen großartigen Balan-
ceakt vollziehen muß, u.a.m. Diese Straßenverkäu-
ferinnen hatten ihr Arbeitsgebiet im ganzen Stadtbereich und mußten große Strapazen aushalten;
der Verdienst war unsicher, und deshalb waren die
Ausruferinnen verderblicher Ware des öfteren versucht, ihre Fische oder Milchprodukte etwas »auf-
zubessern« – deswegen standen sie nicht gerade
im besten Ruf. Ein Marktstand war da ein sozialer
Aufstieg. Aber nicht nur im Kleinhandel, sondern
auch im Zwischenhandel, der auf dem innerstädtischen Markt eine große Rolle spielte und strenger
Reglementierung unterworfen war, finden wir Frau-
ennamen.

Auf dem Alter Markt gab es im Spätmittelalter –
ähnlich wie heute auf den Flohmärkten – Marktmei-
ster, denen gehorcht werden mußte und die Konflikte schlichteten. Mit Hilfe der Marktglocke wurde
die Ordnung des Marktverkehrs aufrecht erhalten.
Überhaupt war ein solcher Markt ebenso wie der
Rathausplatz oder das Kaufhaus ein Ort des Son-
derfriedens, weil die Stadtverwaltung die Ernährung der Stadtbevölkerung zu jeder Zeit garantieren mußte. Verbrechen wurden hier besonders hart
bestraft; ein Griff zum Messer etwa wurde mit dem
Abschlagen der Hand gesühnt.[297] Unehrlichkeit der
KundInnen bei der Angabe der Maße der mitge-
brachten Gefäße hatte das Festketten, eine öffentliche Präsentation der BetrügerInnen im kaufhaus-
eigenen Halseisen zur Folge.[298] Übervorteilen beim
Messen, Wiegen und Zählen durch VerkäuferInnen
wurde oftmals mit Berufsverbot bestraft.

Für Handwerkerfrauen, Dienstmädchen, Haus-
herrinnen und Händlerinnen war der Marktplatz
Arbeitsplatz. Wir finden in Köln spezielle Berufs-

und Charakterbezeichnungen für die »Maatwiever«
wie »Kappesboorin« (ländliche Kohlverkäuferin,
zunächst noch aus dem Kölner Stadtgebiet, im 19.
Jh. zunehmend aus dem Vorgebirge; zugleich ein
Ausdruck für rückständige Bäuerinnen, über sie
gibt es ein Lied, den »Reigen der Kappusbauern-
mädchen«). War »Appeltiffe« eine abfällige Bezeichnung für eine betrügerische oder gemeine
Frau, so rekurrierte »Maatkoloß« eher auf das
Äußerliche. In typischen Kölner Geschichten haben
die drallen Marktfrauen ein recht loses Mundwerk,
»schengen« (schimpfen) miteinander und lassen
sich dabei nicht leicht ablenken: »Waht, do schläch
Minsch, wann unseren Herrgott vorbei es, wat ich
dich en ding dreckelige Schnüß eren schlonn!« –
mit diesen Worten nutzt ein solches Marktweib in
einer Anekdote rasch die Situation aus, daß eine
Prozession vorbeikommt und die Gegnerin während der Bekreuzigungsphase ihren Mund hält.[299]
Es scheint, als seien Auseinandersetzungen unter
den Marktfrauen meist auf der verbalen Ebene
geblieben. Aber in fast allen Fällen, in denen überhaupt Frauen aktenkundig wurden, weil sie gegeneinander tätlich geworden waren, waren es Kölner
Marktfrauen, die sich wegen tatsächlicher oder
vorgegebener Diebstähle prügelten.[300]

Traditionell war der Alter Markt, wie die Pumpen,
ein beliebter Ort des Informationsaustausches
unter Frauen. Wie auf alten Bildern zu sehen ist,
wurde zum »Klönen« oder »Schwadern« sogar eine
besondere Gasse, die »Fladdergasse«, freigehal-
ten.[301]

Die sogenannte »Fladder-
gasse« zum Schwätzen auf
dem Alter Markt um 1890.

Der heutige Weihnachtsmarkt mit seinen »Hötten«
und Gerüchen vermittelt am ehesten noch die
Atmosphäre der Märkte vergangener Zeiten – spätestens die Mülleimer mit den vielen Plastikbechern
und Papptellern aber zeigen uns, in welcher Zeit
wir leben.

Auf dem Alter Markt wurden nicht nur Übertretun-
gen des für HändlerInnen und KäuferInnen so
wichtigen Marktfriedens bestraft, sondern er war
auch Schauplatz der Vollstreckung von Gerichts-
strafen. Auf Bildern vom Alter Markt finden wir
gleich mehrere »Gerichtsdenkmäler«: den sogenannten Käx oder Kax (eine Art Käfig mit vergitter-
ten Öffnungen), der bis 1798 dort stand; daneben
den eigentlichen Pranger (ein Holzpfahl mit ge-
schweiftem Dach) neben der Marktglocke, in der
Mitte des Marktes das Drillhäuschen (ein runder
Käfig mit metallenen Gitterstäben, der von den ZuschauerInnen gedreht werden konnte, gedacht für
direkte Körperstrafen) – davor natürlich Bänke für
die ZuschauerInnen, die sich dort zum Beschimp-
fen und Schmähen der Bestraften niederließen.
Sogar Handgreiflichkeiten mußten manche DelinquentInnen erleiden. Schließlich ging es bei diesen
entehrenden Strafen auch ums Spektakel.

Auf dem Platz
befanden sich zahlreiche
»Gerichtsdenkmäler«
zur Vollstreckung von
Ehrenstrafen.

Frauen stellten zu allen Zeiten etwa 15-20 Prozent
der Kölner Verhafteten.[302] Fast 40 Prozent der verhafteten Frauen waren berufstätig, meist als Prostituierte, Gelegenheitsarbeiterin oder Dienstbotin;
die anderen, die zu einer Berufstätigkeit keine Angabe machten, müssen aber nicht unbedingt erwerbslos gewesen sein. Fast 70 Prozent der kriminellen Frauen waren selbst »Haushaltsvorstand«,
d.h. sie waren unverheiratet, lebten getrennt oder
waren verwitwet. Der soziale Status der weiblichen
Häftlinge war durchschnittlich niedriger als der der
Männer.
    Die Verteilung der Delikte auf die Geschlechter
ist eindeutig durch die soziale Lage der StadtbewohnerInnen bedingt: Am Kindsmord waren Frau-
en zu Ende des 16. Jh.s zu 80 Prozent beteiligt; an
Sittendelikten (Prostitution, uneheliches Zusam-
menleben, Unzucht oder Kuppelei) zu 40 Prozent;
dagegen stellten die Kölnerinnen bei Beleidi-

gungen, Mißachtungen der Stadtverwaltung und Eigentumsdelikten nur um die 20 Prozent der Bestraften – bei allen anderen Delikten waren Frauen klar in der Minderheit. Eine Ausnahme war der Vorwurf der Magie und Zauberei, hier bildeten Frauen mit 70 Prozent die Mehrzahl der Beklagten. Im Bereich der Gewaltkriminalität liegt der Anteil von Frauen weit unter dem Gesamtdurchschnitt. »Zudem handelt es sich in diesem Zusammenhang bei den wenigen weiblichen Häftlingen überwiegend nicht direkt um Täterinnen, sondern um mittelbar beteiligte Frauen.«[303] Eine anthropologische Konstante? Oder hat die »Unterrepräsentation« der Frauen bei bestimmten Verbrechen eher gesellschaftliche Gründe? In Köln waren die Frauen wie überall in ihrem Handlungsspielraum beschränkt; sie waren weniger häufig auf der Straße, im öffentlichen Raum anzutreffen. »Gelegentliche direkte Konfrontationen mit städtischen Amtsträgern ausgenommen, hatten sie keinen Anteil am politischen Diskurs der Stadt und damit auch nicht an der Kritik gegen die Obrigkeit.«[304] Frauen führten keine »Hahnenkämpfe« unter ihresgleichen, konnten ihre Ehre nicht eigenständig verteidigen, und näher als die körperliche lag ihnen die verbale Auseinandersetzung. Insofern waren die Möglichkeiten kriminellen Verhaltens eingeschränkt. Sowohl bei ihren GegnerInnen als auch bei der Obrigkeit gab es eine deutlich höhere Hemmung, gegen Frauen auf dem üblichen formellen Weg strafrechtlich vorzugehen, als dies bei Männern der Fall war.

Welche Delikte wurden hier geahndet – welche Strafen überhaupt verhängt? Auf dem Alter Markt wurden hauptsächlich Ehren- bzw. Schandstrafen vollstreckt. Daneben gab es z.B. noch die Strafen, die den finanziellen Bereich betrafen (Geldbußen, Vermögenskonfiskation), Körperstrafen und das Ausstoßen aus einer definierten Gemeinschaft. Als weitere Alternativen standen dem Rat Gefängnis im Turm oder Übergabe an ein weiteres Gericht zur Verfügung.[305] Hinrichtungen durfte der Rat nicht anordnen. Die auf dem Alter Markt vollstreckten Ehrenstrafen wie das Ausstellen eines Delinquenten am Pranger oder das zwangsweise Sitzen einer Täterin auf dem sogenannten Kax wurden im Köln der frühen Neuzeit verhältnismäßig selten verhängt. »Der ›peinliche‹ Charakter des Schandrituals bestand dabei in der öffentlichen Zurschaustellung des Delinquenten (...).«[306] Am ehesten kamen solche Strafen bei Ehebruch zur Anwendung, das Tragen von Kerzen und schweren Steinen um den Hals sollte wohl die Last der Sünde und die folgende Buße darstellen. Diese Strafe traf Männer wie Frauen; sie mußten zunächst sonntags vor der Kirche stehen und anschließend eine Art Einzelprozession vollziehen, die auf dem Alter Markt auf dem Kax endete. Bisweilen gab es diese Strafe ergänzend zu einer Haftstrafe im Turm.[307] Die Strafe »Kerzen und Steine tragen« war nicht so entehrend, daß eine bestrafte Person nicht mehr am sozialen Leben hätte teilnehmen können. Das Tragen des Schandmantels (der hölzernen Heuke – eher ein Faß) kam bei Lästerung Gottes oder der Gottesmutter, Verunglimpfung der Obrigkeit und notorischen Gewalttätern zur Anwendung – lauter Delikte, für die Frauen nur selten angeklagt wurden.[308] Am Pranger stehen oder auf dem Kax sitzen zu müssen, traf Frauen im Falle leichten Diebstahls, bei Betrug, Unzucht und auch bei Wirtschaftsvergehen.[309] Das Ritual hatte zur Folge, daß Menschen sich anschließend in der Stadt nicht mehr so frei fühlen konnten, denn es wurde ihnen mit Mißtrauen begegnet, und soziale Ausgrenzung war eine häufige Folge.[310] Das Tragen des Halseisens war eine Ehrenstrafe für BettlerInnen, die trotz Ausweisung wieder in die Stadt gekommen waren.[311] Eine Mergh von Aldenhoven kehrte Ende des 16. Jh.s trotz Stadtverweises aus Not und weil sie

Stadtverweis war eine übliche Strafe des Mittelalters.

außerhalb der Stadt ihr Kind nicht ernähren konnte nach Köln zurück; sie wurde aber wiederum erwischt und straffällig.[312] Anscheinend war es nicht sehr schwierig, illegal durch die Stadtmauer nach Köln hineinzugelangen, doch wurden die Strafen im Wiederholungsfalle immer strenger.

Stadtverweis, also räumliche Ausgrenzung, war eine der häufigsten Strafen für Kriminelle, die Richter verhängten sie in Köln über jede/n fünfte/n Täter/In, manchmal für immer, manchmal befristet für Tage oder Wochen, bisweilen war auch eine Wallfahrt Bedingung für die Rückkehr.[313] Dauerhafte Ausweisung traf Angehörige der Unterschicht insofern besonders hart, als diese nicht nur den Wohnsitz, sondern auch alle sozialen Kontakte verloren, dann im Gegensatz zu Bürgerlichen völlig ohne Mittel dastanden und in der Regel sofort wieder – auf fremdem Terrain – kriminell werden mußten.

Eine ertappte Kupplerin, welche Männer mit den Ehefrauen anderer Männer (und umgekehrt) zusammengebracht hatte oder auch geistliche Leute »aufgehalten« und »zur Schande oder anderen unehrlichen Sachen« verführt hatte, wurde 1437 sogar zuerst auf den Kax gesetzt, dann gebrandmarkt und anschließend mit schmerzhaften Rutenstreichen aus der Stadt getrieben.[314] Ähnlich erging es einer Seidenweberin, die Seide unterschlagen und dann billig weiterverkauft hatte: Sie wurde auf den Kax gesetzt und »darna uyss der stat gebracht«.[315]

Prostituierte wurden regelmäßig bei Razzien verhaftet und aus der Stadt vertrieben. (Die Doppelmoral ist unübersehbar: Ihre Kunden wurden weiterhin als Stadtbürger akzeptiert.) 1591 fand ein solcher Hinauswurf gar am Weihnachtsabend statt.[316]

Körperstrafen wie »oyren affsnyden«, »ougen uysstechen«, »zo backen birnen« (Brandmarken), »hende affhauwen«, Auspeitschen wurden nur selten auf dem Alter Markt, sondern in der Regel im Frankenturm oder Kunibertsturm vollstreckt.

Der Alter Markt hatte durch die Jahrhunderte – und hat bis heute – für Kölner Frauen und Männer noch eine andere, nicht zu unterschätzende Bedeutung: Hier bei den Gemüsehändlerinnen wurde traditionell ein besonderer Karnevalstag begangen, die Weiberfastnacht.[317] Diese Feier, die donnerstags stattfindet, leitet den Straßenkarneval ein und wird als »Möhnentag« von Stadtbürgerinnen und Stadtbürgern in Frauenkleidern sowohl auf der Straße als auch in vielen Betrieben gefeiert. Offizieller Festplatz ist jedoch der Alter Markt.

Der Karneval ist – wie sich sogar noch in »Riten« des 19. Jh.s zeigt – ein altes Fruchtbarkeitsfest, und seine Symbolik kreist um das Wiedererwachen der Natur: die Vertreibung des Winters, das Einläuten des Frühlings, die erste Aussaat, die erneute Schiffbarkeit der Flüsse u.a.m. Das jeweilige Datum dieses ersten »jecken« Tages richtet sich nach dem Mondkalender und kann sowohl in den Februar als auch in den März fallen. Als »Weiberfastnacht« ist der »Patronats-Tag der Weiber« erst seit 1824 belegt; er hat aber verschiedene wesentlich ältere Ursprünge (z.B. den Fettdonnerstag) und ist vermutlich auch in Köln schon früher als Frauenfest begangen worden.[318] Frauenfeste haben im Brauchtum unterschiedliche Wurzeln. Da sind zunächst Erntefeste zu Ehren von Göttinnen, z.B. der griechischen Demeter bzw. der römischen Ceres, weiter Sühnefeste zum Ende des Jahres wie die Lupercalien[319] am 15.2. (im letzten Monat des Jahres) – das Fest sollte der inneren Reinigung der Stadtgemeinde und der Fruchtbarkeit in der Natur dienen. Die zugrundeliegende Vorstellung war, dem neuen Jahr, das mit der Frühlings-Tag- und Nachtgleiche begann, unschuldig entgegenzutreten. Priester (Luperci = Wölfe) liefen um den römischen Hügel Palatin und schlugen PassantInnen mit Fellriemen. Es wurde geglaubt, daß die Schläge Frauen fruchtbar machten bzw. die Geburt erleichterten. Die Tradition dieses ältesten römischen Festes floß in das christliche Mariä-Lichtmeß-Fest am 2. Februar ein. Gleichfalls im Februar wurde ein Fest begangen, das Frauen eine leichte Entbindung garantieren sollte. Ferner kennen wir die Matronalien, reine Frauenfeste mit geheimen Ritualen. Sie sollten die Mutter Erde vorbereiten für die neue Reifephase. Diese Feiern wurden sehr ernst genommen. Als sich einmal ein Mann in Frauenkleidern auf dem Fest zu Ehren der Bona Dea eingeschlichen hatte, das in Häusern hochadeliger römischer Frauen gefeiert wurde, mußte das Ritual abgebrochen und vollständig wiederholt werden. Dieses Fest diente dem Wohl des ganzen Volkes, und die Anwesenheit eines Mannes hätte die Wirksamkeit des Rituals zunichtegemacht. Aufgrund der Geheimhaltung sind keine weiteren Einzelheiten dieses Brauches überliefert.[320]

Aus dem 9. Jh. unserer Zeitrechnung ist ein sogenanntes Spörkelfest bekannt, das im Februar gefeiert wurde. »Spörkel« bedeutet schmutzig oder auch unflätig und war der Name für ein germanisches Frauen- und Fruchtbarkeitsfest – der Begriff soll von der Geistlichkeit geprägt worden sein und spiegelt deutlich genug ihre Einschätzung wider! Im Kölschen wurde »Spörkel« noch im 19. Jh. als Monatsname verwendet.

Durch mehrere Weihesteine ist in Köln die Isis-Verehrung belegt, also der Kult einer ägyptischen Muttergottheit. Die Ursulakirche steht vermutlich auf den Grundmauern eines früheren Isistempels. Am 5.3. wurde die Schiffbarkeit der Flüsse mit einem Isisfest begangen; die Schiffssymbolik findet sich verschiedentlich noch im heutigen Karneval (Wagen), ebenso wie die Mondsymbole der Isis und einheimischer Göttinnen (Narrenmützen in Sichelform). In manchen deutschen Gegenden hatte ein altes Frauenfest den pragmatischen Anlaß, eine neue Hebamme fürs kommende Jahr zu wählen.[321] Die Stadt- oder Dorfbewohnerinnen veranstalteten auf Kosten der Stadt- bzw. Dorfkasse ein großes Gelage (»Weiberzeche«). Der Begriff »Möhne« für Kostüme, die vor allem zur Weiberfastnacht zu sehen sind, weist vermutlich auf die Hebammen oder »Muhmen« vergangener Zeiten hin, vertraute »Tanten« und alte Volksmütter, die bei Geburten zu Verwandten und Nachbarinnen kamen.[322]

Ein weiteres Element der Weiberfastnacht ist die symbolische Umkehrung der Herrschaftsverhältnisse für einen begrenzten Zeitraum, die »verkehrte Welt«, wie sie schon aus den Saturnalien bekannt ist. Dieses Fest wurde im antiken Rom am 17. Dezember gefeiert; an diesem Tag mußten die Herrschaften die DienerInnen bedienen, die SklavInnen durften eine ähnliche Tracht wie ihre HerrInnen tragen und führten zügellose Reden, die HerrInnen kleideten sich dagegen eher ärmlich bzw. trugen lächerliche Papierhüte. Der »Machtwechsel« in Köln findet eher zwischen Männern und Frauen statt: »Die Kölner Frauen ergriffen also an jenem Tag gleich den römischen Sklaven an den Saturnalien die Freiheit; wie dort der Festbrauch den Diener zum Herrn, so ließ er hier die Frau zum Meister werden.«[323] Ein Lied aus dem 19. Jh. bringt es auf den Punkt: »Hück es noch ens use Tag; Vivat fetten Donneschdag, Wieverfastelovend! Keene Schlag wied hück gedon, Höchstens op de decke Tromm, Vivat Fastelovend! Kasteroll und Koochepann, wenn se mo'en (morgen) och Blötsche (Beulen) han, Fiert (Feiert) dä Fastelovend; Schrummlavumm! Kapott, en neu! Wer nit metdeht (mitmacht), kritt nen Däu (Schubs)! Hee es Fastelovend! Mannslück, kocht üch selver jet; Nit gemuhz (gemotzt), un goht noh'n Bett! Mir han Fastelovend! Eemol schwenken mir de Täsch! Noh par Stond es alles Äsch: Freud un Fastelovend!«[324] Am Donnerstag begann das Wohlleben, der »fette« Donnerstag mit in Schmalz erhitztem Fastnachtsgebäck. »In *Köln* eröffneten vormals am Donnerstag vor Fastnacht, am ›*Weiberfasching*‹, die Frauen das Fest, indem sie einander die Hauben vom Kopfe rissen und mit fliegenden Haaren (…) einen ›Höllenlärm‹ verführten. Die Haube ist aber wie die Binde des römischen Sklaven das Zeichen der Unterwürfigkeit.«[325] Diese Haube wurde den jungen Ehefrauen nach der Hochzeit von anderen Frauen aufgesetzt, sie trugen sie bis zu ihrem Tode. Das fliegende Haar, Symbol der Freiheit, durfte ab dem Hochzeitstag nicht mehr in der Öffentlichkeit gezeigt werden.[326] Um die Braut in ihrer Gruppe zu behalten, versuchten die Brautjungfern symbolisch, den Austausch des Brautkranzes gegen die Haube zu verhindern.[327] Viele Frühlingskultbräuche räumten unverheirateten Mädchen und Frauen kurzfristig außergewöhnliche Rechte ein, z.B. beim Tanz selbst aufzufordern, auf der Straße zu essen, sich »unzüchtig« zu verhalten. Viele dieser Riten zielten jedoch auf eine Verkuppelung entsprechender Paare des Ortes. Unverheiratete Frauen wurden nicht gern geduldet und mußten auch in Köln entehrende Rituale über sich ergehen lassen.

Ein Kölner beobachtete 1812: »Am Morgen des Donnerstags vor Fastnacht-Sonntag, der ›Weiberfastnacht‹, spukte toller Unfug in den Straßen. Mit dem Rufe: ›Mötzebestöt!‹ riß man sich unter einander Mützen und Hüte ab. Am tollsten war das Treiben auf dem Altenmarkte unter den Gemüseweibern, den Verkäuferinnen und den Bauern, oft ein wahrer Mänaden-Tanz.«[328] Gerade in der Biedermeier-Zeit ging es in Köln besonders wüst zu. Das Weiberfest »drohte«, da es nicht durch einen von den offiziellen Karnevalsgesellschaften vorgegebenen Ablauf geregelt und kontrolliert war, bisweilen in gesellschaftlichen Protest auszuarten.

Weiberfastnacht war lange Zeit eine Angelegenheit der Marktfrauen untereinander. Über das Feiern um die Jahrhundertwende berichtet ein Zeitgenosse: »An diesem Tage ward das öffentliche Fest officiell eingeläutet, und vom Rathhausthurme herab spielten derzeit um 12 Uhr Mittags Musicanten heitere Weisen. Die Gemüse- und Obsthändlerinnen des unmittelbar am Rathhause belegenen (sic.) Marktes liessen es sich nicht nehmen, nachdem sie sich vorher durch ein gutes Frühstück gestärkt, bei welchem dem edlen Nass in allen Qualitäten reichlich zugesprochen wurde, lustige Tänze aufzuführen. Sie beanspruchten für sich von 12 bis 1 Uhr die Alleinherrschaft auf dem grossen Marktplatze, und wenn ein Mann es wagte, den mitunter allzustark angeheiterten Repräsentantinnen des Bedürfnisshandels zu nahe zu treten, wurde der allzu Kühne in den Strudel mit hineingerissen und gezwungen, seine Kopfbedeckung als willkommene Beute zu lassen. Unter dem Rufe: Mötzebestot (...) wurde ihm der Hut vom Kopfe gerissen, in die Höhe geworfen und mit demselben derart Livveraaz (Zuwerfen, d. Verf.) gespielt, dass er in den seltensten Fällen wieder an den Eigenthümer zurückkam.«[329]

Neuere symbolische Handlungen entstanden in diesem Kontext. Vermutlich seit den 20er Jahren schneiden die »Mänaden« männliche Attribute, die Krawatten, ab und hängen sie als phallische Symbole in ihre Läden, an ihre Stände oder befestigen sie an ihren Kleidern. Schon im Spätmittelalter gab es ähnliche Bräuche, die mit dem Anhalten eines Menschen auf der Straße und der Forderung eines Tributes in Form von Alkohol verbunden waren.

Die »Wiever« verlangen an diesem Tag vom Rat die Übergabe der Stadtschlüssel (Rathausschlüssel) als Zeichen für die gesellschaftliche Macht. Diese Übergabe für einen Tag ist der Tribut dafür, daß sie sich danach (scheinbar) wieder ein Jahr den Männern unterordnen und jeglicher öffentlichen Herrschaft entsagen.

Der Karnevalsverein ist neben dem Förderverein des FC, den Berufsvereinigungen und dem Männergesangsverein einer der wichtigsten Kölner Männerbünde.

Anders als die Weiberfastnacht ist der Sitzungskarneval von Männern bestimmt. Gegen Ende des 19. Jh.s ließen die bisherigen Männergesellschaften auch weibliche Gäste zu und veranstalteten fortan auch Sitzungen mit Damen und Kindern. Um die

Jahrhundertwende gab es prompt eine Diskussion über die Teilnahme von Frauen am Karneval; so wurde in der Hausfrauenzeitung eine potentielle Schädigung des Familienlebens nicht ausgeschlossen, wenn die Feierei zu sehr ausarte: »In früheren Zeiten, als die Frauen noch selten über die Grenzen der Häuslichkeit hinaus an der Geselligkeit der Männer teil nahmen, war auch in den Karnevalssitzungen das weibliche Element so gut wie ausgeschlossen. Aber dem Zug der Zeit folgend, steht nun schon seit langem das närrische Reich auch den Frauen offen und – sagen wir es nur gleich – sie fühlen sich auch meist sehr wohl darin, und zwar nicht nur in den sogenannten ›Sitzungen mit Damen‹, deren Programm eigens für das zarte Ohr des weiblichen Geschlechts ausgewählt ist.«[330] Zoten und Witze gegen Minderheiten gehörten früher nur auf die Herrensitzung, inzwischen machten die vortragenden Herren die Erfahrung, daß auch Frauen Witze über Bordelle besuchende Männer aushalten. Sie kennen den Sachverhalt eben aus der anderen Perspektive ... Schon um die Jahrhundertwende wurde mit erhobenem Zeigefinger gefragt: »Müssen denn unbedingt Dinge immer und um jeden Preis belacht und beklatscht werden, gegen die sich das weibliche Taktgefühl auflehnt?« Hatten früher die Frauen »die Fahne der guten Sitte hochgehalten, wirkte die Anwesenheit der Frauen veredelnd auf den Scherz und die fröhliche Laune der Männer, so nehmen nun leider die Frauen nicht immer diese Rolle ein.«[331] Die Öffnung des seit 1823 männerbündisch strukturierten Fe-

Der Gedanke einer weiblichen Jungfrau im traditionellen Dreigestirn löst in karnevalistischen Männerkreisen massives Entsetzen aus.

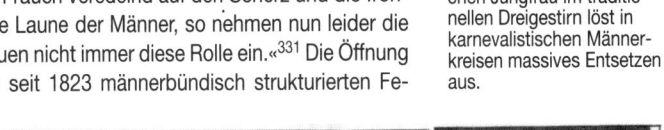

stes hat mancher Karnevalsprofi bis heute nicht verschmerzt. Die »Zumutung« etwa, zwei Jungfrauen aus der NS-Zeit, die auf Anweisung von »oben« als leibhaftige Frauen Teil des Dreigestirns geworden waren (sonst ist die »Jungfrau« immer ein Mann), in ihre »Traditionsgemeinschaft ehemaliger Prinzen, Bauern und Jungfrauen« aufnehmen zu sollen, veranlaßte »Prinzenführer« Helmut Bends 1988 zur Rücktrittsdrohung. Als Hauptproblem wurde angeführt, daß man die älteren Damen so schlecht auf die Sauftouren mitnehmen könne.[332] Wer weiß …?

Über die Entstehung des Karnevalsfestes ist übrigens nicht viel bekannt. Es wurde schon im frühen Mittelalter gefeiert; im 11. Jh. versuchte die Kirche, das Fest der christlichen Tradition einzuverleiben und die heidnischen Elemente zu tilgen; dies ist aber letztlich nie ganz gelungen. Eine erste städtisch-amtliche Erwähnung des Karnevals in Köln datiert von 1341. Zum Ende des Mittelalters findet sich der Karneval regelmäßig in den Bestimmungen erwähnt, die die öffentliche Ordnung betreffen. 1431 sollten z.B. restriktive Maßnahmen gegen das Fastnachtstreiben ergriffen werden, weil »in den vastaventz dagen beide dach ind nacht (…) grois vermummen van mannen ind vrauwen gewest is, damit unse burgere ind ingesessenen ungewoenlich beswert werden (…)«.[333] Der Rat befürchtete »Entzweiungen« unter der Bevölkerung. Das »Vermummen« wurde wieder und wieder untersagt, was darauf hindeutet, daß diese Verbote nicht beachtet wurden. Interessanterweise kam es schon fast hundert Jahre vor der Reformation zur Verhöhnung religiöser Bräuche.[334] Da wurden etwa Nachahmungen der Kölner Prozessionsschreine durch die Stadt getragen; Weihwedel und Fahnen demonstrierten die blasphemische Absicht. Im Februar 1603 wurde verboten, »Gottes Gebott zu wider mit Mummen Angesicht: und Geistlichen Muenchen oder Begeinen Kleyderen leichtfertig (die) Person unbekandt zu machen«[335], also Mönchs- und Beginenkleider zu tragen. Neben einer Geldstrafe bzw. Turmhaft wurde der Zorn Gottes als mögliche Strafe angedroht. Aber die Geistlichkeit feierte selbst auch gern. Da wurde ein Narrenpapst gewählt, der auf einem Esel reitend in die Kirche geführt wurde. Es folgte ein Lobgesang auf den Esel, es wurden Lieder gesungen, die für kirchliche Feiertage gedacht waren, usw. In Köln hielten auch die Nonnen kräftig mit, die sich als (männliche!) Geistliche verkleideten, tanzten und es sich gut gehen ließen, wie aus Quellen belegt ist.[336]

In der frühen Neuzeit waren Männer in Frauenkleidern häufig anzutreffen, wie aus Ratsedikten zu erfahren ist: Strafe drohte allen (Männern), die »bey tag oder nacht masquirt, Vermomtt oder mit Weibs und anderer leichtfertiger Kleidungen, auff gaßen und Straßen bekleidet befunden«[337] wurden. Mit diesem befristeten Geschlechtsrollenwechsel haben sicher manche Männer ihre transsexuellen Phantasien ausgelebt. Ob Frauen umgekehrt in Männerkleidung herumliefen, ein Delikt, das im normalen Alltag gegebenenfalls die Todesstrafe nach sich zog, ist aus Köln nicht bekannt.

Wie in anderen Städten auch, gab es hier männerbündische Gesellenvereine, die waghalsige Vorführungen machten, Obrigkeiten kritisierten und alle neuvermählten Paare aufsuchten. Der Kölner Karneval war Ventil für aufgestaute Haßgefühle, aber auch kurzzeitiger Ausgleich der Unterschiede in Stand und Geschlecht. Bisweilen ruinierte er auch manche Familie, die sich aufwendige Kostüme eigentlich nicht leisten konnte. Feste Maskentraditionen gab es in Köln nicht, alle konnten und können sich individuell verkleiden.

Karneval war immer umstritten, nicht nur bei der Geistlichkeit und Obrigkeit, auch in der Stadtbevölkerung selbst. Schon im alten Rom verließen ernsthafte Leute anläßlich der Saturnalien die Stadt. Umsonst kämpften um die Jahrhundertwende evangelische Sittlichkeitsvereine für eine Abschaffung oder zumindest Beschränkung solcher mit »Ausschreitungen« verbundenen Festivitäten.[338] Bis vor kurzem wurde (wird vielleicht auch heute noch) in Dülmen während der Karnevalstage für die Seelen der KölnerInnen gebetet! Heutzutage ist die holländische Küste zu Karneval fest in der Hand der geflohenen RheinländerInnen, und Hotels bieten Arrangements für Karnevalsmuffel an. Aber die meisten Flüchtigen nehmen doch die Stimmung des Wieverfastelovend gern noch mit.

*Gehen Sie bei **Alter Markt 36** durch das **Martinspförtchen** zur Kirche **Groß St. Martin**. Hier war einst ein geistliches Zentrum mit Stiftskirche, Pfarrkirche, Beginenkonvent und Hospital. Hier bietet sich ein willkommener Anlaß, neben der Geschichte dieses Ortes auch einiges über die Beginenbewegung zu erzählen – mit dem Rundgang geht's auf* Seite 145 weiter.

(33)

St. Brigiden –
die Pfarrkirche im Schatten
von St. Martin

An dieser Stelle – von der römischen Zeit bis ins
Hochmittelalter eine Insel – wurde im 10. Jh. eine
Stiftskirche für schottische und irische Mönche, St.
Martin, geweiht. Die Geistlichen hatten, um sich
heimischer zu fühlen, ihre Hausheilige Brigida nach
Köln mitgebracht, und der Straßenname Brigittengäßchen verweist noch heute auf diese Namens-
geberin für eine Pfarrkirche, die neben die Stiftskirche gebaut wurde. Die Kombination von Pfarr- und
Stiftskirche an einem Ort ist typisch für Köln; es
gab sie bei sieben von 19 Pfarrkirchen. (Nur noch
eine dieser Zwillingskirchen ist erhalten: St. Cäcili-
en als Damenstiftskirche mit der Pfarrkirche St.
Peter nebenan.) Die Heilige Brigida von Kildare
(453-525) war eine Äbtissin und Klostergründerin

irisch-keltischen Ursprungs und laut einer Legende
eine Visionärin, denn sie hatte die Geburt von
Jesus »geschaut«. Als christliche »Matrone« war
und ist sie vor allem für Gastfreundschaft, Armenfürsorge, Haus- und Ackertiere zuständig; entsprechend wird sie bisweilen mit Kuhkopf abgebildet.
Ihr zu Ehren wurde zunächst eine Kapelle, später
dann die Pfarrkirche für den nördlichen »Markt-
sprengel« errichtet – der Kirchenumriß ist im Pflaster zu erkennen. Schließlich wurde ein Hospital
»St. Brigiden«, auch »Zum Pörtzgen« genannt,
gestiftet. Im 11. Jh. schüttete man den ehemaligen
Rheinarm zu, die Martinskirche wurde deutschen
Benediktinermönchen zugewiesen und mit dem bis
heute aus dem Stadtpanorama nicht wegzuden-
kenden normannischen Vierungsturm versehen.
Die kleinere Pfarrkirche St. Brigiden wurde zu
Beginn des 19. Jh.s säkularisiert, nach einem letzten Gottesdienst im Juli 1803 für 5075 Franken verkauft, zum Teil abgerissen und zu einem anderen
Teil als Mühle genutzt. Nach Abriß der Nebenkirche
wurde St. Martin zur Pfarrkirche bestimmt. Nur das
Kreuz der Brigidenkirche ist erhalten: Es wurde bei
der Gründung des Friedhofs Melaten 1810 als
Friedhofskreuz aufgestellt. Die heutige Martinskirche ist eine »Kopie« aus dem 20. Jh. – sie war im
Zweiten Weltkrieg völlig zerstört worden. Schauen
Sie doch einmal hinein: Durch die im Vergleich zu
den anderen romanischen Kirchen außergewöhnliche Helligkeit und Leere erhält der Innenraum eine
ganz eigene, spirituelle Atmosphäre.

St. Brigida mit einem
Ackertier.

   Das Brigidenhospital reichte bis zum Beginn des
19. Jh.s bis an den Alter Markt; in seinem Obergeschoß war ein Beginenkonvent untergebracht.[339]
Das Hospital wurde vermutlich wurde um 1140 von
BürgerInnen der gleichnamigen Pfarrei zusammen
mit Mitgliedern der Abtei St. Martin errichtet.[340]
Spitäler waren im Mittelalter nicht unbedingt Kran-
kenhäuser; der Wortursprung »hospes« meinte
Fremde wie Gäste, und ob nun jeweils Alte, Kranke
oder Fremde aufgenommen wurden, war eine
Frage der Stiftungsformulierung. Im Brigidenhospital lebten sogenannte »PfründnerInnen«, alte Menschen, die noch ein gewisses Einkommen hatten,
aber Versorgung brauchten. Wie es dem Trend der
Zeit entsprach, war das Spital eine zwar an der
geistlichen Topographie orientierte (insofern pfar-
reibezogene), dennoch letztlich städtische Anstalt:
Das Hospital hatte keinen geistlichen Träger, die
Oberleitung lag bis ins 16. Jh. bei sogenannten
Kirchmeistern (eine Art Stadtbezirksbeamten) und

34

später direkt beim Rat. In das Hospital wurden gegen ein »Eintrittsentgelt« oder in Ausnahmefällen auch ohne Gegenleistung alte, alleinstehende Menschen aufgenommen und bis an ihr Lebensende verpflegt.[341] Zu Anfang (12. Jh.) lebten nur Frauen in dem unteren Stockwerk, dem eigentlichen Hospital; später finden sich dort auch Ehepaare bzw. ledige Männer. Insgesamt war die Anstalt recht klein, sie konnte nur etwa 14 Personen aufnehmen (für 1567 sind acht weibliche und sechs männliche Bewohner bezeugt[342]); da die meisten StadtbewohnerInnen durch die Familie abgesichert waren, reichte die geringe Kapazität für diesen einen Pfarrbezirk vielleicht aus. Die Hausverwaltung und interne Leitung des Hauses lag bei einem angestellten Hospitalmeister. Die Ehefrauen solcher halbstädtischen Beamten trugen in der Regel – neben Mägden und Knechten – mit ihrer Hausarbeit zur Versorgung der BewohnerInnen bei, ohne daß sie selbst ein offizielles Amt innegehabt hätten. Deshalb ist diese stille Frauenarbeit mit Behinderten, Kranken, Alten, Leprösen, Irren usw. in den schriftlichen Unterlagen auch kaum festgehalten.

Eine Hausordnung aus dem 16. Jh. für Spitäler gibt Hinweise auf die Organisation bzw. Normen des Zusammenlebens: Beim Eintritt war das eigene »Vermögen« (sofern vorhanden) in die Institution einzubringen, nach dem Tod fiel es an das Hospital. Dafür erhielten die BewohnerInnen eine Versorgung bis an ihr Lebensende, inklusive Krankenpflege und Bestattung. Das Essen wurde, damit kein Neid entstand, im eigenen Zimmer ausgegeben – vermutlich hing die Versorgung von dem eingebrachten Eintrittsgeld ab. Bis ins 17. Jh. hinein wurden die PfründnerInnen vollständig verpflegt, danach konnten aufgrund von Teuerungswellen nur noch Essenszuschüsse und Heizmaterial gegeben werden. Das Verlassen des Spitals war nur für den Kirchgang erlaubt; Gäste durften lediglich mit Erlaubnis des Hospitalsmeisters empfangen werden. Bei bestimmten Messen und Jahresgedenktagen gab es eine Anwesenheitspflicht.[343] Ebenso wie die Pfarrkirche wurde auch das Hospital um 1807 veräußert; der Ertrag wurde der neu organisierten städtischen Armenverwaltung überwiesen.

Im oberen Stockwerk des Hospitalsgebäudes wohnten zumindest vom 13. bis ins 19. Jh. sogenannte Beginen.[344] Hier nun einige Informationen zu diesem großen »Aufbruch der Frauen«. In ihrer

Volkstümliches Titelblatt um 1513

Entstehungsphase (13. Jh.) hatte die Beginenbewegung eine eindeutig geistliche Zielsetzung: Es
handelte sich um Frauen, die ein spirituelles Leben
führen wollten, Frauen aus dem Kontext der
Armutsbewegung, die sich in die Nachfolge Jesu
Christi stellen wollten. Auch Frauen, die nicht bereit
waren, eine Zwangsehe einzugehen, weihten sich
Gott und Maria, oder sie verbanden sich zu Klein-
gruppen und schufen sich eigene Lebensgemeinschaften mit eigenen Regeln. Schon von ca. 1220
sind die ersten Namen von einzelnen Kölner Beginen überliefert, und auch Deutschlands erster
Beginenkonvent wurde 1230 in Köln von Sela Jude
gegründet (sie wird auf dem Rathausturm als Per-
sonifikation einer Stifterin berücksichtigt). Bis 1320
entstanden 98 weitere Hausgemeinschaften[345] –
damit besitzt Köln die größte Zahl an Begineneinr-
richtungen in Deutschland. Um 1800 gab es noch
38 Konvente, die in der Mehrzahl aus dem 13. bzw.
14. Jh. stammten.[346]

Sechs Konvente existierten bis um 1900, und
eins der Häuser, der ehemalige Konvent Kreuz,
wurde in den 20er Jahren dem Stadtverband der

Die vergaderünge.Eynüge.ind Begynen Conuet bynné Coellen

In sent Columben kyrspel
  Vp der Burchmuyren
Eyn gaderige vā sent Augustinus or/den/Zom Lemgyn
  In der Marien garten gassen
Eyn Conuent van sent Francifcus
Eyn Cöuent Tzo dem Steern
Eyn Conuent Tzo der Lylien
Eyn Conuent Zom Lemgyn
Die Cluse vp sent Margarden cloister
  By sent Margarden
Sent Ruperts Conuent
Loiffs Conuent
Eyn Conuent By Wilhelmus putz
  In d Engergassen
Eyn eynüge Reynches Cöuet
  In der Remersgassen.
Eyn Conuent Zom Hirtz
  By den Mirebrocderen
Eyn Cöuent zo sent Peter
Eyn Conuent Zom Hauen
Eyn Cöuent By dem putze/ Dat Meun/zer Conuent.
Eyn Conuent Tzo der Harderfuyst
  Vur den Mirebroderen
Eyn Cöuent Tzo Lechenich
  Vp der Breyderstraissen
Eyn vergaderüg Tzom Lemgyn van
sent Franciscus orden (Fracifc orde
Eyn vergaderunge Tzom esell van sent
Eyn Conuent By dem Billighen Cruytz
Byschoffs Conuent
  In der Clocker gassen
Eyn Conuent Zo dem Spiegell.
  Vp der Bruggen By sent Colüben.
Des bunten Conuent
  Vp der hertzoch straissen
Eyn Conuent Tzom Bleyart
Eyn Conuent Tzom Spiegell
  In der Strytgassen
Eyn vergadrüge vā sent Fracise orden
Zo waffenburch In sent Marien tspell
Eyn Conuent dairby

In sent Laurencius kyrspel
Eyn Cöuent in der groisser Burgassen

In sent Peters kyrspel
Eyn Cöuet Tzom yrgack by de Cruytz/
brocderen (Augustinus orden.
Eyn eynüge in der Tonip gassen vā sent

Eyn Cöuent Tzom bane vp sent Cecil/lien straiss
Eyn Cöuent Tzom boghen Purpell By
der Wolkuchen
Eyn Cöuent Tzo Rome rych Bynder
sent Tbonis (Chen
Eyn Cöuent Tzom engel by d Wolki
Eyn Cöuent Zom Nyrtz in d boissgassen

In dem kyrspell. Zo den Aposteln

Eyn Cöuent Bind sent Cecilien wingart
Zom Lemgyn

In sent Albains kyrspell.

Eyn Conuent in der Cronen gassen. Zo
dem Lemgyn
Eyn Cöuent vp der Sanikulen

In dem cleyné sent Mertyn

Eyn Cöuent vur dé cleyné sent Mertijn

In sent Jacobs kyrspel

Sent Joris Cöuent by der drenck
Sent Jacobs Cöuet in d Burgassen

In sent Mauricius kyrspell.

Sét Mauricius cöuent in d Burgassen

In sent Seuerijns kyrspell.

Eyn eynunge van sent Augustinus ordé
in der Achterstraissen

Zo sent Marien afflays.

Eyn Conuent Vp dem Hundsruck
Eyn Conuent by dem putze
Eyn Conuent Remuntz Conuent
Eyn gaderüge in d Stolckgassen . Im
Mömersloch vā sent Augustinus ordé
Eyn vergaderunge Tzo sent Ignacius
van sent Franciscus orden
Eyn Conuent Spiess Conuent
Eyn Cöuent Der kricefsboff
Eyn Conuent Lijsbkysche off her Cof/stijns Conuent
  In der Engergassen By dé Preitgeré
Des banen Conuent
  Vp sent Marcellus straiss
Die groisse eynunge Zom cynborn van
sent Augustinus orden

In sent Paulus kyrspel.
  Vp sent Marcellus straiss
Eyn vergadrrunge Zo Monheym van

Liste mit Kölner Beginenkonventen aus dem Jahr 1499.

Frauenvereine zur Einrichtung eines Kleinrentnerin-nenheimes (Jakobstraße 37) überlassen.

Über kaum eine Bevölkerungsgruppe lassen sich so wenig verallgemeinernde Aussagen treffen wie über diese frommen Laiinnen. Wie wurde eine Frau Begine? Indem sie es selbst entschied und aussprach oder indem sie von ihren Eltern dazu bestimmt wurde. Eine Interessentin mußte sich nur den Beginenhabit, wahrscheinlich eine unauffällige graue oder beige Tracht, anziehen und sich »Begine« (kölsch auch öfter »bagyn« und »bejingche«) nennen – und sie war eine. Diese eher unspektakuläre Form der Initiation hinterließ keine Spuren in den Dokumenten, daher ist die Zahl der einzelnen Beginen unbekannt. Wenn die Frau ein Ritual wünschte, gab sie ihren Entschluß nach einer Messe bekannt. Da verkündete z.B. der Pfarrer von St. Laurenz 1250, daß sich in seiner Kirche zwei Schwestern nach der Messe Gott und Maria anboten, und: »facte sunt spirituales«.[347] In Klein St. Martin, einer nahegelegenen Pfarrei, legte 1268 ein Vater den Kopf seiner Tochter auf den Altar und bekräftigte damit ihre vorab getroffene Entscheidung, sie wolle Begine werden.[348] Beginen mußten nicht explizit die Gelübde der Armut ablegen oder sich der Klausur verschreiben. Darin unterscheiden sie sich von den Nonnen: Sie konnten jederzeit den Konvent wieder verlassen, ihre Lebensweise verändern. Es ist aber von keiner Kölner Begine bekannt, daß sie diese einmal getroffene Entscheidung rückgängig gemacht hätte.[349] Es gab keine Prüfungen wie bei den Nonnen und keine elitären Aufnahmebedingungen.

Wohl verpflichteten sich alle Beginen zur Keuschheit – das war die einzige verbindliche Grundlage des Beginentums. In den Häusern wird durchaus Gehorsamspflicht gegenüber der Mutter gegolten haben, aber auch dies war keine festgeschriebene Bedingung des Beginentums; Regeln bezüglich der Vermeidung von Zank, Schwatzhaftigkeit, Diebstahl usw. wurden individuell formuliert, wir kennen Schlaf- und Essensregeln sowie Gebetsvorschriften.[350] Ihre Kleidung sollte »geistlich« und »ziemlich« sein.[351] Die abgelegten Schwüre haben eher privaten und informellen Charakter. Ein einziger Kölner Konvent verlangte ein Aufnahmegeld.[352] Eine Begine konnte sowohl allein als auch zu mehreren leben: Im kleinsten Kölner »Konvent« wohnten zwei, in Groß-Konventen bis zu 50 Frauen. In Köln war die Durchschnittszahl 12 Beginen pro Konvent.[353] Die ersten Kölner Konvente wurden von sehr reichen PatrizierInnen gegründet, u.a. um Mädchen und Frauen aus der eigenen Verwandtschaft gut versorgt zu wissen, auch wenn diese nicht heirateten. (Dies war manchmal eine Frage der Mitgift, manchmal eine Frage des geeigneten Kandidaten, oder auch eigene Entscheidung einer Frau.) Einige wenige Häuser nahmen nur Familienmitglieder auf, andere waren für alle Kölnerinnen offen. Später fanden auch Töchter von Kaufleuten oder Handworkern und einige wenige Frauen aus der unteren Bevölkerungsschicht Aufnahme (wir kennen Töchter von Friseuren, Schuhmachern, Lederschneidern u.a.). Im 13. Jh. waren die Konventsbewohnerinnen zu 2,3 Prozent aus dem Adel, zu 47 Prozent patrizischer Herkunft, zu 42 Prozent aus der Mittelschicht und zu 9,3 Prozent aus der Unterschicht.[354] Frei wählen, in welche geistliche Institution sie eintreten wollten, Beginenkonvent, Kloster oder Stift, konnten nur adelige Frauen, für alle anderen galten Zugangsbeschränkungen; Unterschichtfrauen konnten, wenn sie ein spirituelles Leben oder ein Leben mit Frauen führen wollten, lediglich Begine werden.[355] Die meisten Beginen waren alleinstehend, was dem Keuschheitsideal entsprach; nur wenige waren Witwen. Ehemalige Ehefrauen, also Frauen, die ihre Männer verlassen hatten, waren in der Frühzeit in den Beginenkonventen gar nicht zu finden.[356] Die meisten waren volljährig, das Mindestalter betrug bei manchen Konventen 18 Jahre, in anderen aber auch 40 Jahre.[357]

Beginen waren – wie alle geistlichen Frauen – stets einem männlichen Geistlichen und einer bisweilen rigide klingenden Hausordnung unterworfen, dennoch haben sie sich den Alltag bestimmt oft freier gestaltet als in diesen »Satzungen« vorgesehen. Sie hatten Privilegien wie geistliche Personen, durften die Kommunion in einer Kirche ihrer Wahl empfangen, und ihre Häuser besaßen eine Art Immunität.[358] Manche Konvente konnten sich selbst eine »Mutter«, »Matersche« oder »Meisterin« wählen und auch selbst über Neuaufnahmen entscheiden, in anderen Fällen wurde ihnen von den sogenannten Provisoren, den Vertretern der Stifter, vorgegeben, wer hinzukam. Die meisten Beginen hielten regelmäßige Gebetsstunden ein, aber auch dies war nicht in allen Konventen vorgesehen.[359] Viele der Frauen übernahmen Gebete »in Vertretung«, erhielten sogar von der Armenverwaltung Gebetsaufträge für Verstorbene. Als Gegenleistung bekamen sie Zuwendungen zum Lebensunterhalt.[360] Manche Schwestern hielten sich strikt an die theologischen Vorgaben und erlaubten sich keine Abweichungen, andere waren den Ideen von Mystikerinnen verhaftet, und ganz »Radikale« formulierten eigenständige Vorstellungen über die Weiblichkeit Gottes, speziell des heiligen Geistes, und knüpften damit an alte, vorchristliche Dreiheitsvorstellungen an.

Nur wenige Konvente waren wirklich gut dotiert und mit Stiftungen abgesichert, diese erhielten neben Geldzuwendungen auch regelmäßige Rentenzahlungen und Naturalien, oder sie verfügten über Nutzungsrechte an Mühlen u.ä.m. – die überwiegende Zahl der Konvente bekam von weltlichen oder geistlichen StifterInnen nur ein Haus gestellt, und das hatte zur Folge, daß die Frauen im Haus oder außer Haus arbeiten mußten.[361] Sie nähten, webten, stickten und wirkten sogar Gold- und Silberfäden – und gerieten zwangsläufig auf diesen zunftgebundenen Betätigungsfeldern in Konflikte mit den (Frauen-)Zünften, die die für weniger Geld arbeitenden Beginen als Konkurrenz empfanden und die Vergabe von Auftragsarbeiten an Beginen in ihren Zunftordnungen explizit verboten.[362] Besonders die Frauen des Schelenkonvents führten jahrzehntelang Auseinandersetzungen mit Rat und Zünften, und es wurde ihnen z.T. mit Gewalt der Webstuhl konfisziert.[363] Andere Beginen betrieben Krankenpflege, Hostienbäckerei und »Sozialarbeit«, gaben Schulunterricht für kleine Kinder, betreuten Sterbefälle in den Familien; sie wuschen Wäsche in fremden Haushalten u.a.m.

Die Bewertung der Beginen änderte sich im Laufe der Jahrhunderte. In der Frühzeit waren sie

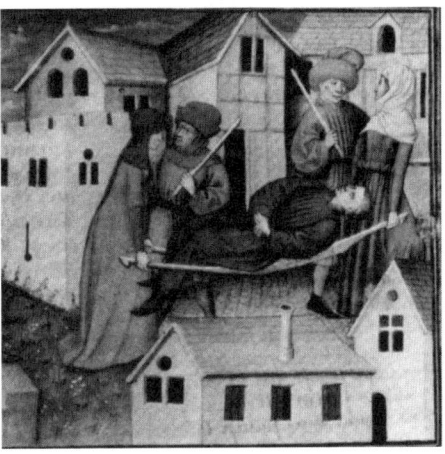

Krankenpflege und -transport war eine der möglichen Tätigkeiten, um als Begine den Lebensunterhalt zu verdienen.

als fromme Frauen hochgeachtet, im 13. Jh. wurden sie sogar unter den besonderen Schutz der Erzbischöfe genommen; bald darauf, im Zusammenhang mit der Ketzerbewegung des Spätmittelalters, bekam das Wort »Begine« einen häretischen Beiklang, und im 14. Jh. wurden alle, die sich als »swesteren« bezeichneten, eine Untergruppe der Beginen, von Papst und Kölner Erzbischof als Häretikerinnen verdammt.[364] In der Tat diskutierten viele der Laiinnen über die vorgegebenen Glaubenssätze, lasen deutsche und lateinische Bücher und bildeten sich eigene theologische Meinungen, wie diesbezügliche Verbote in den Beginenregeln zeigen.[365] Auch in Köln versuchten Inquisitoren aus dem Dominikanerorden, gegen die Beginen vorzugehen – doch es traten sogar die Pfarrer für diese große, heterogene Bevölkerungsgruppe ein und erklärten sie zu gewissenhaften Kirchgängerinnen und Rechtgläubigen.[366] Eine andere Veränderung betraf die Herkunft aus der Armutsbewegung und die eigenen sozialen Vorstellungen: »Als aber die Armuth allmählich den Glanz eines Ideals verlor, traten an die Stelle derer, die das Joch der Armuth lieb gehabt hatten, solche, die unter ihm seufzten und in den Konventen eine Zuflucht vor Elend und Noth suchten. So sanken denn die Stätten religiöser Begeisterung mehr oder weniger zu Armenhäusern herunter«, klagt ein Historiker der Jahrhundertwende.[367] Nun lebten hier ältere und alleinstehende Kölnerinnen, bisweilen auch Witwen ohne größere spirituelle Ansprüche, und erhielten, wenn dies nötig war, neben der Wohnung als Teil der Armenstiftung Geld, Brot, Licht und Brennmaterial. Die »Konventsmöhn« war bis ins 20. Jh. als Bewohnerin eines Heimes für alte alleinstehende Frauen bekannt.[368] Wurden anfangs auf die Beginen Ängste bezüglich Autonomie und Abweichlertum projiziert, so wurde der Begriff nun zum Synonym für eine bigotte Alte: »Bejinge sin wie se schinge – Se ston hinger de Jadinge (Gardinen) und sage: do hinge – Do kütt de Minge«, lautet ein Kölner Vers.[369] »Ahl Bejing« wurde zum Schimpfwort für eine frömmelnde Frau.

Über den Zusammenhang von Brigidenhospital und dem darüber liegenden Beginenkonvent wissen wir wenig. Daß die beiden Institutionen nicht als Einheit verstanden wurden, können wir daran ablesen, daß der Konvent Stiftungen unabhängig vom Hospital erhielt. Die Beginen waren anscheinend nicht zur Krankenpflege im Hospital verpflichtet; eine solche Verknüpfung der beiden Institutionen ist zwar früher vermutet worden, aber kaum zu belegen. Dabei wäre sie durchaus im Sinne der Stadtregierung gewesen: Im 15. Jh. ärgerte sich hier manche/r darüber, daß die Frauen nicht durch die Stiftung verpflichtet waren, für ihren Lebensunterhalt zu arbeiten. (Gleichzeitig waren viele Beginenkonvente Anklagen und sogar gewalttätigen Übergriffen durch die Zünfte gerade wegen ihrer Arbeit ausgesetzt!) Ähnlich wie heute SozialhilfeempfängerInnen wieder arbeiten sollen, wurde vorgeschlagen, die Vergabe von »Armenzeichen«, Kennmarken für die Erlangung städtischer Zuwendungen, an einen täglichen Einsatz auf dem Gebiet der Krankenpflege zu koppeln.[370] Parallel wurden seitens der Stadt Versuche unternommen, diese »Möhnen« umzusiedeln oder auszubezahlen. Absicht war, die im 15. Jh. oft nur halb ausgelasteten Beginenhäuser zusammenzuführen und ihre Zahl zu verringern. Die ehemals patrizischen Häuser waren zwar oft baufällig, aber sie lagen doch auf hochwertigen Grundstücken.[371] Der Rat schickte eine Kommission in alle Konvente, um die Belegung zu ermitteln. Sie fand 1452 noch 637 Konventualinnen in 93 Frauenkonventen vor – bei einer Auslastung von 56,5 Prozent war in Köln demnach zu dieser Zeit Platz für 1130 Beginen. Im Schnitt lebten in jedem Haus nur noch sechs Frauen.[372] Die damaligen Päpste forderten eine Umwandlung in Nonnenklöster – diese Umwidmung hätte aus den bisher weltlichen Häusern geistliche und damit abgabenfreie Räume gemacht, was wiederum die Stadt zu verhindern suchte. Die Annahme einer strikten Ordensregel wurde von den meisten Beginen selbst aber auch nicht gewünscht.[373] Bis gegen Ende des 18. Jh.s war das Vermögen der Institute relativ gesichert durch Stiftungen von reichen Familien und durch Eintrittsgelder der Damen selbst; Anfang des 19. Jh.s wurde die Finanzierung der Konventualinnen der »Hospizien-Kommission« unterstellt, und die Frauenwohnheime wurden zu einem Bereich der städtischen Wohltätigkeit umfunktioniert.[374] Die Stadtoberen wollten das »Konventualvermögen« lieber für andere wohltätige Zwecke einsetzen – das Schicksal der alten Frauen kümmerte sie dabei anscheinend wenig –, aber die neu gegründete Armenverwaltung beharrte auf dem ursprünglichen Stiftungszweck der traditionsreichen Konvente.

*Wir gehen vom Tor aus links das **Brigittengäßchen** entlang (hier kein Straßenschild) Richtung Norden und stoßen auf die **Mühlengasse**.*

Das Haus **Mühlengasse (1-15)** ist das letzte erhaltene ehemalige Fabrikgebäude aus der frühen Industrialisierungszeit im Innenstadtbereich. Hier gründete 1820 der Baumwollspinner und Garnhändler Friedrich Wilhelm Brügelmann eine erste Textilfabrik. Die Familientradition des Garnbleichens, Färbens und Spinnens können die Brügelmanns bis auf das Jahr 1466 zurückführen – viel-

35

Das Geschäftshaus
Mühlengasse 1-15 auf einer
idealisierten Darstellung.

leicht waren auch ein paar Garnspinnerinnen aus
der Frauenzunft dabei? Das heutige »Brügelmannhaus« stammt von 1895 und war u.a. das Wohnhaus der Unternehmerfamilie. Leben und Arbeiten
des Fabrikbesitzers fanden in einer Straße statt –
so war die permanente Kontrolle der ArbeiterInnen
gewährleistet. Der Bau wurde um 1890 umgebaut
und erhielt eine klassizistische Fassade. Im Krieg
wurde er stark beschädigt und, in der Höhe um ein
Stockwerk reduziert, in den frühen 50er Jahren
wieder aufgebaut.

1828 beschäftigte Brügelmann 28 Textilarbeiter-
Innen und Angestellte in einem spätmittelalterlichen Gebäude. 1833 ließ er ein neues Gebäude
errichten, um darin Spinn-Maschinen-Komplexe
für sein Textilunternehmen aufstellen zu können,
und tatsächlich: Ein Jahr später – 1834 – wurde in
der Mühlengasse die »Calorie-Maschine« für die
Baumwollproduktion aufgestellt, und mit seiner
Dampfmaschine war Brügelmann einer der ersten
Deutschen, die diese Technologie einsetzten,
jedenfalls aber der erste in Köln.[375] Nach und nach
wurden die umliegenden Häuser (heute **Nummern
5-23**) angekauft; schon in den ersten Produktions-
jahren verarbeiteten die Firmenangehörigen, etwa
30 ArbeiterInnen und 43 Kinder, 60 000 Pfund Wolle
im Jahr. Erstaunlicherweise wurden auch die Kinder des Spinnereibesitzers selbst »eingespannt« –
man machte sich also noch keine Gedanken um
die Schädlichkeit der Kinderarbeit. Die Stadt Köln
hatte aufgrund eines »Wirkschulen-Reglements«
von 1812 erlaubt, Kinder im Sommer zwölf und im

Winter elf Stunden arbeiten zu lassen; »immerhin« war je eine Spielstunde am Morgen und am Nachmittag für Kinder unter zehn Jahren zugestanden.[376] Die »Wirkschulen« waren wandernde Textilfirmen, die jeweils den Arbeitskräften folgten;[377] 1817 arbeiteten in Köln rund 1500 Kinder (meist Mädchen) in solchen »Arbeits-Pressen«, vornehmlich in den Armenvierteln.[378] Sie waren der Aufsicht der Armenverwaltung unterstellt.[379] Die Einwohnerzahl betrug damals etwa 55 000. Trotz Schulpflicht konnte 1823 ein Drittel der Kinder nicht zur Schule gehen, u.a. weil sie für den Familienunterhalt Geld verdienen mußten.[380] Erst 1839 wurde die Fabrikarbeit für Kinder unter neun Jahren gesetzlich verboten.[381] Sicherlich erhielten schon die Frauen, wie auch anderswo, nur die Hälfte des Männerlohns; Kinder verdienten sogar nur ein Achtel davon.

Köln war erst spät in die industrielle Textilproduktion eingestiegen, weil bis 1789 durch den Zunftzwang hohe Anforderungen an Bezahlung und Ausbildung der Mitglieder gestellt waren. Aber die Stadt holte bald auf. Ein preußischer Reisender stellte auf einer Inspektionsfahrt durch das seit kurzer Zeit preußische Staatsgebiet fest: »Ein sehr bedeutender Industriezweig Kölns sind ferner die Wollenmanufakturen in Strümpfen, Mützen, Handschuhen, Leibchen u. dgl. Der größte Teil dieser Waren wird gestrickt, wodurch teils in der Stadt, teils auf dem Land bei 6000 Menschen beschäftigt werden.«[382] Inzwischen gab es eine recht ansehnliche Zahl kleiner »Industrien«, viele davon ließen in ehemaligen Kirchen arbeiten! In den 1840er Jahren

Eine Spinnerei mit schwerer Frauenarbeit und männlicher Leitung.

wurde auch bei Brügelmanns die Produktion auf das Stricken von Strümpfen und Jacken, Wollspinnerei und Wattefabrikation umgestellt und 1842 erstmals Gasbeleuchtung zur Produktionssteigerung eingeführt. Weiterhin legte die Firma einen Schwerpunkt auf den Großhandel mit Kurzwaren, Trikotagen, Wolle und Manufakturwaren, was den Betrieb vor der Pleite rettete. 1896 gab es die ersten elektrisch betriebenen Nähmaschinen – die Firma setzte weiterhin auf innovative Techniken. Die neuen, motorbetriebenen Strickmaschinen von 1910 führten jedoch zu häufigen Klagen der NachbarInnen, besonders des benachbarten Hotels, wegen Lärmbelästigung. Die Firma sah sich gezwungen, mit dieser Produktion in unbewohnte Gebiete umzuziehen, nach Deutz und Mülheim. Die Belegschaft war bis 1900 auf 400 angewachsen, 1913 beschäftigte die Firma schon 1068 MitarbeiterInnen.

Noch im Adreßbuch von 1956 ist ein Textilgroßhandel hier in der Mühlengasse aufgeführt, heute ist der Hauptsitz der Firma in Deutz.

Asta Brügelmann (geb. von Pustau, 1893-1969), verheiratet mit Otto, dem Chef des Textilkonzerns Brügelmann & Söhne des mittleren 20. Jh.s, war in diversen Frauengruppen aktiv und unterstützte in der Weimarer Republik als Quäkerin Bestrebungen des »Stadtverbandes Kölner Frauenvereine« um den Frieden. Ende der 20er Jahre regte sie zusammen mit Gertrud Merill-Ahn die Bildung einer »Kommission für praktische Friedensarbeit« an, nachdem sie sich über die Folgen von Gaskriegführung informiert und einen Friedhof mit Kriegsgräbern besichtigt hatte. Die beiden konnten auch jüngere Frauen für ihr Anliegen interessieren. Sie betrieben zunächst einmal Aufklärungsarbeit. Vorträge hielten z.B. Stadtdirektorin Dr. Hertha Kraus, Dr. Gertrud Bäumer, Dr. Marie-Elisabeth Lüders, Dr. Else Ulich-Beil, die Kölner Universitätsprofessoren Dr. Leopold von Wiese und Kaiserswaldau, Dr. Ernst Walb sowie ein berühmter indischer Pazifist namens Dewa.[383] Im Jahr 1929 fand eine Großkundgebung der Frauen »Gegen den Gaskrieg« statt, bei der der Gürzenich aus allen Nähten platzte. »Zugpferd« war die bekannte Berner Naturwissenschaftlerin Dr. Gertrud Woker, die – unterstützt von Kölner Verbandsfrauen – anhand von Dias und Texten die Gefahren des Krieges darstellte und ein Verbot der Produktion chemischer Waffen forderte.[384] In einer Veranstaltung am 28.11.1930 setzten sich die ZuhörerInnen mit dem erstarkenden Natio-

Asta Brügelmann setzte sich in der Weimarer Republik für die Abrüstung ein.

nalsozialismus auseinander. Asta Brügelmann war gleichzeitig im »Frauenbund der Deutschen Kolonialgesellschaft«, der nicht gerade friedliche Zwecke verfolgte – wie sie wohl diesen Widerspruch vereinbarte?

*Von der **Mühlengasse** biegen wir nach links in die **Wehrgasse** ein, die (nach Überquerung der **Großen Neugasse**) in **Auf dem Brand** übergeht.*

(36)

Wo heute das **Hotel Mondial** steht, verliefen früher weitere enge Gäßchen – darin herrschte Kleinindustrie, Gestank, Dunkelheit –, hier war auch Kölns Bordellszene angesiedelt. Um die Jahrhundertwende wohnten hier laut Adreßbuch offiziell zwar Näherinnen, Büglerinnen usw., aber sicher verdiente sich die eine oder andere ein Zubrot zu ihrem kargem Lohn, indem sie ihren Körper verkaufte.

Die Altstadt war bis um die Jahrhundertwende die Gegend mit der größten Bevölkerungskonzentration – hier wohnten 45 Prozent aller KölnerInnen.

Johanna Schopenhauer schrieb im frühen 19. Jh.: »In steter Furcht, überfahren zu werden, betäubt vom Lärmen der Lastträger, der Karrenschieber und aller Unrast eines in sehr beschränktem Raum allerlei Gewerbe treibenden Volkes, windet man sich auf schlechtem, schlüpfrigem Steinpflaster durch düstre enge Straßen, von hohen, die Luft beengenden Giebelhäusern umgeben.«[385] Was heute zum Teil recht farbenfroh restauriert ist und von mehreren Stadtplanergenerationen nach unterschiedlichen Kriterien durchforstet wurde, sah früher sehr anders aus. »Es ist in der Altstadt noch ein gutes Teil von der ›Straßen quetschender Enge und der Häuser dumpfer Nacht‹ geblieben, die das charakteristische Merkmal alter Festungsstädte ist. Es gibt noch bei uns zahlreiche Gassen und Gäßchen mit zusammengepferchten Häusern und einer erschreckenden Menge von Kleinwohnungen, die auch den bescheidensten Ansprüchen an Luft und Licht nicht genügen. Man muß sie nur einmal sehen, diese alten Häuser mit ihren engen, düsteren Treppen, den niedrigen Stuben und kleinen Fenstern, wo nicht nur die Dürftigkeit und die Not, sondern auch der kleine Arbeiter- und Handwerkerstand und die um das tägliche Brot ringende Heimarbeit ihr Heim aufgeschlagen hat. Das typische Bild des Wohnungselends ist hier nur zu oft zu finden: vielköpfige Familien, die in zwei, oft auch nur in einer Kammer hausen, deren dumpfe Luft mit der Ausdünstung aller Hantierung, die das Familienleben nötig macht, wie kochen, waschen usw. erfüllt ist. Dazu kommt, daß bei uns auch fast durchweg die größeren Höfe fehlen, die in anderen Großstädten die Vorder- und Hinterhäuser trennen.«[386] Hier wohnten sicher einige der Textilarbeiterinnen der Brügelmannfabrik; auch Heimarbeit wurde in Köln in großem Umfang betrieben.

(37)

*Weiter die Straße **Auf dem Brand** entlang und dann rechts durch die **Bischofsgartenstraße** geht's zum »Rheingarten« herunter – streckenweise eher ein Steingarten.*

Der begehbare »Brunnen«, von Eduardo Paolozzi an einem traditionellen Waschort der Kölnerinnen errichtet, ist im Sommer beliebt bei Kindern und Eltern.

(38)

An einem der ersten rheinwärts gelegenen Häuser steht: **Am Frankenturm**. Der Name dieser einstmals stark befahrenen Straße bezieht sich auf einen früheren städtischen Gefängnisturm. Ein Burggreve und seine Frau kümmerten sich um die Gefangenen. In diesem gräßlichen Verlies, wahrscheinlich im abschließbaren Frauengemach, war u.a. die als Hexe verurteilte und verbrannte Postmeisterin Katharina Henot einige Zeit vor ihrer Hinrichtung eingesperrt; hier schrieb sie im Frühjahr 1627 in höchster Lebensangst einen anrührenden Appell an ihren Bruder, ihr doch das Leben zu retten und alle Anschuldigungen schnellstens überprüfen zu lassen. Ohne Erfolg: Am 19.5.1627 wurde sie auf Melaten erwürgt und anschließend ihre Leiche verbrannt.[387]

Stadtmauer und -tore
Kölns.

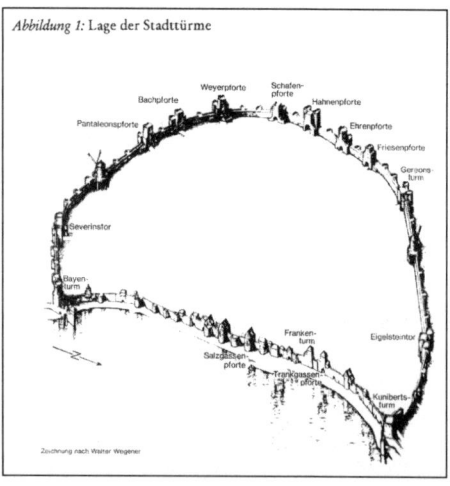

Abbildung 1: Lage der Stadttürme

Die Ende des 12. Jh.s begonnene Kölner Stadtmauer war zwar mit zwölf großen Toren die um-
fangreichste und einheitlichste Verteidigungsanla-
ge nördlich der Alpen, sie bot Schutz vor Angriffen,
war Zoll- und Einreisebarriere; allerdings machten
zahlreiche Pforten dieses Bollwerk auch »durchläs-
sig« für jemanden, der Bescheid wußte, wo die
Kontrollen nicht so genau genommen wurden.[388]
Bei der Stadterweiterung war der Frankenturm als
eines der Stadttore vorgesehen und wurde – wie
andere auch – zugleich als Gefängnis genutzt.[389]
Hinter den dicken Mauern und nah an der Stadtgrenze konnten DelinquentInnen sicher untergebracht und gegebenenfalls »geräuscharm« ge-
züchtigt werden.[390] Vor der Einrichtung spezieller
Gefängnisse im 17. Jh. wurde in solchen Verliesen
die Strafart »Freiheitsentzug« abgebüßt, und Haft
im Frankenturm war die am häufigsten angeordne-
te Gefängnisstrafe. Fast 70 Prozent der kölnischen
Verhafteten saßen die Untersuchungshaft oder ihre
Dauerstrafen hier ab.[391] Ende des 17. Jh.s hatte der
Frankenturm vier Gefängisräume rheinwärts und
zwei stadtwärts.[392] Bei Wasser und Brot, in Dunkelheit und peinvoller Enge, zwischen Ungeziefer,
in schlechter und feuchter Luft war jeder noch so
kurze Aufenthalt eine Strafe. Heute befindet sich
dort ein eher teures, aber ansonsten angenehmes
italienisches Restaurant.

Der **Rhein** ist einer der wenigen »männlichen«
Flüsse, aber erst im 19. Jh. wurde er von Soldaten
zum nationalstaatlichen Symbol ersten Ranges
erhoben, zum besungenen Verteidigungsobjekt:
»Fest steht und treu die Wacht am Rhein (...),
solang ein Tropfen Blut noch glüht, noch eine Faust
den Degen zieht, und noch ein Arm die Büchse
spannt, betritt kein Feind hier deinen Strand (...)«,
dichtete Max Schneckenburger.[393] Frauen haben
nur selten Gedichte über den Rhein verfaßt, dabei
war der Fluß für Frauen nicht unwichtig. Hier am
Rhein soll z.B. das legendäre Massaker an der
Frauenschar der heiligen Ursula stattgefunden
haben: Im 4. Jh. soll Ursula, eine kluge und fromme
junge Frau, mitsamt ihren 10 999 Freundinnen und
Dienerinnen auf dem Rückweg von ihrer Pilgerreise
nach Rom in Köln geankert haben; sie befanden
sich auf dem Heimweg nach Britannien. Schon auf
dem Hinweg war ihr – ebenfalls in Köln – im Traum
von einem Engel geweissagt worden, sie werde auf
dem Rückweg das Martyrium erleiden, und so kam
es auch: Ein Hunnenheer hatte gerade Köln bela-
gert. Als die Frauenschar (und Begleitschiffe mit

39

Der Vater Rhein ist einer der
wenigen patriarchalischen
Flußgötter...

Darstellungen eines
Massakers an Frauen, die
lieber über sich selbst
bestimmen als sich zur Ehe
zwingen lassen wollten ...

Abb. 79.   Blatt aus der Koelhoffschen Chronik von 1499
Darstellend das Martyrium der hl. Ursula. Im Hintergrund Köln mit dem Dom. Am Ufer ein König mit
Szepter, der die Ermordung befiehlt. Im Schiffe selbst außer den Jungfrauen zwei Geistliche (Papst u. Bischof)
157

begeisterten Männern) in Köln anlegten, wurde laut
Legende die Vision aufs grausamste verwirklicht,
die Frauen wurden alle umgebracht. Der Hunnen-
fürst verlangte schließlich, Ursula selbst, die bisher
verschont worden war, solle sich ihm hingeben; als
sie sich weigerte, zielte er auf sie mit einem seiner
letzten Pfeile. Eine Geschichte über die Drohung
mit sexueller Gewalt und die Botschaft, daß gute
Christinnen eher ihr Leben hingeben, als ihren
jungfräulichen Körper. Obwohl diese Legende im

... – die Ursula-Legende
und der Opfertod der
11.000 Jungfrauen ist ein
häufig gewählter Anlaß,
um die Stadtsilhouette
darzustellen.

Frühmittelalter angesiedelt ist, wurde sie erst im 11.
Jh. aufgeschrieben und verbreitete sich schnell.
Die Symbolik des Namens Ursula (Bärchen) verweist auf das Sternbild »Große Bärin« (französisch:
ourse), die von Myriaden von Sternen umgeben ist
wie Ursula von ihren Freundinnen. Ursula wurde
neben dem heiligen Gereon und den Heiligen Drei
Königen »Stadtpatronin« Kölns, ihre übliche Abbildung als Schutzmantelfigur, die unter ihrem weiten
Mantel weitere Frauengestalten birgt und be-
schützt, symbolisiert: Ursula ist Matrone der Kölner
Frauen. Wir werden eine solche Abbildung noch in
St. Maria im Kapitol kennenlernen.

    Unglaublich, aber wahr: Der Rhein hatte im Mit-
telalter für viele Kölnerinnen eine spirituelle Bedeutung als Ort der Erneuerung und Reinigung. Durch
Francesco Petrarca (1304-1374), einen der ersten

Bildungsreisenden, sind Rituale der Kölner Frauen überliefert. 1333 beobachtete der italienische Frühhumanist: »Nachdem ich Aachen verlassen hatte …, nahm mich Agrippina Colonia auf, das am linken Rheinufer liegt. Dieser Ort ist durch seine Lage, seinen Strom und durch seine Bevölkerung berühmt. Man ist erstaunt, in diesem Barbarenland eine derartig feine städtische Bildung anzutreffen. Welch ein Stadtbild, welche Würde bei den Männern, welche Anmut bei den Frauen! Es war gerade Johannisabend, als ich dort ankam, und die Sonne ging soeben unter. Sogleich ließ ich mich auf Anraten von Freunden … von meinem Gastgeber an den Fluß geleiten: Mir stünde ein herrliches Schauspiel bevor. Und ich sollte nicht enttäuscht werden! Das ganze Ufer war nämlich von einer wunderschönen riesigen Prozession von Frauen eingenommen. Wie war ich erstaunt! Gute Götter, welch eine Schönheit! Welch ein Anstand! Hier müßte sich jeder verlieben können, dessen Herz noch frei ist.«[394] Petrarca stand an einem etwas erhöhten Ort und sah all die lebhaften Frauen in ihren festlichen Gewändern, manche mit duftenden Kräutern bekränzt. Die Ärmel bis zu den Ellbogen hinaufgestreift, badeten sie im Fluß Hände und Arme und murmelten dabei ihm unverständliche Worte. »Verwundert und dieses Brauchtums unerfahren, redete ich einen aus meiner zahlreichen Umgebung mit dem bekannten Vers des Vergil an: ›Was soll dieses Menschengewimmel am Fluß, was haben sie im Sinn?‹ Ich erhielt zur Antwort: Es sei ein uralter Volksglaube, an dem vor allem die Frauen hingen, daß alles Unheil des kommenden Jahres durch ein Bad im Fluß an diesem Tage weggespült werde; danach werde dann alles glücklicher vonstatten gehen. Deshalb werde dieser Reinigungsritus jedes Jahr wieder mit derselben Begeisterung vollzogen.«[395] Das von Petrarca beschriebene Ritual der Kölner Frauen diente sicherlich dazu, stellvertretend die ganze Stadt zu entsühnen. Neben der Frühlings-Tag- und Nachtgleiche, die Nachhall in Karnevalsbräuchen fand, bedeutete dieser Junitag einen weiteren Wechsel: Die Tage wurden nun wieder kürzer, es war der Tag vor der »Sonnkipp«, der Sommersonnenwende. Nun begann die Zeit der Dunkelheit wieder, auch die Zeit der Dämonen, welche durch prophylaktische Wasser- oder Feuerreinigungen besänftigt werden sollten. In Köln wurde an anderen Stellen, wie auf dem Land auch, zu demselben Zweck übers Feuer gesprungen.[396] Noch im 19. Jh. wurden Kräuterbüschel verbrannt

(Johanniskraut, gut gegen Depressionen) und Johanniswein ausgeschenkt.

Ir Bürgermeistere vnd Raht deß Heili-
gen Reichs freyer Statt Cöln/ Thun kundt vnd fügen hiemit menniglichen zu wissen/ daß wir mit beschwertem hertzen vnd gemüth in erfahrung bracht/ was massen bey etlichen jungen/ auch erwachsenen Leuthen/ Christliche zucht vnd erbarkeit so fern vß weit zurück vnd in vergeß gestelt/ daß sie nunmehr kein schew tragen bey dem vornembnen Baden im Rheinstrom/ sich gestracks vor der Statt vnd derselben Warffern vngescheuet/ vorüber gehender ehrlicher Matro-nen/ Jungkfrawen vnd Kindern gentzlich vnd zumahln vnverschämbter weiß zuentblössen. Dieweil aber solches Gottes/ gebott/der Naturen selbst/ vñ allem Erbarn zuchtigen wesen gestracks zuwidder/ vnd bey jungen Leuthen gantz ergerlich/also einer wolbestelter Obrigkeit/nach/zusehen vnd zugedülden keins wegs gebüren wil. Derenhal-ben wirdt hiemit allen vnd jeden jungen vnd alten/ alles Baden im Rhein/ zwischen beyden negsten Siechhäu-sern/ oben vnd vnden dieser Statt gelegen/gentzlich vnd zumahln ins gemein vnd durchauß/ auff straff von fünff Reichs thaler/ verleust der Kleider vnd ruthen streichens ernstlich verbotten/den Gewaldtrichters Dienern/vnd der Wacht vnd Soldaten ahn den Pforten ernstlich mandiert vnnd befohlen/ fleissige auffsicht darauff zuhaben/ vnd die jenige/ welche hergegen thun/ vnd an jetzt verbottenem ort sich außzuehen vnd Baden würden/ anzugreif-fen/ auff Francken Thurn zuführen vnd einzuliebern/ auch die außgezogene Kleider auff/zuheben/ zu sich zuneh-men/vnd darinnen niemandts zuuerschonen noch zuüberschen/dargegen jhnen die berürte Kleider hiemit zuge-eignet/ die Geltstraff aber/ wie auch die Execution deß ruthenstreichens zubefehlen vns in alle weg vorbehalten sein vñ bleiben solle/darnach sich ein jedtweder zu richten/vnd für straff vñ schandt selbst zuuerhüten wissen wirdt.
Conclusum in Senatu 5. Julij, Anno 1606.

Ein frühneuzeitliches Badeverbot aus Gründen der Sittlichkeit.

Der Rhein und seine Ufer sind seit langem ein beliebtes Ausflugsziel der KölnerInnen; diese Stadtgrenze, das zwielichtige Gebiet am Rhein vor den Stadttoren, eine Art rechtliches Niemandsland, war nahe und reizvoll! Viele KölnerInnen gingen gern, wie es in der frühen Neuzeit hieß, »der Recreation halber« an den Pforten vorbei oder flanierten im 19. Jh. an den Bollwerken am Rhein entlang. Das Baden im Rhein war über Jahrhunderte üblich – erst in unserer Zeit verursacht der Gedanke daran ein Schaudern. Durften auch Frauen sich auf diese Weise erfrischen und ertüchtigen? Ratsverordnungen aus dem 17. Jh., die das Baden verbieten, wenden sich nicht explizit an Männer, meinten sie aber als Hauptadressaten: »Wir Bürgermeister und Rat des Heiligen Reichs freier Stadt Cöln, thun kund und fügen hiermit jedem zu wissen, daß wir mit beschwertem Herzen und Gemüt in Erfahrung gebracht haben, was etliche junge, auch erwach-sene Leute sich anmaßen, christliche Zucht und Ehrbarkeit so fern und weit zurück und in Verges-senheit gestellt, daß sie nunmehr keine Scheu tra-gen, beim Baden im Rheinstrom sich gestracks vor der Statt und deren Werften, ungescheut vorüber-gehender ehrlicher Matronen, Junkfrauen und Kin-dern, genzlich und zumahlen unverschaembter Weiß zu entbloessen.«[397] Weil dies gegen Gottes Gebote, die Natur selbst (!) sei, wurde das Baden zwischen den beiden Siechenhäusern im Süden und Norden der Stadt »gänzlich und zumalen ins-gemein und durchaus« verboten unter Androhung einer Geldstrafe, Verlust der Kleider und Ruten-streichen sowie gegebenenfalls Einlieferung in den

Frankenturm.[398] Bis ins 19. Jh. wurde dennoch un-
organisiert und nackt im Rhein gebadet – ob sich
Frauen offen daran beteiligten, ist unklar, wenn welche es taten, waren dies sicherlich eher junge
Mädchen aus der Unterschicht. Ab 1815 wurden
von der Stadt Rheinbadeanstalten eingerichtet;
1817 gab es die erste Schwimmanstalt in Deutz,
die auch »Schwimm-Übungen« anbot. Das Nackt-
baden wurde wieder einmal endgültig verboten.
Die preußische Polizeiverordnung von 1818 war da
sehr gründlich: Selbst in »gehöriger Badekleidung«
durfte niemand auf dem Ufer herumlaufen.[399]
Badehosen und -hemden für Männer wurden zuerst entworfen, es folgten durchgehende Badean-
züge; 1844 fand sich die vermutlich erste Reklame
für Herren- und Kinderbadehosen.[400] Schwimme-
rinnen trugen lange, modisch variierende Badeklei-
der aus Kattun.[401] Frauen waren bisweilen als
Unternehmerinnen im Badegewerbe tätig. 1820
betrieb die »Wittib Klug« ein sogenanntes Bade-
schiff, auf dem Einzelbäder genommen werden
konnten; sie wurde jedoch 1823 von einem Kon-
kurrenten verdrängt. Das Baden in den warmen
Wannenbädern war von vier Uhr morgens bis zehn
Uhr abends möglich. »Das Schiff enthält vierzehn
geschmackvoll eingerichtete, bequeme Badezimmer, die allen Bedürfnissen des Badenden freundlich entsprechen. Die eine Seite ist den Damen
gewidmet, so wie die andere dem männlichen
Geschlechte«, warb der Nachfolger Reimbold.[402]
1847 ließ die Stadt große Badeanstalten errichten,
die Rheinwasser »einzäunten«, 1890 gab es je eine
für Damen und eine für Herren. Die Geschlechtertrennung wurde von manchen heftig bekämpft, sie
forderten ein gemischtes Familienbad, das 1911
auch auf privater Ebene zugelassen wurde. Um
1913 bildete sich der »Erste Damen-Schwimm-Ver-
ein« in Köln.[403] Spätestens seit der gedankenlosen
Verschwendung von Rohstoffen in der Wiederaufbauphase nach dem Zweiten Weltkrieg wurde das
Baden im Rhein immer unangenehmer. Hautkrank-
heiten waren die Folge der chemischen Verseu-
chung. »Vater Rhein« ist krank.

Ein schönes Rheinerlebnis ist für viele KölnerInnen die traditionelle Schiffsprozession, die »Mülheimer Gottestracht« an Fronleichnam, »das eigentliche Hauptstaatsfest der Reichsstadt Köln«[404]
seit dem Mittelalter. An diesem Tag versammeln
sich auf dem Rhein Hunderte von Schiffen und Böt-
chen zu einer Prozession und umsegeln oder
umfahren, um gesegnet zu werden, ein Schiff, auf

Kölner Bademoden
der Jahrhundertwende –
oder Einübung in die
Kunst des Verhüllens und
Aufdeckens ...

dem die Messe zelebriert wird. Anschließend geht's
zum Jahrmarkt nach Mülheim. Daß das Fest von
einer Begine zur Erinnerung an die Einsetzung des
Altarsakraments »erfunden« wurde, weiß kaum
jemand.[405]

Seit dem Spätmittelalter standen hier am Rheinufer Wohnhäuser, Kneipen und Hotels mit Rhein-
blick für die sich mehrenden TouristInnen: PilgerInnen, hohe Gäste und FernhändlerInnen. Auslän-
dern war der Erwerb eigener Häuser erschwert, der
Hotelbesuch also unvermeidlich. Wie aus spätmittelalterlichen Urkunden oder anhand der ersten
Fremdenverzeichnisse, den Vorläufern der Adreß-
bücher, ersichtlich ist, führten immer auch zahlreiche Frauen in dieser Stadtgegend Pensionen. Die
spätmittelalterlichen »Wirtinnen« mit Unterkünften
rings um den Fischmarkt waren Geschäftsfrauen
besonderer Art: Sie nahmen vorwiegend Gewerbe-
treibende auf und tätigten mit ihnen Kommissions-
geschäfte; dafür mußten sie vorher von Vertretern
der Stadt vereidigt werden. Dieser Akt rückte ihre
Stellung in die Nähe städtischer Beamtinnen.[406]
Die Wirtinnen und Wirte waren zudem für die Fremden verantwortlich und für deren Vergehen haftbar.
Zweimal jährlich mußten sie der Fremdenpolizei die
Anzeigepflicht beschwören.[407] Viele der Herbergs-
mütter waren Witwen und brachten im Haupt- oder
Nebengeschäft Studenten und Reisende unter;[408]
im 19. Jh. kamen Dienstmädchen als Pensioni-
stinnen hinzu. Bekannt wurde die Witwe Frau Sül-
zer, die wiederholt Berühmtheiten beherbergte, so
z.B. Charlotte Schiller (geb. von Lengefeld, Witwe
Friedrich Schillers), die 1821 und 1825 ihren Sohn
Ernst in Köln besuchte.

Die Hotels am Rhein
wurden von PilgerInnen und
Handelsreisenden genutzt.

Wir gehen nach Süden, die Verlängerung von **Am
Frankenturm** *heißt* **Am Bollwerk** *(der Verlauf des
Bollwerkes, des Stadtbefestigungswerkes, ist im
Rheingarten an einer erhöhten Mauer aus Basalt-
steinen erkennbar); diese Straße geht in die* **Mauthgasse** *über, die hinter dem* »**Stapelhaus**« *entlang-
führt. Setzen Sie sich – wenn das Wetter es erlaubt
– doch für eine Weile ans Rheinufer.*

(40)

Neben Dom, Rathaus und Alter Markt ist das sogenannte »Stapelhaus«, im 16. Jh. als Fischkaufhaus
errichtet, ein »Schauplatz der Macht«, denn hier
wurde mit Hilfe einer die Konkurrenz ausschalten-
den Marktrechtsbestimmung der Reichtum Kölns
begründet: Alle vorbeifahrenden Schiffskaufleute
mußten für drei Tage ihre Waren in den Vorgänger-

Fig. 98. Fischpforte und Fischkaufhaus. Nach Finckenbaum, um 1670.

Fischpforte und Fischkaufhaus im 17. Jh. – der Kölner Hafen liegt noch bis ins 19. Jh. direkt in der Altstadt.

gebäuden des heutigen Stapelhauses auslegen und exklusiv für die KölnerInnen zum Erstkauf anbieten, die sich so die frischesten, besten und preisgünstigsten Waren und damit ein Qualitätsmonopol sichern konnten. Die Waren wurden von den KölnerInnen streng geprüft, gemessen, gewogen, geteilt, dann neu verpackt und mit einem Stempel versehen, der eine Herkunft aus Köln suggerierte (Dreikronen-Symbol).[409] Bestimmte verderbliche Waren wie Fische mußten in Köln zum Konservieren freigegeben werden. Verkauf in kleinen Mengen war ebenso verboten wie ein Verkauf am Stapelhaus vorbei. »Handel, Prüfung und Kennzeichnung der Waren führten zu einem großen Verwaltungsapparat, und es gab zahlreiche Berufe in der Domstadt, die nur damit beschäftigt waren, zu wiegen, zu messen, zu kontrollieren, aus- und einzupacken, zu verschicken usw.«[410] Daran waren auch viele Frauen beteiligt: »(...) da, wo Waren- und Materialkenntnis von besonderer Bedeutung waren, wie im unteren Dienst der Steuer- und Zollverwaltung, finden sich auch Frauen.«[411] 1898 wurde der früher vor dem Fischkaufhaus gelegene Hafen verlegt, das Lagerhaus war überflüssig und wurde Naturkundemuseum; heute sind in diesem Gebäude die Galerie des Berufsverbandes Bildender Künstler und das Haus des Kölner Handwerks untergebracht.

*Es geht weiter die **Mauthgasse** entlang bis zu dem kleinen Plätzchen **Fischmarkt**.*

(41)

Der »Fischbrunnen« auf diesem Fischmarkt, entworfen von Rainer Walk, entstand 1986. Er hat zwei Ebenen: Aus dem unteren, kleeblattförmigen

Becken steigt eine Säule auf, die auf Wasserhöhe von schnappenden Fischen umkränzt ist. Auf dem oberen Becken sitzen breit vier »Maatwiever« (Marktfrauen), die jedoch jedoch aufgrund ihrer Harmlosigkeit das Wesen eines »Fischweibes« nur unvollkommen wiederzugeben scheinen. An dieser Stelle wurde schon im Spätmittelalter Fisch verkauft, hier war (von 1428 bis ca. 1900) das Fischkaufhaus, das übrigens bis 1898 an einem Hafenbecken stand. Fisch war wichtig für den Speiseplan der rechtgläubigen Katholiken, denn er war als Fastenessen erlaubt[412] – und als Ersatz für Fleisch stets gut für schmale Geldbeutel.

Fischverkäuferinnen wie in Köln gab es nicht in jeder Stadt, manche Ratsherren hatten über einzelne Verkaufsgegenstände oder Herstellungszweige geschlechtsspezifische Tabus ausgesprochen.

Der Fischmarkt bot vielen StadtbürgerInnen Brot und Arbeit. Fisch war »erlaubtes« Handelsgut für Frauen, besonders auf den innerstädtischen Märkten gab es viele Fischhändlerinnen, »Fischmengerssen«. Das war nicht selbstverständlich, einige Städte hatten den Fischverkauf durch Frauen strikt untersagt. Es gab zwar auch in Köln gewisse Arbeitsbeschränkungen: 1397 etwa wurden die »Fischmengerssen« vom Verkauf größerer Fische, die gewogen werden mußten, ausgeschlossen; 1482 wurde ihnen der Handel mit gesalzener Ware untersagt. Die meisten Fische wurden jedoch zu Stückpreisen verkauft, so daß kein Wiegen erforderlich war. Das in Köln übliche Witwenrecht, nach welchem Frauen nach dem Tod ihres Mannes zumindest für einige Zeit, bis sie einen »Nachfolger« gefunden hatten, in dessen Gewerbe tätig sein konnten, bedurfte bei den »Fischmengerssen« der Zustimmung der Bürgermeister! Daß FischverkäuferInnen erst relativ spät zur Zunft zusammengefaßt wurden, läßt auf ein Interesse der Ratsherren schließen, dieses Gewerbe unter Kontrolle zu behalten und nötigenfalls zum Nutzen der Bevölkerung zu reglementieren.[413] In Köln wurde nicht nur für den eigenen Bedarf Fisch gefangen und verkauft, sondern auch Fischgroßhandel und -versand betrieben. Um ihren Fisch zu verkaufen, kamen FischgroßhändlerInnen von weit her nach Köln, sogar aus den Niederlanden, und die Kölner Fischhändlerinnen hatten ihrerseits KundInnen bis ins Maingebiet hinein.

Auf einem Bild von der Jahrhundertwende tragen Frauen Körbe auf dem Kopf und verkaufen Fische – eine Darstellung des einheimischen Straßenhandels. Besonders die frischen Maifische, die bei Poll und Worringen gefangen wurden, waren bei den KölnerInnen beliebt. »Der weitere Absatz, namentlich in der Stadt Köln, war Sache der Frauen und Mädchen. In grün angestrichenen Bütten

Der pittoreske Altwarenladen Himioben am Buttermarkt/Fischmarkt ist von vielen Künstlern gemalt und von Irmgard Keun beschrieben worden.

trugen oder fuhren sie ihre Waren unter dem Ruf
›Fresche Maifisch, Poller Maifisch‹ durch die
Straßen und Gassen, gingen sie ›prinzen‹, wie der
Poller Volksmund es nannte. Kamen sie in ihren
geblümten Röcken, mit den blauen Schürzen und
den weißen Kopftüchern daher, so waren die
›Prinzchen‹ allenthalben gern gesehene Frühlings-
boten.«[414] Mit ihnen zogen oft die Poller Milch-
mädchen, die auf Karren täglich die Milch in die
Stadt brachten. Heute wird im Rhein wieder gean-
gelt, wie z.B. am Rheinufer beim Malakoffturm zu
beobachten ist. Doch wissenschaftliche Analysen
zeigten, daß der Salzgehalt des Rheins noch immer
extrem hoch ist und die Nitritbelastung sogar weiter steigt.[415]

Der Fischmarkt war traditionell ein Wohn- und
Arbeitsort eher proletarischer Schichten. Zu Beginn
des 20. Jh.s finden wir im Kölner Adreßbuch z.B.
VertreterInnen folgender Berufe: Dienstmagd,
Näherin, Altwarenhändler, unter anderen auch die
Familie Himioben. Auf den Fischmarkt und die
Familie Himioben bezieht sich eine Passage des
Romans »Gilgi«, in dem Irmgard Keun das Milieu in
den späten 20ern beschrieb: »Es macht Spaß, in
der Kölner Altstadt herumzustrolchen. Winklige
Gäßchen und holpriges Pflaster – heiße Maronen,
zehn Stück für'n Jroschen! – Man füllt sich Mantel-
taschen damit und wärmt sich die Fingerspitzen
dran. – Wunderliche kleine Lokale ... ›Nee, Martin –
komm – essen kann man hier nicht – die kalten
Kôteletts, die stehen sicher schon' halbes Jahr in
der Auslage – wenn du dann reingehst und was
bestellst, werden sie aus dem Fenster genommen
und mit dem Wischlappen abgestaubt und ...‹ ›Du
kannst eine negative Phantasie entwickeln, Gilgi-
chen!‹ Krummgezogene, altersschwache Häuser,
Miniaturgeschäfte, Ladenscheiben nicht größer als
ein Kopfkissen. Dahinter zusammengepfercht alte
Kleider und Anzüge, Schokoladetafeln, so alt wie
ein Yoghurt-Reklame-Bulgare, Uhren, die ein heiliges Gelübde abgelegt haben, nicht zu gehen,
Gitarren, Kindertrompeten... Himioben steht als
Name über einer Tür. ›Himioben‹, sagt Martin ver-
zückt – ›Himioben – so ein wunderbarer Name. Gil-
gichen, einer Stadt, in der jemand so heißt, kann
ich einfach nicht ganz böse sein.‹ Und hat eine Vision von einem wunderschönen, geheimnisvollen
Judenmädchen mit schwarzen Lackhaaren und
sanften Mondaugen und zauberhaften Wimpern –
erfindet gleich eine abenteuerliche Geschichte,

bringt schon komische Sachen fertig, der Martin –
steht man vor einem verwackelten, einsturzberei-
ten Häuschen im schäbigsten Viertel von Köln und
fühlt sich wie eingeklemmt zwischen zwei Seiten
des alten Testaments – vage Vorstellung: sieben
Jahr warten – was mit Kornfeld und Ährenlesen und
– wo du hingehst, da will ich auch hingehn… (…)
Und nachher war's ein vermickertes fuchsiges Kerl-
chen, das wie'n Stehaufmännchen hinterm kram-
bepackten Ladentisch aufschoß – vom schönen
Judenmädchen keine Spur. Und Martin hat ein
Paar Hosenträger gekauft – lila mit grasgrünen
Tupfen, und Gilgi findet, daß eine verlorene Illusion
mit 75 Pfennig immer noch zu teuer bezahlt ist. (…)
Gilgi wirft das Päckchen von der Hohenzollern-
brücke aus hinunter in den Rhein – ›da kann's in die
Nordsee schwimmen und von 'ner Flunder gefres-
sen werden.‹«[416]

*Vom Fischmarkt gehen wir in südlicher Richtung
und biegen in den **Buttermarkt** ein.*   (42)

Der Buttermarkt und auch die Seitenstraßen Lint-
gasse, Salzgasse und die Parallelstraße Auf dem
Rothenberg hatten im 19. Jh. keinen guten Ruf, sie
galten sogar als »verbotene Straßen«,[417] denn sie
waren Arbeitsgebiet der Prostituierten und deshalb
für Soldaten tabu. Dennoch ist der »pittoreske«
Buttermarkt eine der am häufigsten gemalten,
gezeichneten und fotografierten Straßen Kölns.
Alte Bilder zeigen, daß hier bitterste Armut und
Enge herrschte – und Hochbetrieb in den Wirtschaften. Auf alten Fotografien ist alltägliche Frauenarbeit zu sehen: Frauen, die Wäsche tragen, Verkäuferinnen aus »Altträuscherläden« (»Gelegen-
heitskäufe«), die kurz auf die Straße getreten sind,
um sich mittels der noch relativ ungewöhnlichen
Technik abbilden zu lassen, Einkäuferinnen und
gelegentlich auch Prostituierte. In den 30er Jahren,
unter dem NS-Regime, wurde hier ein radikaler
»Kahlschlag« mit der Abrißbirne veranstaltet; ein
Nazi rechtfertigte die Maßnahmen mit dem Argument: »Bis zur Machtübernahme war es so, daß bei
den in bestimmten Zeitabständen durchgeführten
Razzien die Polizei als reiche Beute immer eine
Anzahl Schwerverbrecher faßte. Die täglichen zahlreichen kriminellen Vergehen, die hier geschahen,
waren die Nachteile der Altstadt. In diesen Bettler-
pennen, Bordellen, zweifelhaften Amüsierkneipen
und Diebeshöfen (…) zeigte die Großstadt ihr
abschreckendes Lastergesicht. Daher stammte

auch der besondere internationale Ruf, den das Rheinviertel um St. Martin bei dem lichtscheuen Gesindel aller Länder genoß und der unserer Stadt zu trauriger Berühmtheit verhalf.«[418] Bei der anschließenden »Sanierung« handelte es sich, wie der Autor selbst zugibt, um »äußere Verschönerungen«, hinzu kamen »Umschichtungen« in der Bevölkerungsstruktur. Politisch unliebsame BewohnerInnen, renitente Staatsfeinde und Angehörige ethnischer Minderheiten wie die Himiobens wurden zugunsten von Volksgenossen und kleinbürgerlichen Handwerkerbetrieben verjagt. Die Probleme (Enge, fehlendes Licht, schlechte Bausubstanz, schadstoffbelastete Luft) wurden natürlich nicht gelöst. Heute wohnen in der Altstadt kaum noch die »üblen Elemente«, sie ist, zumindest rings um St. Martin und das Rathaus, ein »Trendviertel« geworden.

Aber auch früher war der Buttermarkt nicht nur vom Elend geprägt; es gab ansehnliche Fachwerkhäuser mit Blumen an den Fenstern der von Säulen getragenen Stockwerke. Runde Speicherfenster an Fachwerkhäusern erinnern an frühere Handelstätigkeit, und das frühneuzeitliche **Haus Delft (Nr. 42)** ist schon auf alten Stadtansichten des 17. Jh.s auszumachen. In den Häusern Nr. 31 und 43 waren einst Backhäuser; viele Giebel waren mit Balkenköpfen verziert, und die Straße bot noch lange ein berühmtes, weil einheitliches Straßenbild.[419]

Im folgenden wird einiges über die Geschichte einer in den 20er Jahren entstandenen Organisation berichtet, die sich für Künstlerinnen einsetzt. Den Rundgang nehmen wir auf der Seite 167 wieder auf.

In einem der Fachwerkhäuser am **Buttermarkt, Nummer 39**, hatte gegen Ende der Weimarer Republik und in der NS-Zeit die »Gemeinschaft deutscher und österreichischer Künstlerinnenvereine aller Kunstgattungen« (GEDOK), ein Frauenverband zur Förderung von Künstlerinnen, Galerieräume und Künstlerinnenateliers gemietet. Im Erdgeschoß stand ein großer Ausstellungsraum zur Verfügung, im ersten Stock lagen ein Vortragsraum und kleinere Zimmer; die Dachräume im oberen Stockwerk waren an Künstlerinnen vermietet.[420] Die Künstlerinnen-Organisation, reichsweit schon seit 1912 in Planung, war 1926 von der Dichterin Ida Dehmel und anderen kunstbegeisterten Frauen in Hamburg gegründet worden; kurz darauf

(43)

Das Haus der GEDOK lag
in dieser Straßenzeile. Der
Künstlerinnen-Förderverein
hatte in der NS-Zeit von der
Stadt ein Haus überlassen
bekommen (Bild von 1938).

(1927) fanden sich auch in Köln kunstschaffende
Frauen zu einer Ortsgruppe zusammen.[421] Die Vereinsgründung war, wie Ida Dehmel in einer Rede
darlegte, u.a. eine Reaktion auf die Tatsache, daß
seit den Inflationsmonaten die Ausstellungs- und
Verkaufsmöglichkeiten für KünstlerInnen arg ge-
schrumpft waren: »Niemand hat ja unter der Not
dieser Zeit mehr gelitten als die freien Berufe; wer
sollte noch Kunstwerke kaufen, wenn es am Not-
wendigsten fast überall fehlte?«[422] Dank des Ein-
satzes von Ida Dehmel und anderen aktiven Künstlerinnen verschiedener Kunstsparten wurde fortan
das bisher geleugnete, »nur als Ausnahmefall
bewilligte weibliche Künstlertum«[423] vor aller Augen dargeboten: »(...) sie alle, die so einsam schufen, die so vereinzelt im Leben standen, sie wurden
nun gemeinsam sichtbar vor der Welt, die Malerinnen und Bildhauerinnen, die Graphikerinnen, die
Komponistinnen und ihre Musikerinnen, die Dichte-
rinnen und ihre Herolde, die ›Sprecherinnen‹ der
Vortragsabende, und mit ihnen ebenso die Kunst-
handwerkerinnen der Weberei, der Töpferei, des
Goldschmiedehandwerks, der Bildstickerei und
mancher anderer Kunstfertigkeiten.«[424] Wie aus

dieser Aufzählung schon zu erkennen ist, wurde und wird bis heute keine enge Grenze zwischen Kunst und Kunsthandwerk gezogen; dies u.a. zögerte die Vereinsgründung so lange heraus – es gab unterschiedliche Positionen unter den Vereinsfrauen und entsprechend langwierige Diskussionen. Noch heute assoziieren viele »avantgardistische« Künstlerinnen mit der GEDOK Damenhaftigkeit und verstaubt-unkünstlerische Produktionsformen und halten eher Distanz, wenn auch eine Annäherung deutlich zu erkennen ist.

Kölner Initiatorin und erste Vorsitzende war Alice Neven DuMont, deren Name uns schon in mehreren Vereinen begegnet ist (Stimmrecht, Nationaler Frauendienst) und die sich auch im Allgemeinen Deutschen Frauenverein engagierte, für die Deutsche Volkspartei als Abgeordnete im preußischen Provincial-Landtag Politik betrieb und jahrelang (1919-33) zweite Vorsitzende des Stadtverbandes Kölner Frauenvereine war. In der GEDOK leitete sie die literarische Gruppe. Unter der Führung von Nina Andreae aus der gleichnamigen Kölner Industriellenfamilie trat die GEDOK 1929 in den Stadtverband der Frauenvereine ein.[425] Ende der 20er Jahre hatte der Kölner Zweig 250 Mitgliedsfrauen, 1932 (inzwischen nannte sich der Verein »Reichs-GEDOK«) waren es 358; das Spektrum reichte von Tanzlehrerinnen und -künstlerinnen wie Else Lang, die eine Wigman-Schule betrieb, über Kunst-Professorinnen wie Alexe Altenkirch von der Werkkunstschule, Photographinnen wie Elsbeth Gropp, Kunsthistorikerinnen wie Luise Straus-Ernst (Ex-Frau von Max Ernst), Musikerinnen wie Gerda von Essen bis zu den mehrheitlich vertretenen Bildenden Künstlerinnen wie Martha Hegemann(-Räderscheidt) oder Käthe Schmitz-Imhoff.[426] Hinzu kamen die sogenannten »Kunstfreundinnen«: Die Gewinnung eines Kreises von Mäzeninnen aus dem Kölner Großbürgertum war für die meist ärmeren Künstlerinnen mehr als opportun. Schon Ida Dehmel hatte für eine solche Mischung gesorgt, denn: »Kunst bedarf ja nicht nur der Verbindung zu ihresgleichen, sondern immer wieder, vielleicht sogar noch mehr, bedarf sie der dauernden Beziehung zu den Beschenkten, den Kunst-Empfangenden, den Kunst-Genießenden, Sammelnden, und nicht zuletzt bedarf sie auch der Fördernden, der Mäzene!«[427] Kölner »Kunstfreundinnen« waren 1927 so unterschiedliche Frauen wie eine Baronin von Schröder, vermutlich die Ehefrau des Bankdirektors, der schon früh Hitler finanziell unterstütz-

Alice Neven DuMont neben ihrem Ehemann (rechts) auf einer Feier im Jahr 1923.

te[428], Dora Pferdmenges aus dem Bankiersclan, Gussie Adenauer, die Ehefrau des Kölner Oberbürgermeisters und späteren Bundeskanzlers, Margarete Zanders, Erbin einer Papierfabrik, Maja Aschaffenburg vom »Verein gegen den Mißbrauch geistiger Getränke«, Lene und Aenne Brügelmann aus der Textildynastie und – als Vertreterinnen des Stadtverbandes der Kölner Frauenvereine – Grete Oevel und Hertha Kraus. Ida Dehmel hatte sich vorgestellt, daß Künstlerin und Kunstfreundin sich jenseits aller Klassenschranken begegnen möchten: »Niemand darf denken, Frau X ist aus jener Kaste, Frau Y nur aus jener. (…) Die Frauenbewegung hat die erste Bresche in dieses veraltete System geschlagen; sie darf stolz darauf sein.«[429] Um diesen Anspruch zu verwirklichen, veranstalteten die Kölner Damen Teenachmittage mit Vorführungen und Ausstellungen. »Werbeveranstaltungen« wurden in den Häusern der Kunstfreundinnen inszeniert, anläßlich deren junge Künstlerinnen im engeren Kreis das öffentliche Auftreten proben konnten; parallel gab es Ausstellungen für die breite Öffentlichkeit, z.B. im Opernhaus, in der Messe, im Kunstverein oder im Frauen-Klub; ferner Aufführungen der Tanzkünstlerinnen, Bühnenkünstlerinnen, Musikerinnen und Rezitatorinnen. Noch im März 1933 las die Schauspielerin Elsa Baumbach aus dem Roman der Kölner Autorin Luise Straus-Ernst, »Männer im Hintergrund«. Wenig später mußte die Autorin aus rassischen Gründen fliehen und kam doch durch Nazihand im Exil in Frankreich um. Schließlich gab es wohltätige Veranstaltungen zugunsten der »Winterhilfe für Künstlerinnen«. Um die Vielzahl der Kölner Künstlerinnen zu erfassen, wurde eine »Kartothek« mit Namen von und Angaben zu Künstlerinnen angelegt. Auf die ersten Jahre der Vereinsarbeit der Gemeinschafts-Künstlerinnen geht eine Tradition zurück, die noch heute gepflegt wird: Kurz vor Weihnachten wird eine Verkaufsausstellung organisiert – heutzutage findet sie in der Handwerkskammer am Malzbüchel statt.

In den 30er Jahren hatte der Verein eine Zerreißprobe zu bestehen, deren Einzelheiten wir wohl nur ahnen können. Die Kölner GEDOK zählte sehr viele jüdische Künstlerinnen und auch Sponsorinnen zu ihren Mitgliedsfrauen: Frau Tietz, Frau Falk, Frau Straus-Ernst u.v.a. Gleich nach der »Machtübergabe« im April 1933 wurde in Hamburg auf einer GEDOK-Sitzung die überregionale Leiterin – und Jüdin – Ida Dehmel von uniformierter SA zur Niederlegung ihres Vorstandsamts gezwungen (sie brachte sich 1942 um). Einige lokale GEDOK-Gruppen lösten sich auf, um nicht gleichgeschaltet zu werden; die Ortsgruppe Köln jedoch nahm unter Nina Andreae (die auch im Reichsvorstand war) und Alexe Altenkirch den Ausschluß aller jüdischen Mitgliedsfrauen hin und bestand deshalb relativ unbehelligt weiter. Zwar stand wenig später auch die Eingliederung ins Deutsche Frauenwerk auf der Tagesordnung, doch die Frauen fanden einen Kompromiß. Die GEDOK-Frauen ließen es zu, daß eine »Persönlichkeit« der NS-Organisation »Deutsches Frauenwerk« in den Vorstand des Vereins integriert wurde. Im September 1935 schließlich teilte der Landesleiter der Kammer für Bildende Künste, Herr K. Loth, den GEDOK-Frauen sinngemäß mit, wenn sie weiter an Ausstellungen teilnehmen wollten, müßten sie Mitglied in der Reichskunstkammer werden, nur dann könne er die GEDOK weiter fördern.[430] An der Ausstellung »Kölner Künstler im Kunstverein« von 1941 beteiligten sich einige GEDOK-Frauen: Carola Andries, Marianne Richter, Käthe Schmitz-Imhoff u.a.[431] Danach schliefen die Vereinsaktivitäten aufgrund der kriegsbedingten Zerstörung Kölns weitgehend ein.

Seit 1938 waren Margrit Freifrau von Rechenberg und Alice Pastor Vereinsvorsitzende; Nina Andreae war – wie sie angab, aus familiären Gründen – 1937 zurückgetreten. In der Nachkriegszeit, als die GEDOK wieder aktiv wurde (1947/48), war sie jedoch wieder dabei. Weitere Vorsitzende der Nachkriegszeit waren M.S. Moritz, Elsbeth Gropp, Marie-Rose Fuchs und Marianne Dickel. Bekannte aktive GEDOK-Künstlerinnen waren z.B. Elisabeth Treskow, Edith Mendelssohn-Bartholdy, Paula Haubrich, Hildegard Domitzlaff und Dora Wagner. Ab 1948 wurden die »Kunstfreundinnen« in »Kunstfreunde« umbenannt, die GEDOK hieß nun »Verband der Gemeinschaften der Künstlerinnen und Kunstfreunde e.V.«, und Zweck der Vereinigung war es nach der neuen Satzung, »die Arbeit der Künstlerinnen aller Sparten ideell und finanziell durch von Kunstfreunden veranstaltete Ausstellungen und Ankäufe zu fördern«.[432] Schleichende Vermännlichung? Neutralisierung? Hintergrund war wohl, daß eher Männer als Frauen über das Geld für Sponsorentum verfügen! Überregional gibt es heutzutage 4000 deutsche und österreichische Mitglieder in ca. 20 regionalen Gruppen, und auf Bundesebene unterhält die GEDOK ein System von FachbeirätInnen, die Künstlerinnen aus den verschiedenen Sparten Bildkunst, Kunsthandwerk,

Musik, Literatur und Sprechkunst betreuen sollen. Gerade zu Künstlerinnen, die in den für den künstlerischen Erfolg wichtigen Jahren durch Familienpflichten gebunden und »draußen« sind, soll Kontakt gehalten werden, und sie sollen die Möglichkeit haben, sich an Ausstellungen, Lesungen, Aufführungen etc. zu beteiligen.

Auch heute ist am Buttermarkt Frauenkunst zu finden. In der **Nr. 23** gibt es eine kleine Frauengalerie, die »**Galerie am Buttermarkt**«. (Die Öffnungszeiten wechseln; sie liegen in der Regel eher gegen den späten Nachmittag und am Samstagvormittag.) Die Geschichte dieser Galerie verlief in einem Punkt genau umgekehrt wie die der GEDOK: Sie hatte als gemischt-geschlechtliche Gruppe mit vier Männern und einer Frau 1984 begonnen, später kamen weitere Frauen hinzu. Als jedoch die »Ruhmeshymnen« und der ökonomische Erfolg ausblieben, verließen die männlichen Mitglieder das Kollektiv.[433] »Die Künstler verschwanden, ohne daß wir mit ihnen zusammen hätten reflektieren können. Uns blieb das Bewußtsein, oder besser, die Vermutung, daß wir in ihren Augen nicht ›künstlerisch genug‹ waren, nicht exzessiv genug, nicht egoistisch genug, nicht strebsam genug«, reflektiert eine der beteiligten Künstlerinnen, Herrat Endemann-Boström, im nachhinein.[434] Vielleicht war die Trennung auch dadurch bedingt, daß die Frauen Materialien verwandten, die sie in die Nähe des Kunstgewerbes rückten: Geschirrtücher, Stickereien, Webereien? Seit die Galerie im Laufe von zweieinhalb Jahren zur »Frauengalerie« geworden ist, die – ebenso wie die GEDOK – Künstlerinnen und Unterstützerinnen vereint, fühlen sich wesentlich mehr Künstlerinnen ermutigt, sich um eine Ausstellung zu bewerben. Mit der Entscheidung der verantwortlichen neun Kölner Künstlerinnen, daß die ausgestellten Kunstwerke zu 80 Prozent von Frauen und zu 20 Prozent von Männern sein sollen, wird der üblichen »heimlichen Quotierung« bewußt entgegengesteuert. Eine im weiteren Sinne politische Orientierung ist aus der Entscheidung ersichtlich, eine von zwei jährlichen Eigen-Ausstellungen jeweils unter ein Thema zu stellen. 1988 war es »AIDS zum Beispiel ...«, die Sommerausstellung 1992 war dem Thema »Rassismus« gewidmet.

Wir biegen nun rechts in die **Markmannsgasse** *ein.*

(44)

»So schauerlich düster ist diese Straße, daß im Winter in den meisten Häusern die Lampe nie ausgeht«, berichtete ein Kölner um 1810.[435] Es wird vielleicht bald wieder so finster sein, denn hier soll eventuell der Neubau des Kölner Völkerkunde-Museums errichtet werden. »Verdunkelt« wird die Sicht dann dem **Frauenamt** in der **Markmannsgasse 7**, dessen Leiterin Lie Selter (bis vor kurzem zusammen mit Barbara Leutner) sich mit Kolleginnen seit über zehn Jahren um die Gleichstellung von Frauen mit Männern bemüht. 1982 wurde durch einen Ratsbeschluß in Köln die erste kommunale Gleichstellungsstelle der Bundesrepublik eingerichtet und von Anfang an unmittelbar dem Oberstadtdirektor, also dem obersten Kölner Verwaltungschef, untergeordnet.

Die Zusammenarbeit funktioniert unterschiedlich je nach der Einsicht des jeweiligen Herrn in die Notwendigkeit dieses Versuches der Egalisierung der Geschlechter auf einem durch Ratsbeschluß recht begrenzten Gebiet. Rein theoretisch können die Amtsfrauen an Rats- und Ausschußsitzungen teilnehmen, an Personalfragen in der Verwaltung mitwirken, im Vorfeld an für Frauen relevanten Ratsvorlagen mitwirken. Barbara Leutner hat einen Frauenförderplan ausgearbeitet, der verbindliche Leitregeln zur beruflichen Förderung von Frauen enthält. Einerseits arbeitet das Frauenamt auf der Ebene der Stadtverwaltung, andererseits beziehen sich einzelne Aktionen auch auf außerhalb der Verwaltung liegende Bereiche (z.B. Wochen zu den Themen Hexenverfolgung, Gewalt gegen Frauen, Kindesmißbrauch oder Ausstellungen/Broschüren über Rollenbilder in Mädchenbüchern).

1989 wurde diese Gleichstellungsstelle zum bundesweit ersten Frauenamt aufgewertet. Dennoch: Das ehemalige SPD-Prestige-Objekt hat sich durch alltägliche (feministische) Forderungen wie z.B. die, daß in der Dienstsprache Frauen nicht mehr hinter der männlichen Grammatik versteckt bleiben sollen, unbeliebt gemacht – hier zeigt sich ein Schwachpunkt der bürokratischen Einbindung von Anti-Diskriminierungs-Arbeit: Wenn die Ideen nicht »von oben« mitgetragen und gegebenenfalls verordnet werden, fühlt sich kaum ein(e) Bürokrat(in) veranlaßt, Veränderungen in die Praxis umzusetzen.

*Gehen Sie ein paar Schritte nach links zum **Rhein** hin.*

Hier an der **Markmannsgasse** gab es jahrhundertelang ein Stadttor – und da dieses zentrale Tor den regen Rhein-Fährverkehr abfertigte, war es zu einem größeren Zollamt ausgebaut. Die ZöllnerInnen erhoben Zölle und Wegegelder und verwalteten die eingenommenen Gelder, aus denen zugleich ihr Lohn floß, selbst. Dieses Amt war auch ein Arbeitsplatz von Frauen: Im Spätmittelalter gab es durchaus Zöllnerinnen in Köln, »tolnersen vur den porzen« war ihre amtliche Bezeichnung.[436] Noch im 19. Jh. stellte die Stadt hier Frauen zur »Visitation« der als Schmugglerinnen verdächtigten Frauen an. Die ertappten Fährenbenutzerinnen mußten sich in das Zollhäuschen neben dem Tor begeben und eine Durchsuchung über sich ergehen lassen.

In der Franzosenzeit und verschärft im Herbst 1813, als die Besatzer fast alle Stadttore verbarrikadierten, war die Zollstelle in der Markmannsgasse ein besonders brisantes Nadelöhr für Schmuggelware, denn in dieser Zeit bildete der Rhein die Zollgrenze zu Frankreich, und an dieser Stelle landete die »fliegende« Brücke. Diese Brücke war

Ein schwankendes Schiff war für viele Händlerinnen täglicher Transportweg über den Rhein.

eigentlich eher eine Art an Seilen gezogene Fähre, die zwischen Kölner und Deutzer Ufer hin- und herbewegt wurde. Kölner ProduzentInnen und KonsumentInnen waren durch die Zollgrenze jahrelang von dem Gebiet ihrer RohstofflieferantInnen und Agrar-ImporteurInnen abgeschnitten; hohe Zölle verteuerten alle Waren, beeinträchtigten den Handel und machten die KölnerInnen wettbewerbsunfähig. Schmuggeln war eine mögliche Antwort darauf und auch eine Reaktion auf die massive Beschränkung von Arbeitsmöglichkeiten für Frauen, und so gab es ihn sowohl in großem Stil wie auch als Gelegenheitsschmuggel für den Hausgebrauch. Waren heimlich über die neue Zollgrenze zu führen, war für viele eine Notlösung und wurde von der Bevölkerung nicht unbedingt als kriminelles Delikt verstanden.[437] »Mit Argus-Augen harren die Zoll-Aufseher an der Landbrücke, und, ihren Argus-Augen zum Trotz, werden doch der verbotenen Früchte viele, besonders Kaffee und Zucker, für den Hausbedarf eingeschmuggelt, denn auch dem frömmsten, dem gewissenhaftesten Kölner ist Schmuggeln keine Sünde (…). Fast bei jeder Fahrt, deren die Brücke täglich fünfzehn bis achtzehn von einem Ufer zum anderen schleicht, bietet sich den Lungern und Gaffern, den Brücken-Passagieren das Schauspiel, die Zollbeamten einen Schmuggler aufgabeln zu sehen« – so beobachtete ein Kölner zu Beginn des 19. Jh.s das Treiben an der Markmannsgasse.[438] Auch Mädchen und Frauen waren daran beteiligt, und die Zöllner fahndeten besonders intensiv nach »Frauenzimmern«. »Die raffinierteste Schmugglerklugheit, die selbst den Ulysses in der Schlauheit der Erfindung ihrer Mittel überbietet, und scheinbarer Diensteifer stehen hier stets in offenem Kampfe«, vermerkte der Beobachter amüsiert.[439] Die Frauen waren eher Gelegenheits- als Berufsschmugglerinnen, und sie trugen die Ware meist am Körper: »Mehrere Jungen und Mädchen fahren täglich 12 oder mehreremal mit der fliegenden Brücke nach Deutz, um jedesmal einige Karotten zu Schnupftabak herüberzuholen«[440], also gebündelte Tabakblätter. »Die Mädchen und Weiber haben sie unter den Röcken an Haken hängen oder verbergen sie auf eine andere Art.« Raffinierte KölnerInnen organisierten einen Handel mit beliebten Schmuggelgütern wie Kaffee, Salz, Käse und gar Viehfutter auf dem Heumarkt. Ein besonders erfolgreich schmuggelndes »Frauenzimmer« ging in den »profanen Legendenhimmel« ein und gehört heute zu den unvergessenen

Kölner Originalen: die Bolze-Lott (1825-1902).[441]
Geboren in einem armen Stadtteil Kölns, wurde sie
auf den vielversprechenden Namen Scholastika
Bolz getauft; der Vater war gelegentlich »Rheinar-
beiter«, von der Mutter ist kein Gewerbe bekannt.
Frau Bolzens Ehe, die sie mit 21 Jahren schloß,
währte nur kurz: Der Ehemann, ein berüchtigter
Schläger, wanderte bald ins Gefängnis bzw.
Arbeitshaus und starb dort recht früh. Scholastika
war also schon bald darauf angewiesen, ihren
Lebensunterhalt selbst zu verdienen. Dabei erwies
sie sich als recht kreativ: Zuerst arbeitete sie als
»Käzemöhn« (Kerzenmuhme), laut Kölsch-Wörter-
buch eine »meist ältere oder alte Frau, die im oder
am Eingang einer Kirche Kerzen feil hielt, solche
auch für Käufer an einer von diesen bestimmten
Stelle in der Kirche aufsteckte, manchmal aber
auch dieses vergaß«.[442] Letzteres war auch bei
Bolze-Lott der Fall, und da ihre Berufspraxis bald
allzu bekannt war, wandte sie sich neuen Gewer-
bezweigen zu, u.a. dem Schmuggeln. Sie nutzte
die damalige Mode, den Krinolinenrock, unter dem
Platz war für einen Sack Mehl oder ein paar Kilo
Fleisch. Watschelnd lief sie über die Brücke und
schlug bei Versuchen der Zollbeamten, den Rock-
inhalt zu überprüfen, mit kräftigem Schlag zu. Auch
mit dem Mundwerk war sie schnell dabei und stellte sich bisweilen gern als unschuldiges Opfer
männlicher Behördenwillkür dar. Diese clevere Frau
ist in Kölner Liedern und sogar auf Bierdeckeln verewigt.

*Die Markmannsgasse führt auf den **Heumarkt**, den
zweiten großen Marktplatz des Kölner Mittelalters.*

Der Heumarkt um 1800.

Am Heumarkt gab es über die Jahrhunderte eine
Reihe halböffentlicher Gebäude und zentraler Ver-

sorgungsanlagen, so das Bruderschaftshaus der sogenannten Buntwörter (KürschnerInnen) und das Gaffelhaus der FleischmengerInnen; von hier aus ging es zur Fleischhalle, und wir finden sowohl das Haus der Münzgenossenschaft als auch das der Gaffel Eisenmarkt (Kaufleutevereinigung), Geldwechselbänke, eine Kornwaage, eine Brothalle, den sogenannten Schupstuhl (zur Ausführung der Ehrenstrafe »Schubsen«) – der Heumarkt war auch Gerichtsstätte[443] –, eine Post und sogar noch eine Viehtränke. Der Platz war früher dichter bebaut als heute, es stand etwa eine Häuserzeile »Unter Hutmacher« vor dem **Haus zum St. Peter (Nr. 77,** 1658, Ecke Seidmacherinnengäßchen). Eindeutiger als der Alter Markt war der Heumarkt Wohn- und Arbeitsplatz der reichen Kaufleute. Sie handelten hier mit Fernhandelsware, die durch das Stapelrecht (s.o.) besonders attraktives Handelsgut war. Hier wurden die Ladungen der Schiffe ausgebreitet, ebenso wie die Waren, die die Kölner Fern-

Warentransport in der frühen Neuzeit

handelskaufleute von ihren eigenen Reisen mitbrachten und nicht gleich zur Verarbeitung weitergaben: Textilien, Eisen oder teure Lebensmittel. Der Alter Markt mit seinen Obst-, Gemüse- und Kleintierständen war eine Domäne der Frauen, doch auch auf dem Heumarkt mit seinem Groß- und Zwischenhandel gab es einige ernstzunehmende Kauffrauen.[444] Kölner Händlerinnen hatten gegenüber ihren männlichen Kollegen eine Monopolstellung bezüglich des Lorbeer- und Weihrauchhandels, wie sie überhaupt den Gewürzhandel dominierten.[445] Besonders sympathisch für Leckermäuler war Durgin van Zutphen: Sie importierte Lakritz und verantwortete 88,9 Prozent des Kölner Umsatzes.[446] Im spätmittelalterlichen Pfefferhandel hielten Frauen 13,3 Prozent. Die sogenannten »Drugwaren« (Trockenwaren im Gegensatz zu leicht verderblichen, feuchten und fettigen Waren), mit denen Frauen vor allem handelten, umfaßten eine breite Palette von Handelsgütern: Gewürze, Textilien, »Chemikalien« (Färbemittel und Drogen), auch Rosenkränze, Bücher, Seife, Holz, Leder, Wachs – aber auch Metalle. Heutzutage mag das erstaunlich erscheinen, da gerade Metall fast selbstverständlich dem angeblich männlich geprägten tech-

nischen Bereich zugeordnet wird. Die Kölnerinnen
des späten 14., des 15. und frühen 16. Jh.s sahen
das anders: In diesem Zeitraum gab es Bleiwaren-
händlerinnen, Kupfer-Importeurinnen oder auch
Messingkauffrauen. Dies ist anhand der Quellen
nachvollziehbar, weil auf Waren, die über die
Waage liefen – und dazu gehörten die Metalle –,
indirekte Steuern erhoben wurden, die sogenannte
Akzise, und in bestimmten »Briefbüchern« oder in
anderen Urkunden Steuerzahlungen von StadtbürgerInnen z.B. für Zinn und für Stahl festgehalten
wurden. Eine Cathringin Broelmann stand dem
größten Stahlimporteur Kölns nur wenig nach, sie
hielt um 1497 einen Marktanteil von 25 Prozent[447];
vier weitere Händlerinnen waren in den 1450er Jahren zu 30,3 Prozent am Messingimport nach Köln
beteiligt.[448] Oft waren die Rohmetall-Kauffrauen
Handwerkersgattinnen, die zugleich für ihre Männer die Rohstoffe organisierten und einführten;[449]
die geschlechtsspezifische Arbeitsteilung war also
umgekehrt wie im Textilgewerbe, wo Männer die
Rohstoffe besorgten und den Verkauf organisierten
und Frauen den handwerklichen Bereich übernahmen. Gegen Ende des 15. Jh.s ging bei Frauen der
Handel mit Buntmetallen bis auf Stahl zurück – die
Gründe sind anhand des vorliegenden Materials
nicht zu benennen.

Nahe an der erzbischöflichen Münzstätte, bei
Unter Käster, war der Stand der »keufferssen«, die
Taxatorinnen, Schätzerinnen waren. Beelgin Guster
hielt zusammen mit ihrer Schwester, die wie sie
städtische Pfandhändlerin war, eine Bank auf dem
Heumarkt. Als »Käuferinnen« mit städtischem Auftrag schätzten sie z.B. Hinterlassenschaften und
Pfänder, durften diese gepfändeten Gegenstände
aber auch weiterverkaufen. Über diese halboffiziel-
len weiblichen Bediensteten erfahren wir in den
Quellen – wie so oft – fast nur im Falle von Verfeh-
lungen ihrerseits etwas. Der Rat ließ wiederholt in
den Häusern der Handelsfrauen nach gestohlenem
Gut suchen; z.B. schritt der Gewaltrichter 1482
gegen betrügerischen Pfandverkauf der »keufferssen« ein, und der Rat ordnete eine männliche Oberaufsicht über die beamteten Frauen an.[450] Mitte
des 15. Jh.s wurde die Zahl der städtischen Käufer
und Käuferinnen auf 18 Personen beschränkt; aus
dieser Urkunde sind acht »keufferssen« namentlich
bekannt.[451] Bei einer Druytgen zo Caster (Unter
Käster) verpfändete 1495 selbst ein König Maximilian (später Kaiser Maximilian I.), ein gern gesehe-
ner Gast in Köln, die Schmuckstücke seiner

Gemahlin. Als sich Druytgen zo Caster fünf Jahre später verheiraten wollte, brauchte sie dringend Bargeld und forderte den Herrscher auf, seine Pretiosen einzutauschen bzw. einzulösen, aber der Kaiser ließ 20 Briefe unbeantwortet.[452] Aus den Quellen geht noch hervor, daß der Rat als Mittler eingeschaltet wurde, aber ob Druytgen zo Caster jemals ihr Geld zurückerhielt, ist ungewiß. Daß Frauen sowohl von der Stadt als auch vom erzbischöflichen Greve als vereidigte Sachverständige eingestellt wurden, zeigt eine Akzeptanz, die der Versagung aller politischen und rituellen Rechte diametral entgegensteht. Seit der Institutionalisierung des Geldgeschäftes in der Börse im 16. Jh. entwickelte sich, wie so oft, ein eng formiertes Männerbundsystem. Ab 1580 fand die Börse auf dem Heumarkt statt, nun ohne Frauen. Erst im 20. Jh. erkämpften sie sich den Zutritt zu dieser Institution.

Das halbamtliche Gewerbe des Pfandleihens wurde im Mittelalter durchaus auch Frauen zugestanden. Ein König im Gespräch mit einem Händlerpaar.

Im 18. Jh. wurde der Platz zu einem Quadrat umstrukturiert, man pflanzte eine Baumreihe ringsum und errichtete auf der Platzmitte eine Börse – in dieser Zeit wurde er auch als Theaterplatz genutzt. Von 1904 bis zum Zweiten Weltkrieg stand auf dem Gelände des heutigen Hotel Maritim die große städtische Hauptmarkthalle mit freier Eisenkonstruktion, die im Erdgeschoß sogar Gefrierabteilungen hatte, Groß- und Kleinhandel Platz bot und im Obergeschoß Galerien bildete – solche Hallen ziehen uns heute in den Mittelmeerländern an. Heinrich Böll hat die Atmosphäre des Heumarktes in den 1930er Jahren aus der Perspektive eines schulschwänzenden Jungen dargestellt; der Schüler läuft aus der Südstadt dorthin, wo das Marktgewimmel ihm Anonymität verspricht: »Kohl, dunkelgrün, hellgrün, violett – wer sollte den alle essen? Derbe Marktfrauenarme, rote Morgenfrostgesichter kündeten von Demeters Unvergänglichkeit, Metzgerinnengesichter zwischen Fleischbergen lächel-

ten venusisch, sahen aus wie ›gemalt‹. Der Markt
gehörte den Frauen; Männer wurden dort nur in
unseriösen Ausgaben geduldet: als Marktschreier,
halb Clown, halb Schwindler, oder als Polizisten,
die zu schnurrbärtig waren, um ernst genommen zu
werden; sie glichen zu sehr den Polizisten aus
Rüpelspielen, konnten nicht wahr sein, diese
Nußknacker, die am frühen Morgen schon nach
Bratkartoffeln rochen. Ein zappeliges Exemplar der
Kategorie Männchen verkaufte kleine Messer, das
Stück zu einem Groschen; (...) er nahm ein rotes
heraus, öffnete es, hielt es dem Publikum hin. ›Mit
diesem Messerchen, meine Herrschaften, können
Sie Ihr Schwein schlachten. Sie können damit Ihre
Fingernägel säubern, falls Sie noch Ehrgeiz genug
haben, sich diesen Luxus zu leisten; Sie können Ihr
Frühstücksbrot damit zurechtmachen – aber wer
hat denn heutzutage noch was zu frühstücken? (...)
Sie können, falls Ihre Braut sie verläßt oder Sie
Ihres Arbeitslosendaseins überdrüssig sind – mit
diesem Messerchen Ihrem armseligen Leben ein
Ende setzen –, können aber auch damit den Strick,
den Sie schon um den Hals gelegt haben, wieder
abschneiden.‹ Lachen, ein paar Groschen fielen auf
die Decke, ein paar Messerchen, lauter rote, wechselten den Besitzer.

Kinderspiel auf dem
Heumarkt um 1910.

Es war noch nicht neun; halb hielt es mich im müt-
terlichen Konklave des Marktes, halb zog es mich
hinüber in die männliche Ordnungswelt der Geschäftsstraßen; welch ein Unterschied zwischen
einem Uhrmacherladen und einem Gemüsestand;
Mohrrüben und Lauchstücke, noch mit der Erde
bedeckt, goldhäutige Zwiebeln – und dort die Uhr,
die ›Genauigkeit auf die Sekunde‹ garantierte, Mes-
singkolben, Messingringe, unter Glas bewegte sich
ein komplizierter Mechanismus, der arrogant den
geschichtlichen Augenblick verkündete: 9 Uhr, 33
Minuten, 16 Sekunden, Jahr 1932, Monat November, Tag: – ich wollte den Tag nicht wissen, wandte

mich ab, dem nächsten Schaufenster zu: Instrumente für Zahnärzte und Chirurgen; aus Nickel, solide, präzis, versprachen sie Heilung und Schmerz zugleich.«[453]

Heute wird der Platz nicht mehr als Versammlungsort genutzt; er ist durch Brückenauffahrten zerschnitten, durch Parkplätze verhunzt und in kleinste Grünflächen und verkehrsumtoste Fußgängerinseln zerstückelt, auf denen allerdings wegen der Ampelschaltungen viel Zeit verbracht wird. Kann sich noch irgend jemand vorstellen, daß ein englischer Reisender des 17. Jh.s den Heumarkt als den »schönsten Platz, den ich auf meiner Reise gesehen habe, außer dem Markusplatz in Venedig«[454] beschrieben hat?

*An der Ecke **Salzgasse/Heumarkt Nordseite** ist das **Brauhaus Päffgen** zu empfehlen. Es wird Zeit, die Kölner Brautradition und den weiblichen Bierkonsum zu untersuchen und das »Kölsch« kennenzulernen, das einheimische obergärige Bier mit relativ hohem Hopfen- und geringem Kohlensäuregehalt. Der Rundgang wird auf Seite 180 fortgesetzt.*

48

Ein typisches Brauhaus der Jahrhundertwende.

Bis zum 15. Jh. wurde in Köln vor allem Wein getrunken, dann lief das Bier dem Wein den ersten Rang ab.[455] Frauen als Brauerinnen – das war lange Zeit durchaus keine Seltenheit. Nonnen und Beginen brauten für den Hausgebrauch der Bürger und Bürgerinnen Weiß- und Rotbier, aber auch in der Kölner Brauerzunft waren Frauen als Vollmitglieder und sogar als Ausbilderinnen zugelassen. Ein Vertragstext von 1420 belegt, daß die Kölner BrauerInnen sich nicht scheuten, von einer Frau zu lernen. Da wird zwischen der Stadt auf der einen Seite und Fyegin (Sophia) von Broickhusen auf der anderen Seite vereinbart, »daß ich zwei Männern treu und fleißig nach meinem besten Vermögen lehren soll, gute Grut zu machen«, und zwar acht Jahre lang »ohne etwas von meiner Kunst der vorgenannten Grut arglistig zu verbergen«. Sophia von Broickhusen bezeugt: »(...) so oft sie es mich wissen lassen, daß sie wegen ihrer Grutmacher meiner bedürfen, soll ich in ihre Stadt Köln kommen, um sie zu unterweisen und zu lehren, es sei denn, daß ich krank bin.« Dafür erhält sie ein Tagegeld zusätzlich zum Lohn. Goedart, ihr Ehemann, gibt seine Zustimmung und erkennt in derselben Urkunde die Verpflichtung an, daß er – wenn seine Frau den Vertrag nicht einhält – »alsdann mit meinem eigenen Leib und mit einem Knecht und zwei Pferden nach Köln in eine ehrbare Herberge, die mir mit der Mahnung gewiesen wurde, auf meine eigenen Kosten als Geisel reiten soll«.[456]

Aus steuerlichen und sittlichen Gründen war es im Spätmittelalter verboten, woanders als im öffentlichen Brauhaus Bier auszuschenken.[457] Manche der noch heute bestehenden Bierhäuser blicken auf eine jahrhundertealte Tradition zurück. Das Haus Päffgen ist zwar erst 1883 gegründet worden, aber heute einer der wenigen Familienbetriebe, die ihr Hefe- und Hopfen-Produkt nicht in Flaschen abfüllen, sondern nur für den Zapf im eigenen Haus brauen bzw. als Faßbier außer Haus verkaufen. Der Betrieb wurde über Jahre von einer Frau geleitet: Anna Päffgen (1911-1992) galt aufgrund ihres Wissens, ihrer harten Verhandlungstaktik und ihrer Entscheidungsfreudigkeit als »Mutter Courage der Kölner Brauer«; sie hatte das Abitur abgelegt und ein Philologiestudium hinter sich, als sie durch die Heirat mit einem Bierproduzenten zu einer neuen Identität als Bierbrauerin kam. Die Brauerei Päffgen, die sie nach dem Tod ihres Mannes für einige Jahre allein leitete, beliefert drei hauseigene Gastwirtschaften; die Zentrale, in deren Hof die großen Braukessel zu sehen sind, liegt in der Friesenstraße.

Auch als Wirtinnen finden wir in Köln immer wieder Frauen; sie residierten oft in den Erkern, die an zentraler Stelle in die Kneipen hereingebaut waren: »Von der Straße tritt man zunächst in den breiten Steinflur, der Vorhof gleichsam, zu dem eigentlichen Hauptraum. Da stehen auf langen Tischen und Borden die schmalen, hohen Stangengläser oder gläsernen Henkelkrüge, da wird aus dem Hahn des aufliegenden Fasses eifrig gezapft, (...) in einem vom Hauptsaal ausgehenden, weit in den Flur vorspringenden Erker aber sitzt die Wirtin, mit Herrscherblick drinnen und draußen alles überschauend. Durch das Schiebefensterchen nach der Flurseite strömt die klingende Münze herein, und in der Theke des kleinen Zahltisches vor ihr häufen sich die Schätze«, heißt es um die Jahrhundertwende.[458] Die Wirtin war für manchen Mann Ersatzmutter und Beichtvater in einem. »Als freundlicher Mittelpunkt des einfach-gediegenen Gastraumes sitzt sie da, gleich einer Erzeugerin und Hüterin des häuslichen Behagens, das die bescheidene Schenke birgt, das uns anlacht von sandbestreuter Diele, weißgescheuerten Tischplatten und von dem strahlend schwarzen Säulenofen in der Mitte (...).«[459]

Nahe an dem »Kontörchen« oder Beichtstuhl von Wirtin oder Wirt hatten »gemeiniglich die Stammgäste, die manche Vorrechte genossen, ihren bestimmten Tisch (der alte Stammgast war stets eine Art Familienmitglied)«.[460] Eine Theke im heutigen Sinne gab es noch nicht. Es wurde im Hausflur (Schankraum) gezapft; im Hinterhaus lag meist die Hausbrauerei. In diesem Flurtrakt wurden auch von Dienstmädchen die Krüge abgeholt, aus denen sich die Herrschaften abends einschenkten. Zum gemütlichen Sitzen gab es den Gastraum. Die Kellner in einer echten Kölner »Bierwirthschaft« sind stets männlich: Früher waren es die Brauknechte und Lehrlinge, Zapfjungen genannt, »welche durch ihre eigenartige Gewandung, gestrickte blaue Jacken mit kurzer, um den Leib gehender blauer Schürze, ebenso typisch sind wie die Wirtschaften selbst«[461] – und sie werden alle Köbes (Jakob) genannt.

Und wer waren und sind die Gäste in einer solchen Gastwirtschaft? Die »Rheinische Hausfrau« beobachtete 1907: »Der behäbige Börsianer, der Mann mit Titel und Würden schätzt das frisch schmeckende, bittere Gebräu ebenso wie der schlichte Arbeiter, der für ein ›Glas Kölsch‹ immer noch irgendwo einen Nickel findet.«[462] (Wie anders klingt dies als die Darstellung der Anti-Alkohol-Liga!) Wurden also keine Frauen in den Kneipen gebilligt? Das fürsorglich-patriarchale Sprichwort »Wer sing Frau leev hät, liet se zo Hus und brängk se nit en et Gedräng« muß wohl, wie die Geschichte der Kneipen zeigt, recht jung sein. Einheimische und Fremde haben über Jahrhunderte die Trinkfreudigkeit und Trinkfestigkeit der Kölner Frauen mehr oder weniger kritisch geschildert.[463] Hermann von Weinsberg etwa berichtet von einer Frau, die sich im 16. Jh. allein zum »Zechen« im Weinlokal seiner Mutter Sophia Korth und seines Vaters Christian niedergelassen hatte und wiederholt Wein orderte; Hermann brachte ihr nach seiner Rechnung insgesamt 13 »pintchen« (jeweils 1/4 Liter) an den Tisch. Als der Schanksohn die Rechnung aufmachte, erklärte die Frau, sie habe definitiv nur zwölf Pintchen zu bezahlen, seine Rechnung stimme nicht. Sie begründete ihre Angabe mit der erstaunlichen Aussage, in sie gingen genau zwölf Pintchen hinein und nicht mehr. Und sie hatte Erfolg.[464] In einem Gedichtchen über das Trinken reimte derselbe Kölner Chronist etwas holprig: »Die Weiber saufen sich auch voll, vom man ist es nit wol getain, dem weib steht es schentlicher an. (...) Nonnen, beginen, jonferen kunnen das gleslin auch leren.« Zur selben Zeit schrieb ein Besucher in einem »Loblied« auf Köln: »Zu Coelln trinkt man bier und guten wein, da willent die weiber meister seyn über alle doctoren und mannen: Wems niet geliefft (beliebt), der bleib von dannen.«[465] Da wird von Frauen berichtet, die ihren Schmuck in der Kneipe versetzten, um am Prozessionstag ihre Zeche, die sie bei einer Einkehr gemacht hatten, bezahlen zu können, und ein übelmeinender Reisender verglich gar betrunkene Kölner Frauen mit Weinschläuchen! Noch Ende des 19. Jh.s lautete eine Redensart: »Wat der Mann verdeent, versüff et Wiev«. Für Ehefrauen und Töchter des Bürgertums dagegen galten im 19. Jh. die Kneipen als Gefahr. So räsonierte etwa ein Architekt: »Der Grund für den Ausschluss des Weiblichen mochte wohl zum Theil in der Beschaffenheit der betreffenden Locale zu suchen sein, welche sich nicht zum Besuche von Damen eigneten. Die niederen Stuben, die tabakqualmige Atmosphäre, die allgemeine lebhafte Unterhaltung, insbesondere die burschikosen Witze der Stammgäste machten den Aufenthalt in den Wirthsstuben für das zartere Geschlecht zur Unmöglichkeit.«[466] Historisch nicht ganz richtig ist es, wenn er dann behauptet: »Es ist als eine Errungenschaft der neuesten Zeit zu betrachten, dass man den Frauen und züchtigen Jungfrauen den Besuch der Wirthschaften vergönnt«, oder wenn die »Rheinische Hausfrau« ihren standesbewußten Leserinnen erklärt: »Die häufige Vertretung auch des weiblichen Geschlechts zum Früh- oder Abendschoppen ist ein Zugeständnis, das die alte Zeit der neuen gemacht hat.«[467]

Obwohl inzwischen 35 Prozent der »Faßbier-Konsumenten« Frauen sind, haben viele Besucherinnen der Brauhäuser bis heute das Gefühl, diese Wirtschaften seien eigentlich noch immer den Männern vorbehalten und ihr Eindringen in diese männliche Domäne könne nur partiell sein. Auch mancher Köbes scheint dieser Ansicht zu sein. Das mag aber zu einem guten Teil daran liegen, daß Köln-Fremde die ungeschriebenen Regeln der Brauhäuser nicht kennen: In einem Brauhaus wird Kölsch getrunken; wer etwas anderes bestellt, möglicherweise gar auf die absurde Idee kommt, »Kakao mit Sahne« zu verlangen, begeht ein Sakrileg. Bei derartigen Bestellungen müssen Frauen sich noch heute mit Sicherheit anhören: »Wir sind hier nicht im Müttergenesungswerk.« Solche Kommentare beim Bestellen sind zu überhören oder zu parieren (wenn sie witzig genug sind)! Und mit einem »Tu mir noch en Kölsch« kommt auch die Köln-Fremde gut durch.

*Wir gehen weiter zum Festhaus **Gürzenich**, zum Beispiel durch die **Bolzengasse** und die **Martinstraße**.*

(49)

Der Gürzenich –
Kölns feinste Adresse.

Der Gürzenich

Dieses imposante Gebäude hat eine lange Geschichte als Kaufhaus, Tanzhaus, Empfangspalast, Vereinslokal, städtisches Konzert- und Gesellschaftshaus, Versammlungsort des Kölner Arbei-

ter(innen)- und Soldatenrates 1918, als Treffpunkt
für Großveranstaltungen vieler Gruppen von der
katholischen Frauenbewegung bis zur KPD der
Weimarer Republik; auch die Lesben- und Schwu-
lengala am Christopher-Street-Day fand 1993 und
1994 hier statt. »Gürzenich« ist der Name eines
Geschlechts. Die von Gürzenich hatten ihren Rit-
tersitz bei Düren, im 13. Jh. stand hier ihr Stadtpalais. Ab etwa 1440 gab es Pläne, auf diesem
Grundstück ein zweigeschossiges Tanzhaus zu
errichten. Dafür mußten zunächst noch die Bewohnerinnen eines Beginenkonventes »umgesetzt«
werden, denn der seit Mitte des 14. Jh.s bestehende Mechtild-Konvent stand auf dem zukünftigen
Baugelände. Der Rat kaufte von den Erben des
Konventes, der Patrizierfamilie Hardevust, den
Platz für das zu erbauende Festhaus und ließ (laut
einer Eintragung im Schreinsbuch, dem damaligen
Grundbuch) die dort wohnenden Frauen in den
Grevenkonvent in der Sternengasse umziehen, der
übrigens bis ins 20. Jh. hinein als Altersheim für
Damen existierte.[468]

Durch diese Zusammenlegung von Grundstücken entstand eine große Baufläche, und die
Dimensionen des neuen städtischen Festhauses
wurden entsprechend repräsentativ konzipiert. Die
Bauperiode (Mitte des 15. Jh.s) war zugleich eine
Zeit, in der die städtische Obrigkeit ständig mit Verboten gegen Luxus, aufwendige Kleider und teure
Feierlichkeiten vorging, während die Stadt selbst
protzte und klotzte, wie hier deutlich wird. Im spät-
gotischen Gürzenich konnte die Stadt kaiserliche
Gäste endlich standesgemäß empfangen und
bewirten – und auch die holde Weiblichkeit gehörte dazu: »Des Sonntags vor dem Dreizehnten-Tag
(1474) (...) ließ der Rat von Köln dem Kaiser und
seinem Sohn zu Ehren einen Tanz machen auf dem
Gürzenich, wie es auch der Kaiser begehrt hatte,
um die schönen Frauen von Köln zu besehen. Und
des Kaisers Sohn, Herzog Maximilian, hatte den
ersten Tanz mit einer Jungfrau von Sankt Tervilhilli-
gen«[469], d.h. mit einer Stiftsdame aus dem Stift St.
Ursula. Der Chronist Koelhoff berichtet weiter, daß
die Jungfrauen dieses Damenstiftes Frauenpaare
bildeten und vor dem Kaiser tanzten. 1477 wurde
im Gürzenich die Vermählung von Maximilian (dem
späteren Kaiser) mit Maria von Burgund gefeiert –
wenn so hohe Gäste kamen, wurden beim Bankett
bis zu 13 000 Schüsseln aufgetragen. Aber auch
profanere Hochzeiten wurden hier ausgerichtet. Zu
Beginn des 19. Jh.s wurde der Festsaal für »roman-

Die Verbindung von Kaufhaus und Tanzhaus war im Mittelalter nicht fremd. Der Kaufmann, der seine Waren feilbietet, wird von Paaren umtanzt.

tischen« Karneval genutzt und geschmückt. Mehrere Schriftstellerinnen waren von den riesigen Redouten (Maskenbällen) beeindruckt, die hier abgehalten wurden; 1826 erlebte die Dichterin Annette von Droste-Hülshoff eines der ersten organisierten Karnevalsfeste;[470] Johanna Schopenhauer notierte 1828 über einen Karnevalsball, an dem in dem geschmackvoll dekorierten Raum mehrere Tausend Masken teilnahmen, dies sei ein Augenblick gewesen, »dem wol wenige an Heiterkeit sich vergleichen lassen mögen«.[471]

Maskenball im Gürzenich – für viele bis heute ein gesellschaftliches Highlight.

Das Erdgeschoß des Gürzenich wurde lange Zeit – bis weit ins 19. Jh. hinein – als Kaufhaus und Handelsplatz genutzt. Nachdem die örtliche Concertgesellschaft dafür gekämpft hatte, hier einen erstklassigen Konzertsaal und eine Versammlungsmöglichkeit zu schaffen, wurde seit 1855 das Haus auch vielfach von den Kölner Vereinen genutzt. Auch Frauengruppen und -vereinen hat der Gürzenich häufig als Versammlungsort gedient; sie hielten hier ihre Gründungsversammlungen oder große Veranstaltungen ab.

Einige Beispiele der vielen Frauenversammlungen im Gürzenich:

1870: Vaterländischer Frauenverein, Galaball und Spendensammlung für wohltätige (kriegsbegleitende) Arbeit – von diesem Abend ist vor allem die heftige Debatte vor der Tür überliefert, die entstand, weil die konservativen Damen nicht vorschriftsmäßig gekleidete Kölner Herren abgewiesen hatten.

31. Januar 1896: Generalversammlung des Frauen-Fortbildungs-Vereins, u.a. mit einem Vortrag von Käthe Schirmacher: »Die Bedeutung der Frauenfrage für das Familienleben.«[472]

September 1903: 22. reichsweite Generalversammlung des Allgemeinen Deutschen Frauenvereins.[473]

1905: Gründung des oben beschriebenen Kölner Frauen-Klubs im Isabellensaal.

1926: 41. Hauptversammlung des Vereins Katholischer Deutscher Lehrerinnen.

1927: Feier zum 80. Geburtstag von Helene Lange[474].

1928: Großkundgebung gegen den Gaskrieg. Die Autorin des Buches »Der kommende Giftgaskrieg«, Gertrud Woker aus Bern, berichtete über ihre Erkenntnisse und richtete einen Appell an das Publikum, entsprechende Forschungen zu verweigern bzw. eigene Forschungsergebnisse nicht für militärische Zwecke zur Verfügung zu stellen.[475] Wie wir wissen, kam der »Gaskrieg« dennoch, und die Frauen haben mit ihrer Aufklärungsaktion keine Zerstörungen verhindern können.

1932: Kundgebung des Rheinisch-Westfälischen Frauenvereins, bei der Frauen vor den NationalsozialistInnen warnten und für die Gleichberechtigung der Frau plädierten.[476]

1972: Frauen klagen an – bundesweites Tribunal der »Aktion 218« gegen den § 218, u.a. mit Ina Deter, den Machtwächtern, Fasia Jansen; etwa 1200 Teilnehmerinnen.

1991: Veranstaltung zum § 218 von den Ortsgruppen des Deutschen Akademikerinnenbundes, des Deutschen Ärztinnenbundes und des Journalistinnenverbandes.

Es ließen sich noch viele weitere Beispiele dieser Art nennen. Im Laufe von 120 Jahren haben viele Kölner Frauenvereine im Gürzenich Versammlungen abgehalten, und so spiegelt die Geschichte dieses Festhauses auch einen guten Teil der Geschichte der Kölner Frauen.

Im Zweiten Weltkrieg wurde der Gürzenich weitgehend zerstört; getroffen von einer Bombe brannte er am 23. Juni 1943 bis auf die Außenmauern aus. So wurde er nach dem Krieg restauriert. Angesichts der anhaltenden Wohnungsnot und des Mangels an Schul- und anderen öffentlichen Räumen erschien es in der Nachkriegszeit als ein gewisser Luxus, sich um ein Fest- und Versammlungshaus zu bemühen. Aber die KölnerInnen engagierten sich dafür, es gab u.a. eine Gürzenich-Lotterie und Kinoabgaben, und so konnte das Festhaus schon in den frühen 50er Jahren wieder benutzt werden. Die Innenausstattung des Gebäudes ist heute stark durch den Geschmack der 50er Jahre geprägt, zur Zeit wird heftig über den Stil des anstehenden Umbaus gestritten.

50

*Gehen Sie einmal um den **Gürzenich** herum auf die Straße **Quatermarkt**.*

Foyer und Treppenhaus des wieder aufgebauten Gürzenich umgeben die Ruine der ehemaligen Kirche **St. Alban** in einer der ältesten Pfarreien Kölns (11./12. Jh.), die im Zweiten Weltkrieg zerstört und danach als mahnende Ruine belassen wurde. Im heute dachlosen Innenbereich von St. Alban wurden 1959 die »Trauernden Eltern« von Käthe Koll-

»Es ist genug gestorben! Keiner darf mehr fallen!« – Das trauernde Elternpaar von Käthe Kollwitz in einer Nachbildung von Mataré.

witz in der Nachbildung von E. Mataré aufgestellt, um an die Opfer der Weltkriege zu erinnern. Die Bildhauerin und Malerin Käthe Kollwitz hatte ihre zu Beginn des Ersten Weltkrieges bejahende Haltung zum Krieg geändert, nachdem ihr junger Sohn als Kriegsfreiwilliger auf dem Schlachtfeld gestorben war. Ihr persönliches Leid floß in die Gestaltung der Figuren ein. Kurz vor Kriegsende 1918 schrieb sie in einem offenen Brief an Richard Dehmel, den Ehemann der GEDOK-Gründerin Ida Dehmel: »Man hat tief umgelernt in diesen vier Jahren. Mir will scheinen, auch in bezug auf den Ehrbegriff. (...) die ungezählten Tausende, die auch zu geben hatten – anderes noch als ihr junges nacktes Leben –, ist es wirklich zu verantworten, daß, als diese eben anfangen sollten, sich zu entfalten, sie in den Krieg gerissen wurden und legionenweise starben? Es ist genug gestorben! Keiner darf mehr fallen!«[477]

*Gehen Sie ein paar Schritte zurück und schauen Sie sich das Haus Ecke **Gürzenichstraße** und **Kleine Sandkaul** an. Es handelt sich um das Kölner Stadthaus. Nach den folgenden Informationen über die erste Kölner Wohlfahrtsschule geht der Rundgang weiter auf Seite 192.*

Das Stadthaus beherbergte ab 1915 die Wohlfahrtsschule…

Das Stadthaus war nicht nur Treffpunkt für verschiedene der Stadt nützliche Frauenprojekte des frühen 20. Jh.s (Hauspflegeverein um 1913 – das Stadthaus war damals gerade neu errichtet; Nationale Frauengemeinschaft), hier erlernten auch die ersten Kölner Sozialarbeiterinnen ihr »Handwerk«. Im April 1914 richteten die (männlichen) Stadtverordneten auf Initiative des ärztlichen Beigeordneten Dr. Peter Krautwig und des Beigeordneten und Dezernenten für das städtische Armenwesen, Greven, wegen Mangels an Kräften in der Armen- und Gesundheitspflege eine »Schule für Kommunale

... und mehrere
Frauenvereine.

Wohlfahrtspflegerinnen« ein. Die städtische Notlage fiel mit der Berufsbewegung bürgerlicher Frau-
en, die sich dringend neue Arbeitsfelder erschlie-
ßen wollten, zusammen. Bisher gab es zwar schon
einige wenige Frauen in der Armen- und Waisenpflege (vgl. oben die Ausführungen zu Elisabeth
von Mumm) sowie der Säuglingspflege, doch
waren diese nur selten ausgebildet und gegen Geld
angestellt. Um 1912/13 waren auf dem Gebiet der
kommunalen Wohlfahrtspflege in Deutschland
18 000 Frauen tätig, davon aber 17 000 »ehrenamt-
lich«.[478] »Nachdem die Frauenbewegung verstärkt
seit den 90er Jahren Armenhilfsprogramme praktisch in Angriff genommen und damit den Finger
sozusagen in die offene Wunde des Systems
gelegt hatte, gingen die Städte langsam dazu über,
die soziale Arbeit der Frauen anzuerkennen, nicht
zuletzt, indem sie einige nun offiziell zur öffentlichen Wohlfahrtsarbeit heranzogen.«[479] Preußen
konnte die meisten karitativ tätigen Damen mobili-
sieren, nämlich zwei Drittel. (Zwar wirkten auch die
meisten Männer, die in der Armenpflege tätig
waren, ohne jegliche Ausbildung und Bezahlung,
doch hatten sie andere Berufe.) Es verblieben
reichsweit 1000 besoldete Fürsorgerinnen, von
denen 860 in der Säuglings- und Kinderfürsorge
arbeiteten, weil die Überwachung von kranken
Säuglingen nur gut vorgebildeten und kontinuier-
lich arbeitenden Frauen in die Hand gegeben werden konnte. Waren es auch Vertreter der Stadt
Köln, die schließlich die Wohlfahrtsschule gründeten, so waren es doch reichsweit Frauen gewesen,
die angesichts des Dilettantismus sowohl der bisher tätigen Männer als auch der bürgerlichen
Damen in den Wohltätigkeitsvereinen eine Professionalisierung der sozialen Tätigkeit angeregt hatten. Aus dem Zusammenwirken dieser Vorkämpfe-
rinnen der professionellen Arbeit mit den städti-

schen Institutionen entstand ein neuer Beruf: der
soziale Frauenberuf (Fürsorgerin, Sozialarbeiterin),
der sich in wenigen Jahrzehnten in vielen Ländern
entwickelte; es wurden Schulen zur Vermittlung der
Kenntnisse aufgebaut, die selbst wieder qualifizierten Frauen Aufstiegsmöglichkeiten boten.

Die Kölner Schule wurde zunächst der bereits
bestehenden Krankenpflegeschule beigeordnet,
aber kurz darauf selbständig geführt. Bekannt
wurde die Institution unter ihrem im Februar 1915
angenommenen Namen »Wohlfahrtsschule der
Stadt Köln« (Ausbildung für soziale Frauenberufe).

Wohlfahrtsschule der Stadt Cöln.

Ausbildung für soziale Frauenberufe.

Aufnahmebedingungen:	Abgangszeugnis des Lyzeums, 21. Lebensjahr. Abgeschl. pflegerische resp. pädagogische Vorbildung, die auch durch die Schule vermittelt werden kann.
Ausbildungsdauer:	1 1/2 Jahr.
Aufnahmetermine:	15. April und 15. Oktober.
Abschlußprüfung:	Unter Vorsitz eines Regierungsvertreters.
Auskünfte, Prospekt und Lehrplan	durch die Leitung der Wohlfahrtsschule, Cöln, Stadthaus.

Die Wohlfahrtsschule, die Vorläuferinstitution der heutigen Fachhochschule für Sozialwesen, bot jungen Mädchen eine erste, wenn auch noch unzureichende Berufsausbildung als Fürsorgerin.

Die Schülerinnen wurden als Fürsorgerinnen in
den Bereichen »Sozialhygiene« oder »behördliche
Wohlfahrtsfürsorge« ausgebildet; eine Anzeige in
der Zeitung »Die Frau« von 1918 nennt die Voraussetzungen für die Zulassung der Absolventinnen:
Abgangszeugnis des Lyzeums, Vollendung des 21.
Lebensjahrs und möglichst eine abgeschlossene
Vorbildung auf pädagogischem bzw. pflegeri-
schem Gebiet.[480] Besonders wichtig war die praktische Ausbildung, die entweder in der geschlossenen (institutionellen) Fürsorge in Krankenanstalten,
Heimen, Krippen, der Hebammenlehranstalt, der
Säuglingsmilchanstalt usw. oder in der offenen Fürsorge durchgeführt wurde, die an den jeweiligen
Krisenorten intervenierte: in Säuglingsfürsorgestellen, Versicherungsämtern, beim Schularzt, in Wohnungen, Volksküchen, Haushaltspflegevereinen
usw. Die Ausbildung sollte anderthalb Jahre dauern
und kostete 200 Mark. Eine der Begründerinnen
der Wohlfahrtsschulen in Deutschland, Dr. Marie
Baum, kritisierte in einer Kölner Zeitung die hiesige
Ausbildungskonzeption: »Wir sind der Meinung,
daß gar nicht genügend vor einer Ausbildungsstel-
le gewarnt werden kann, die bei so niedrigen Anforderungen an das Material der Schülerinnen und bei
einer so kurzen Lehrzeit so außerordentlich große
Versprechungen für soziale Ausbildung in allen

möglichen Gebieten macht.«[481] Sie befürchtete, die theoretische Ausbildung bereite die jungen Mädchen nicht ausreichend auf ihre unterschiedlichen Arbeitsplätze vor und vermutete, die Kölner Schule bedeute die »Züchtung eines Proletariats auf diesem Arbeitsgebiet, das man von anderer Seite mit unendlicher Mühe hochzuhalten bestrebt ist«. Geringe Gehälter seien die Folge dieser Schmalspurausbildung. Ihr Fazit war: »Es muß aufs entschiedenste Verwahrung dagegen eingelegt werden, daß dieser neu geschaffene und mit Mühe hochgehaltene Beruf jetzt von Köln aus herabgeschraubt und damit das so überaus wichtige Gebiet ländlicher Wohlfahrtspflege in falsche Bahnen gelenkt wird.«[482] Die Ausbildungsvoraussetzungen wurden nicht wesentlich verändert, aber ab 1916 konnten »befähigte, höherstrebende Schülerinnen« im Anschluß an die Wohlfahrtsschule noch die »Cölner Hochschule für Kommunale und Soziale Verwaltung« besuchen, die ein Frauen-Hochschulstudium für soziale Berufe ermöglichte, dessen Absolventinnen als (besser bezahlte) Sozialbeamtinnen in Rechtsschutzstellen, in Krankenkassen oder auch als Wohlfahrtspflegerinnen in höherer Stellung arbeiten konnten.[483] Ab 1919 wurde die Schule staatlich anerkannt und 1920 dahingehend umstrukturiert, daß die Ausbildungszeit auf zwei Jahre erhöht und die Ausbildung auf drei Berufszweige hin spezialisiert wurde: Gesundheitsfürsorgerin, Jugendwohlfahrtspflegerin und Berufs- und Wirtschaftsfürsorgerin.

Die medizinische Theorie lehrten Professoren und Doktoren (in Preußen gab es ja noch kaum Ärztinnen); die Dozentinnen beteiligten sich bei den eher gesellschaftlich-praktischen Themen. Hier lehrten z.B. Frau (Rektor) Hennes von der Hauswirtschaftsschule, Hedwig Dransfeld (seit 1912 Vorsitzende des Katholischen Frauenbundes Deutschland), Hertha Kraus als Leiterin des Wohlfahrtsamtes, »Frl.« Lenné als Bezirksfürsorgerin oder auch Elisabeth Gnauck-Kühne, eine zu ihrer Zeit berühmte Sozialforscherin; sie unterrichteten Hauswirtschaftslehre, Staatsbürgerkunde oder auch soziales Recht. Die letzte »Zeitzeugin« des Stadtverbandes, Dr. Rosemarie Ellscheid, war bis 1933 als Dozentin beteiligt, ihr Spezialgebiet war die Arbeitslosenfürsorge.[484]

Am 1.4.1917 – die Wohlfahrtsschule, welche bald darauf in die Rheinaustraße 3 umgezogen war, hatte inzwischen 42 Schülerinnen – übernahm eine interessante Frau die Leitung: Dr. Amalie Lauer

(1882-1950), die zunächst ein Lehrerinnenexamen absolviert, dann neben dem Unterrichten rechts- und staatswissenschaftliche Fächer studiert hatte und eine der ersten promovierten Nationalökono- minnen geworden war (1913, Dr. phil.). Sie war für die katholische Zentrumspartei zwischen 1919 und 1933 zweimal Volksvertreterin im preußischen Landtag; ferner wurde sie als Delegierte in das Lan- desgewerbe- und Landesgesundheitsamt ent- sandt. Amalie Lauer organisierte 1921 einen Kon- greß zum Thema Bevölkerungspolitik, der im Gür- zenich stattfand und Statements von ÄrztInnen, SozialpolitikerInnen und Theologen zum Thema präsentierte. Von 1918 bis 1932 publizierte sie Arti- kel in zahlreichen Zeitschriften, überwiegend zu den Themen Heimarbeiterinnen und Frauenarbeits- schutz.[485] Amalie Lauer führte die Schule, bis sie durch ihre politische Tätigkeit für die Zentrumspar- tei zu stark in Anspruch genommen wurde: Sie lebte dann in den Monaten der Legislaturperiode in Berlin. Dennoch stand sie der Schule als Dozentin weiterhin zur Verfügung. 1930/31 lehrte sie als Pro- fessorin am Berufspädagogischen Institut in Köln; sie prägte als Vorstandsfrau die Politik von Frauen- und gemischten Vereinen mit (z.B. Verein für Stu- dentinnenheime, Verein für Soziales Recht) und gilt als eine der Führerinnen der katholischen Frauen- bewegung (Schwerpunkt Recht). In einem »Don- nerstags-Zirkel« diskutierte Amalie Lauer mit füh- renden katholischen Frauen, darunter Lehrerinnen, Ärztinnen, Juristinnen und katholische Verbands- funktionärinnen.[486] Bedauert auch die SPD-Zei- tung im Jahr 1922 die dem Zentrum nahestehende (also zu christliche) Schulleitung – in der Tat schei- nen sozialdemokratische Positionen zur Wohlfahrt ignoriert worden zu sein –, so war Amalie Lauer sich doch bewußt, an einer städtischen Schule und nicht etwa an einer Einrichtung des Katholischen Frauenbundes angestellt zu sein.[487] Die Priorität ihres Interesses war die Förderung weiblicher Be- lange – unabhängig von parteipolitischen Strömun- gen.

Dr. Lauer warnte 1932 – nicht zuletzt vor dem Hintergrund ihrer katholisch geprägten Weltauffas- sung – in einer Schrift »Die Frau in der Auffassung des Nationalsozialismus« vor den Gefahren der nationalsozialistischen Ideologie für Frauen; die noch vorhandenen Exemplare der Broschüre wur- den 1933 vernichtet. Sie hielt auch Vorträge über diese Bewegung, und noch am 25. Februar 1933 gab sie anläßlich der bevorstehenden Reichstags-

Amalie Lauer,
die langjährige Leiterin
der Wohlfahrtsschule,
Landtagsabgeordnete und
katholische Kritikerin des
Nationalsozialismus.

wahl zusammen mit anderen Kölner Zentrumsfrauen einen Aufruf heraus, der vor einer weiteren Radikalisierung warnte. Lauer wurde 1933 aller Ämter enthoben, wurde bespitzelt und bedroht; sie entging nur knapp einer Verhaftung und zog sich mit ihrer Freundin und Lebensgefährtin Grete Esch nach Bensberg zurück. Dr. Margarethe Esch war 1922 eine der ersten Frauen, die in Köln promovierten, und zwar über das Thema »Thomas Münzer und Lenin. Ein Beitrag zur vergleichenden Studie der Geschichte des Kommunismus«; sie wurde später Anwältin und war im Deutschen Akademikerinnenbund aktiv. Amalie Lauer starb 1950. Auf Vorschlag des Frauengeschichtsvereins wird auch diese politisch weitsichtige Frau als Schulleiterin und Förderin der Frauenberufsbewegung auf dem Rathausturm »verewigt«.

Todesanzeige von Amalie Lauer; ungewöhnlich: Die Lebensgefährtin Grete Esch ist mit erwähnt.

Heute entschlief im Alter von 68 Jahren, nach kurzer, schwerer Krankheit, gestärkt durch die Tröstungen unserer hl. Religion und wohlvorbereitet durch ein Leben hingebungsvoller Liebe, unsere unvergeßliche Schwester, Schwägerin und Tante

Frau Prof. Dr. phil.
AMALIE LAUER

ehem. Direktorin der Sozialen Frauenschule in Köln, Abgeordnete des Preuß. Landtages.

In tiefem Schmerz

Dr. med. Anna Hübschmann geb. Lauer
Therese Lauer
Karl Hübschmann, Senatspräsident i. R.
cand. med. Rosemarie Hübschmann
stud. ing. Wolfgang Hübschmann
Dr. jur. Grete Esch als Freundin.

Köln-Nippes (Gust.-Nachtigal-Straße 17), Berlin-Zehlendorf, Wittges/Fulda, den 15. Oktober 1950

Die Beerdigung findet statt: Samstag, den 21. Oktober 1950, um 9 Uhr im Familiengrab auf dem Bornheimer Friedhof zu Frankfurt a. M.

Schon in den 20er Jahren waren neue Anforderungen auf die Fürsorgerinnen zugekommen, als – angesichts der Not der Weltwirtschaftskrise – die Armut zu verwalten und auf Regierungsanweisung »eine restriktive Sozialpolitik gegen Arbeitslose, verarmte Kranke und alte Menschen« durchzusetzen war.[488] Sozialdarwinistisch begründetes Auslese- und Ausmerzedenken war auch in Fürsorgekreisen schon zu dieser Zeit weit verbreitet.[489] In der Nazizeit übernahmen die Fürsorgerinnen wichtige Kontrollpositionen, und die Wohlfahrtsschule wurde dementsprechend bald »gleichgeschaltet«, d.h. »nichtarische« Schülerinnen ausgeschlossen, Luftschutzübungen eingeführt, Bücher zensiert usw. 1934 wurde die Schule dem neuen Geist entsprechend in »Volkspflegeschule der Stadt Köln« umbenannt und ab 1938 unter die Leitung der NS-Volkswohlfahrt gestellt. In den Prüfungsbestimmungen der Volkspflegeschule gab es nun neue Fächer wie Volkspflege, in denen die »Nationalsozialistische Weltanschauung« vermittelt wurde; den SchülerInnen wurden »Grundzüge der Rassengeschichte und Grundkenntnisse artgemäßer nationalsozialistischer Haushaltsführung« eingetrichtert. Die DozentInnen lehrten nun an der Kölner Schule auch die Kastrations- und Sterilisationsbestimmungen sowie die nationalsozialistische »Eheberatung«; Fächer wie Psychologie und Pädagogik wurden dagegen abgeschafft. Danach kam die neue Praxis. Eine Kölner Sozialarbeiterin berichtet in der Rückschau erleichtert: »Gott sei Dank war ich nicht mehr Gesundheitsfürsorgerin; diese hatten mit den Sterilisationsgesetzen und anderen seelisch belastenden Dingen zu tun (...)«[490] Welchen Anteil viele Fürsorgerinnen an der Politik des NS-Regimes hatten, speziell an der Sozial- und Gesundheitspolitik, haben nicht zuletzt die Beiträge des Buches »Opfer und Täterinnen« gezeigt: Hilfe bei der Aussonderung von zu Sterilisierenden, entlarvende Stimmungsberichte über einzelne Familien, Ausschluß großer Bevölkerungsgruppen aus der öffentlichen Fürsorge, Asozialenausmerze, Entmündigungen, Heimunterbringungen, Zuführung gar zu chirurgischen Experimenten und zur Euthanasie – all dies stand gegen die Ursprungsidee von sozialer Arbeit als Einbindung der besonderen Mütterlichkeit und Lebensnähe der Frauen. Die angeblich so weiblichen Eigenschaften der Fürsorgerin, das helfende, ratende, mütterliche »Wesen« kam nun dem Unrechtsstaat zugute, Verwaltung und Hausbesuche wurden u.U. zur tödlichen Waffe. Zum Teil verharren diese Beihelferinnen zum Mord bis heute in der Rolle von Opfern, »obwohl sie die Täterinnen waren«.[491]

1946 wurde die »Wohlfahrtsschule der Stadt Köln« unter Leitung von Frau Dr. Bering (sie war auch bis 1933 Leiterin gewesen) wiedereröffnet. In den 50er Jahren war die Institution zunächst beim Wohlfahrtsamt in der Merlostraße 24 untergebracht, später, unter Dr. Maria Held, in der Kyllburgerstraße.[492] Seit Anfang der 70er Jahre ist sie als

Fakultät der Sozialarbeit in die Fachhochschule Köln integriert. Das Bewußtsein der Tradition von Sozialarbeit als Frauenbewegungsinitiative ist nach Auskunft einiger Dozentinnen inzwischen völlig verlorengegangen.

*Wir gehen nun geradeaus durch die **Kleine Sandkaul** (»Kuhle«). Sie ist nach der geographischen Bezeichnung eines ehemaligen eiszeitlichen Sandgebietes benannt.*

Vor der Ampel führt die Augustinerstraße nach links (wir biegen aber nicht dorthin ab): Im Mittelalter stand hier das Augustinerkloster, ein Eremitenkonvent. Nachdem das Kloster abgerissen worden war, bewarben sich einflußreiche Bürger um dieses profanisierte Fleckchen Köln und errichteten auf dem ehemaligen geistlichen Gelände um 1850 ein »Zivilkasino«, Klub- und Veranstaltungshaus und Hort männlicher Geselligkeit. Hier fand 1902 die erwähnte Generalversammlung statt, auf der Helene Simon ihr Referat nicht vortragen durfte.

*Die Augustinerstraße, die Cäcilienstraße und die Pipinstraße zerschneiden heute die Fläche zwischen dem Rathaus und der uns nun gegenüberliegenden Kirche **St. Maria im Kapitol** – wir müssen durch Lärm, Abgase und Schienenverkehr auf die Anhöhe zu der großartigen Damenstiftskirche mit ihren assoziierten Institutionen »pilgern«. Der Eingang der Kirche liegt in der rechts hinter der Ampel abgehenden **Kasinostraße**.*

Durch Hunderte von Jahren wirkten Frauen an diesem Ort. Alte Stadtpläne zeigen, daß die Kirche früher von vielen Gebäuden umgeben war: den Häusern der Stiftsdamen, Kapellen, einer Klause, einer Schule, einem Hospital und einem vornehmen Äbtissinnenhaus. Es gab einen Kirchhof für die wohlhabenden Kanonissen (Lichhof) und einen weiteren für die einfachen Leute. Im 20. Jh. rückten ein Altersheim für Frauen, Kinderhorte, Nähschulen und ein Nonnenkloster an die Stelle der Stiftshäuser und Versorgungseinrichtungen. Nur eines der früheren Bauwerke steht heute noch, das **Äbtissinnenhaus**. In der Kasinostraße, die bis ins 19. Jh. »Zum alten Capitol« hieß, steht gegenüber dem Kircheneingang dieses aus dem 18. Jh. stammende Haus (Nr. 3) der jeweiligen Leiterin des Klosters bzw. Damenstifts. Im Vergleich zu dem ursprünglichen Nonnenkloster, das hier im 10. Jh. gegründet

52

Das Äbtissinnenhaus des
Stifts St. Maria im Kapitol.

wurde, ist das Äbtissinnenhaus zwar recht jung,
aber angesichts der Kriegszerstörungen in der Kölner Innenstadt müssen wir uns heute glücklich
schätzen, überhaupt noch ein so altes Gebäude
vorzufinden. Das Haus gehörte zum Immunitätsbezirk, dem stiftseigenen Rechtsbereich, in dem die
Äbtissin Anspruch auf selbständige Gerichtsbar-
keit über die dort wohnenden geistlichen Frauen,
Lailnnen und Kleriker hatte; auch herrschte hier
Steuerfreiheit gegenüber der Stadt, und städtische
Beamte konnten nur mit Erlaubnis hoheitliche Eingriffe wie z.B. Verhaftungen vornehmen. Die »Bauherrin« dieses neuzeitlichen Hauses war Anna The-
resia Ludovica von Ingelheim, eine der letzten
Äbtissinnen vor der Säkularisierung; sie ließ das
mittelalterliche Wohnhaus der Stiftsvorsteherin
Mitte des 18. Jh.s ersetzen.

*Am **Hermann-Joseph-Platz** neben dem Kircheneingang stehen unter Bäumen einige Bänke,
nehmen Sie dort ruhig einen Moment Platz, um in
Ruhe weiterzulesen. Nach einem kurzen Abriß der
Geschichte dieser Kirche beginnen wir ihre Besichtigung auf Seite 198.*

53

Wir befinden uns hier im südöstlichen Grenzbezirk
des ehemaligen römischen Stadtkerns. Entlang
dem Lichhof (dem ehemaligen Friedhof hinter der
Kirche) und dem in der Verlängerung der Kasino-

straße gelegenen Marienplatz verlief zur RömerInnenzeit die erste Stadtmauer. Dieser Schutzwall begrenzte in der Höhe das römische Köln zu der gegen den Rhein natürlich abfallenden »Geländeterrasse« hin.[493] Köln war hier mehr oder weniger zu Ende; nur Friedhöfe und umweltverschmutzende Werkstätten waren noch außen vor der Mauer angesiedelt.

Der römische »Dreierpack« Jupiter, Juno und Minerva wurde in Köln an diesem Ort verehrt.

Seit dem Ende des 12. Jh.s wurde die Bezeichnung »St. Maria in capitolio« verwandt, ohne daß die römische Vergangenheit des Areals bekannt war[494]: Erst im 20. Jh. wurden unter dem Langhaus die Fundamente ausgegraben, welche bezeugen, daß die Kirche auf dem Platz eines alten Kapitolstempels steht. Das Wissen um diese Anlage hatte sich offenbar über ein Jahrtausend in der mündlichen Geschichtstradition lebendig erhalten. Da ein Kapitolstempel das Grundrecht einer jeden römischen Colonia war – und Köln war dies durch Agrippinas Intervention –, verhieß der Namenszusatz »in capitolio« nichts Unerwartetes. Ein Kapitolstempel war eine Art Staatstempel zu Ehren der Kapitolinischen Trias, einer göttlichen Dreiheit. Das Vorbild dieses Tempels stand in Rom – ebenso wie in Köln – auf einem Hügel. In der Regel waren Kapitolstempel im Bereich des Forums erbaut. Nur Köln machte eine Ausnahme, da die Römer ihn hier an der Außen-»Schaufront« des Rheins errichteten.[495] Der Tempel wird etwa 33x30 Meter groß gewesen sein mit einer Freitreppe, die vom Rhein heraufführte.[496] An den Seiten standen acht bzw. neun Säulen, und schon in diesem Tempel gab es drei längliche parallele Räume – ebenso wie später in der Kirche. Im mittleren Raum stand vermutlich eine hohe Jupiterstatue, ähnlich denen, die im Römisch-Germanischen-Museum zu sehen sind; in den beiden parallelen Außenräumen wurden Statuen der beiden weiblichen Gottheiten angebetet.

Die Kombination der als Dreiheit verehrten Haupt-
staatsgötter wechselte durch die Jahrhunderte; die
klassische römische Dreiheit bestand aus Jupiter,
Juno und Minerva[497]; diese werden in der römischen Mythologie als Vater, Mutter und Tochter
apostrophiert. Bei der griechischen Entsprechung
der Minerva, Athene, ist als Besonderheit festzu-
halten, daß sie ohne die Mitwirkung einer Frau aus
dem Kopf des Vaters Zeus geboren worden sein
soll. Aus Vergleichen kann geschlossen werden,
daß diese kleinfamiliäre »Dreifaltigkeit« eine Spät-
form ist, der eine vorrömische Göttinnendreiheit
aus Juventas (jugendliche Frau, Jägerin), Juno
(reife Frau und Mutter) und Minerva (weise Alte und
Todesgöttin) zugrunde lag.[498] Jupiter, ein alter
Regen- und Wettergott, wurde erst später hinzuge-
fügt, Juventas eliminiert, Juno als seine (ältere!)
Gattin ausgegeben. Bei Grabungen unter der Kölner Marienkirche in der Nachkriegszeit fanden sich
Tempelreste aus dem 1. Jh., darin Götterbilder,
Weihesteine und auf einem Friedhof eine Kopfbü-
ste, die lange Zeit als Agrippina angesehen wurde,
inzwischen aber einfach als Kopf einer Frau des 2.
Jh.s unserer Zeitrechnung gilt. Dieser bedeutsame
Kultplatz wurde, das versteht sich fast von selbst,
von den ChristInnen zu einem Pilgerort zu Ehren
der höchsten Frau ihrer Religion geweiht, der Mutter Gottes. Die Vertreter der neuen Religion pflegten auf diese Weise die vorhandene Wirkung
beliebter Kultorte aufzugreifen und mit entsprechenden Heiligengestalten zu überlagern, die zum
Teil sogar den gleichen Namen trugen wie die vorher verehrte Göttin.

Die Kapitolskirche war zunächst Klosterkirche
für einen Nonnenorden, die Benediktinerinnen (10.
Jh.). Ab dem 12. Jh. gehörte sie zu dem in ein
Kanonissenstift umgewandelten Konvent. Die in
der Kasinostraße 3 residierenden Äbtissinnen
waren mächtige »Vorsitzende« einer illustren Frauengruppe: Die Kanonissen entstammten durchweg
adeligen Familien, und die Äbtissin nahm die höchste Position in dieser Stiftshierarchie ein. Es folgten
im Rang die Stiftsdechantin (Seniorin), die Unter-
pröpstin und die Schatzmeisterin;[499] weitere Funktionen waren die der Lehrerin (magistra), der
Küchenmeisterin (celleraria), der Kustodin (verantwortlich für das Glockenläuten, den Kirchenschatz
und die Beleuchtung) und der Pförtnerin. Sie alle
gehörten zum »Vorstand«. Alle weiteren Bewohnerinnen waren einfache Stiftsfräulein, auch Sub-
ditae, »Untergebene« oder Präbenden (Pfründne-

Nonnen waren die ersten
geistlichen Frauen auf dem
Hügel.

rinnen) genannt. Die Äbtissin war durch ein aufwendigeres Haus, eine eigene Kapelle, mehr DienstbotInnen und durch ihre Stellung als Lehnsherrin und »Richterin« aus der Schar der übrigen Kanonissen herausgehoben.[500] Sieht das Äbtissinnenhaus auch von außen recht schlicht aus, so wissen wir doch aus Aufzeichnungen des benachbarten Cäcilienstifts, welch aufwendige Haushaltung mit Zofe, eigenem Koch, Privatlehrer, »dienst Junfferen« und Dienern eine solche Dame führen konnte.[501] Äbtissinnen verfügten im ausgehenden Frühmittelalter (ca. 9. Jh.) über große rechtliche, gesetzgeberische und seelsorgerische Macht. Die meisten Rechte wurden ihnen nach und nach genommen, doch im Spätmittelalter »regierte« auch eine Äbtissin von St. Marien nicht nur über die BewohnerInnen ihres Immunitätsbezirkes, sondern darüber hinaus über Bauern und Bäuerinnen, denn sie war Lehnsherrin über ausgedehnte stiftseigene Ländereien bei Geyen und Yumminghoven, die von Hörigen bewirtschaftet wurden. Zudem saß die Äbtissin in ihrer Funktion als Lehnsgeberin einer sogenannten »Mannkammer der Frau Äbtissin« vor, einem Lehensgericht.[502] Ab dem Spätmittelalter urteilte sie allerdings nicht mehr allein über ihre »Untertanen« – es gab zusätzlich einen »Hofrich-

Eine Äbtissin als gleichberechtigte rechtsprechende Person neben einem Abt und einem Bischof (von rechts); stellvertretend für das Stift verfügte eine Äbtissin als Lehnsgeberin über die Abhängigen und den Grundbesitz.

ter«. Ein Lehensbuch, das bis aufs 13. Jh. zurückgeht, verzeichnet darüber hinaus als stiftseigenes Privileg noch ein altes Münzrecht – eine fast königliche und bei Frauenstiften seltene Einkommensquelle.[503] Für das »geistliche Wohl« ihrer Mitschwestern, die Abhaltung der Gottesdienste in der Kirche sowie für die Abnahme der Beichte waren die Äbtissinnen jedoch nur sehr begrenzt verantwortlich, die Ausführung dieser Riten oblag sogenannten Priesterkanonikern. Wurden die Äbtissinnen auch im Laufe der Zeit vieler alter Rechte beraubt, so war das Äbtissinnenamt dennoch das einzige, das karriereorientierten Frauen aus der Oberschicht offenstand – alle anderen waren allein Männern vorbehalten.

In Köln gab es im Laufe der Geschichte drei Damenstifte, denen aber in der Regel nur auswärtige Kanonissen angehörten. Kölnerinnen finden wir darin nicht, da Köln seit Beginn seiner »autonomen« Zeit als Freie Reichsstadt (de facto Ende des 13. Jh.s) innerhalb der Stadtmauern keinen (Land-)Adel anerkannte. Wenn hochadelige Männer z.B. eine Kölnerin heirateten, was im Mittelalter bisweilen vorkam, wurden sie aus ihrem vornehmen Familienzweig gestrichen und gehörten nun dem geringerwertigen Stadtadel (Patriziat) an; Töchter von Patriziern konnten zwar in ein Nonnenkloster eintreten oder auch Begine werden, kaum aber Zutritt zu den drei Damenstiften erlangen.[504] Die Besetzung des Stiftes St. Maria im Kapitol war denn auch auf den ersten Blick sehr exklusiv, bis zur Äbtissin Elisabeth von Katzenelnbogen (gest. 1367) standen dem Stift überwiegend hochadelige Äbtissinnen vor, später auch Edelfreie aus dem »niederen« Landadel, also Gräfinnen, Baronessen, Freifrauen, die aber immerhin dem Geblütsadel entstammten.[505] Da dieses Stift auch »Gemischtadelige« aus dem sogenannten Ministerialenstand aufnahm, einem Verdienstadel, wurde das Stift auf dem Hügel im Vergleich zu den zwei anderen Kölner Damenstiften St. Ursula und St. Cäcilien als weniger vornehm angesehen.[506] Aus anderen Zeugnissen erfahren wir aber, daß St. Maria in der Bevölkerung sehr beliebt war und in vieler Hinsicht im religiösen Leben der Stadt eine Sonderstellung einnahm. So zogen Klerus und Rat, wenn Katastrophen wie die Pest oder auch Kriege Köln bedrohten, in feierlicher Prozession vom Dom nach St. Marien, um bei der Gottesmutter Rettung zu erflehen.[507] Der Kölner Erzbischof feierte »von alters

Bedeutsame Prozessionen nahmen ihren Weg zu bzw. um St. Maria im Kapitol.

her« die erste Weihnachtsmesse nicht im Dom, sondern in dieser Frauenkirche, von hier aus ritt er zu dem nahegelegenen Damenstift St. Cäcilien und zog dann erst auf seinem »Prozessionsweg« zum Dom.[508] Die Damen »bezahlten« dieses Vorrecht mit reichen Gaben. In der Nacht auf Ostersonntag kam der Greve, der sowohl Vorsitzender des erzbischöflichen Hochgerichts als auch gewissermaßen Bindeglied zwischen Rat und geistlichem Stadtherrn war, und geleitete die Äbtissin durch den Kreuzgang zum Kirchenportal;[509] mit einigen Stiftsdamen spielte er die biblische Szene vom »Besuch der Frauen am Grab« nach, um anschließend mit der Äbtissin in ihrem Haus das traditionelle Osterlamm zu verspeisen. Beim Tod eines Bürgermeisters gab es in der Marienkirche eine feierliche Begräbnismesse,[510] und die neuen Bürgermeister gingen nach ihrer Wahl zu einem ersten Gottesdienst hierher; ab dem 17. Jh. wurden sie während des Dankgottesdienstes vor das Bild eines lobenswerten Amtsvorgängers geführt und ermahnt, ihm nachzustreben.[511] Insofern war die Kirche lange eine Art »Amtskirche« und wurde auch gelegentlich als »Staatskirche« bezeichnet. Darüber hinaus war St. Maria im Kapitol eine von insgesamt sieben Pilgerkirchen Kölns.

Die Bedeutung der Kirche ist zum einen durch ihr Alter begründet: Die vor dem 13. Jh. oft als »Neumünster« bezeichnete Kirche diente einem der ältesten Kölner Nonnenklöster, gehörte dann einem der ältesten Kölner Stifte überhaupt (St. Maria im Kapitol war älter als das Domstift). Hinzu kam die Kirchengründung durch eine hochrangige Stifterin, Plektrudis, von der gleich zu lesen ist.

St. Maria im Kapitol ist mit ihrem kleeblattförmigen Chor und dem glücklicherweise (in der Neugestaltung des 19. Jh.s) erhaltenen Kreuzgang eine der schönsten romanischen Kirchen Kölns. Treten Sie also durch das schmiedeeiserne Tor in den Kirchenbereich und gehen Sie am besten zunächst ein wenig im Kreuzgang umher, genießen Sie die Stille und nehmen Sie die Atmosphäre in sich auf.

Der **Kreuzgang** war im Mittelalter der Hauptaufenthaltsort der geistlichen Frauen, sie lasen hier, wandelten, sangen und arbeiteten in der Gemeinschaft. An den Wänden sind Grabsteine von BürgerInnen der Pfarre Klein St. Martin eingelassen – ein exklusiver Platz für exklusive BürgerInnen. Im Neubau über dem Eingangsbereich zum Kreuzgang, früher

(54)

Klausurbereich, wohnen heute Jugendliche eines pfarreieigenen Heimes.

Wir steigen die Treppe zur Kirche hinauf und betreten sie.

Nach dem im Boden eingelassenen Mosaik mit den zwei Hirschen (Symbole für die Überwindung des Teufels und die Vermittlung zwischen Himmel und Erde) und hinter dem Innengitter sind im Eingangsbereich des Mittelschiffes links und rechts mehrere Grabplatten zu sehen, Erinnerungen an Äbtissinnen des Stifts. An den Ecken, die den Kirchenraum zu den Seitenschiffen öffnen, steht links und rechts je eine bildhauerisch gestaltete Grabplatte zu Ehren von **Plektrudis**. Diese Herrscherin, auch Plektrud oder Blitrudis genannt (ca. 650 bis ca. 726), war vermutlich die Gründerin der Marienkirche an dieser Stelle und Witwe Pippins des Mittleren, des als recht gewalttätig bekannten Hausmeiers und obersten Beamten der spätfränkischen Staatsverwaltung. Der Regent aus dem Dienstadel besaß zu seiner Zeit mehr reale Macht als der blaublütige, aber schwache König selbst. Die Pippiniden-Familie ließ sich, wie heute angenommen wird, auf den Ruinen des Kapitolstempels nieder und erkor Köln zu ihrer Residenzstadt.[512] Die aus einem vornehmen Geschlecht stammende, fromme Plektrudis hat – wie viele Frauen der frühmittelalterlichen Herrscherschicht – als Landerbin erheblich zum Aufstieg ihres Mannes und der ihm nach-

Der Kreuzgang der früheren Stiftskirche wurde vermutlich als Spielplatz für den Mädchenhort genutzt.

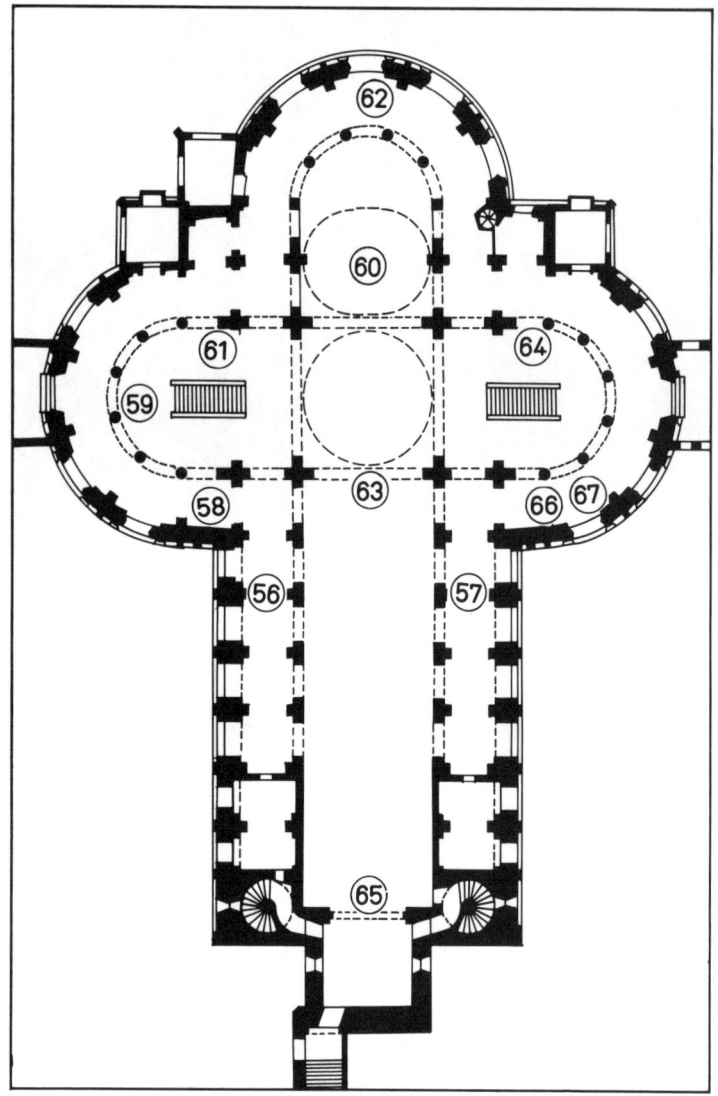

Eine der beiden Grab-
platten zum Andenken an
die Herrscherin und
Kirchenförderin Plektrudis
(ca. 1150).

folgenden Dynastie (Karolinger) beigetragen. Da ihr
Gatte jedoch seine Nebenfrau Alpheid bevorzugte,
trennten sich die beiden, und es wird vermutet, daß
Plektrudis sich nun nach Köln zurückzog. Pippin
hatte bezüglich der Erbfolge seinen Sohn, den er
mit seinem »Kebsweib« Alpheid gezeugt hatte,
explizit von der Thronfolge ausgeschlossen, daher
regierte Plektrudis nach seinem Tod (714) einige
Jahre als Regentin in Vertretung ihres Enkels über
das Merowinger- bzw. Frankenreich. Sie wird – wie
viele Herrscherinnen, die sich ähnlich verhielten
wie ihre männlichen Zeitgenossen – bisweilen als
grausam und verschlagen bezeichnet. 717 konnte
sich der Sohn Pippins und Alpheids, Karl, den sie
zur Sicherung der Herrschaft ihrer Nachkommen
hatte einsperren lassen, befreien, und er entmach-
tete sie; dieser »Rambo« des Frühmittelalters ging
später als Karl der Hammer (Martell) in die
Geschichte ein und gründete das Geschlecht der
»Kerle« (Karolinger).

Ob Plektrudis von diesem Palast auf dem Hügel
aus regiert hat, ist ungeklärt.[513] Sicherlich hat sie in
den Jahren ihres Kölner Aufenthaltes eine Kirche zu
Ehren von Maria neu errichten oder ausbauen lassen. Die Kapitolskirche bestand vermutlich in ihrer
ursprünglichen Form als sogenannte »Hauskirche«
der Herrscherin. Auf eine Kirchengründung weisen
das rechte Stifterinnenbild (Kirchenmodell) und die

fast religiöse Verehrung der Plektrudis im Stift hin.[514] Daß Plektrudis an dieser Stelle aber schon im 8. Jh. ein Nonnenkloster angeregt bzw. begründet habe, wie früher behauptet wurde, wird inzwischen bezweifelt.[515] Die linke hochgestellte **Bildplatte** aus Kalkstein, die früher möglicherweise ihren mitten in der Kirche stehenden Sarkophag bedeckte, stellt Plektrudis als Königin und Heilige dar. Die Darstellungsart ist typisch für Portalskulpturen und Äbtissinnengräber. Die rechte Hand liegt auf der Brust bzw. ist grüßend erhoben, die linke hält ein Spruchband mit einem Psalmauszug. Die Regentin ist ungefähr in Lebensgröße abgebildet, äußerst schlank, ihre Züge sind byzantinisch-starr und doch lebendig im Ausdruck.[516] Obwohl Plektrudis niemals heiliggesprochen wurde und auch keine Königin war, suggerieren der Heiligenschein und die Bezeichnung »Regina« dies. Diese Gewandfigur vom Ende des 12. Jh.s wurde vermutlich von späteren Nonnen oder Kanonissen aufgestellt, die ein Interesse daran hatten, ihre Kirchenstifterin »hochzustapeln« – eine Überhöhung aus Gründen der »Öffentlichkeitsarbeit«. In der Tat wurde Plektrudis innerhalb des Damenstifts wie eine Heilige verehrt. Laut einem sogenannten Memorienbuch aus dem 14. Jh., in dem Daten zum Gedächtnis Verstorbener verzeichnet waren, hielten die Damen jährlich am 10. August eine Meßfeier zu Ehren der »Königin« Plektrudis und Stifterin der Kirche ab und verteilten dabei Geld- und Weinspenden. Weitere auf eine Verehrung hinweisende Gebräuche finden sich in St. Maria im Kapitol und in einem Essener Stift, das zeitweilig von der Schwester einer Äbtissin aus St. Maria im Kapitol geleitet wurde.[517] Die nicht kanonisierte, historische Frauengestalt Plektrudis hatte auch ohne Anerkennung durch einen Papst offenbar hier mehr Kraft und spirituelle Wirkung als manch andere, eher legendäre Heiligenfigur, die als reines Konstrukt in den Kanon aufgenommen worden war.

Die Ausdruckskraft dieser Grabplatte nehmen auch neuzeitliche KölnerInnen wahr. So schrieb Käthe Zimmermann-Jatho, eine Kölner Feuilletonistin und Schriftstellerin, im Merianheft des Jahres 1948 über das »Gesicht der unbedingten Wahrhaftigkeit«: »Schutzgeister meiner Kindheit – denke ich ihrer aller, so darf ich der Plektrudis nicht vergessen. Wann zuerst ich bis nach Maria im Kapitol hinfand und den Grabstein der Plektrudis sah, das hat mein Gedächtnis mir nicht bewahrt. Doch verließ mich der Eindruck dieses großen Gesichtes nie und zwang mich zu immer erneutem Wiedersehen. Es war das gleiche Gesicht, das mir dann viel viel später an französischen Kathedralen wieder begegnete, das Gesicht der abendländischen Gewißheit im Glauben, das Gesicht des Menschen, der ernst gemacht hat mit seiner Forderung an sich selber.«[518]

Die **Steinfigur** aus dem 13. oder 14. Jh. rechts vom Hauptgang bildet Plektrudis in ihrer Rolle als Kirchengründerin ab; sie trägt ein entsprechendes Kirchenmodell in der Linken. Diese Plektrudis ist bunter, irdischer, höfischer als die frühere Darstellung und könnte in Gebärde und eleganter Kleidung eine Herrscherin des 13. Jh.s abbilden. Beide Bildhauer hatten keinerlei Bildvorlage für ihre Arbeit – im Hochmittelalter gab es noch keine Individualporträts. Am Fuß dieser Grabplatte, deren Gestalt eine (ihr nicht zustehende) Königinnenkrone trägt, erkennen wir die Wappen der Stifterfamilie (Lyskirchen). Die »unglückliche« Plektrudis ist eine der 18 Frauenpersönlichkeiten, die mit einer Steinfigur den Rathausturm krönen wird. Gestiftet wurde ihre Skulptur vom »Verband der Kölner Brauer« (Kölsch-Konvent).

An der westlichen Stirnwand des linken (nördlichen) Seitenschiffes sehen wir eine beeindruckende Marienfigur als thronende Muttergottes mit Jesuskind, die urtümlich, fast heidnisch wirkt. Diese romanische »**Glasaugenmadonna**«, die

Die sogenannte Glasaugenmadonna – eine Mariendarstellung von ca. 1150, die an eine Göttin erinnert.

früher außen in einer Giebelnische angebracht war und auf »Fernsicht« angelegt ist, erinnert an kleinasiatische Muttergottheiten. Die Skulptur ist – ähnlich wie die linke Grabplatte der Plektrudis – um 1150-1200 entstanden, mit Beginn der großen mittelalterlichen Marienverehrung. Der Marienkult wurde nicht zuletzt durch die Übernahme ostkirchlicher Marienvorstellungen bei den Kreuzzügen befördert (dort trug Maria den Ehrentitel »Gottesgebärerin«). Diese Madonna entspricht einer kleinasiatischen Göttin vom Typ »Herrin der Tiere«, stellt Maria doch ihre beiden Füße auf einen Löwen oder Drachen und demonstriert damit ihre besänftigende, zivilisierende Macht über die Tierwelt, die im Christentum häufig das Sündige, Triebhafte symbolisiert.

Gleichfalls im nördlichen Seitenschiff ein **spätgotisches Glasfenster** mit dem Motiv der Schutzmantel-Ursula (1514); zu ihren Füßen sind die Gefährtinnen abgebildet, nochmals darunter Mitglieder der Familie, die das Bild stiftete. Diese GönnerInnen sind stets stereotypisiert dargestellt: Auf der einen Seite betet der Stifter, gegebenenfalls mit seinen Söhnen, die andere Seite zeigt die (letzte) Ehefrau, hinter der wiederum ihre Töchter knien, manchmal wird dort auch an eine ihrer Vorgängerinnen erinnert.

Besonders berühmt ist der kleeblattförmige **Chor** *dieser romanischen Kirche mit seinen drei Ausbuchtungen (»Konchen«), der durch seinen »Umgang« die Möglichkeit bietet, den ganzen Chorbereich vom Beginn der Seitenschiffe an zu umschreiten und damit einen meditativen Prozessionsweg in Geborgenheit und Weite zugleich eröffnet. Wir treten in das erste »Kleeblatt«, die Nordkonche, und betrachten von hier aus den Kirchenraum, um die geniale Bauweise zu erfassen.*

Als »Bauherrin« dieser monumentalen Kirche nennt die Überlieferung die Äbtissin **Ida von der Pfalz** (ca. 1010-1060). Sie war eine der sieben Enkelinnen des Kaisers Otto II. und seiner Gemahlin Theophanu (die sich in der Kölner Kirche St. Pantaleon begraben ließ). Über ihr Leben haben wir nur spärliche Informationen. Bevor die Tochter Mathildes (der einzigen verheirateten Tochter Theophanus) und ihres Gatten Pfalzgraf Ezzo als vierte Äbtissin des damals an dieser Stelle bestehenden Benediktinerinnenklosters eingesetzt wurde, hatte sie wohl schon ein bewegtes Leben hinter sich. Kurz nach ihrer Geburt war sie von den Eltern zusammen mit ihrer Schwester Sophia in dem Kanonissenstift Gandersheim untergebracht worden, das von ihrer Tante geleitet wurde. Anscheinend gefiel es den Schwestern bei dieser Verwandten gar nicht: Die beiden flohen um 1026 zusammen in ein Benediktinerinnenkloster und unterwarfen sich dort weit strengeren Ordensregeln als in dem hochadeligen Kanonissenstift (manchen geistlichen Frauen war das Kanonissenleben eben nicht genügend geregelt). Sie wurden jedoch zur Rückkehr gezwungen. Um 1028 kam Ida nach Köln und wurde Äbtissin im Benediktinerinnenkloster, das ihr Großonkel Bruno um 965 gestiftet hatte. Da die alte, vermutlich von Plektrudis begründete Marienkirche zerfallen oder nicht repräsentativ genug war, verantwortete Ida zusammen mit ihrer Familie (z.B. lebte auch ihre Schwester und Ex-Königin von Polen Richezza in Köln bzw. im nahegelegenen Brauweiler) den heute noch bestehenden romanischen Kirchen-Neubau, dessen »Anstoß« Erzbischof Bruno mit seiner Stiftung gegeben hatte. Zur Weihe des Hauptaltars kamen 1049 neben zahlreichen weltlichen Würdenträgern der Umgebung sogar der amtierende Kaiser (Heinrich III.), Papst Leo IX. und 72 Bischöfe. Mit dieser Feier war ein Privileg verbunden: An jedem Jahrestag des spektakulären Ereignisses (2. Juli) gab es fortan einen speziellen Ablaß für die Gläubigen. Ida allerdings erlebte die Vollendung »ihrer« Kirche, die zunächst »Neumünster« genannt wurde, nicht mehr, da der Bau erst 1065, also fünf Jahre nach ihrem Tod fertiggestellt wurde. Idas Grab ist heute in der Krypta. Über die Persönlichkeit dieser Äbtissin schweigen die Quellen, es gibt nur ein idealisiertes zeitgenössisches Abbild der Benediktinerin auf dem sogenannten Herimannkreuz von ca. 1050 (gestiftet von dem Kölner Erzbischof und Bruder Idas, Hermann II.), das sie und ihren Bruder – gleich groß – kniend zu Füßen einer betenden Gottesmutter zeigt; es ist heute im Diözesan-Museum ausgestellt. Eine neuere Skulptur Idas wird auf dem Rathausturm ein Stück geistlicher Stadtgeschichte und Macht von Äbtissinnen in Köln repräsentieren.[519]

Kommen wir auf die Bauweise der Kirche zurück: Der **Dreikonchenchor**, den Ida in ihrem Kirchenbau verwirklichte, war damals im europäischen Raum einzigartig; er geht auf ein christliches Vorbild zurück, die Grabkirche in Bethlehem, deren Grundriß wiederum »heidnische« Ursprünge hatte. Schon ein Blick auf den Grundriß vermittelt die

Ästhetik der harmonischen Konstruktion: Die sonst übliche Kreuzesform ist abgerundet, die Dreier-Symbolik, die ihre Wurzeln in der Verehrung einer dreifaltigen römischen Gottheit hat, wurde aufgenommen, »weiblich« umgewandelt und so das romanische Rundbogenmotiv der Säulengänge auch in der Grundrißzeichnung wiederholt. Dieser Chor der Marienkirche wurde Vorbild für weitere Kölner Kirchenbauten.

(61)

Über dem sogenannten Kreuzaltar hing einst ein wundertätiges **Kruzifix**, das heute in der Nordkonche steht. Das Astkreuz soll eines Nachts aus der Wand hervorgewachsen sein. Bald erzählte die Legende, das Haupt der Christusfigur verändere bisweilen seine Stellung, und wenn es sich einmal ganz zum Boden senke, dann sei die Stunde des Jüngsten Gerichts gekommen.[520] Die Jesusfigur wirkt gefoltert, doch hat das Kreuz auch etwas Tröstliches: Als Astkruzifix versinnbildlicht es Nähe des Lebens, der Natur, als Lebensbaum Teilhabe an den vier Elementen.[521]

*Wir gehen nun weiter in die **Ostkonche**, das mittlere der drei Kleeblätter.*

(62)

In ihrer Scheitelspitze steht der mittelalterliche sogenannte **Kalksteinsarkophag der Plektrudis**, den Stiftsfrauen im 12. Jh. mit der eingangs betrachteten (älteren) Grabplatte bedecken bzw. schmücken ließen.

Gebeine der Plektrudis nach Öffnung des Sarkophages.

Die gesamte Raumlänge von der hinter dem Altar gelegenen Ostkonche bis zum Eingangsbereich beträgt stolze 73 Meter, die Länge in den abgerundeten »Kreuzarmen« 49 Meter. Der Blick von der mittleren Konche zurück durch das Langhaus ist leider durch den **Lettner** versperrt, ein spätmittelalterliches »Lesepult« auf einer Empore, das eine Scheidewand zwischen Chor und Mittelschiff bildet. Ohne ihn könnten Sie bis zu der Nonnenempore über der Eingangshalle blicken, auf der die Stiftsdamen saßen, für die die Kanoniker die Messe lasen. Das Chorgestühl in der Ostkonche bot Platz für einige privilegierte Personen; hier saßen die 15 Kanoniker, die über das Seelenheil der Kanonissen wachten, und bisweilen – das gab es in Köln nur in St. Maria im Kapitol – auch die »Chorfräulein«.[522] Den Altarbereich durften Frauen grundsätzlich nicht betreten.

An den steinernen, gotisierenden Chorschranken der Ostkonche standen von 1464 bis 1939 zwei Stifterfiguren zu Füßen einer Mutter Gottes und eines Christophorus, sie zeigten Sibilla Schlösgin und ihren Mann Johannes Hardenrath, der einer Hanse-Kaufmannsfamilie entstammte und wichtige Ämter in der Stadtregierung ausübte. Solche Bildnisse kniender StifterInnen symbolisierten die »Ewige Anbetung«, ein Motiv, das aus Frankreich übernommen wurde.[523] Das Ehepaar Hardenrath-Schlösgin gehörte im ausgehenden 15. Jh. zu den

Eine bedeutende Sponsorin der Kirche, Sibilla Schlösgin.

potentesten Sponsoren dieser Kirche und errichtete sich selbst viele Denkmäler: eine Sängerempore, Teile des Lettners, einen Taufkessel, die steinernen Chorschranken und sogar eine eigene Privatkapelle, die Salvator- oder **Hardenrathkapelle**. Dieses »spätgotische Gesamtkunstwerk von besonderem Rang«[524] liegt am Anfang der dritten (südlichen) Konche – es beginnt hinter einer Maßwerkbrüstung, der Eingang liegt unter einer Art steinernem

Baldachin. »Im jahr unseres Herren 1466 den 6 augusti haben die wohledle und tugentriche johan von hardenrode und sybilla von schlosgen eheleut diese capell bauwen lassen (...)«, lautete eine alte Inschrift von Nachkömmlingen der Familie.[525] In der Hardenrathkapelle, die wir nur durch das schmiedeeiserne Gitter betrachten können, befanden sich vor der Zerstörung Wandgemälde und Glasfenster mit Abbildungen der Stifterfamilie, beschirmt von den Familien-Patronen. Fast alle Stiftungen des Ehepaares waren mit Wappen versehen und daher identifizierbar. Über die Person der Sibilla Schlösgin haben wir keine Informationen, aber sie war nicht die einzige reiche Stifterin der Spätgotik. Verfügungsgewalt über eigenes Geld war ein Kölner Sonderrecht von besitzenden Frauen und Voraussetzung für die recht autonome Stellung in Handel und Handwerk. Die vielen Kunststiftungen von Kölnerinnen korrespondieren mit ihrem gesellschaftlichen Selbstbewußtsein.[526] Über der sogenannten Sängerempore, von der aus gestiftete Singmessen zelebriert wurden, sind die Wappen des Paares Hardenrath und Schlösgin deutlich erkennbar.

Ida ist als Bauherrin der Kirche in einem der neueren Fenster in der Südkonche verewigt, allerdings zu Unrecht als St. Ida betitelt. In dieser Konche liegt auch der Eingang zur **Krypta**, die den Geländeabfall zum Rhein hin ausnutzt und so von einem außergewöhnlichen, indirekt einfallenden Licht erhellt ist: Moderne Fenster von Wilhelm Bauschulte schaffen ein geometrisches Hell-Dunkel. Auch die Krypta verfügt über Kapellen in den Querschiffen. Im nördlichen Querarm liegt ein Gedächtnismal zu Ehren der Ida aus dem 18. Jh. mit einer der Plektrudis-Grabfigur nachempfundenen Deckplatte.[527] Um das Ida-Grab rankt sich eine Kölner Legende, wonach im Anschluß an die Beerdigung der fürstlichen Frau unter der ursprünglichen Grabstelle eine Quelle entsprungen sein soll, das sogenannte Idabrünnlein.[528]

(65) *Wir steigen die Treppe wieder hinauf und gehen in den Bereich vor dem Altar im Mittelschiff; von dort haben wir den schönsten Blick auf die **Empore**.*

Im Langhaus, dem mittleren der drei Kirchenschiffe, waren die Plätze der Lailnnen, die durch Eingänge in den Konchen hereinkamen; der heutige Haupteingang gehörte früher zum Klausurbereich. Als die Kaiserenkelin Ida im 11. Jh. die Kirche konzipierte, hat sie sicherlich hochherrschaftlichen Besuch eingeplant, der selbstverständlich erhöht sitzen wollte. Sie ließ die Empore zu Ehren ihrer adligen Gäste im gleichen Stil erbauen wie die der Krönungskirche in Aachen. Da allerdings schon im 12. Jh. das Benediktinerinnenkloster in ein Kanonissenstift umgewidmet wurde, werden anstelle der prächtig gekleideten Vertreter des Hochadels hier öfter Nonnen oder Stiftsfräulein im schlichten Chormantel gesessen haben, die sich alle drei Stunden hier zum Gebet einfanden.

Im folgenden sollen Leben und Alltag der Stiftsdamen beschrieben werden – am besten suchen Sie sich zum Weiterlesen einen ruhigen Platz in der Kirche. *Der Rundgang wird auf Seite 211 fortgesetzt.*

Kanonissen gab es seit der Mitte des 8. Jh.s; sie waren adelige »Chorfrauen«, gottgeweihte Jungfrauen von landsässigem Adel, die in einem Stift nach bestimmten »Canones«, kirchlichen Vorschriften, lebten.[529] Regeln und Alltag der Kanonissen wichen von denen sowohl der Nonnen als auch der Beginen ab – mit der Lebensweise beider Gruppen gab es aber auch Gemeinsamkeiten. Ein Stift war eine Versorgungsinstitution für adelige Töchter, die aufgrund ihrer hohen Abstammung nicht zur rechten Zeit verheiratet werden konnten und mit etwa sechs Jahren ihre Familie verließen, und für ältere adelige Frauen, die über keinen eigenen Lebenszusammenhang verfügten; es bot vielen hochrangigen Frauen eine akzeptable, durch Religion und/oder Freundschaften geprägte Lebensweise. Insgesamt waren in dem exklusiven Marienstift 34 Pfründe für Kanonissen vorgesehen, die aber nicht alle immer besetzt werden konnten, denn die Bedingungen für die Aufnahme waren streng: Jede Kandidatin mußte acht, später 16 (hoch)adelige VorfahrInnen nachweisen! Anders als die Nonnen legte eine Stiftsfrau kein lebenslanges Gelübde (Profeß) ab, sondern blieb, »solange es Gott, ihren Eltern und ihr selbst«[530] gefiel. Kanonissen konnten das Stift für immer verlassen, wenn es einen entsprechenden Anlaß gab. Sie durften in die »Welt« zurückkehren und mußten gegebenenfalls heiraten, wenn sich ein standesgemäßer Kandidat bewarb und ihre Familie, etwa aus dynastischen Gründen, eine Verbindung wünschte. Bisweilen scheinen Brautwerber die Kölner Kanonissenstifte aufgesucht haben, um einen Antrag zu überbringen.

Ein Stiftsfräulein in spätmittelalterlicher Darstellung durch Jost Ammann.

Die Stiftsfrauen brauchten ihr Hab und Gut beim
Eintritt, der stets am 10. August oder an Allerheili-
gen erfolgte, nicht abzugeben und kein Gelübde
der Armut abzulegen. Vielmehr wurden jeweils individuelle finanzielle Übereinkünfte getroffen: Die
adeligen Frauen konnten ihr Vermögen dem Stift
vermachen (das wurde natürlich bevorzugt), mußten es aber nicht. Auch unterlagen sie keiner
besonders strengen Klausur. Kanonissen sollten
zwar nicht ohne Motiv in der Stadt umherschwei-
fen, das wäre nicht standesgemäß gewesen. Sie
durften aber – ebenso wie Beginen – das Stift in
Familienangelegenheiten verlassen (zwischen sieben Wochen und einem Jahr).[531] Stiftsfräulein hatten aber auch andere Anlässe, in Köln auszugehen:
Sie verließen das Stiftsgelände z.B., um an kleineren Festen des Stadtadels teilzunehmen oder um
Tanzfeste mit dem Kaiser im Gürzenich mit ihrer
erlauchten Anwesenheit zu beehren.

Ihren Alltag konnten die Stiftsdamen relativ frei
gestalten, sie waren lediglich zur »rechten Feier des
Gottesdienstes« verpflichtet, sollten bestimmte
Gebetsstunden einhalten und regelmäßig zum
Chordienst erscheinen. Wenn die Kanonissen an
hohen Feiertagen anwesend waren, erhielten die
Damen sogar Präsenzgelder! Die Kölner Chorfrau-
en von St. Marien lebten in ihren eigenen, auf dem
Stiftsgelände gelegenen Häusern – geschlafen
wurde aber im Gemeinschaftssaal. Eine Kanonisse
führte einen standesgemäßen Haushalt mit eigenen Dienerinnen, Gesellschafterinnen oder Pflegerinnen. Die »Fräulein« sollten eigentlich lange weiße
Kleider tragen, wählten aber oft weltliche Kleidung,
die wiederum nicht allzu prächtig ausfallen sollte.
Für den Kirchenbesuch war ein Schleier vorgeschrieben. Die Quellen berichten jedoch auch von
Schnabelschuhen, Seidenkleidung oder pelzgefüt-
terten Kapuzen.[532]

Jede Frau hatte ihren Platz in der nur hierar-
chisch zu denkenden Gesellschaftsordnung des
Mittelalters, die Eingliederung der einzelnen Mitglieder in die Gemeinschaft entsprach dem Modell
einer Familie. Im Stift gab es, wie in jeder rang-
orientierten Gemeinschaft, wohl oft Gehorsams-
probleme und Streitigkeiten.[533] Der Äbtissin standen gegenüber den einfachen Stiftsfrauen acht
verschiedene Bestrafungsmöglichkeiten von der
Ermahnung bis zur Prügelstrafe zur Verfügung.

Das Kanonissendasein endete in St. Maria im
Kapitol mit der Säkularisierung im Jahr 1802, als es
in § 1 des entsprechenden Konsularbeschlusses

der französischen Besatzer hieß: »Die Mönchsor-
den, die regulären Kongregationen, die Pfründen
und kirchlichen Anstalten außer den Bistümern,
Kathedralkapiteln und (...) Seminaren sind aufgehoben.« Mit Schließung des Stifts wurde die ehemalige Stiftskirche zur Pfarrkirche umfunktioniert,
der Kirchenschatz mußte eingeschmolzen und
ausgehändigt werden.[534]

Wir gehen zurück in Richtung Eingangsportal.

Die berühmte Holztür,
die ehemals Einlaß
gewährte, steht heute im
Kircheninneren.

Im südlichen Seitenschiff ist an der Stirnwand eine
hohe **romanische Holztür** zu sehen, die früher das
Portal der Nordkonche abschloß. Die zwei
geschnitzten Türflügel sind eine nähere Betrach-
tung wert, denn sie gehören zu den in ihrer figürli-
chen Darstellung ausdrucksstärksten und umfang-
reichsten erhaltenen Holzschnitzereien der romanischen Epoche. Auf zwei Eichenholzplatten mit
Nußbaumapplizierungen in Blatt-, Flechtband- und
Knaufform wird die Lebensgeschichte Christi
erzählt; solche Darstellungen dienten im Mittelalter
dazu, dem Volk die biblischen Geschichten zu vermitteln. Der linke Türflügel beschreibt in 13 Klein-
motiven Verkündigung bis Jugend Christi und
bezieht sich in mehreren Bildern auf das »Matrozi-
nium« durch Maria (Schutzherrschaft über die Kirche), der rechte Türflügel stellt Wunder, Passion
und Auferstehung dar. Die einzelnen Szenen waren
ursprünglich bunt bemalt – die mittelalterliche
Form des Comic? Der Rahmen mit keltisch anmu-
tenden Ranken, der die einzelnen Bilder umkränzt,
vermittelt den Eindruck kostbarer Buchdeckel oder
der damals so beliebten Elfenbeinschnitzereien.
Ida, die diese Kostbarkeit wahrscheinlich noch
selbst in Auftrag gegeben hat, war als Enkelin der
Theophanu mit diesen byzantinisch beeinflußten

66

Kunsthandwerken (Elfenbeinschnitzerei und Buchdeckelgestaltung) vertraut.

Ebenfalls im südlichen Seitenschiff sehen wir vier **Riesenknochen**, im Volksmund »Zt. Märjens Repp« (Mariens Rippe) genannt. Vielleicht hat sich vor langer Zeit (um das 10. Jahrtausend v.u.Z.) ein Grönlandwal in die Gegend verirrt, oder gab es in Köln gar Dinosaurier? Die Benennung zeugt vom Humor und Größenwahn der KölnerInnen, kennzeichnete aber ursprünglich den Aufbewahrungsort in der Maria geweihten Kirche.

Nach einem Blick auf die schöne Grablegungsgruppe (16. Jh.) in der Vorhalle verlassen wir nun die Kirche (ein Tip, falls Sie sie noch einmal besuchen wollen: In der Kapitolskirche finden vor allem in der Oster- und Weihnachtszeit Kirchenkonzerte statt) und betrachten von neuem das Äbtissinnenhaus:

Über der Eingangstür hängt eine Gedenktafel. Von 1804-1808 logierte hier das Romantiker-Ehepaar Dorothea und Friedrich Schlegel. Obwohl Dorothea sich wesentlich häufiger als ihr Mann in dieser Wohnung aufhielt und als Autorin und Übersetzerin wie Friedrich eine Persönlichkeit des »öffentlichen Romantiker-Lebens« war, erinnert die Tafel nur an ihn.[535]

Dorothea Schlegel war kurz nach der Säkularisierung Bewohnerin des Äbtissinnenhauses – hier faßte sie den Gedanken, zum Katholizismus zu konvertieren.

Nach dem Aufenthalt der Schlegels wurde das Haus zunächst als Pfarrhaus genutzt. Um die Jahrhundertwende aber lebte und arbeitete hier Regina Koellen, die »Vorsteherin« der staatlich anerkannten, aber privat geleiteten »Höheren Mädchenschule«. Ziel der »höheren« Mädchenbildung war die »harmonische Ausbildung der Intellektualität, des Gemütes und des Willens in religiös-nationalem Sinne auf realistisch-ästhetischer Grundlage«.[536] Regina Koellen war zunächst 16 Jahre lang als Lehrerin an der höheren Mädchenschule von Sybilla Wagner (Bachemstraße) tätig gewesen,[537]

Konzessionierte Mädchenschulen.

Drammer Maria, Hohenstaufenring 53.
Frangenheim Anna u. Stahl Bertha, Salierring 54.
Huth Erasmus, Frau, Melaten, Theresienstraße 163.
Köllen Regina, Kasinostraße 3.
Koll Anna, Zülpicherplatz 13.
Ruttenteuler Joh=., Gereonstr. 73.
Merlo Henriette, Friesenplatz 12.
Schwestern vom armen Kinde Jesu, Ehrenfeld, Geißel=
    straße 96. 98. Vorsteherin: Clara Winkler.
Settegast Käthe, Kaiser-Wilhelm-Ring 5.
Surmann Elis., Frl., Beethovenstraße 13.
Teschner Agnes, Beethovenstraße 7.
Ursulinen, Schule der, Machabäerstraße 45. Oberin:
    Ida Tophoff.
Wegner Gertraud, Maria-Ablaßplatz 6.

Liste der höheren Mädchenschulen zu Beginn des 20. Jh.s.

hatte aber 1890 eine eigene Schule eröffnet, und zwar im selben Stadtteil – offensichtlich ein Konkurrenzunternehmen. Die Wagnerschule ging dann auch 1891 ein.[538] Der Lehrplan der »Höheren Töchterschule Koellen« ging nicht wesentlich über den Stoff einer Mittelschule hinaus, und in den Jahren ihres Bestehens (immer um 50-100 Schülerinnen) hat sie nie größere Bedeutung erlangt. Die Gründe dafür lagen u.a. im häufigen Wechsel der Lehrkräfte, der wiederum auf die beschämend niedrige Besoldung (die Schule lebte allein von den Schulgeldern der Eltern) und die unterschiedliche Vorbildung der Schülerinnen zurückgeht. 1915 sah die Schulleiterin ein, daß mit der zunehmenden Anerkennung qualifizierter Mädchenbildung (1908 war in Preußen ein Gesetz zur Verbesserung der Mädchenschulbildung erlassen worden) solche Privatschulen kaum noch Sinn machten und nicht zu bezahlen waren; sie verhandelte mit einem relativ jungen Nonnenorden, den »Schwestern Unserer Lieben Frau« aus Mülhausen, wegen einer Übernahme der Schule, und der Orden schickte bald Schulschwestern nach Köln. Die bisher gemischtkonfessionelle Schule wurde katholische Privatschule, unter dem Namen Liebfrauenschule zog sie an den nahe gelegenen Georgsplatz und bestand dort bis 1939. Heute gibt es in Lindenthal wieder ein katholisches Liebfrauengymnasium für Mädchen und Jungen.

Im 19. und 20. Jh. unterhielt der Nonnenorden der Vinzentinerinnen in der Kasinostraße Nr. 6 eine Betreuungsstelle für Mädchen. Der Orden der überwiegend im Gesundheits-, Jugend- und Kinderbereich tätigen Nonnen, auch »Barmherzige Schwestern vom hl. Vinzenz von Paul« genannt, war 1634 in Frankreich zunächst als karitative Frauenvereinigung mit dem Ziel gegründet worden, kranken Familien zu Hause beizustehen. Um diese Tätigkeit ausüben zu können, erhielten die bürger-

lichen Frauen Unterricht in Krankenpflege, Stoff-
und Arzneimittelkunde. Vinzenz nahm zunächst nur
Ehefrauen auf, später auch Jungfrauen, da diese
flexibler einsetzbar waren. Neuer Schwerpunkt
wurde nun die Betreuung von Findelkindern. 1654
wurde die Kongregation von Papst Innozenz X.
genehmigt und erhielt eine Regel. In Deutschland
etablierte sich der Orden nur langsam: Erst um
1830, fast 200 Jahre nach der Entstehung, konnte
das erste Kloster der Vinzentinerinnen gegründet
werden. In Köln-Nippes, einer bis 1888 eigenstän-
digen Ortschaft im Norden Kölns, wurde 1869 ein
Provinzialmutterhaus errichtet, das bald 67 Nieder-
lassungen in verschiedenen Bistümern mit insgesamt 849 eingekleideten Schwestern betreute. Um
1900 managten allein in Köln 35 Schwestern verschiedene Einrichtungen: in der Eintrachtstraße ein
Krankenhaus, am Gereonswall das Arbeiterinnen-
Hospiz »Marienheim«, in der Elsaßstraße das
»Maria-Hilf-Asyl« und hier in der Pfarre St. Maria im
Kapitol eine Art »Mädchenzentrum«.[539]

Der Mädchenhort war als
Schutz- und Missionsort
gedacht.

---

408.   **Näh= und Bewahrschule.**

Cafinostraße 6.   Maria im Capitol.

Leitung: Vincentinerinnen.

Bewahrschule von 8—6 Uhr mit Mittageffen.

Koften: 30, 40 und 50 Pfg., für arme Kinder aus
der Pfarre St. Maria im Capitol auch unentgeltlich.

In der Kasinostraße unterhielten die Vinzentinerinnen verschiedene Einrichtungen. Da war zunächst
eine »Aufenthaltsstelle für arme Schülerinnen«
(eine Art früher Mädchenhort), weiter eine Pension
für Seminaristinnen und Ladengehilfinnen, eine
Nähschule, eine Speiseanstalt für arme Schulkinder und ein Kindergarten. »Es ist dort ein Aufenthalt
geschaffen für arme Schülerinnen von 4-7 Uhr
nachmittags«,[540] lautet eine Selbstdarstellung des
Mädchenhortes, der zu Beginn des Jahrhunderts
»Bewahrschule« genannt wurde. Die Bewahrschu-
len wollten die Kölner Arbeiterinnen und andere
erwerbstätige Mütter entlasten, die oft zwischen
neun und zwölf Stunden täglich arbeiten gingen. Im
Deutschen Reich war die Zahl der »gewerbetätigen
Frauen« von 1,5 Millionen (im Jahre 1882) innerhalb
von 25 Jahren auf 3,5 Millionen gestiegen (1907). In
Preußen waren 1882 erst 790 000 Frauen berufstätig, aber im Jahr 1907 schon mehr als doppelt so
viele, nämlich 1,8 Millionen.[541] Diese Umstrukturierungen brachten große Veränderungen innerhalb
der Familien mit sich. Natürlich ging es den Nonnen
nicht primär darum, proletarischen Frauen einen

Gefallen zu tun, wohl aber um das Seelenheil dieser nun unbetreuten Kinder, vor allem der
Mädchen. Die Ordensfrauen versuchten, diese jungen Seelen vor Unmoral und den Gefahren der
Stadt zu retten, indem sie sie vor dem »verderblichen Herumstreifen auf der Straße« bewahrten,
also letztlich davor, der Prostitution »in die Arme
getrieben zu werden«.[542] Zugleich wurde versucht,
sie an die katholische Organisation anzubinden.
Die reichen Pfarrmitglieder, die als »Sponsoren«
dieser Einrichtung fungierten, fürchteten vermutlich
die aufkommende Sozialdemokratie noch mehr als
die Unsittlichkeit und griffen daher gern in ihre
wohlgefüllten Geldbeutel; die Kirche hatte um die
Jahrhundertwende den Beinamen »St. Maria im
Kapital«.[543]

Den Mädchen war es vermutlich egal, welche
Motive der Einrichtung zugrunde lagen. Sie entka-
men der häuslichen Enge, konnten innerhalb des
Klosters spielen, erhielten Milch und zu essen,
arbeiteten gegebenenfalls unter Aufsicht an ihren
Schulaufgaben. Manchmal machten die Nonnen
mit den Mädchen auch Spaziergänge und ermun-
terten sie zum Lesen von ausgewählten Büchern.

Die älteren Mädchen konnten nach dem Hort die
Nähschule besuchen: Wenn sie »fürs Kloster« nähten, betrugen die Aufenthaltskosten 1,50 Mark
monatlich, wenn sie für sich selbst arbeiteten
5 Mark monatlich. Betreut von insgesamt vier
Schwestern, hielten sich die Mädchen von morgens acht bis um halb zwölf und von zwei bis sechs
Uhr in der Nähschule auf – das klingt wie eine Vor-
stufe zur Fabrikarbeit, und in der Tat waren manche
Horte »Ausgangspunkte gewerblicher Kinderarbeit«[544]. In den 1930er Jahren wurde das ehemalige Klostergebäude in ein »Damen- und Altersheim«
umgewandelt.

Gehen Sie die Kasinostraße weiter durch bis zum
Marienplatz *und biegen Sie nach links ein.*

Im Spätmittelalter wohnten hier – ähnlich wie in
der Nähe des Rathauses oder in der Hohe Straße –
die Reichsten der Reichen, z.B. Sibylla Schlösgin
und Johannes Hardenrath, das Stifterpaar aus St.
Maria im Kapitol. Um die Wende vom 19. zum 20.
Jh. war der Marienplatz ein recht beschaulicher
Ort, wie wir auf alten Bildern erkennen können.
Dort residierten z.B. der Prälat, der Kaplan und die
Haushälterin der Pfarrei sowie einige Lehrer; aber
es wohnten hier auch Tagelöhner, Nachtwächter,

Manglerinnen, Näherinnen und Witwen »ohne Gewerbe«.

Im Haus **Nr. 4** arbeitet heute der »Kölner Frauengeschichtsverein«, der 1985 mit historischen Stadtrundfahrten zur Kölner Frauengeschichte seine Arbeit aufnahm und das Ziel verfolgt, die Geschichte der Frauen in Köln bekannt zu machen. Inzwischen haben – überwiegend durch Mund-zu-Mund-Propaganda aktiviert – über 15 000 Kölnerinnen und Köln-Besucherinnen einzeln und in Gruppen an den Stadtrundfahrten bzw. -gängen teilgenommen. Es wurden Straßenum- und -neubenennungen veranlaßt, um auf Frauenarbeit oder weibliche Einzelpersönlichkeiten hinzuweisen, eine Kunstausstellung organisiert und sozialgeschichtlich orientierte Kirchenführungen arrangiert. Bei der Ratsturmdebatte hat eine Mitarbeiterin dazu beigetragen, daß von den 124 Steinfiguren, die den Turm schmücken sollen, statt nur fünf immerhin 18 Skulpturen Frauen darstellen werden. Für den Deutschen Städtetag wurde ein Grundsatzpapier zur Verankerung von Frauengeschichte in den Städten verfaßt. Städtische Ausstellungen, die das Wirken von Frauen nicht berücksichtigen, wurden und werden kritisch kommentiert und gegebenenfalls mit Ersatzmaterial begleitet. Die Vereinsfrauen benötigen für ihre Arbeit Fotobestände, Zeitungsartikel und gegebenenfalls Tagebücher von Kölnerinnen und nehmen entsprechende Hinweise gern entgegen.

Das Haus in der Kurve an der Ostseite des Marienplatzes trug früher die Nr. 24. Nehmen Sie doch auf einem der Steine unter dem Baum Platz, um die folgenden Ausführungen über Mädchenbildung zu lesen. Mit dem Rundgang geht es auf Seite 223 weiter.

Von 1425 bis 1535 diente das Gebäude als sogenanntes Gruthaus, als städtisches BrauerInnenhaus. Vermutlich hat in diesem Haus die Brauerin Fyegin von Broickhusen gelehrt, die 1420 von der Brauerzunft angestellt worden war, um jeweils zwei Kölner Brauern das Grutbrauen beizubringen – der erhaltene Vertrag lief, wie erwähnt, über acht Jahre.

Das ehemalige Haus **Nr. 26**, einstmals im Besitz des merowingischen Hausmeiers, war vermutlich der Kölner Wohnsitz der »edlen Plektrudis«, seiner Gattin. Nachdem das Anwesen verschiedenen Patriziern gehört hatte, erwarb es 1455 das Ehepaar Hardenrath-Schlösgin und ließ auf dem Grundstück ein Stadthaus neu erbauen.

Das Nachbarhaus an der Ecke zur Königstraße (früher Nr. 28, heute **Nr. 20**) wurde im Mittelalter »Haus zum Palast« genannt, in ihm gab es nacheinander zwei Mädchenschulen – der Unterricht lag allerdings auf recht unterschiedlichem Niveau. Von 1867 bis 1888 war hier eine private, stets von Frauen geleitete Töchterschule untergebracht, ab 1909 logierte hier das erste preußische Mädchengymnasium. 1855 als Privatinitiative begonnen, hatte die von Frauen gegründete Privatschule nacheinander an verschiedenen Unterrichtsorten fünf verschiedene Leiterinnen, nach denen sie jeweils genannt wurde. Anders als die Koellen-Schule hatte sie zeitweilig ein recht hohes Niveau, hier lernten einige berühmte Kölnerinnen wie z.B. Minna Bachem-Sieger (1890-1939), eine der Begründerinnen und Leiterinnen des Katholischen Deutschen Frauenbundes und Autorin von Gedichten, oder die Verfasserin zahlreicher Romane und frühe »Soziologin« Adele Gerhard (geb. de Jonge, 1868-1956), Tochter eines Zuckerfabrikanten. Helma Cardauns (geb. 1913), eine Kunsthistorikerin und Journalistin, erlebte die Spätphase der Privatschule.

Die Geschichte der Schule beginnt mit einem Antrag von Frl. Clementine Le Duc auf Genehmigung der Gründung einer »Französischen Anstalt für Töchter der höheren Stände«.[545] Diese wurde 1855 gewährt, und die Dame Le Duc »mit dem unverkennbaren Zug einer potentiellen Frauenrechtlerin« eröffnete ihre Schule am Kunibertskloster als »Deutsch-französisch-englisches Institut für ex- und interne Töchter höherer Stände aller Konfessionen«.[546] 1863 übernahm Frl. Louise Haaß die Leitung, ihre zwei Schwestern halfen, die 40 Schülerinnen zu unterrichten. 1867 zog die Schule dann mit 90 Schülerinnen an den Marienplatz um. Zwar hatte Louise Haaß zuvor eine Vorsteherinnenprüfung absolvieren müssen, doch rügte eine Aufsichtskommission 1874 das zu niedrige Unterrichtsniveau. Bis 1870 gab es in Köln keine städtische höhere Mädchenschule, alle derartigen Institute unterstanden privaten Schulleiterinnen, die, weil Frauen noch immer von den Universitäten ausgeschlossen waren, eher schlecht ausgebildet waren. »Man hielt es auch in Cöln – anderswo war es ebenso – für ausreichend, wenn die ›höhere Tochter‹, die eine beliebte Figur in den Witzblättern jener Zeit war, etwas Französisch und allenfalls auch Englisch parlieren und mit einigen auswendig

Minna Bachem-Sieger, bekannt aus vielen Frauenvereinen (NFG, Katholischer Deutscher Frauenbund, Kolonialverein) besuchte im 19. Jh. eine Mädchenschule am Marienplatz.

gelernten Urteilen über Werke der Literatur und der Kunst aufwarten konnte. Und dieses Bißchen von Scheinbildung beizubringen, reichten die privaten Töchterschulen und Pensionate, deren es in Cöln zeitweilig über 20 gab, vollkommen aus. So verschieden sie auch in ihrem Aufbau, in den Lehrzielen und Lehrplänen waren, sie stimmten darin überein, daß sie alle ein recht hohes Schul- und Pensionsgeld verlangten, das sie zu Standesschulen im schlimmsten Sinne des Wortes machten.«[547] Die Schule von Louise Haaß wurde in eine allgemeine Töchterschule umgewandelt, schraubte also selbst den Anspruch an höhere Bildung herab. 13 Jahre später (1879) hatte sie immer noch 40 Schülerinnen, Leiterin wurde nun Marianne Christine Brors. Sie benannte ihre Schule in »Damen-Institut« um und erhöhte die inhaltlichen Anforderungen erheblich. Der Revisor des Jahres 1880 beschrieb sie als »gebildete, mit sehr gutem Lehrgeschick und großer Begeisterung für ihren Beruf ausgestattete Dame«.[548] Diesen Eindruck bestätigt der Biograph von Minna Bachem-Sieger: »Ihren ersten planmäßigen Unterricht erhielt Minna Sieger zu Köln in der Höheren Mädchenschule von Fräulein M.C. Brors, einer feingebildeten und ausgezeichneten Lehrerin, die viele Jahre hindurch Töchter der ersten Familien der Stadt zu ihren Schülerinnen zählte und mit ihren Kolleginnen die Ausbildung dieser Jugend mit viel Liebe und Hingabe leitete und pflegte.«[549] Minna Sieger nahm einige Mühen auf sich, um diese Schule zu besuchen: »Solange ihre Eltern im Sommer in ihrem Landhaus zu Wesseling wohnten, mußte (...) sie morgens um 5 Uhr den Weg zum Bahnhof Brühl zurücklegen, um von hier nach Köln zu fahren und pünktlich die Schule am Marienplatz zu erreichen.«[550] Das Mädchen wußte wohl, daß es ein selten gewährtes Privileg war, als bürgerliches Mädchen (sie war Tochter eines Justizrates) eine weiterführende Schule besuchen zu dürfen. »Daß die Tochter eines Akademikers sich damals im Hinblick auf ihre künftige Selbständigkeit und Erwerbstätigkeit, etwa für den Beruf als Pädagogin ausbildete, galt in jener Zeit noch als ungewöhnlich, auch nicht als ganz standesgemäß.«[551] 1888 zog diese Privatschule an den Neumarkt um. Nach einem Erlaß von 1894 mußte sie ihre Kapazität auf zehn Klassen ausbauen, hinzu kam eine »Selekta«, in der nur Ausländerinnen unterrichtet wurden. Unter Elisabeth Surmann erfolgte 1900 ein weiterer Umzug in die Beethovenstraße/Ecke Engelbertstraße und 1912 die Fu-

sion mit der gleichartigen Kuttenkeuler-Schule.
Damit war der letzte Umzug fällig, und fortan nannte sich die nun in der Gereonstraße 48 gelegene
Schule »Privates Lyzeum an St. Gereon«. Das neue
Gebäude entsprach mit Physiksaal, Turnhalle, Zei-
chensaal, Hauswirtschaftsküche und Kindergarten
modernsten Anforderungen. Die Zahl der Schülerinnen stieg auf etwa 500 in den 20er Jahren. 1930
wurde 75jähriges Jubiläum gefeiert, aber im Jahr
1933 sperrten die Nazis die öffentlichen Zuschüs-
se, da angeblich kein Bedarf an höherer Mädchenbildung bestehe. Kein Wunder, die NationalsozialistInnen hatten vorab die Studentinnenquote auf
zehn Prozent gesenkt! 1939 mußte die zwi-
schenzeitlich von einem katholischen Förderverein
getragene Schule aufgegeben werden – damit
hatte sie insgesamt 85 Jahre lang existiert.

Lange Zeit eröffnete eine solche Höhere Töchterschule keine weitergehenden Perspektiven für
bildungshungrige Mädchen, denn sie befähigte
nicht zum Besuch einer Universität. Aber auch
nach dem Erwerb des Abiturs durften Mädchen
meist nicht studieren; in Preußen wurde dies erst
1908 gestattet. »Darum blieb Minna Sieger, als sie
ins Elternhaus zurückgekehrt war, nichts anderes
übrig, als mit gleichalterigen und gleichgerichteten
Freundinnen das im Pensionat Gelernte zu erwei-
tern und zu vertiefen.«[552] Dennoch waren solche
Schulen, die den Absolventinnen je nach Schulleitung eine bessere oder schlechtere Allgemeinbil-
dung boten, außer Privatunterricht die einzige
Möglichkeit, eine über Volksschulniveau hinausrei-
chende Bildung zu erwerben.

Die Kölnerin Helma Cardauns berichtet in ihren
Erinnerungen über die herausragende Stellung dieser Mädchenschule für alle weiblichen Mitglieder
ihrer Familie; Großmutter, Mutter und Tochter
haben alle als Mädchen eines dieser Institute
besucht: »(...) es war immer dasselbe und doch
neue Gesicht der einen Privatschule, zu meiner
Mutter Zeit Kuttenkeuler genannt und weiter zurück
Haass und Le Duc. Wenn meine Mutter und
Großmutter von ihrer Schule sprachen, reckten
sich alle Rückenwirbel. Sie nahmen Haltung an,
und ich begriff, daß ich auch bald Haltung annehmen mußte (...), damit auch meine Winzigkeit als
letztes Förmchen in die vorgeprägte Form paßte.«
Helma Cardauns hat sich in dieser Anstalt nicht
immer sehr wohl gefühlt: »Es war ein drückender
Anfang, keine Zeiten für Arabesken wie Schultü-
ten und Photos, obergewaltig das nachsichtige

Lächeln der Direktorin, (...) irritierend für mich das
Auftauchen einer aus allen Lachfältchen strahlen-
den uralten Lehrerin, langer Rock, hochgeknöpfte
vorgewölbte Bluse, Lorgnon an goldener Kette, so
bückte sich die Gute zu meiner Wenigkeit und
erklärte mir, was für eine musterhafte, kluge, fleißige Schülerin meine Mutter gewesen sei.«[553] Sie
läßt die unterschiedlichen Leiterinnen Revue pas-
sieren: »Als ich die Schule antrat (in den 20er Jahren, die Verf.), hatten die verschiedenen Epochen
auf fünf Direktorinnenköpfen ihre Frisuren à la
mode durchfrisiert, alles anzusehen in der Festschrift meiner Schule von 1930, als die Anstalt ihr
75jähriges Bestehen feierte. Die Gründerin, Cle-

Bildnis der Leiterinnen der
höheren Töchterschule
bzw. des Damen-Instituts
durch die Jahrzehnte.

mentine Le Duc, in ihrer Ohrmuschelfrisur keineswegs kokett umlockt, eher mit dem fast spöttisch
wissenden, lauschenden Ausdruck ihres Gesichts

Clementine Le Duc
1855—1863

Louise Haass
1863—1879

Elisabeth
Surmann
ab 1906

Marianne Christine Brors 1879—1906

Johanna Kuttenkeuler 1873—1909

an eine vorweggenommene, in Kopfhörer einge-
spannte Existenz erinnernd; ganz anders die
ohrenfreie Frisur der Louise Haass. Die schwer
lastenden Flechten erweckten Dornenkronen-
Assoziationen, eingedenk der Zeit des preußischen
Kulturkampfes, in der es die liberal und international begründete Schule hinter die Zäune des katholischen Ghettos trieb. Nach Bismarcks neuem Kurs
die würdigen Rundgesichter unter toupiertem Haar
– die beiden Regentinnen Marianne Christine Brors
und Johanna Kuttenkeuler, von 1879-1909, dann
meine Obrigkeit, Elisabeth Surmann, vor dem
Ersten Weltkrieg angetreten, mit meiner Klasse das
Lyzeum zur gymnasialen Studienanstalt erwei-
ternd, erst 1940, nach zähem Widerstand, das löb-
liche Unternehmen von den Nazis ausradiert.
Abgesetzt meine Direktorin, Mittelscheitelfrisur,
Ohren frei, das Haar natur- oder künstlich gewellt,
ich weiß es nicht, obwohl ich fast neun Jahre nach
den Pausen im Treppenhaus an ihr vorbei in meine
Klasse knickste. Frau Direktorin, bei uns schlicht
Fräulein Surmann genannt, (…), ein resigniertes
Gesicht, den Mund zur Sanftmut erzogen in der
sonst ausgewogenen Physiognomie, auf der mit
schwarzem Tuch verschneiderten Brust, der auch
das Verdienstkreuz nicht die geringste Beimi-
schung von selbstgefälligem Stolz verlieh. All diese
Gesichter, die in ihrem Photooval vor mir liegen,
haben einen gemeinsamen Ausdruck, gleich, ob
ihre Existenz in die liberale oder die eingeengte
Epoche fiel. Jede der Pädagoginnen glaubte an
den Menschen, an seine Würde vor Gott und der
Welt. Mal lag die Betonung auf Religion, mal auf
Politik. 1920 standen die Zeiten im Zeichen der
Passion, die mit dem Weltkrieg begann.«[554]

Einige Zeit, nachdem das Damen-Institut den
Marienplatz verlassen hatte, zog die »Gymnasiale
Studienanstalt für Mädchen« ins gleiche Gebäude
ein, das erste humanistische Mädchengymnasium
Preußens, das auf »Bestrebungen aus der Frauen-
welt« zurückzuführen ist. Die Tatsache, daß heute
ca. 50 Prozent der AbiturientInnen Mädchen sind,
verdanken wir u.a. dieser Kölner Initiative. 1893 war
das erste Mädchengymnasium in Karlsruhe gegründet worden. Seit 1899 richteten Kölner Persönlichkeiten mehrfach Petitionen mit der Bitte um
Genehmigung einer solchen neuartigen Einrichtung, die vollwertige Gymnasialbildung und somit
das Studium ermöglichen würde, an den zuständigen Minister. Die unermüdliche Mathilde von
Mevissen verhandelte sogar selbst mit Kultusmini-

ster Studt und den verantwortlichen Dezernenten, doch die Bescheide waren immer ablehnend. Erst am 5.7.1902 erging ein Erlaß, in dem versuchsweise ein sechsjähriger gymnasialer Lehrgang für Mädchen erlaubt wurde – drei Klassen weniger als beantragt. § 3 dieser Genehmigung schrieb die Leitung durch einen »geprüften Schulmann« vor. Diese Abgabe der Führungsposition an einen Mann war eine Konzession für die staatliche Anerkennung; die Hauptinitiatorin von Mevissen ist schweren Herzens darauf eingegangen, und im Gegensatz zu den bisher genannten Mädchenschulen wurden die »Gymnasialklassen für Mädchen« einer männlichen Leitung unterstellt (zuerst Gymnasialprof. Lambert Stein, danach Direktor Prof. Dr. Kreutzer). Ein Kuratorium unter Vorsitz von Mathilde von Mevissen berief die Lehrkräfte der Schule, bestimmte die Gehälter und setzte das Schulgeld fest.[555] Die Schule wurde zu Ostern 1903 im Apostelnkloster 5 in Betrieb genommen, 1909 zog sie an den Marienplatz um. Nach der Erprobungsphase – alle Mädchen bestanden das externe Abitur – wurde festgestellt, daß »die seitherigen Ergebnisse des Unterrichts zeigen, daß fleißige Schülerinnen von Durchschnittsbegabung imstande sind, ohne Schädigung ihrer Gesundheit und ihrer jugendlichen Frische den an sie gestellten Anforderungen in vollem Umfange zu genügen«.[556] Da die Schule so gute Ergebnisse vorweisen konnte und nach der Mädchenschulreform zu erwarten war, daß bald eine städtische Konkurrenzorganisation gegründet würde, machte der Trägerverein um 1908 der Stadt das Angebot, die Institution in ihre Verantwortung zu übernehmen. Die Stadtväter griffen zu, wenn auch z.T. unwillig. In der Ratsrede eines liberalen Stadtverordneten hieß es: »Nicht nur Pflicht der Dankbarkeit gegenüber den Personen, die der Mädchenbildung auch in unserer Stadt eine Gasse gebrochen haben, führt zu der Annahme des Angebots, sondern sie liegt im ureigensten Interesse der Stadt. Sie bekommt eine anerkannte, vorzügliche, bestehende Anstalt, ist in der Lage, sich einen eingeschulten und erprobten Lehrkörper zu eigen zu machen, ein Personenmaterial, das von großer Bedeutung für die Erziehung und das Bildungswesen der Stadt ist. Köln wird auch die erste Stadt sein, die ein vollständig ausgebautes Gymnasium besitzt. In ganz Preußen gibt es sonst kein Mädchengymnasium, überall sind nur Ansätze vorhanden. Es ist nicht nur eine Pflicht der Dankbarkeit, sie zu übernehmen, sondern auch eine ethische Pflicht, das, was Bürgersinn geschaffen hat, nicht untergehen zu lassen, sondern zu erhalten. Es wird stets ein stolzes Moment in der Geschichte unserer Stadt sein, daß das Mädchengymnasium aus freiem Bürgersinn geschaffen ist zu einer Zeit, wo den Bestrebungen der Frauenbildung noch unzeitgemäße Hindernisse entgegengestellt wurden.«[557] 1934 wurde die Schule aufgelöst, da – wie bei der Liebfrauenschule – weiterführende Mädchenbildung angesichts der starken Reduzierung von Studienplätzen für Frauen durch die Nazis sinnlos erschien, die verbliebenen Schülerinnen gingen zur Kaiserin-Augusta-Schule.

Gegenüber, schon auf dem Kirchengelände lag eine Noitburgiskapelle zur Erinnerung an eine Kölner Heilige, die mit der Kirchengründerin Plektrudis verwandt war. Laut der »vita noitburgis« wurde in der Kapelle die Heilige Noitburgis beigesetzt. Über sie berichtet die Legende, sie habe sich gegen eine bevorstehende Zwangsverheiratung durch Gebete zur Wehr gesetzt – schließlich war sie längst Gott geweiht (Nonne). Sie wurde – entsprechend der zynischen Logik solcher Legenden – erhört und durch einen frühen und sanften Tod aus der unangenehmen Lage befreit. Nach der Legende erstrahlte das Kerzenlicht bei der Trauerfeier an ihrem Kopfende so hell, daß ein neben ihr Aufgebahrter zu neuem Leben erwachte.[558] Die Kapelle wird zwar 1163 erstmals erwähnt, doch weist sie ältere Spuren auf. Noitburgis starb um 700, sie wurde in einem Vorgängerbau beigesetzt.[559]

*Wir treten durch das **Dreikönigenpförtchen** auf den **Lichhof**.*

Der Lichhof (Leichenhof) war am Anfang des 20. Jh.s ein Spielplatz für die Kinder des Pfarrbezirks.

(71)

Früher führte eine einzige hohe Treppe von der Königstraße aus zum stiftseigenen Immunitätsbezirk; das Immunitätstor war eine wichtige Grenze für alle, die sich auf geistliches Gebiet flüchten wollten, um etwa einer Stadtverweisung zu entgehen. Wenn z.B. der Rat mal wieder beschlossen hatte, sich des BettlerInnenproblems zu entledigen oder auch durch kurzfristige Ausweisung von Frauen die Prostitution einzudämmen (die »Freier« blieben natürlich unbehelligt), begaben sich die Verfolgten oft auf geistliches Territorium, wo ein anderes Recht herrschte und der Rat keinen Zugriff hatte.

Durch das Dreikönigenpförtchen, das einzige erhaltene Kölner Immunitätstor, sollen angeblich 1164 die Knochen der Heiligen Drei Könige nach Köln hereingekommen sein, tatsächlich ist es aber erst viel später entstanden (Spätgotik, zweite Hälfte des 14. Jh.s).[560] Auf der Rückseite des Törchens, das wie ein großer Reliquienschrein geformt ist, sind (hinter Draht) die Figuren der drei angeblichen Könige und der »Gottesmutter« mit Kind zu sehen. Der Lichhof, auf dem wir uns nun befinden, war der Friedhof (Leichenhof) der Stiftsdamen, ihrer Kanoniker und einiger reicher BürgerInnen. Er ist heute noch einer der schönsten Plätze in Köln und mit dem (rekonstruierten) Sangesmeisterhäuschen (links auf dem Lichhof, 15. Jh. – eine weitere Hardenrath-Schlösgin-Stiftung), den spitzen Häusern 14-18 und dem bunten Eckhaus zur Plectrudengasse ein über Jahrhunderte beliebtes Motiv für Maler und Fotografen.

Hinter der Apsis der Kirche lag im Mittelalter das **Marienhospital**, Teil der »geschlossenen Armenpflege«, in dem Pfründnerinnen durch Beginen eines nahegelegenen Beginenhauses versorgt wurden. Sie nahmen aber auch einige wenige Kranke

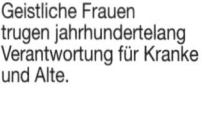
Geistliche Frauen trugen jahrhundertelang Verantwortung für Kranke und Alte.

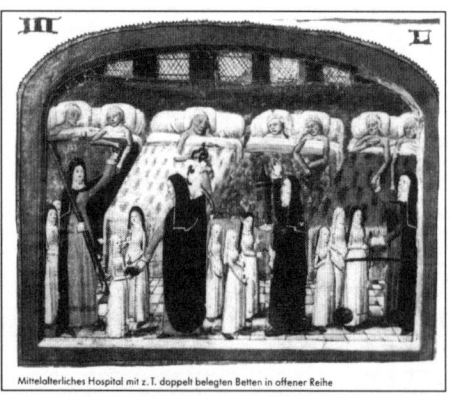
Mittelalterliches Hospital mit z.T. doppelt belegten Betten in offener Reihe

der Pfarrei auf, »die liegenden Kranken«. Das Haus dieser »Wartebeginen« dürfte einer der frühen Kölner Beginenkonvente gewesen sein.[561] Gegebenenfalls durften auch mal PilgerInnen im Hospiz übernachten. Die Binnenleitung übernahm – anders als im Brigidenhospital – eine Angehörige des Stiftes, die Außenvertretung ein Kleriker, genannt Spitalmeister bzw. Prokurator.[562] Finanziell wurde das Hospital von der Bevölkerung mitgetragen. So ist eine Stiftung der Agnes de Cervo aus dem Jahre 1330 belegt, die eine Memorie (eine Gedenkmesse mit Feier) spendete, übrigbleibende Semmeln sollten an die Kranken fallen. »1350 bestimmte Kunegundis Overstolz, daß an die Hospitäler Wein zu verteilen sei«, heißt es in einer weiteren Stiftung.[563] Viele Testamente berücksichtigten explizit alle Hospitäler der Stadt mit Geldbeträgen, manche KölnerInnen, die selbst nicht viel besaßen, gaben immerhin noch ein paar Mark zum Erwerb von Roggen.[564] Kleider und Betten waren ebenso willkommen, ähnlich wie bei unseren Kleidersammlungen.

Der Komplex um St. Maria im Kapitol mit den Seitenkapellen St. Noitburgis und S. Nicolaus auf Mercators Stadtansicht.

Heute steht auf dem Lichhof eine »weibliche« Plastik, das Kölner Totenmal »Trauernde« – auch Todesengel genannt – des Bildhauers Gerhard

Marcks, die 1949 zum Gedenken an die Toten des Zweiten Weltkrieges enthüllt wurde. Hier haben die Kölner Frauenorganisationen in der Nachkriegszeit und in den 50er Jahren bisweilen Gedenkveranstaltungen organisiert, Kriegsdienstgegner zündeten hier Protestfeuer an. Wie fast durchgängig in der Ikonographie ist die Trauer als Frau dargestellt. Das Leid, das die Deutschen den anderen Völkern gebracht haben, bleibt außen vor, die Figur strahlt passiven Opfergeist aus.

Wir umrunden die Kapitolskirche einmal ganz bis zur Kasinostraße, überqueren die Cäcilienstraße und wenden uns nach links. Hinter dem Parkhaus geht es rechts durch die **Hohe Straße** *zum Ausgangspunkt unseres Rundgangs zurück. Da alle auf dem folgenden Gang zurück zu Am Hof bzw. Dom/Hauptbahnhof aufgeführten Bauwerke nach dem Krieg durch Neubauten ersetzt wurden, empfiehlt es sich, den folgenden Text an einer ruhigen Stelle zu lesen, zum Beispiel bei einer Quiche im Café Viva (Große Sandkaul 19) oder bei einem Kaffee oder einem Kölsch, z.B. bei Berni's Nudel oder im Brauhaus Früh.*

An der **Ecke Cäcilienstraße/Hohe Straße** stehen heute ein Parkhaus mit Tankstelle und ein Hotel – auf diesem Eckgrundstück war im Spätmittelalter dem oben kurz erwähnten Männerkloster der Augustiner-Eremiten die Augustinerinnenklause St. Nikolaus angeschlossen, ein »Wohnort« eingeschlossener, eingemauerter Frauen. Beginenkonvente und auch Klausen waren in Köln häufig in der Nähe von Mönchsklöstern zu finden, weil dadurch die geistliche Betreuung sichergestellt war, so auch hier rings um das Augustinerzentrum.

Manche geistliche Frau ließ sich lebenslang auf eine uns grausam anmutende Weise einsperren; um Gott zu dienen, entzog sie sich für immer den weltlichen Verlockungen. Männer gingen zu diesem Zweck meist in die Waldeinsamkeit, Frauen gerade in die größtmögliche Öffentlichkeit der Städte – die Inklusion, ab dem 11./12. Jh. üblich, war eine spezifisch weibliche Form der Askese. 1250 wurde die Klause bei den Augustinern geweiht, in Unterlagen von 1336 erscheinen die Bewohnerinnen als »inclusae in curia burggravii« oder »Schwestern des Burggrafenhofes« (die Klause befand sich im Karree zum nahegelegenen Gelände des Burggrafen).[565] Die Klausnerinnen gehörten bis 1336 dem Zisterzienserorden an, ab 1446 befolgten sie auf

Befehl des Erzbischofs Dietrich II. die Regel der Augustiner, womit sie den Geistlichen dieses Ordens nun direkt unterstanden. 1613 wurde eine Verschärfung der Klausur angeordnet – die Inklusen hatten sich dem Kinderunterricht gewidmet, wirklich abgeschlossen kann ihre Lebensführung folglich nicht (mehr) gewesen sein. Die Augustinerinnenklause bestand bis zur Säkularisierung, das Gebäude wurde 1807 abgebrochen.[566]

An derselben Stelle, nun **Hohe Straße 38**, waren ein Jahrhundert später wieder mehrere Frauenprojekte und -organisationen beheimatet. Ab dem 1.4.1931 war hier die Geschäftsstelle des bereits vorgestellten »Stadtverbandes Kölner Frauenvereine«, dem zu diesem Zeitpunkt Else Falk und Alice Neven DuMont vorsaßen, eingerichtet.

72

Februar/März 1931, GOA Hohestr. 38 l.:
  Soziale Arbeitsgemeinschaft.
  Leitung: Stadtdirektorin Dr. Hertha Kraus und Grete Martin.
  Tag und Stunde werden nach Übereinkunft mit den Teilnehmerinnen festgelegt. Anmeldungen bis zum 1. Januar 1931 an die Geschäftsstelle des Stadtverbandes.

18. März 1931, 17 Uhr, Kölner Frauenklub, Albertusstr. 29:
  Frau und Presse.
  Leitung: Dr. Emmy Wingerath und Dr. Luise Straus-Ernst.

März/April 1931, GOA Hohestrasse 38 l.:
  Frauenberufe.
  Leitung: Dr. Margarethe Thomae und Dr. Fritz Cremer.
  Tag und Stunde werden nach Übereinkunft mit den Teilnehmerinnen festgelegt. Anmeldungen bis zum 1. Februar 1931 an die Geschäftsstelle des Stadtverbandes.

März/April 1931, GOA Hohestrasse 38 l.: **Kölner Kunst.**
  (mit Führungen).
  Kölner Kunstgewerbe,
  Leitung: Dr. Elisabeth Moses.
  Kölner Kirchen,
  Leitung: Dr. Lempertz.
  Tag und Stunde werden nach Übereinkunft mit den Teilnehmerinnen festgelegt. Anmeldungen bis zum 1. Februar 1931 an die Geschäftsstelle des Stadtverbandes.

Der Stadtverband Kölner Frauenvereine verlegte Anfang der 30er Jahre seine Zentrale in die Hohe Straße und bot dort ein reichhaltiges kulturelles und sozial engagiertes Programm an.

Auch die Geschäftsstelle des Verbandes der Sozialbeamtinnen unter Leitung von Grete Martin war hier untergebracht. Sozialbeamtinnen (heute: Sozialarbeiterinnen) hatten – im Gegensatz zu Wohlfahrtspflegerinnen – an einer Frühform der Fachhochschule studiert. Ab 1916 »durften« Frauen an der »Hochschule für kommunale und soziale Verwaltung« in Köln ein »Frauenhochschulstudium für soziale Berufe« absolvieren. Für ehrgeizige Wohlfahrtspflegerinnen war dies ein mögliches Aufbaustudium. »Es hat in der Kriegszeit eine erhebliche Nachfrage nach akademisch ausgebildeten Frauenkräften eingesetzt, und es haben sich andererseits immer mehr für ein Hochschulstudium qualifizierte Frauen gemeldet, die auf einen sozialen Beruf leitender Art Anspruch erheben«, erinnert sich einer der Begründer dieses Studienganges für Frauen, Fritz Stier-Somlo.[567] Der »Berufsverband der weiblichen Sozialbeamten«, gegründet unter Vorsitz von F.M. Rathmann, begann seine Arbeit 1921 mit 17 Mitgliedern. Dieser Verband übernahm z.B. die rechtliche Oberaufsicht über uneheliche Kinder, für die bisher die Polizei zuständig gewesen war.[568] Die soziale Frage war zwar noch Ansatzpunkt der konkreten Arbeit, doch sollte die Sozialbeamtin in erster Linie nicht Einzelschicksale betrachten, sondern in wirtschaftlichen, milieubezogenen und gesellschaftlichen Zusammenhängen denken und helfen. Nicht Einzelfallhilfe, sondern Lösung der sozialen Frage war der hohe Anspruch.

In der Hohe Straße Nr. 38 trafen sich auch die Frauen des »Vereins Müttererholung und Mütterschulung« unter Vorsitz von Else Falk,[569] und hier entstand (um 1925/6) der »Verein Fünfter Wohlfahrtsverband«, ein Vorläufer des Deutschen Paritätischen Wohlfahrtsverbandes (ab 1930). Dieser Zusammenschluß bot u.a. den Hauspflegevereinen, den Kindererholungsvereinen, den Trägerinitiativen von Säuglings-, Mütter- und Wöchnerinnenheimen, Volksküchen, Mädchenheimen usw. eine professionelle Außenvertretung, die gegenüber dem Staat materielle Interessen durchsetzte.[570] Frauen vom Stadtverband der Frauenvereine haben in Köln die Geschäfte des Fünften Wohlfahrtsverbandes geführt, dabei soziale Gerichtshilfe, Sozialbetreuungen, Teilnahme an Sitzungen des Gefängnisvereines, der Gesundheitsbehörde u.a.m. übernommen. Der Verband ging 1934 in die NSV, die Nationalsozialistische Volkswohlfahrt über.[571]

Heute, in einer Zeit massiver Kürzungen im Sozialbereich, fangen die Wohlfahrtsverbände zwar noch manchen Mangel auf, sie sind aber selbst Einschränkungen unterworfen und z.T. durch Managergebaren und Abrechungsfehler in ihrem sozialen Anspruch unglaubwürdig geworden.

Die größte Anziehungskraft aber übte zweifellos ein Restaurant mit dem mysteriösen Namen GOA I (für Gaststätte ohne Alkohol) aus, das vom »Kölner Frauenverein für alkoholfreie Gast- und Erholungsstätten« 1929 gegründet worden war und im ersten

G O A

die Gaststätte ohne Alkohol

des Kölner Frauenvereins für alkoholfreie Gast- und Erholungsstätten E.V.

Hohe Strasse 38 I.

Ecke Augustinerplatz

Gutgepflegte Küche nach Hausfrauenart
Preiswerter Mittag- und Abendtisch
Behagliche Frühstücks- und Kaffeestube
Apfel- und Traubensäfte

Geöffnet von 10½ bis 21 Uhr

Die GOA war ein Kernstück der Sozial- und Berufs-arbeit des Stadtverbandes, ein professioneller Frauen-betrieb.

Stock des Hauses lag. 1928 hatten Kölner Alkohol-gegnerinnen auf der großen Ausstellung »Pressa« mit einer abstinenten Gaststätte einen solchen Erfolg gehabt, daß sie im folgenden Jahr eine Dauergaststätte eröffneten. GOA I war ein geselliger Treffpunkt für die verschiedensten Anlässe und Veranstaltungen. Und das Projekt wurde von den Frauen beständig ausgebaut: »(...) am zweiten Geburtstag konnte die verdienstvolle Leiterin bereits von sieben Betrieben berichten, die, allen möglichen Bedürfnissen dienend, sich daraus ent-wickelt hatten.«[572] Die GOAs II, III usw. gab es an der alten Universität in der Südstadt (mit Selbstbe-dienung!), im Armenviertel (Obdachlosenasyl Sil-vanstraße), an der Rheinischen Musikschule und im Finanzamt. Der Clou aber war das GOA-Auto. »In Thermosgefäßen trägt es um die Mittagszeit rund um Köln zu Fabriken, Werkstätten, Baustellen, Wegebauten, zum Flughafen die bestellten Mahl-zeiten in großen und kleinen Portionen«,[573] die von einer »weißbeschürzten Helferin« ausgegeben wur-den. Am Sonntag ging's mit dem Auto zu Sporthal-len und Ausflugsorten. Dieses Wirtschaftsunter-nehmen war das einzige seiner Art in Westdeutsch-land, es beschäftigte 68 Angestellte. Alle Unterbe-triebe wurden gleichfalls von den Vereinsfrauen geleitet. »Der Kölner Frauenverein für alkoholfreie Gast- und Erholungsstätten sieht eine wichtige Aufgabe darin, seine Gasthäuser kaufmännisch einwandfrei zu führen und damit den Beweis zu erbringen, daß auch ohne die hohen Gewinne an alkololischen Getränken die Rentabilität eines sol-chen Unternehmens keine Utopie ist.«[574] Das Unternehmen wurde immer professioneller: 1930 wurden allein 400 000 Mittagessen ausgegeben.[575] In der Hohe Straße 38 konnte der Verein sich bis

1931 auf drei Etagen ausdehnen, er stellte Klub-
zimmer für Vereine bereit und bot Berufstätigen, die
ihre Mittagspause in der Innenstadt verbringen
mußten, Ruheräume an: »Hier kann sich der Gast
ein Harmonikabett mieten, bei einer Tasse Mocca
lesend eine Ruhepause einschieben, ehe er wieder
zur Arbeit eilt. Wir hoffen damit besonders berufstätigen Frauen die so nötige Entspannung in der
Hetze des Großstadttempos zu bieten.«[576] »Saal-
töchter« brachten vegetarische und gemischte
Kost sowie Säfte, Milch oder Kaffee.[577]

Das Anti-Alkohol-Projekt stand – wie fast alle in
diesem Haus – unter Vorsitz der bereits mehrfach
erwähnten Else Falk (geb. Wahl, 1872-1956). Den
Stadtverband der Kölner Frauenvereine führte sie
von 1919 bis 1933 an. Frau Falk wirkte ebenso in
städtischen Gremien mit wie in kleinen Frauenvereinen. Sie war mit dem Kölner Stadtverordneten
bzw. Preußischen Landtagsabgeordneten Bern-
hard Falk verheiratet, der der liberalen Deutschen
Demokratischen Partei bzw. der Deutschen Staatspartei angehörte; sie selbst war in einem großen
Bezirk Hauptvertrauensfrau der Staatspartei. Else
Falk war so anerkannt, daß schon zu ihren Lebzei-
ten das 1930 vom Stadtverband in Zusammenarbeit mit dem Architekten Riphahn und der GAG in
der Bornheimer Straße 4 in Zollstock erbaute und
von Else Falk mit einer Stiftung bedachte »Haus für
Berufstätige Frauen« nach ihr benannt wurde.[578]
Als Jüdin mußte sie nach der Machtübergabe an
die NationalsozialistInnen alle Ämter aufgeben.[579]
Ihre Wohnung wurde in der Reichspogromnacht
1938 völlig zerstört, die Familie emigrierte nach
Brüssel. Nach dem Tod ihres Mannes ging Else
Falk nach São Paulo, wo ihr Sohn lebte. 1952
besuchte sie Köln noch einmal, unterhielt auch
Briefkontakte zu einzelnen ehemaligen KölnerIn-
nen, die oft ebenso wie sie im Exil lebten.[580]

Nicht nur die aktive Zeit der Else Falk, auch die
Geschichte des Stadtverbandes Kölner Frauenvereine endete kurz nach der »Machtübergabe«
(30.1.1933). Im März 1933 wollte der Stadtverband
den 24. Jahrestag seiner Gründung feiern, aber
dazu kam es nicht mehr: »Zwei Tage nach der
Kommunalwahl in Köln (also am 14.3.1933, d. Verf.)
erschien in der Geschäftsstelle des Stadtverbandes, Hohe Straße 38, die Frauenschaftsführerin
Breuer aus der Christophstraße mit einem SA-
Mann. Sie erklärte den Vorstand des Stadtverbandes für abgesetzt und das Büro für beschlagnahmt.
Dann meldete sie per Telefon mit ›Heil Hitler‹ dem

Else Falk, die langjährige
Leiterin des Stadtverban-
des, regte eine Vielzahl von
neuen Frauenvereinen an,
in denen sie oft gleichfalls
zur ersten Vorsitzenden
gewählt wurde.

Stadtverband Kölner Frauenvereine

Vorsitzende: Frau Else Falk, Sedanstrasse 39
Geschäftsstelle: Hohestrasse 38ᵃ

Köln, 22. März 1933
Fernsprecher: 228359

An den Vorstand !

Frau Else Falk hat heute ihr Amt als I. Vorsitzende des
Stadtverbandes Kölner Frauenvereine niedergelegt. Ich lade Sie
zu einer Besprechung für Donnerstag, den 23.ds.Mts. 17 Uhr
in unser Büro,Hohestr. 38 III. ein. Da ausser der Neuorganisation
des Stadtverbandes wichtige persönliche Fragen besprochen
werden müssen, bitte ich dringend um Ihr Erscheinen.
Mit freundlichen Grüssen
Stadtverband Kölner Frauenvereine
I.A. Alice Neven DuMont .

Nach der Etablierung des Nationalsozialismus legt die Jüdin Falk alle Vorstandsämter nieder, um die drohende Auflösung ihres Lebenswerkes zu umgehen, doch ohne Erfolg. Sie mußte emigrieren.

Oberbürgermeister Dr. Riesen, daß das Büro besetzt worden sei.«[581] Innerhalb der nächsten 24 Stunden wurden die Räume untersucht und verwüstet. »Was aus dem Inventar, den Büchern und Akten geworden ist, blieb unbekannt«,[582] berichtet Verbandsfrau Rosemarie Ellscheid. Obwohl einzelne Mitglieder vor der »braunen Gefahr« und ihrem Frauenbild gewarnt hatten, wurden die Verbandsräume im Handumdrehen von einer NSDAP-Unterorganisation verwüstet und die Ergebnisse jahrelanger Frauenarbeit vernichtet. Ein wichtiges Stück Kölner Frauengeschichte von 1894/5 (Gründung des Kölner Frauenfortbildungs-Vereins) bis 1933 wurde bei dieser Aktion zerstört. Die betroffenen Frauen standen dem Geschehen eher hilflos gegenüber; so schnell hatten sie wohl keine Aggression erwartet, sonst hätten sie zumindest ihre Unterlagen in Sicherheit gebracht. Würden wir uns heute wohl klüger verhalten, sollten die Rechtsradikalen weiterhin an Macht gewinnen? Natürlich gab es aber auch unter den Stadtverbandsfrauen einige dem NS-System gegenüber positiv eingestellte.

Nachdem die Jüdin Else Falk am 22.3.1933 gezwungenermaßen vom Posten der ersten Vorsitzenden des Stadtverbandes zurückgetreten war,[583] nahmen die deutsch-konservative Alice Neven DuMont und Anna Lindemann ihre Position ein.[584] Bald kam eine Aufforderung der Gaufrauenschaftsleiterin Martha von Gelinck: »Hierdurch werden Sie aufgefordert zu einer Versammlung am Samstag, den 8. Juli, im Lokal ›Café Westminster‹, Hohenzollernring, eine Vertreterin aller Ihnen angeschlossenen Vereine mit Vollmacht zu entsenden. Thema:

```
N.S.-Frauenschaft                        Köln, den 5. Juli 1933
   Gau Köln-Aachen                        Mozartstrasse 28


      An alle

         Kölner Frauenverbände ,

         Hierdurch werden Sie aufgefordert zu einer Versammlung

   am Samstag, den 8. Juli abends 8 Uhr im Lokal „ Café Westminster,

   Hohenzollernring, eine Vertreterin aller Ihnen angeschlossenen Vereine

   mit Vollmacht zu entsenden. Thema : Gleichschaltung und Neuwahlen

   der Vorstände .
                          gez. Martha von Gelinck
                          Gaufrauenschaftsleiterin
                     und Kommissarin für Gleichschaltung
                          des Gaues Köln-Aachen.
```

Aufforderung der
Gaufrauenschaftsleiterin
Martha von Gelinck zum
Erscheinen bei einer
Versammlung mit dem
Thema Gleichschaltung.

Gleichschaltung und Neuwahlen der Vorstände.«[585] Einige Frauen reagierten auf diese Zumutung sofort mit einer Absage, ob überhaupt Vertreterinnen des Stadtverbandes zu dem Termin
erschienen, ist nicht bekannt. Im letzten Nachrichtenblatt des Dachverbandes vom 28.5.1933 erfolgte die Mitteilung, daß sich der Stadtverband mit
seinen 47 angeschlossenen Vereinen nach einstim-
migem Beschluß am 22.5. aufgelöst habe. Der
Stadtverband und der reichsweite BDF hätten
erkannt, »daß ihre Zielsetzung und Arbeitsmetho-
den mit denen der Frauenfront sich nicht in einem
gemeinsamen Rahmen vereinigen lassen.«[586] Die
meisten Vereine seien ersatzlos eliminiert, die
angeschlossenen 12-15 Berufsverbände gleichgeschaltet worden (Integration in die neuen berufs-
ständischen Organisationen). Recht defensiv heißt
es, der Auflösungsbeschluß sei keine Kampfansa-
ge, sondern die Schlußfolgerung aus einer klaren
Erkenntnis der Lage. Die letzte Sprecherin war
Hedwig Pohlschröder-Hahn, Lehrerin, seit Jahrzehnten aktiv um Frauenrechte bemüht. Sie ent-
warf das Bild der weiteren Arbeitsperspektive:
»Keine neue Richtung kann sich entwickeln ohne
die Erfahrungen der vorhergehenden Generation.
So wird auch die große Idee der neuen Frauenfront
die nötige Lebenskraft gewinnen, wenn sie sich
das organisch gewachsene Bisherige nutzbar
macht. Gemeinsam werden alte und neue Kräfte
Gutes leisten können zum Wohl des Vaterlan-
des.«[587] Dann forderte sie die Frauen vom Stadtverband auf, in der NS-Frauenfront das geistige
Erbe des Bundes Deutscher Frauenvereine weiter
zu verfolgen, auch wenn der »äußere Rahmen« (!)
nicht mehr gegeben sei. Zu diesem Zeitpunkt war
das Verbandsbüro bereits verwüstet, die Jüdin aus

dem Vorstand katapultiert; alle Frauen waren aus dem Stadtrat herausgedrängt worden, es saßen schon SPD- und KPD-Abgeordnete in Haft, das Gewerkschaftshaus war gestürmt usw.

Einige Vereine haben sich bruchlos in die Familien-, Frauen- und Rassenideologie des nationalsozialistischen Regimes integriert.[588] So stellte etwa der Verein Müttererholung und Mütterschulung am 18.7.1933 einen Antrag auf Anschluß an die NS-Frauenschaft; gerade dieser von der Jüdin Else Falk gegründete und von der Jüdin Hertha Kraus geförderte Verein ließ sich so vereinnahmen! 1934 wurde er allerdings aufgelöst. Die Frauen sind vielleicht auf die scheinbare Mütterfreundlichkeit des Regimes hereingefallen. Die Künstlerinnenvereinigung GEDOK hat unter dem NS-Regime weitergearbeitet, ohne politischen Einfluß nehmen zu wollen. Bedingung für die Weiterexistenz war jedoch der Ausschluß aller Jüdinnen. Der »Bund Deutscher Akademikerinnen« hatte sich aufgrund dieser Vorgabe republikweit aufgelöst, die Kölner Ortsgruppe arbeitete jedoch noch einige Zeit weiter.[589]

Der Stadtverband besteht seit der Nachkriegszeit wieder als Arbeitskreis Kölner Frauenvereinigungen mit Sitz am Barbarossaplatz. In diesem Arbeitskreis sind zwar Sozialdemokratinnen (»Arbeitsgemeinschaft Sozialdemokratischer Frauen«) engagiert, und auch einige autonome Frauenprojekte haben sich Mitte der 80er Jahre aufnehmen lassen – zu einer wirklichen Begegnung von überwiegend eher konservativen Verbandsfrauen, Parteifrauen und Vertreterinnen der autonomen Projekte ist es bisher jedoch nur selten gekommen. Unterschiedliche Auffassungen zu Themen wie Abtreibung, Homosexualität usw. trennen allzu stark.

Die **Hohe Straße** ist eine der von den Römern angelegten Hauptstraßen, unter verschiedenen Namen wurde sie im Mittelalter vom Dom bis in die Südstadt geführt. Heute ist die Strecke zwischen Gürzenichstraße und Dom/Wallrafplatz die beliebteste Flanierstrecke. In der Hohe Straße lebten stets sehr wohlhabende Menschen aus reichen Zünften (GoldschmiedInnen, WappenstickerInnen), hier standen Zunfthäuser (Harnischmacher), es gab die Hauptgeschäfte, verfallene Prachtbauten aus dem 13. Jh. überlebten neben solchen aus dem 16. Jh., Apotheken neben Höfen auswärtiger Adeliger. Später folgten Etablissements zur Unterhaltung, so z.B. das Kölner Panoptikum. So ist es auch nicht erstaunlich, daß eines der ersten modernen Kauf-

Die Hohe Straße –
seit Jahrhunderten d i e
Einkaufsstraße in Köln.

(73)

Das Kaufhaus Tietz –
ein prachtvoller
Konsumtempel.

häuser sich hier niederließ (Tietz) und eines der
innovativen Bauwerke des 19. Jh.s, ein Passage-
bau, hier errichtet wurde.

»(...) das Kaufhaus Tietz bot wieder Erholung;
Gewimmel, von Frauen beherrscht, die zwar
schneidigen Männern untergeordnet und ihnen
doch überlegen waren: was nützt es, kläffend über
eine ganze Abteilung zu regieren, wenn man, ohne
kläffen zu müssen, über Lippenstift und Puderqua-
sten regieren kann? Ein lächelnder Untertan ist
einem gereizten Herrscher immer überlegen; wie
kicherten die Mädchen hinter ihren galoppierenden
Chefs her; ich suchte das Gesicht, dem sie alle gli-

chen, suchte es vergebens, während ich – Hase, Swinigel oder Maulwurf – mich wie durch Furchen zwischen den Verkaufsständen durchzwängte.«[590] So schilderte Heinrich Böll das große Kölner Kaufhaus.

Frau Flora Tietz (hier mit dem Ehemann und Firmengründer) war in vielen Kölner Frauenvereinen aktiv, die sie mit Geld und Ideen unterstützte – daß die nichtjüdischen Mitfrauen ihrer Gönnerin und Freundin 1933 zur Seite standen, ist zu bezweifeln.

Leonhard Tietz stammte aus Posen/Stralsund, zog aber in den 1890er Jahren mit seiner Frau Flora (geb. Baumann) und Kindern nach Köln. Die Familie gehörte dem liberalen Bürgertum an, sie war u.a. mit der Familie Falk befreundet. Flora Tietz und ihre Schwiegertochter Margarete unterstützten in Köln viele soziale Einrichtungen, waren Mitglied des Frauen-Klubs sowie anderer Einrichtungen und Vereine, auch des nationalistischen »Vaterländischen Frauenvereins«. Die Familie speiste in den Notzeiten der frühen 30er Jahre täglich 800 Hungrige in ihren Kantinen;[591] Sohn Alfred erhielt die Ehrendoktorwürde der Universität usf. An der Ecke zur heute nicht mehr existierenden Blindgasse war 1891 die erste westdeutsche Filiale von Leonhard Tietz eröffnet worden, 1895 ließ die Familie ein größeres Haus an derselben Stelle erbauen.[592] Im Jahre 1902 wurde ein Warenhaus moderner Prägung errichtet; mit einem riesigen Warensortiment und 700 Angestellten war es reichsweit das erste seiner Art. Als Verbindung zwischen Hohe Straße und An St. Agatha war eine Glaskonstruktion geschaffen worden, die aufgrund ihrer durchlässigen Helligkeit und neuartigen Warenpräsentation in gläsernen Schaukästen faszinierte. Der Sohn des Firmengründers, Alfred Tietz, hatte das Gebäude konzipiert; das Passagedach war aufklappbar, die

Gesichter und Pflanzenmotive der plastischen Außendekorationen waren ganz im Stil der Zeit (Jugendstil) geformt.

Bisher hatte es überwiegend kleine Spezialgeschäfte gegeben, etwa reine Kolonialwaren-, Kurzwaren-, Weißwaren- oder Wollwarenlädchen; daneben kauften die Menschen in den Markthallen oder an Ständen die verderblichen Waren ein. Das Prinzip der vertrauten Spezial-Läden wurde in den Kaufhäusern durch die Aufteilung in Abteilungen durchaus beibehalten.

Das Kaufhaus Tietz in den 20er Jahren.

1914 wurde abermals ein neues Gebäude bezogen, das heute noch steht. Bilder von der Inneneinrichtung vermitteln das Gefühl eines wirklich neuartigen Raumerlebnisses. Innovativ war auch, daß bei Tietz nicht jeweils ein Preis ausgehandelt wurde, sondern die Waren mit Festpreisen ausgezeichnet waren. Sortimentsbreite und Heterogenität des Angebots waren außergewöhnlich groß. Eigene Fabriken stellten in den 20er Jahren Waren nur für die Tietz-Kaufhäuser her. Entsprechend viele Arbeitsplätze bot der Konzern: Die Tietz AG verfügte 1929 über 15 000 feste Stellen in ihren Häusern in West- und Süddeutschland. Die VerkäuferInnen erhielten bei Tietz eine überdurchschnittlich gute Ausbildung, pro Haus gab es eine eigene Instruktorin, und jede Verkäuferin nahm durchschnittlich einmal wöchentlich an Besprechungen teil. Hinzu kamen außergewöhnliche Sozialleistungen. Noch Leonhard Tietz selbst gründete eine Personalkrankenkasse und ein Erholungsheim in der Eifel für die Verkäuferinnen. Die Tietz AG gab eine eigene Hauszeitung heraus – für uns heute eine interessante Quelle, denn sie informiert über Frauensportvereine, geförderte Ausbildungen des Verkaufspersonals u.a.m. Das Kaufhaus verlegte als eines der ersten den Ladenschluß von 21 auf 20 Uhr und verwahrte sich gegen die Sonntagsöffnung. Andererseits sorgte der Betrieb – ganz nach amerikanischem Vorbild – durch Zahlenvergleiche der Filialen untereinander und durch Prämienvergaben für harten Wettbewerb unter seinen Angestellten. Der Konzern florierte, allein in Köln gab es bald sieben Filialen. 1905 hatte Leonhard Tietz seine Firma in eine Aktiengesellschaft umgewandelt, Hauptaktionäre wurden vor allem Verwandte und (jüdische) Freunde. Trotz Inflationsverlusten war der Konzern 1924 2,1 Milliarden wert, 1933 ca. 41 Milliarden.

Interessanterweise hat Flora Tietz, die Ehefrau des Konzernchefs, in der Anfangsphase wesentlich intensiver an der Leitung mitgewirkt als später nach zunehmender Expansion und Umstrukturierung.

Die Machtübernahme der Nazis 1933 hatte massive Eingriffe in das private und wirtschaftliche Leben zur Folge. Schon vorher war die Tietz AG und auch die Familie Tietz massiven antisemitischen Bedrohungen ausgesetzt gewesen, wie etwa der damalige Rechtsberater Alphons Silbermann in seinen Memoiren beschreibt.[593] Margarete Tietz, die Schwiegertochter der Firmengründer, berichtet über den 1.4.1933, den Tag des Boykotts jüdischer Geschäfte: »Wie ich das vom 1. April hörte, habe ich gesagt: Mir ist alles ganz gleichgültig. Die Kinder und meine Schwiegermutter will ich nicht im Hause haben. Denn wir haben schon vor dieser Zeit, eigentlich ab Januar, sehr viele Anrufe bekommen: ›Wartet nur! Wir kommen schon! Nehmt Euch in acht!‹ (...) und alles derartige Dinge. Das ging schon die ganze Zeit. (...) An diesem Sonntag beschloß ich: Was auch sei, ich bringe zuerst mal die Familie weg. (...) Am nächsten Morgen bin ich dann mit unseren Kindern (...) und meiner Schwiegermutter (...) nach Amsterdam gefahren und habe meinem Mann alles gesagt, der damals von dieser bevorstehenden Sache noch nichts wußte. (...) Wir waren uns klar darüber, was auch ist, wir würden zu den ersten gehören, die angegriffen würden.«[594] Ein Anlaß der Aggression war die finanzielle Situation mittelständischer Ladenbesitzer, die durch die Existenz von Kaufhäusern Absatzrückgänge zu verzeichnen hatten – wirtschaftliche Umstrukturierungen der letzten Reichsjahre und der Weimarer Zeit wurden den

Juden angelastet. Dem Wirtschaftsdezernenten Kölns wurde es verboten, städtische Aufträge an jüdische Geschäfte zu vergeben, Beamte, SA-Mitglieder, SS-Mitglieder und andere Parteiangehörige durften nicht mehr im Kaufhaus Tietz einkaufen.[595] Schließlich wurde der Konzern zwangsarisiert: Im Juli 1933 begann die sukzessive Auswechslung jüdischer MitinhaberInnen an der Konzernspitze – Aufsichtsratsmitglieder und höhere Angestellte wurden durch »ArierInnen« ersetzt. Einige Verbleibende garantierten anfangs die Kontinuität in der Leitung des großen Konzerns. Eine ehemalige Verkäuferin beschreibt den weiteren Verlauf auf den »unteren Etagen«: Gleich zu Anfang war das gesamte Richmodispersonal in den Mustersaal der Wirtschaftszentrale gerufen worden. »31.7.1933: Es wurde uns offiziell die Namensänderung der Firma in ›Westdeutsche Kaufhof AG‹ mitgeteilt und zugleich ein neuer Kurs der ›neuen‹ Firma in Aussicht gestellt. Im Verkauf soll der Qualitätsgedanke gefördert werden. Die ›Veranstaltungen‹ sollen auf ein kleines Maß beschränkt werden. Vom Personal wird sorgfältige und sachverständige Bedienung des Publikums vorausgesetzt. Das bedeutet also, daß fachgeschultes Personal beschäftigt werden soll und nicht Lehrlinge, wie es bis jetzt nach lang gepflegter Methode geschah. (…) Die Personalangelegenheiten sind gänzlich arischem Einfluß unterworfen. Im allgemeinen ist der Ton auf ›Arbeit‹

Nach der Arisierung: Die Hauszeitung als Instrument für nationalsozialistische Betriebspropaganda.

KAUFHOF-BLÄTTER

Zeitschrift der Betriebsgemeinschaft Westdeutsche Kaufhof A.-G.

3. Jahrgang   April 1935   Heft 4

Einführung der neuen Lehrlinge im Hauptgeschäft

und ›Arbeitsgemeinschaft‹ gelegt.«[596] Der Anteil
des jüdischen Personals wurde erheblich reduziert,
sicherlich fanden viele der Entlassenen danach nie
mehr eine Stelle. Im Herbst 1934 war die »Arisierung« beendet, das letzte jüdische Aufsichtsrats-
mitglied ausgeschieden. Die Hauszeitung »Kauf-
hofblätter« belegt die zügige ideologische Orientierung am Nationalsozialismus; unverhohlen wird
Werbung für Adolf Hitler und »seine« Partei
gemacht. Bilder zeigen Aufmärsche vor dem
eigens beflaggten Kaufhofgebäude neben anderen
von Maifeiern, Betriebsappellen, Führerbesuchen.
Berichte wie »Unsere Jungen und Mädel in ihrer
Freizeit – abends: Dienst im BDM« werben für die
NS-Mädchenorganisation. Der Kaufhof war voll auf
Linie.

Die Familie Tietz aber wanderte aus, zuerst nach
Palästina, später nach Nordamerika. Dort traf Margarete Tietz wiederum mit Hertha Kraus, der früheren Stadtdirektorin, zusammen und leitete auf ihre
Anregung hin über lange Jahre ein Altersheim.

In der **Hohe Straße 53** war um die Jahrhundertwende das erste Automatische Restaurant angesiedelt. Die Deutsche Automaten-Gesellschaft

Das Automaten-Restaurant
– eine touristische Attrakti-
on.

Stollwerck hatte hier 1896 achtzig verschiedene
Schokoladen- und Musikautomaten aufgestellt.
Einer der Firmenleiter hatte die Idee der mechani-
sierten Essens- und Warenausgabe aus Amerika
mitgebracht.[597] Mit hiesigen Kollegen entwickelte
er die Anregungen weiter und erfand Wand- und
Standautomaten für den Verkauf von Schokolade,
Parfüm, Büchern (!), Zigaretten, Streichhölzern und
vielen anderen Artikeln. In den Automaten-Restau-
rants gab es automatische Büffets mit Getränken
und Speisen. 1908 ging der Boom wieder zurück;
einerseits war sicherlich der Reiz des Neuen verflo-
gen, andererseits verteuerten staatliche Auflagen

die Waren immens. »Er (der Automat, d. Verf.) wurde auch politisch angegriffen. Man bezeichnete den Automaten als unlauteren Wettbewerb während der Sonntagsruhe und als Werkzeug zur Störung gottesdienstlicher Andacht. Um 1900 hatte er stürmische Angriffe der Geistlichkeit und der Pädagogen als ein ›Jugendverderber‹ auszuhalten. Es hieß, er verleite die Kinder zur Naschsucht und reize sie zur Unmoral, da sie verführt würden, Falsifikate statt echter Münzen einzuwerfen«, dokumentiert eine Firmenfestschrift die Attacken.[598] Erst in den 50er Jahren setzte die »Automatisierung« sich wieder durch.

(75)

In städtischen Räumen im Haus **Hohe Straße Nr. 55 (Ecke Schildergasse)** betrieb das Kuratorium der Koch- und Haushaltungsschule des Kölner Frauenfortbildungs-Vereins von 1907 bis 1912 eine Hauswirtschaftliche Fortbildungsschule. Der Frauenfortbildungs-Verein ist der älteste Verein der »ersten« Kölner Frauenbewegung. »Bei seiner Gründung, 1894/5, war eine berufliche Ausbildung der Frau noch etwas ziemlich Unbekanntes und oft Befehdetes. Das Verständnis erwachte allmählich in immer höherem Masse. Heute ist sie eine Selbstverständlichkeit«[599], heißt es in einem Rückblick von 1933. Hauptziel des Vereins war die Ausbil-

Haushaltungsunterricht war ein Muß für jedes »richtige« Mädchen.

dung der Mädchen für das praktische Leben und für die den Frauen offenstehenden Berufszweige.[600] Er unterhielt zu diesem Zweck eine kaufmännische Fortbildungsschule und bot Weiterqualifizierungskurse an. Jedoch plädierten die Vereinsfrauen nicht für eine generelle außerhäusliche Berufstätigkeit, sondern vertraten neben ihrem

Engagement für eine Professionalisierung in der Berufswelt auch die Meinung, daß die Mädchen in den Volksschulen viel zu wenig auf den »Beruf« der Hausfrau vorbereitet würden. Deshalb richteten sie 1896 in der Severinsmühlengasse 2 eine erste Haushaltungsschule »für den kleineren Bürgerstand« ein, in der ab 1899 auch sonntags Kurse für Arbeiterinnen stattfanden,[601] 1907 wurde eine weitere Haushaltungsschule in der Hohe Straße gegründet, die 1912 gleichfalls in die Südstadt umzog, in einen ehemaligen Beginenkonvent (Jakobstraße 37). 1915 kam langsam eine geregelte Schulpflicht für gewerbstätige Mädchen und andere weibliche Lehrlinge in Köln in Gang; anders als in der Ausbildung der Jungen spielte dabei hauswirtschaftlicher Unterricht stets eine große Rolle.[602] 1920 gingen die beiden bisher privat finanzierten hauswirtschaftlichen Schulen an die Stadt Köln über, die bisher nur die Gebäude bereitgestellt hatte. Auch daß heute Fortbildung von Mädchen nach der Hauptschule selbstverständlich ist, ist den Forderungen und Aktionen von aktiven Frauen der Jahrhundertwende zu verdanken.

Vielleicht hat manches Kochschul-Mädchen mit Neid nach nebenan zum Automaten-Restaurant geschielt.

Das Gelände der **Hohe Straße Nr. 111-115** (heute Woolworth) war fast immer im Besitz bedeu-

76

Die Königin-Augusta-Halle als Wandelort für Flaneure, Freier ...

tender Patrizierfamilien gewesen, bis um die Mitte des 19. Jh.s begonnen wurde, hier eine Art Basar zu schaffen, ein überdachtes Einkaufszentrum mit luxuriösen Waren. Im Inneren gab es auch eine Reihe von Cafés. 1864 flanierten in der sogenannten Königin-Augusta-Halle, deren Dach das Karree von der Brückenstraße bis zur Ludwigstraße überspannte, die Spaziergänger. Hier traf sich aber durchaus auch die »Viertelswelt«: Die Passage gehörte zu den Orten, die zu bestimmten Zeiten laut einer »Polizeilichen Vorschrift für die wegen gewerbsmäßiger Unzucht der sanitätspolizeilichen Aufsicht unterstellten Weibspersonen« von 1890 von diesen nicht betreten werden durften: »Denselben ist verboten: (...) § 13 sich von Anfang April bis Ende September von Abends 9 Uhr ab und von Anfang October bis Ende März, von Abends 7 Uhr ab, sowie während der Nacht auf der Straße oder in öffentlichen Lokalen zu zeigen, ferner das Betreten folgender Straßen und Plätze: Hohepforte, Hohestraße, Schildergasse, Herzogstraße, Brückenstraße, Ludwigstraße, (...), Königin-Augusta-Halle, Obenmarspforten, Marsplatz, Unter-Seidmacher, (...) Trankgasse und der ganzen unmittelbaren Umgebung des Doms.« Ebenso war es laut § 9 den Prostituierten verboten, »in öffentlichen Lokalen oder auf der Straße durch ihr Aeußeres, Kleidung und Putz, oder ihr Benehmen sich auffällig zu machen, Mannspersonen anzusprechen oder anzulocken und Aergerniß zu erregen.«[603] Der bisherigen Praxis im Umgang mit Prostituierten lag die

... und KäuferInnen (ca. 1935).

Idee zugrunde, möglichst die Ansteckung der Soldaten und bürgerlichen Freier mit Geschlechts-
krankheiten zu verhindern. Prostitution war zwar
bei polizeilicher Aufsicht über die Frauen erlaubt,
aber die Polizisten konnten jede Frau, die ihnen
verdächtig erschien, diesem Gewerbe nachzuge-
hen – also jede Flaneurin! –, einer zwangsweisen
medizinischen Untersuchung zuführen, was auch
geschah, wie vielfach belegt ist. Als emanzipierte

Gegen das Dirnenunwesen. Die Stadtverordnetenversammlung zu Köln nahm aus Anlaß
einer Eingabe von Bürgern betr. das Bordell-
unwesen nach Begründung durch Herrn Stadtverordneten Rings, nicht ohne daß der Herr Oberbürgermeister, der übrigens sachlich auch auf dem
Standpunkte der Resolution stand, darauf hin-
gewiesen hätte, daß die Versammlung weder die
Gewalt noch die Organe hat, um den Mißständen
abzuhelfen, folgende Resolution an: „Indem die
Stadtverordnetenversammlung die zuständigen
Aufsichtsorgane auf die geradezu unerträglichen,
das sittliche und materielle Wohl der Bürger
aufs schlimmste gefährdenden Ausschreitungen
des Dirnenwesens hinweist, gibt sie der Erwartung Ausdruck, daß die Aufsichtsorgane alle ihr
zur Verfügung stehenden Mittel benutzen werden,
um den von der Bürgerschaft so sehr beklagten
Mißständen ein Ende zu bereiten. Die Stadt-
verordneten-Versammlung gibt insbesondere der
Erwartung Ausdruck, daß die Aufsichtsorgane den
skandalösen Zuständen, die das stundenlange
Promenieren der Dirnen auf öffentlichen Straßen und Plätzen, namentlich in der Umgebung
des Domes und der Hohestraße im Gefolge haben,
ein Ende bereiten und der Bürgerschaft denjeni-
gen Schutz angedeihen lassen, auf den sie zur
Wahrung ihrer berechtigten Interessen einen ge-
setzlichen Anspruch hat.“

Das »Dirnenunwesen«
etablierte sich an
anonymisierten Orten
wie den neuen Passagen.

bürgerliche Frauen immer mehr Bereiche der
Öffentlichkeit für sich eroberten, wurde die Ausgrenzung der Prostituierten erneuert; eine Auseinandersetzung mit der Art von männlicher Sexualität
bzw. Beziehungsgestaltung, die Prostitution ermöglichte und verlangte, fand nicht statt. Vor dem
Ersten Weltkrieg gab es in Köln 1350 registrierte
Dirnen, daneben waren aber mindestens 1626
»Heimliche« bekannt.[604] Zur Zeit der Inflation stieg
die Zahl jedoch erwartungsgemäß noch rapide an,
rund 6000 Frauen wurden allein wegen gewerblicher Unzucht festgenommen. Der »Freierfang«
wurde immer offener, die Sanktionen der Polizei
immer härter. Zugleich waren beim Arbeitsamt
18 000 Frauen als arbeitsuchend gemeldet. Selbst
Frauen, die eine Stellung hatten, mußten oft durch
Gelegenheitsprostitution dazuverdienen – ein Phänomen, das sich durch die Geschichte zieht. Die

»Normalität« der sich verkaufenden Frauen notierte auch die Schriftstellerin Irmgard Keun in ihrem bereits erwähnten Roman »Gilgi«: »Sie streicht sich den Trenchcoat glatt und die Haare, gibt der kleinen Baskenmütze wieder den richtigen Sitz. Biegt in die Hohe Straße ein – Menschen, Menschen – das schiebt sich die schmalen Bürgersteige entlang, man kommt nur langsam vorwärts. Verkehrsordnung einhalten! Rechts gehen! Man wird ganz kribbelig, wenn man gewohnt ist, lange flotte Schritte zu machen. An der Passage stehen ein paar trübselige Nutten, sie sehen brav, bieder und schlecht gelaunt aus, ohne Schminke und Atropin könnte man sie für entlassene Telefonbeamtinnen halten.«[605] Die Passagebauten sind heute wieder »in«, postmodern frisiert finden wir sie rings um den Neumarkt (Olivandenhof, Neumarktpassage, Richmodishaus) oder auch Am Hof (Stollwerckpassage). Prostituierte und Freier suchen heute entweder die Bahnhofsgegend oder unbelebte Straßen auf.

In der **Hohe Straße 120, Ecke Salomonsgasse** wurde die »Rheinische Hausfrau« gedruckt (Deutsches Druck- und Verlagshaus); Redaktionsort war die nahegelegene Minoritenstraße. Die Zeitschrift hatte bis zum 25.8.1907 »Kölner Hausfrau« geheißen, dann wurde sie in »Rheinische Hausfrau« umbenannt, weil sie »auch weit darüber hinaus in der Provinz sich Freunde und Freundinnen erworben« hatte.[606] Die Artikel der Hausfrauenzeitung kreisten zwar vorrangig um Kochrezepte und Schnittmuster, doch finden sich vereinzelt nützliche Hinweise auf Aktivitäten der bürgerlichen Frauenbewegung sowie Artikel zu sozialgeschichtlichen Themen: das Dienstbotenproblem, Frauen und Wirtshäuser, Frauen im Karneval – solche Artikel geben nicht zuletzt Aufschluß über die Mentalität der Adressatengruppe.

In der **Hohe Straße 121** hatte in den 10er und 20er Jahren des 20. Jh.s eine berühmte Fotografin ihr Atelier: Elsbeth Gropp, die in der GEDOK und in der »Vereinigung Kölner Fotografen« organisiert war. Sie porträtierte viele bekannte Persönlichkeiten aus Köln. Bei dieser Generalstochter, die auch Malerin war, gingen viele Frauen in die »Lehre«, u.a. Ruth Hallensleben, die spätere Industriefotografin. Elsbeth Gropp hatte vertraglich geregelt, daß ihre Elevinnen nach der Ausbildung in Köln nicht als Porträtfotografin arbeiten durften. 1944 wurde ihr Archiv bei einem Bombenangriff zerstört und damit auch eine Quelle für die Dokumentation von Frauenbiographien vernichtet.[607]

Es geht weiter Richtung Wallrafplatz. **Hohe Straße
137**, heute das Hotel Callas, war ebenfalls ein Ort
weiblicher Geschichte. Hier wurde eine Kölner
Frauenzeitung hergestellt: »Die neue Frauenkleidung«. Mitherausgeberin war die bereits erwähnte
Else Wirminghaus, studierte Musikerin und Klavier-
lehrerin, verheiratet mit einem Professor der Han-
delshochschule. Sie war Vorsitzende des lokalen
»Vereins zur Verbesserung der Frauenkleidung«
und Mitglied des »Deutschen Verbandes für Frauenkleidung (und Frauenkultur)«, einer überregionalen Organisation, die gleichfalls für Reformkleidung

Dieser Kölnerin verdanken
wir u.a. die Abschaffung
des Schnürkorsetts:
Else Wirminghaus,
Herausgeberin einer
Zeitschrift für Kleiderreform.

eintrat. Else Wirminghaus vertrat in der Broschüre
»Die Reform der Frauenkleidung« die Auffassung,
»daß eine Emanzipation der Frauen solange
unmöglich war, wie die Knechtschaft der Mode
herrschte und sie sich durch Einschnürung der
Körpermitte (...) allerlei Gebrechen zuzogen, die sie
im Wettbewerb mit dem Mann ins Hintertreffen
brachten.«[608] Zusammen mit Clara Sander (geb.
Loeser, 1871-1958), einer berufslosen jüdischen
Rechtsanwaltsgattin, war Else Wirminghaus seit
etwa 1900 in der Kölner Ortsgruppe aktiv. 1903
gaben die beiden Frauen zunächst eine lokale Zeitschrift heraus (Mitteilungen des Vereins zur Verbesserung der Frauenkleidung bzw. »Die neue Frauenkleidung«, viermal jährlich), um 1911 wurde dieses
Periodikum zur überregionalen »Neue Frauenkleidung und Frauenkultur« erweitert und damit zum
Organ des »Deutschen Verbandes für Verbesserung der Frauenkleidung«, sie erschien zehn- bis
zwölfmal jährlich. Zweck dieser Vereinigung und
auch der Verbandszeitschrift war es, durch textli-
che Darstellungen, Bilder, Ausstellungen oder »Ein-
zelbelehrung« eine korsettlose Frauenkleidung
durchzusetzen, die neben den gesundheitlichen
auch den praktischen und künstlerischen Anforde-

Die Jüdin Clara Sander verband eine andauernde
Freundschaft mit der NS-
freundlichen Wirminghaus.

rungen moderner Frauen entsprechen sollte. Clara
Sander erinnert sich: »Man kann sich heute kaum
die Narrheit vorstellen, die sich in der Frauenkleidung zeigte, wie sie um die Jahrhundertwende war.
(…) In den 90iger (sic.) Jahren lag die Schönheit
einer Frau in ihrem hübschen Gesicht und in der
Enge ihres Taillenumfangs. (…) 50 cm war die übliche Weite für eine elegante junge Frau. (…) Die
Gestalt der Frau glich damals einer Sanduhr. Was in
der Körpermitte zusammengepreßt wurde, quoll
unterhalb und oberhalb natürlich hervor. Hüften
und Busen mußten voll und rund sein. Wo etwas
fehlte, wurde durch eine Polsterung nachgehol-
fen.«[609] Bleichsucht war eine häufige Krankheit junger Mädchen, die inneren Organe der Geschnürten
wurden ständig abgepreßt. Danach wurde eine
gerade Front »in«, bei der ein Korsett den Unterleib
hinaufschnürte und wiederum durch das Ein-
schnüren einen Wulst entstehen ließ, diesmal am
Magen. Auch die Mode der langen Schleppe war
für beschäftigte Frauen und Mütter mit Kindern an
der Hand ein Greuel, weil sie stets die Schleppe in
einer Hand tragen mußten, um sie vor dem
Straßendreck zu bewahren. Verein und Verband zur
Verbesserung der Frauenkleidung verbreiteten
durch Wort und Schrift, durch praktische Auskunft
und Beispiel die Erkenntnis, »daß die heutige Frau
in ihrer Eigenschaft als Mutter und Erzieherin, als

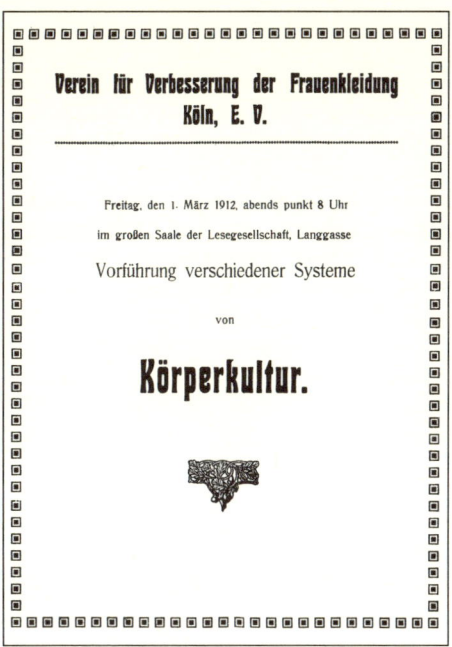

Verein für Verbesserung der
Frauenkleidung –
der Kölner Verein war
mitgliederstark und förderte
u.a. die körperliche Freiheit
durch Gymnastik.

Erwerbende und in sozialer Tätigkeit Stehende den
an sie gestellten Forderungen besser entsprechen
kann, wenn sie ihren Körper nicht wie bisher durch
einengende Kleidung schädigt, sondern ihn durch
zweckmäßige Kleidung und Pflege, durch Leibes-
übungen und Sport abhärtet, kräftigt und elastisch
hält«.[610] In ihren Kölner Beratungsstellen informierten die Korsettgegnerinnen über das sogenannte
Reformkorsett, ein lose anliegendes Leibchen, halfen bei der Suche nach einer Schneiderin, die bereit
war, die neuen, »vernünftigen« Modelle auszupro-
bieren; sie stellten neue Schnittmuster her und verliehen diese weiter. Neue Schaufensterpuppen
ohne Wespentaillen wurden entworfen. Das neuar-
tige, gerade geschnittene Reformkleid, zunächst
als »Reformsäckchen« verspottet, setzte sich
anfangs eher in der Avantgarde der Malerinnen und
Künstlerinnen durch, langfristig wurde aber auch in
breiteren Kreisen die Notwendigkeit einer Abkehr
von krankheitsfördernden Schnürungen erkannt.
Gymnastik war ein weiteres Arbeitsfeld der Re-
formfrauen, auch diese trug dazu bei, den Körper
der Frau zu befreien, sie wurde in Kursen vermittelt
– im Sommer in Gärten und im Winter in eigenen
Räumen des Vereins. Revolutionär wirkte ein vom
Verein organisierter Auftritt der Tänzerin Isadora
Duncan, die 1904 mit nackten Beinen auftrat![611]
Else Wirminghaus veröffentlichte verschiedene

Werke wie »Die Reform der Frauenkleidung, »Die Frau und die Kultur des Körpers« oder »Bleibe jung!« (mit Übungsanleitungen). Die Mode wurde durch die Reformkleidung wirklich beeinflußt, und das Sportsmädel repräsentierte – vielleicht zum ersten Mal seit den Spartanerinnen – einen »modernen« Typ. In der fortschreitenden Weimarer Republik hatte sich das Thema Reformkleidung scheinbar erledigt, das Interesse am Verein nahm ab. Nun wandten die Kleiderfrauen sich allgemeineren Themen wie der gesunden Wohnung und dem Kunsthandwerk zu, der Vereinsname wurde um den Begriff »Frauenkultur« erweitert. Manche Artikel der Vereinszeitung wirkten in ihrer Volksbezogenheit geradezu völkisch-chauvinistisch.

Am 21.2.1933, kurz nach der »Machtergreifung«, hielt Else Wirminghaus vor dem Stadtverband einen Vortrag, in dem sie zur Gegenwart Stellung nahm. In ihrer Feier der »großen Mutter« als Hüterin des Volkes verwendete sie Symbole wie Ähre, Grabmal oder Altar für die Frau und bekräftigte damit nationalsozialistisches Gedankengut.[612] Sie sah nun neue Aufgaben für die Frauenbewegung kommen. »Es ist Sache der Frau, in unserem apokalyptischen Zeitalter alle das Leben bejahenden Kräfte aufzurufen. Die Frau muß ihre eignen Gesetze finden, ihre eigne Aufgabe erkennen lassen. Hier liegt auch die Aufgabe heutiger Frauenbewegung, um den Ausgleich des Wirkens zwischen Mann und Frau schaffen zu helfen. (...) In dieser Zeit höchster politischer Überspannung muß die Frau (...) dem Haß, der heute im Volke emporgewachsen ist, die Menschenliebe entgegenstellen, die über alle Schranken hinweg allein den Menschen sieht, seine Nöte, sein Wollen, den Menschen, mit dem wir als Bruder und Schwester eines Volkes uns verbinden müssen.«[613] Wie viele andere Frauen hoffte Else Wirminghaus vielleicht auf eine Besserstellung der Frau in der nationalsozialistischen Gesellschaft. Auch nach 1933 konnte sie weiter veröffentlichen und ihre Ideen über die Frau im Radio propagieren. Ihre jüdische Freundin Clara Sander dagegen mußte ins Exil.[614] Die Frauen hatten weiterhin, wenn auch selten, Kontakt miteinander – einer der vielen Widersprüche, denen wir in (Frauen-)Biographien begegnen: Else Wirminghaus war nicht in allen Punkten linientreu und ist anscheinend keine stramme Antisemitin geworden.

*Wenn Sie jetzt vor dem Wallrafplatz nach rechts in
die Passage abbiegen, gelangen Sie zurück zu **Am
Hof**.*

In der relativ neu erbauten **Stollwerckpassage**
wurde zwischen mehreren Läden und dem Zugang
zu einem WDR-Studio eine der im Stadtbild so
häufig anzutreffenden »Nackten« in die Konsum-
landschaft integriert, die »Gaia« von Gerhard

Die überdachte Erdgöttin.

Marcks. Diese mythische Gestalt ist eigentlich ein
Symbol für die Urmutter, die Mutter Erde, aus deren
Schoß alles Lebendige hervorging. Vor Gaia gab es
in der griechischen Mythologie nur das Chaos, lee-
ren, gähnenden Raum. Sie breitete sich darin aus
und gebar – befruchtet von Eros und anderen – die
Rachegöttinnen Erinnyen, die Titanen, Kyklopen
und Giganten. Sie brachte drachenköpfige Unge-
heuer zur Welt, und sie initiierte das Traumorakel in
Delphi, das von dem Drachen Python bewacht
wurde. Fürwahr eine ehrfurchtgebietende, mächtige Göttin! Erst durch einen gewaltsamen Umsturz
bemächtigte sich Apollon des Orakels. Gaia wird in
der Regel eher verharmlosend mit Füllhorn, Früch-
ten und Kindern anstelle von Riesen, Monstern und
Rachegöttinnen dargestellt. Doch selbst solche
Attribute der Erdgöttin fehlen der hier aufgestellten
Figur; es wirkt unwahrscheinlich, daß dieses liebli-
che Geschöpf ein Riesengeschlecht hervorgebracht haben sollte! Die Figur heißt zwar »Gaia«,
doch ist sie letztlich nur eine beliebige Skulptur
eines (halb)nackten Frauenkörpers, wie sie in
Parks, vor öffentlichen Gebäuden oder eben in Ein-

kaufspassagen aufgestellt werden. Offenbar sind auch berühmte Bildhauer von einem normierten Frauenbild geprägt – hier jedenfalls wurde Gaia, die aus dem Chaos entstandene weibliche Macht, nicht dargestellt, sondern eher eine recht gelassene »Gabi«.

Nach einer Original-Aufnahme von P. Geut, Köln

Der Heinzelmännchen-Brunnen

81

Sympathisierende Flaneure vor dem Heinzelmännchen-Brunnen. Wie bekannt, waren die Heinzelmännchen nur ihrem eigenen Geschlecht zugetan und unterstützten keine arbeitenden Frauen, weswegen eine erboste Frau sie aus der Stadt verscheuchte – die ihr durch den Histörchenschreiber Kopisch zugeschriebene Neugier simplifiziert den Geschlechteraspekt.

Anhang

Anmerkungen

(HAStK = Historisches Archiv der Stadt Köln)

1 Zit. nach Becker-Jákli 1988, S. 390.
2 Vgl. auch die Diplomarbeit von Wevering.
3 Etwa von Werthmann im Straßburger Diözesanblatt von 1899, vgl. Kall, S. 263.
4 Zit. nach Frauenkommunikation e.V. u.a. (Hg.), S. 146.
5 Vgl. Kall, S. 244, und Barry, S. 100 f.
6 Vgl. Becker-Jákli 1988, S. 389.
7 Vgl. dazu Meyer-Renschhausen, S. 274.
8 Vgl. Frauenkommunikation e.V. u.a. (Hg.), S. 145.
9 Vgl. Kall, S. 250.
10 Vgl. Krings, S. 93.
11 Liese, S. 198, zit. nach Kall, S. 251.
12 Nachzuvollziehen ist dies am leichtesten bezüglich der obersten Wohlfahrtsverbände. So wurden gegründet: 1849 das Diakonische Werk, 1897 der Deutsche Caritasverband, 1917 die Zentralwohlfahrtsstelle der Juden in Deutschland, 1919 die Arbeiterwohlfahrt und 1920 der Deutsche Paritätische Wohlfahrtsverband.
13 Becker-Jákli 1988, S. 481.
14 Ebd.
15 Städtische und private Wohlfahrtseinrichtungen, S. 82 f.
16 Becker-Jákli 1988, S. 334.
17 Mägdehäuser, S. 375.
18 Kall, S. 250.
19 Wegweiser 1902, S. 13.
20 Jahrbuch der Frauenbewegung 1912, S. 141 f.
21 Vgl. Kall, S. 260.
22 Vgl. ebd., S. 243.
23 Vgl. Liese, S. 186.
24 Im Historischen Archiv der Stadt Köln sind in den Nachlässen Teusch und Trimborn einige Dokumente zu diesem Verband einzusehen.
25 Vgl. Kaplan, S. 232.
26 Vgl. Kaplan, S. 232 ff.
27 Vgl. Konzept von 1863, zit. nach Becker-Jákli 1988, S. 334.
28 Z.B. auf einem Domumgebungsplan in: Gothein, Bd. 1, 1915.
29 Vgl. Arbeitsgemeinschaft Frauengeschichte der Universität Bonn, S. 24.
30 Förster, S. 129.
31 Vgl. Arbeitsgemeinschaft Frauengeschichte der Universität Bonn, S. 24.

32 Zit. nach Houben, S. 40 f.
33 Zit. nach Janetzki, S. 126.
34 Zit. nach Arbeitsgemeinschaft Frauengeschichte der Universität Bonn, S. 25.
35 Zit. nach Förster, S. 129.
36 Ebd., S. 129.
37 Nachlaßteile des Verbandes befinden sich im Historischen Archiv, Bestand 1138, Protokollbuch 1138, 1; weitere Hinweise im Frauengeschichtsverein.
38 Ellscheid 1983, S. 9.
39 Roehl, S. 57.
40 Duncker, S. 75-77.
41 Roehl, S. 57.
42 Nachrichtenblatt des Stadtverbandes Kölner Frauenvereine; vgl. Ellscheid 1983, S. 23; Kopien im Frauengeschichtsverein.
43 Die Rede ist abgedruckt im Nachrichtenblatt des Stadtverbandes Kölner Frauenvereine vom 9.3.1933.
44 Die Darstellung ihres Lebenslaufes basiert überwiegend auf der Arbeit von Witting und auf dem Manuskript von Garlet.
45 Witting, S. 105.
46 Ebd.
47 Schreiben an den preußischen König vom 21. Februar 1835, zit. nach Witting, S. 108.
48 Ebd.
49 Ebd.
50 Faust, Krieg, S. 84.
51 Vgl. ebd., S. 83.
52 Zit. nach ebd., S. 84.
53 Vgl. dazu den Artikel von Gallwitz.
54 Gerhard 1963, S. 243.
55 Beilage zu der Zeitschrift »Frauenfrage«, Leipzig, 11. Jg., Nr. 1, November 1914, S. 2.
56 BDF-Archiv, Landesarchiv Berlin, Bestand 43-189-6.
57 Vgl. Roehl, S. 57.
58 Vgl. Zerlett, S. 183.
59 Roehl, S. 58.
60 Vgl. Miller, S. 209.
61 Vermutlich an Gertrud Bäumer; Dokument im BDF-Archiv, Stadtarchiv Berlin, Nr. 43-189-6, Kopie im Frauengeschichtsverein.
62 Arbeiterwohlfahrt (Hg.), S. 74 f.
63 Vgl. ebd.
64 Vgl. Riemann 1984, S. 217.

65 Entwurf/Abschrift eines Bittbriefes um Spenden mit Empfehlung durch den neuen Oberbürgermeister Adenauer, also nach Ende November 1917: HAStK, Bestand 502, 199.
66 Vgl. Riemann 1984, S. 218.
67 Vgl. ebd.
68 Arbeiterwohlfahrt (Hg.), S. 77.
69 S. die Einladung im Historischen Archiv ZS III 51,18 (Frauengemeinschaft, Bunter Abend 28.2.1916).
70 Roehl, S. 58.
71 Zit. nach Ellscheid 1983, S. 13.
72 Vgl. Faust, Krieg, S. 86.
73 Vgl. Janßen, S. 13.
74 Zit. nach Hoeber, S. 71.
75 Frauenkommunikation e.V. u.a. (Hg.), S. 197.
76 Arbeiterwohlfahrt (Hg.), S. 77.
77 Arbeiterwohlfahrt (Hg.), S. 78.
78 Zit. nach Janßen, S. 14.
79 Vgl. Wiessing.
80 Wenzel, S. 99 f.
81 Im Historischen Archiv sind weitere Unterlagen in der Abteilung 82 (Kriegswirtschaft) zu finden (z.B. 94,3 und 94,6 sowie bei 1138, 1b; 502; 1067; Reuther 5004 und 1187).
82 In: Franken/Kling-Mathey (Hg.), S. 105-118.
83 Vgl. zu diesem Themenkomplex Mamozai, S. 199, sowie Steimel 1958, S. 118.
84 Vgl. Jahrbuch der Deutschen Frauenbewegung 1914, S. 35.
85 Nachricht über den Kongreß gibt: Schütz, Bd. 2, S. 479.
86 Vgl. ebd., S. 479 f.
87 Vgl. ebd., S. 479.
88 Vgl. Mamozai, S. 100.
89 Jahrbuch der Frauenbewegung: 1913 132 Mitgliedsfrauen, 1916 – während des Krieges um die Kolonien – 188.
90 S. Einladung Mai 1930, Dokument HAStK, Nachlaß Hospelt, 33.
91 Thürmer-Rohr, S. 145 ff.
92 Vgl. Nachrichtenblatt vom 22.12.1932.
93 Vgl. Satzung und Erster Jahresbericht des Vereins von 1906.
94 Kölnische Zeitung vom 9. Mai 1931.
95 Leyden, S. 505.
96 S. Kölnische Zeitung vom 9. Mai 1931.
97 Vgl. Protokollbuch im Bestand 1138 des Historischen Archivs.
98 Zum Milieu vgl. Guilleaume.
99 Vgl. Kölner Frauenklub/Deutscher Lyceumklub (Hg.) und Jahresberichte des Frauen-Klubs.
100 Nachrichtenblatt des Stadtverbandes der Kölner Frauenvereine Nr. 48 vom 26.1.1933.
101 Vgl. Ankündigung in der Kölner Hausfrau vom 27.2.1907.
102 So Meisel-Hess über den Wiener Frauenklub, zit. nach Hacker, S. 12.
103 Kölnische Zeitung vom 9.5.1931.
104 Vgl. Marelle, S. 507.
105 Vgl. Slomka, S. 20.
106 Vgl. Wurmbach, S. 17
107 Vgl. ebd., S. 13 f.
108 Vgl. ebd., S. 49.
109 Ebd.
110 Vgl. Beuys, S. 138 f.
111 In: Franken/Kling-Mathey (Hg.), S. 121-130.
112 Vgl. Franken, in: Franken/Kling-Mathey (Hg.), S. 13-24, und Eck.
113 Zum Thema Frauen auf Denkmälern in Köln vgl. Franken, in: Franken/Kling-Mathey (Hg.), S. 207-222.
114 Zehnter Jahresbericht, S. 45 f.
115 Über die Vereinigung Rechtsschutz für Frauen vgl. Amling 1992, S. 43-50.
116 Vgl. Zehnder, S. 31-33 und 58-61.
117 Vgl. Lange/Bäumer, Teil II, S. 29-32.
118 Vgl. Lent, 1889.
119 Vgl. Brandts, S. 67-69.
120 Vgl. Becker-Jákli 1988, S. 311.
121 Vgl. Handbuch der jüdischen Gemeindeverwaltung, 1911, S. 88.
122 Vgl. dazu: Krautwig: Die Gesundheitsverhältnisse der Stadt Köln. Ärztlich Bemerkungen zur Bevölkerungsstatistik. In: Gothein, Bd. 2, S. 211.
123 Heute sind es in Nordrhein-Westfalen etwa 8 von 1000 Säuglingen, vgl. Kölner Stadtanzeiger vom 14./15.6.1990.
124 Vgl. Janssen-Jurreit, S. 73.
125 Alfred Ploetz (1860-1940) führte den Begriff 1895 ein, gründete 1905 die »Gesellschaft für Rassenhygiene« und gab die Zeitschrift »Archiv für Rassen- und Gesellschaftsbiologie« heraus.
126 Vgl. Riemann 1984, S. 211.
127 Vgl. Jahrbuch der Frauenbewegung 1912, S. 145.
128 Vgl. Schwarz, S. 130.
129 Lange/Bäumer, Teil II, S. 31.
130 Vgl. Janssen-Jurreit, S. 67.
131 Vgl. Lange/Bäumer, Teil II, S. 31.
132 Vgl. Jahrbuch der Frauenbewegung 1912, S. 146.
133 Vgl. Becker-Jákli 1988, S. 383.
134 Jahrbuch der Frauenbewegung 1912, S. 145.
135 Ebd.
136 Vgl. Ellscheid 1983, S. 20.
137 Vgl. Kölner Stadtanzeiger vom 6.11.1932.
138 Cauer, S. 114.
139 Hoeltzsch, S. 323.
140 Erster Bericht von 1913.
141 »Wenn Mutters Kraft versagt«, in: Rheinische Zeitung vom 23./24.5.1931.
142 Vgl. Poensgen, S. 326.
143 Sechster Bericht, S. 1.

144 Zentrale für die gesamte private Wohltätigkeit und öffentliche Wohlfahrtspflege (Hg.), S. 67.
145 Vgl. auch Kolberg, S. 121.
146 Clemen, Bd. 2.4, S. 255, Bezug: Ratsprotokoll von 1611 (die Tore befanden sich zur Bürgerstraße, zur Portalsgasse und zur Judengasse hin bis 1875, 1873, 1861).
147 Vgl. Korsch, S. 19.
148 Landeshauptarchiv Koblenz, Bestand 403, 14152, S. 265 f., Abschrift.
149 Vgl. Deeters, S. 4.
150 Vgl. Kurnitzky, S. 13 f., und Dieckhoff 1988, S. 416-421.
151 Vgl. Köbler 1984, S. 148.
152 Vgl. Warner, S. 217.
153 Ebd., S. 229.
154 Ebd., S. 214.
155 Ebd., S. 219.
156 Vgl. Slomka, S. 32.
157 Vgl. zu den auf dem Rathausturm geehrten Frauenpersönlichkeiten die Broschüre von Leverkus.
158 Vgl. dazu die Abhandlungen von Korsch, Kemp, Irsigler/Lasotta und die kürzlich veröffentlichten Ratsprotokolle.
159 Vgl. Korsch, S. 80, Bezug: Morgensprache von 1588.
160 Vgl. ebd., S. 83.
161 Vgl. ebd., S. 81.
162 Vgl. Schwerhoff, S. 380, 384.
163 Vgl. Korsch, S. 81.
164 Vgl. ebd.
165 Vgl. dazu Schwerhoff, besonders die Kapitel »Die Kriminalisierung der Prostitution«, »Unzucht und Ehebruch«, »Sexualität, Ohnmacht und Gewalt«, »Kindesmord, Abtreibung und Aussetzung«.
166 Vgl. Kemp, S. 36, und Irsigler/Lasotta, S. 179-228.
167 Korsch, S. 82.
168 Z.B. 1458 und 1476, vgl. ebd., S. 84.
169 Ebd., S. 127 (1476).
170 Vgl. Jütte, S. 324, und Schmidt, S. 17.
171 Vgl. Korsch, S. 90 und S. 80, Hebammeneid 1717.
172 Ebd., S. 112 (1647/50).
173 Ebd., S. 125 (1594).
174 Vgl. Ratsprotokoll von 1620, 76, 40 b.
175 Zit. nach Deeters, S. 4 f.
176 Vgl. ebd., S. 3.
177 Korsch, S. 44 f. und 65; auch ein Formular von ca. 1613 erwähnt nur den »filius«, vgl. Deeters, S. 69.
178 Vgl. Wensky 1980, Stellung, S. 14 f.
179 Vgl. Korsch, S. 26.
180 Vgl. Wensky 1980, Stellung, S. 18.
181 Vgl. Korsch, S. 44, Formulierung von 1552.
182 Vgl. ebd., S. 26.
183 Ebd., S. 31 (1599).
184 Vgl. Wensky 1980, Stellung, S. 18.
185 Vgl. Klersch, Volkstum, Bd. 2, S. 54.
186 Vgl. Deeters, S. 8.
187 Stehkämper/Müller, T. 1, 1975, S. XXII.
188 Vgl. Wensky 1980, Stellung, S. 14.
189 Stehkämper/Müller, T. 1, 1975, S. XXII.
190 Ebd.
191 Vgl. dazu das Buch von Militzer.
192 Vgl. Stehkämper/Müller, T. 1, 1975, S. XLI f.
193 Vgl. Wensky 1980, Stellung, S. 16.
194 Deeters, S. 4.
195 Thomas von Aquin, paraphrasiert nach: Hege, S. 21.
196 Laut einer mündlichen Auskunft von Herrn Huiskes (HAStK), 27.11.91.
197 Vgl. dazu Kleinertz 1976, S. 8 f.
198 Vgl. ebd., S. 11.
199 Ausführlicher dazu: Amling 1992, S. 51-60.
200 Vgl. Brief an Frau Teusch aus dem Jahr 1917, HAStK, NL 1187, 39, 11.
201 Vgl. Parlamentarische Beilage zu: Die Frauenbewegung 1901, S. 79, Localanzeiger vom 7.2.1903, Parlamentarische Beilage zu: Die Frauenbewegung 15.3.1903, S. 21 f.
202 Vgl. Meyer-Renschhausen, S. 334 f., und die Aufsätze von Amling/Franken, Filter und Jaitner.
203 Pünder, S. 156.
204 Vgl. Schumacher-Köhl, S. 1.
205 Ebd.
206 Ellscheid 1983, S. 14 f.
207 Vgl. Ellscheid 1983, S. 14.
208 Vgl. Ellscheid 1983, S. 32, und Führer durch die Verwaltung, S. 130.
209 Vgl. Kölner Stadtanzeiger vom 3./4.10.1992.
210 Vgl. dazu den Artikel von Faust über Kirschmann-Röhl.
211 Hartmann 1955, S. 71.
212 Hartmann 1949, S. 446.
213 Ebd.
214 Schumacher-Köhl, S. 3.
215 Vgl. Ellscheid 1983, S. 50, und den Aufsatz von Troeger.
216 Ellscheid 1983, S. 32 und 48, und Fuchs, Chronik, Bd. 2, S. 379 f.
217 Vgl. Ellscheid 1983., S. 48.
218 Vgl. Nachrichtenblatt des Stadtverbandes vom 31.7.1930.
219 Ellscheid 1983, S. 50.
220 Vgl. Hartmann 1955, S. 71.
221 Kurz vor Drucklegung entstand auf Anregung des Frauengeschichtsvereins eine Examensarbeit von Birgit Kummer zu diesem Thema, die im Frauengeschichtsverein eingesehen werden kann.
222 Schumacher-Köhl, S. 2.
223 Vgl. Lemke, S. 223-226, Zeitschriftenartikel aus dem Frauengeschichtsverein und Hinweise im Bestand 1138 des Historischen Archivs.

224 Vgl. Führer durch die Verwaltung, S. 78 ff., »Volkswohlfahrt«.
225 Hartmann 1949, S. 448.
226 Vgl. Ellscheid 1983, S. 34.
227 Hartmann 1949, S. 448.
228 Lemke, S. 224.
229 Schumacher-Köhl, S. 4.
230 Vgl. Artikel und Veranstaltungshinweise in Geschäftsberichten und dem Nachrichtenblatt des Stadtverbandes.
231 Vgl. HAStK, Bestand 903, 112, Artikel vom 1.10.1931.
232 Vgl. Hartmann, Ratsrede, S. 446.
233 Vgl. Artikel in: Westdeutsche Neue Presse/Neue Rheinische Zeitung vom 15.7.54; Kölner Stadtanzeiger vom 17.7.54; Brief von S. Hartmann an OB Schwering vom 12.4.54, Bestand des Historischen Archivs 2, 57; Briefe von Hertha Kraus, Bestand 2, 59 und 62.
234 Schumacher-Köhl, S. 3.
235 Hartmann 1949, S. 446 f.
236 Vgl. Brisch, Bd. 1, S. 20.
237 Brisch, Bd. 1, S. 18.
238 Vgl. Neuhausen, S. 27 und 33.
239 Dietmar, S. 64.
240 Vgl. Wolff, Gerta, S. 171.
241 Vgl. Schäfke 1988, Bd. 1, S. 388.
242 Vgl. Bauer, S. 30.
243 Vgl. Brisch, Bd. 1, S. 26.
244 Vgl. Straus-Ernst, Corbach, Matzerath 1988, Becker-Jákli 1993 und unveröffentlichte Texte im Leo Baeck Institute.
245 Lesevorschlag: Glückel von Hameln (Autobiographie einer Jüdin).
246 Vgl. Wensky 1980, Stellung, S. 300.
247 Vgl. zu der Thematik Schneider Weidmann.
248 Vgl. Wensky 1980, Stellung, S. 74.
249 Vgl. ebd., S. 75.
250 Ketsch, Bd. 1, S. 221, vgl. auch Wensky 1980, Stellung, S. 78.
251 Vgl. Kölner Stadtanzeiger vom 26.3.1930.
252 Vgl. Kyll, S. 341; Schwarz, S. 81-85, 112 f., 136-140; Schütz, Bd. 2, S. 428; Lange/Bäumer, Teil II, S. 32 f.; Clemen, Bd. 2.3, S. 523 ff.; Wiethase u.a. (Hg.), S. 541 ff.
253 Vgl. Gothein, Bd. 2, S. 572.
254 Vgl. Kyll, S. 137.
255 Kölner Hausfrau vom 4.11.1906.
256 Ebd.
257 Vgl. Schwarz, S. 137.
258 Vgl. dazu den Aufsatz von Notz.
259 Vgl. Schwarz, S. 138, und Akten im Historischen Archiv, Bestand 403/VIII 3-3 1906 bzw. 3-4 1913-1920.
260 Vgl. Jahrbuch der Frauenbewegung 1912, S. 156 f.
261 Meyer-Renschhausen, S. 227.
262 Vgl. Meyer-Renschhausen, S. 187.
263 Vgl. Kölner Hausfrau vom 28.4.1907.
264 Meyer-Renschhausen, S. 223 f.
265 Wilhelm Sollmann, zit. nach Nyassi, Bd. II, S. 12 f.
266 Paul Loebe, zit. nach ebd., S. 13.
267 Vgl. Meyer-Renschhausen, S. 178 ff.
268 Vgl. ebd., S. 183 und 269.
269 Vgl. ebd., S. 180.
270 Otto Rühles Erklärungsansatz, zit. nach ebd., S. 256.
271 Vgl. ebd., S. 224.
272 Vgl. ebd., S. 171.
273 Vgl. ebd., S. 228.
274 Vgl. ebd., S. 186.
275 Vgl. Ellscheid 1983, S. 32.
276 Zum Verlauf der Stadtmauer vgl. Wolff, Gerta, S. 152 f.
277 Vgl. Wensky 1980, Stellung, S. 303.
278 Vgl. Korsch, S. 39.
279 Ebd., S. 52.
280 Vgl. ebd., S. 83.
281 Vgl. Kemp, S. 19.
282 Vgl. Schwerhoff, S. 305 ff.
283 Ebd., S. 307.
284 Vgl. ebd., S. 302.
285 Vgl. eine Aufzählung in Keussen 1910, Bd. 2, S. 491 f.
286 Geiger, Bd. 1, S. 89. Weitere Informationen zum Thema »Wäschewaschen in Köln« gibt Wagner, in: Franken/Kling-Mathey, S 141-152.
287 Vgl. Städtische und private Wohlfahrtseinrichtungen, S. 95.
288 Vom tausendjährigen jüdischen Wohltun, Blatt IV.
289 Vgl. Matzerath 1988, S. 62.
290 Asaria, S. 156.
291 Zentralwohlfahrtsstelle, 1928/9, S. 105.
292 Asaria, S. 156.
293 Vgl. Clemen, Bd 2.4, S. 304 f., und die Werke von Keussen.
294 Zit. nach Wensky, Frauenzünfte, S. 71.
295 Vgl. Wensky 1980, Stellung, S. 304.
296 Vgl. ebd., S. 305.
297 Vgl. Korsch, S. 58.
298 Vgl. ebd., S. 95.
299 Vgl. Florian, S. 175.
300 Vgl. Schwerhoff, S. 302.
301 Vgl. Rheinische Zeitung vom 4.6.1960.
302 Dies und die folgenden Ausführungen nach Schwerhoff, S. 138-153 bzw. 178-182.
303 Ebd., S. 179.
304 Ebd., S. 180.
305 Vgl. Kemp, S. 8.
306 Schwerhoff, S. 138.
307 Vgl. Kemp, S. 36.
308 Vgl. Schwerhoff, S. 140, und Kemp, S.28.
309 Vgl. Schwerhoff, S. 141.
310 Vgl. ebd., S. 145.
311 Vgl. Korsch, S. 61.
312 Vgl. Schwerhoff, S. 152.
313 Vgl. ebd., S. 148.
314 Vgl. Korsch, S. 83.
315 Wensky 1980, Stellung, S. 27.
316 Vgl. Irsigler/Lassotta, S. 192.
317 Zum folgenden vgl. Klersch 1961.

318 Vgl. Wilczek, S. 1.
319 Vgl. Klersch 1961, S. 14; Walker, S. 556 f., Ogilvie, S. 85.
320 Vgl. Klossowski, S. 35 f.
321 Vgl. Becker, S. 27.
322 Vgl. Wrede, Bd. 2, S. 200.
323 Becker, S. 32 f.
324 Kaiser, Text 27 (ohne Seitenangabe).
325 Becker, S. 32.
326 Vgl. Becker, S. 32.
327 Vgl. Klersch, Volkstum, Bd. 2, S. 109.
328 Ernst Weyden, zit. nach Häßlin 1964, S. 267.
329 Fritz Hönig, zit. nach Wiethase u.a. (Hg.), S. 625.
330 Kölner Hausfrau vom 27.1.1907.
331 Ebd.
332 Vgl. Express vom 13.2.1988.
333 Korsch, S. 123.
334 Ebd.
335 Ebd.
336 Vgl. Zur Geschichte der Kölnischen Fastnacht, S. 20.
337 Korsch, S. 123.
338 Vgl. Becker-Jákli 1988, S. 424.
339 Vgl. Clemen, Bd. 2.3, S. 33, und Schwarz, S. 81, Anm. 522.
340 Vgl. Johag, S. 156, und Asen, Die Beginen, H. 112, S. 128.
341 Vgl. Jütte, S. 261 f.
342 Vgl. ebd., S. 262.
343 Vgl. Jütte, S. 261; Johag, S. 157, und Asen, Die Beginen, H. 112, S. 128 f.
344 Vgl. Johag, S. 157; Schantz 1888, S. 306, und Asen, Die Beginen, H. 112, S. 128 f.
345 Vgl. Stein, Frederick Marc, S. 78.
346 Vgl. Schantz 1888, S. 306, und Schwarz, S. 225 f.
347 Stein, Frederick Marc, S. 72 f.
348 Vgl. Stein, Frederick Marc, S. 73.
349 Vgl. ebd., S. 75.
350 Vgl. Habermas, S. 203.
351 Vgl. Schantz 1888, S. 308.
352 Vgl. Stein, Frederick Marc, S. 80.
353 Vgl. ebd., S. 62.
354 Vgl. ebd., S. 87, Graphik S. 281 und 283.
355 Vgl. ebd., S. 239.
356 Vgl. ebd., S. 84.
357 Vgl. Heimbucher, S. 639.
358 Vgl. Stein, Frederick Marc, S. 70.
359 Vgl. ebd., S. 66.
360 Vgl. Schantz 1888, S. 308.
361 Vgl. Greving, S. 63.
362 Vgl. ebd., S. 28, und Asen, Die Beginen, H. 112, S. 124-139.
363 Vgl. Asen, Die Beginen, H. 112, S. 124-139.
364 Vgl. Fuchs, Chronik, Bd. 1, S. 261.
365 Vgl. Johag, S. 143.
366 Vgl. Greving, S. 65.
367 Ebd., S. 27.
368 Vgl. Wrede, Bd. 2, S. 121.
369 Wrede, Bd. 1, Stichwort »Bejing«, S. 64
370 Vgl. Greving, S. 28 f.
371 Vgl. Schwarz, S. 81.
372 Vgl. Greving, S. 62.
373 Vgl. ebd., S. 32.
374 Vgl. Schwarz, S. 80.
375 Vgl. zum folgenden die Firmenfestschrift von Leonhard.
376 Vgl. Klersch, Volkstum, Bd. 2, S. 59.
377 Vgl. Schwarz, S. 11.
378 Vgl. Klersch, Volkstum, Bd. 2, S. 59.
379 Vgl. Lauing, S. 106.
380 Vgl. Thur, S. 24.
381 Vgl. ebd.
382 J.A. Demian, zit. nach Ausgewählte Quellen, Bd. 4, S. 28.
383 Vgl. Ellscheid 1983, S. 34.
384 Vgl. Geschäftsbericht des Stadtverbandes 1929/30, S. 16 f., und 1930/31, S. 15 f.
385 Zit. nach Häßlin 1964, S. 27.
386 Kölner Hausfrau vom 6.10.1907.
387 Vgl. dazu die Veröffentlichungen von Franken/Hoerner, Macha/Herborn und Schwerhoff.
388 Vgl. Schwerhoff, S. 95.
389 Vgl. ebd., S. 125-132.
390 Vgl. Schwerhoff, S. 147, und Kemp, S. 11.
391 Vgl. Schwerhoff, S. 98.
392 Ebd., S. 96 und 100.
393 Zit. nach Schönwandt, ohne Paginierung.
394 Zit. nach Ausgewählte Quellen, Bd. 2, S. 55.
395 Zit. nach ebd.
396 Vgl. Klersch, Volkstum, Bd. 1, S. 239.
397 Zit. nach Korsch, S. 85, und Weber, S. 158.
398 Vgl. Weber, S. 148 f.
399 Vgl. ebd., S. 150 f.
400 Vgl. ebd., S. 169.
401 Vgl. ebd.
402 Vgl. ebd., S. 152 f.
403 Vgl. Grevens Adreßbuch von 1913.
404 Klersch, Volkstum, Bd. 1, S. 174.
405 Zum Thema »Rhein« vgl. Hermanns, in: Franken/Kling-Mathey (Hg.), S. 153-160.
406 Vgl. Wensky 1980, Stellung, S. 299-300.
407 Vgl. Kemp, S. 23.
408 Klersch, Volkstum, Bd. 2, S. 57.
409 Vgl. Stankowski, Bd. 2, S. 36.
410 Ebenda, S. 37.
411 Klersch, Volkstum, Bd. 2, S. 54.
412 Vgl. Dietmar, S. 135.
413 Vgl. Wensky 1980, Stellung, S. 286.
414 Klersch, Volkstum, Bd. 1, S. 203.
415 Vgl. Kölner Stadtanzeiger vom 20./21.7.1991.
416 Keun, S. 119-121.
417 Über Prostitution in Köln vgl. die Diplomarbeit von Wevering.
418 Bruno Koster im Westdeutschen Beobachter (der Kölner Nazizeitung) vom 30.8.1937, zit. nach: Ausgewählte Quellen, Bd. 5, S. 60.
419 Vgl. Clemen, Bd. 2.4, S. 436.

420 Die folgenden Informationen beruhen auf Auskünften von Inga Dickel, GEDOK Köln.
421 Vgl. Dehmel, S. 4-7.
422 Ebd., S. 5.
423 Reicke, S. 80.
424 Ebd., S. 79 f.
425 Vgl. HAStK, Bestand 1138, 5.
426 Vgl. Mitgliederverzeichnis der Reichs-GEDOK 1932/3, Hamburg 1933, S. 36 ff., »Ortsgruppe Köln«.
427 Reicke, S. 80.
428 Vgl. Stankowski, Bd. 1, S. 101-102.
429 Dehmel, S. 7.
430 Brief im Archiv Zanders, Bergisch Gladbach.
431 Vgl. Katalogheft, Archiv Zanders, Bergisch Gladbach.
432 Selbstdarstellung aus den 70er Jahren, in: Breuer, S. 243.
433 Vgl. Brief vom 26.3.92 an die Verfasserin.
434 Katalog zur »Alltagsausstellung« in der Galerie am Buttermarkt von 1989, Köln 1989, S. 12.
435 Ernst Weyden, zit. nach Signon, S. 164.
436 Vgl. Wensky 1980, Stellung, S. 302.
437 Vgl. Finzsch, S. 199 ff.
438 Weyden, zit. nach Signon, S. 164.
439 Weyden, ebd.
440 Klebe, zit. nach Ausgewählte Quellen, Bd. 4, S. 19.
441 Vgl. zum folgenden Louis, S. 126 ff.
442 Wrede, Bd. 2, S. 27.
443 Vgl. HAStK, Plankammer 1/337/30; Kreuter 1845.
444 Vgl. Wensky 1980, Stellung, S. 187-241.
445 Vgl. ebd., S. 194.
446 Vgl. ebd., S. 201.
447 Vgl. ebd., S. 234.
448 Vgl. ebd., S. 229.
449 Vgl. ebd., S. 240.
450 Vgl. ebd., S. 301.
451 Vgl. ebd.
452 Vgl. ebd., S. 301 f.
453 Böll, S. 409 f.
454 Thomas Coryat, zit. nach Signon, S. 120.
455 Vgl. Korsch, S. 168 f.
456 Zit. nach Ketsch, Band 2, S. 161 f.
457 Vgl. Korsch, S. 169.
458 Rheinische Hausfrau vom 22.9.1907.
459 Hermann Ritter, zit. nach Häßlin 1964, S. 256.
460 Wiethase u.a. (Hg.), S. 614.
461 Wiethase u.a. (Hg.), S. 614.
462 Rheinische Hausfrau vom 22.9.1907.
463 Vgl. Klersch, Volkstum, Bd. 2, S. 60 f.
464 Vgl. Klersch, Volkstum, Bd. 2, S. 61.
465 Annalen des Historischen Vereines für den Niederrhein, Bd. 44, S. 156, zit. nach Klersch, Volkstum, Bd. 2, S. 61.
466 Wiethase u.a. (Hg.), S. 615.

467 Rheinische Hausfrau vom 22.9.07.
468 Vgl. Schantz, 1888, S. 307.
469 Koelhoff, zit. nach Signon, S. 113.
470 Vgl. Signon, S. 115.
471 Zit. nach Signon, S. 115.
472 Schirmacher, S. 371-382.
473 Vgl. Bericht in: Die christliche Frau, Jg. 2, 1903/4, S. 74 f.
474 Vgl. Ellscheid 1983, S. 30.
475 Vgl. ebd., S. 34, und Kern, S. 138-169.
476 Vgl. Ellscheid 1988, S. 46.
477 Kollwitz, Keiner darf mehr fallen. Offener Brief an Richard Dehmel (Entgegnung), im SPD-Organ Vorwärts vom 30.10.1918; zit. nach Brinker-Gabler 1980, S. 233 f.
478 Vgl. Apolant 1916.
479 Meyer-Renschhausen, S. 38.
480 Vgl. Die Frau, H. 9, 25. Jg., 1918, S. 319.
481 Baum, Leserbrief an die Kölnische Zeitung vom 15.2.1914.
482 Ebd.
483 Vgl. Stadtanzeiger vom 29.10.1916 aus Anlaß der Eröffnung der Sozialen Frauen-Hochschule in Köln.
484 Vgl. Ellscheid 1988, S. 124.
485 Vgl. Jansen, S. 142.
486 Vgl. ebd., S. 144.
487 Vgl. Rheinische Zeitung vom 20.10.1922.
488 Vgl. Ebbinghaus, S. 8.
489 Vgl. zum folgenden die Arbeit von Krümmel/Loogen.
490 Zeitzeugin Josefine Heinrichs, zit. nach Matzerath/Holzhauser, S. 109.
491 Ebbinghaus, S. 10.
492 Vgl. Rheinische Zeitung vom 24.7.58.
493 Vgl. Wolff, Gerta, S. 247.
494 Vgl. ebd., S. 248.
495 Vgl. Kölner Römer-Illustrierte, H. 2, S. 187.
496 Vgl. ebd. und Wolff, Gerta, S. 246.
497 Vgl. Wolff, Gerta, S. 246.
498 Vgl. Walker, Stichworte »Jupiter« (S. 485) und »Trinity« (S. 1019 f.) sowie die Arbeit von Göttner-Abendroth.
499 Vgl. Klersch, Volkstum, Bd. 1, S. 198.
500 Vgl. Heidebrecht/Nolte, S. 105 f.
501 Vgl. Michel, S. 34 f.
502 Vgl. Schulte, S. 39, und Walterfang, S. 12 ff.
503 Vgl. Schulte, S. 41.
504 Vgl. Walterfang, S. 25.
505 Vgl. Johag, S. 53 f., und Walterfang, S. 27 f.
506 Vgl. Schulte, S. 38.
507 Vgl. Clemen, Bd. 2.1, S. 191.
508 Vgl. Klersch, Volkstum, Bd. 1, S. 198.
509 Vgl. Signon, S. 140.
510 Vgl. Clemen, Bd 2.1, S. 192.
511 Vgl. ebd., S. 259.
512 Vgl. Beutler, S. 2 f., und Zerlett, S. 25.
513 Vgl. Clemen, Bd 2.1, S. 190.
514 Vgl. ebd., S. 191.

515 Vgl. z.B. Schäfke 1984, S. 167.
516 Vgl. Clemen, Bd. 2.1, S. 246.
517 Vgl. ebd., S. 191.
518 Zimmermann-Jatho, S. 48.
519 Vgl. zu Ida Unterlagen des Frauen-
     geschichtsvereins (Ratsturm-Ord-
     ner).
520 Vgl. Clemen, Bd. 2.1, S. 228 und
     242, sowie Hilger, S. 27.
521 Vgl. Höhler, S. 116.
522 Mündliche Information von Hiltrud
     Kier auf der Frauenführung durch
     romanische Kirchen 1985.
523 Vgl. Hilger, S. 18.
524 Vgl. ebd., S. 28.
525 Zit. nach Clemen, Bd. 2.1, S. 217.
526 Vgl. Zehnder, S. 684-686.
527 Vgl. Clemen, Bd 2.1, S. 193.
528 Vgl. ebd., S. 222.
529 Vgl. dazu die Texte von Heide-
     brecht/Nolte und von Walterfang.
530 Klersch, Volkstum, Bd 2, S. 51.
531 Vgl. Walterfang, S. 9, Johag, S.
     165, und Klersch, Volkstum, Bd. 2,
     S. 52.
532 Vgl. Ennen, S. 139.
533 Vgl. ebd. und Klersch, Volkstum,
     Bd. 2, S. 51.
534 Vgl. Clemen, Bd. 2.1, S. 195, und
     Ausgewählte Quellen, Bd. 4, Nr. 22.
535 Was diese versäumt, hat Stern mit
     ihrem Artikel über Dorothea Veit-
     Schlegel in: Franken/Kling-Mathey,
     S. 255-260, bzw. in ihrer Biographie
     nachgeholt.
536 § III einer Weimarer Denkschrift von
     1872, zit. nach Frauenkommunika-
     tion e.V. u.a. (Hg.), S. 57.
537 Vgl. Voß, S. 166.
538 Vgl. ebd., S. 353 ff.
539 Vgl. Brandts, S. 14-23.
540 Städtische und private Wohlfahrts-
     einrichtungen, S. 108.
541 Vgl. Meyer-Renschhausen, S. 293.
542 Neue Bahnen, Jg. 1903, S. 102, zit.
     nach Meyer-Renschhausen, S. 290.
543 Signon, S. 128.
544 Schreiber, Kinderhorte, S. 150.
545 Vgl. Voß, S. 229 ff.
546 Cardauns, S. 62.
547 Kahl, S. 70.
548 Voß, S. 230.
549 Hoeber, S. 13.
550 Ebd., S. 14.
551 Ebd.
552 Ebd.
553 Cardauns, S. 65.
554 Ebd., S. 63 f.
555 Vgl. Voß, S. 323, und HAStK,
     Bestand 1067 sowie Bestand
     »Chroniken und Darstellungen«,
     S. 11 (Manuskript Kreutzer).
556 Zit. nach Voß, S. 325.
557 Ebd., S. 327.
558 Dank an Martin Stankowski für
     seine Informationen zu Kölner Heili-
     gen.
559 Vgl. Clemen, Bd. 2.3, S. 348-350.
560 Vgl. ebd., Bd. 2.1, S. 223 f.
561 Vgl. Jütte, S. 294, und Schantz
     1888, S. 306.
562 Vgl. Johag, S. 56 und 162, Jütte,
     S. 294, Schwarz, S. 224.
563 Asen, Die Beginen, H. 111, S. 87.
564 Johag, S. 165.
565 Vgl. Signon, S. 75 f.
566 Ein Artikel von Signori über Inklu-
     sinnen findet sich in: Franken/Kling-
     Mathey, S. 173-184.
567 Fritz Stier-Somlo, Memorandum,
     zit. nach Heimbüchel/Pabst, S. 207,
     s.a. HAStK, Bestand 1138, 4, Jah-
     resbericht von 1927/28, S. 17.
568 Vgl. Rheinische Zeitung vom
     28.1.1931.
569 Vgl. HAStK, Bestand 1138, 54,
     Flugblatt: Was will die Müttererho-
     lungsfürsorge der Frauenhilfe?
570 Vgl. Was ist und was will der Fünfte
     Wohlfahrtsverband? Dokument
     vom 15.10.1926, abgedruckt in
     Hüppe/Schrapper, S. 89 ff.
571 Vgl. HAStK, Bestand 1138, 51:
     Antrag auf Anschluß an die NS-
     Frauenschaft, 18.7.1933.
572 Macco, S. 44.
573 Ebd.
574 Ebd.
575 Vgl. ebd.
576 Zeitungsartikel/Druckfahne über
     Zweck und Erfolge der von Kölner
     Frauenverein für alkoholfreie Gast-
     und Erholungsstätten e.V. bewirt-
     schafteten Speisewirtschaften bzw.
     Trinkhallen von Macco, undatiert,
     HAStK, Bestand 1138, 49.
577 Vgl. Macco.
578 Berufsfrauenhaus vgl. HAStK,
     Bestand 1138, 5, und 1138, 7; s.a.
     Kölner Stadtanzeiger vom
     25.4.1952, Westdeutsche Neue
     Presse vom 25.4.1952 u.a.m.
579 Vgl. HAStK, Bestand 1138, 46, Mit-
     teilungen des Amtsgerichts vom
     20.9.1933 (Ausscheiden von Else
     Falk).
580 Vgl. Brief von Else Falk im Bestand
     904, 162 des Historischen Archivs.
     Sie erwähnt u.a. H. Kraus.
581 Ellscheid 1983, S. 51.
582 Ebd.
583 Vgl. HAStK, Bestand 1138, 11 (Ein-
     ladung vom 28.3.1933 von A.
     Neven DuMont zu einer Bespre-
     chung am 4.4.1933) und 12 (Einla-
     dung vom 22.3.1933 von A. Neven
     DuMont zu einer Besprechung am
     23.3.1933) .
584 Vgl. HAStK, Bestand 1138, 11.
585 HAStK, Bestand 1138, 60, Brief
     vom 5.7.33 (Aufforderung der NS-
     Frauenschaft an alle Kölner Frauen-
     verbände zur Teilnahme an einer
     Versammlung).
586 HAStK, Bestand 1138, 43 (Bericht
     über die Auflösung des Stadtver-
     bandes am 22.5.1933, Schlußwort
     von Hedwig Pohlschröder-Hahn).
587 Vgl. ebd.

588 Vgl. HAStK, Bestand 1138, 51
    (Antrag des Vereins Müttererholung
    und Mütterschulung e.V. auf
    Anschluß an die NS-Frauenschaft).
589 Vgl. Vierzig Jahre Akademikerin-
    nenbund, S. 3.
590 Böll, S. 411.
591 Kölner Tageblatt vom 3.11.31.
592 Vgl. zum folgenden auch die Unter-
    suchung von Meese u.a.
593 Silbermann, S. 101.
594 Tietz, S. 34 f.
595 Vgl. Matzerath 1988, S. 158.
596 Matzerath/Holzhauser, S. 56.
597 Vgl. Menne, S. 32.
598 Kuske, S. 89.
599 HAStK, Nachlaß Mallinckrodt, Abt.
    Fortbildungsverein, Manuskript
    vom 13.2.1933.
600 Vgl. Mallinckrodt, S. 477 f.
601 Vgl. Kölner Hausfrau vom
    21.4.1907 und vom 25.11.1906
    sowie Mumm, S. 73 f.
602 Vgl. Romberg, S. 95.
603 Akten Hauptstaatsarchiv Düssel-
    dorf, Reg. Köln 7621, zit. nach
    Wevering, S. 197.
604 Vgl. Klersch, Volkstum, Bd. 2,
    S. 88.
605 Keun, S. 32 f.
606 Redaktionelle Mitteilung in Nr. 188
    vom 25.8.1907.
607 Vgl. Steimel 1958, S. 150.
608 Zit. nach Sander, S. 78.
609 Ebd., S. 77.
610 Jahrbuch der Frauenbewegung,
    1910.
611 Vgl. Sander, S. 79 f.
612 Abdruck im Nachrichtenblatt vom
    9.3.1933.
613 Zit. nach dem Dokument im HStAK,
    Bestand 1138, 36 (E. Wirminghaus,
    Aufgaben deutscher Frauenge-
    meinschaft).
614 Ihr Nachlaß wird im Leo Baeck
    Institute in New York City aufbe-
    wahrt.

Literaturverzeichnis

Fast alle Titel und Dokumente sind bei folgenden Institutionen aufzufinden:

Universitätsbibliothek Lindenthal, Stadtbücherei am Neumarkt mit Abteilung Germanica Judaica, Frauengeschichtsverein bei St. Maria im Kapitol, Historisches Archiv der Stadt Köln Nähe Waidmarkt, Diözesanbibliothek Nähe St. Ursula, Feministisches Archiv im Bayenturm, Archiv des Katholischen Deutschen Frauenbundes am Eifelplatz. Einige wenige Dokumente entstammen dem Helene-Lange-Archiv in Berlin oder dem Leo Baeck Institute in New York, von diesen liegt in der Regel eine Kopie im Frauengeschichtsverein.

Abt, Josef/Vomm, Wolfgang: Der Kölner Friedhof Melaten. Köln 1980.

Algermissen, Johann Ludwig: Neuester Kölner Führer. Köln ² 1889.

Ameln, Elsbeth von: Köln Appellhofplatz. Rückblick auf ein bewegtes Leben. Köln 1985.

Amling, Elisabeth: »Die Frauen zur Mitbetätigung am öffentlichen Leben auszureifen …« Bürgerliche Frauenpolitik in Köln um 1900 am Beispiel der Pauline Christmann. In: Franken/Kling-Mathey (Hg.): Köln der Frauen. Köln 1992, S. 51-60.

Amling, Elisabeth: »Sprechstunden jeden Donnerstag Nachmittag Annostrasse 26« – Frauenrechtsschutzstelle Köln. In: Franken/Kling-Mathey (Hg.): Köln der Frauen. Köln 1992, S. 43-50.

Amling, Elisabeth/Franken, Irene: Einführung des Wahlrechts für Frauen: 12.11.1918. In: Stadtrevue, H. 11, 1988, S. 16-17.

Amman, Jost: Stände und Handwerker. München 1896.

Apolant, Jenny: Die Mitarbeit der Frau in der kommunalen Wohlfahrtspflege. In: Die Frau, H. 6, März 1916, S. 334 f.

Apolant, Jenny: Die Armenpflegerin. In: Soden, Eugenie von (Hg.): Frauenberufe und -ausbildungsstätten. Stuttgart 1918, S. 129-132.

Arbeiterwohlfahrt (Hg.): Marie Juchacz. Gründerin der Arbeiterwohlfahrt. Leben und Werk. Mit Beiträgen von Lotte Lemke u.a. Bonn 1979.

Arbeitsgemeinschaft Frauengeschichte der Universität Bonn (Hg.): Bonner Frauengeschichte. Ein Stadtrundgang. Bonn 1988.

Arnim, Bettina von: Werke und Briefe, hg. von G. Konrad, Darmstadt 1959-63.

Asaria, Zwi (Hg.): Die Juden in Köln von den ältesten Zeiten bis zur Gegenwart. Köln 1959.

Asen, Johannes: Die Beginen in Köln. In: Annalen des Historischen Vereins für den Niederrhein 111, 1927, S. 81-180; 112, 1928, S. 7-148; 113, 1928, S. 13-96.

Asen, Johannes: Die Klausen in Köln. In: Annalen des Historischen Vereins für den Niederrhein 108, 1926, S. 180-201.

Ausgewählte Quellen zur Kölner Stadtgeschichte, hg. von Robert Frohn u. Arnold Güttsches. 1-6. Köln 1958-61: 1. Quellen zur Geschichte Kölns in römischer u. fränkischer Zeit. Bearb. von Otto Doppelfeld, 1958. 2. Quellen zur Geschichte Kölns im Mittelalter. Bearb. von Herbert Knauf, 1958. 3. Quellen zur Geschichte Kölns in der Neuzeit. 1486-1793. Bearb. von Helmut Lobeck, 1959. 4. Quellen zur Geschichte Kölns in der Neuzeit. 1794-1918. Bearb. von Konrad Schilling, 1960. 5. Quellen zur Geschichte Kölns in der neuesten Zeit. 1918-1945. Bearb. von Peter Joseph Hasenberg, 1961. 6. Quellen zur Geschichte Kölns in der neuesten Zeit. 1945-1969. Bearb. von Peter Joseph Hasenberg, 1961.

Bake, Rita: Zur Stellung der Frau im mittelalterlichen Handwerk. Schreibtischmythen und Realitäten. In: Feministische Studien H. 2, 1983, S. 147-155.

Barry, Kathleen: Sexuelle Versklavung von Frauen. Berlin 1983.

Barta, Ilsebill/Breu, Zita/Hammer-Tugendhat, Daniela/Jenni, Ulrike/Nierhaus, Irene/Schöbel, Irene (Hg.): Frauen, Bilder, Männer, Mythen. Kunsthistorische Beiträge. Berlin 1987.

Bauer, Kurt: Judenrecht in Köln bis zum Jahre 1424. Köln 1964.

Bäumer, Gertrud: Der Krieg und die Frau. Politische Flugschriften. Stuttgart/Berlin 1914.

Becker, Albert: Frauenrechtliches in Brauch und Sitte. Kaiserslautern 1913.

Becker-Jákli, Barbara: »Fürchtet Gott, ehret den König«. Evangelisches Leben im linksrheinischen Köln 1850-1918. Schriftenreihe des Vereins für Rheinische Kirchengeschichte. Köln 1988.

Becker-Jákli, Barbara (Hg.): Ich habe Köln doch so geliebt. Lebensgeschichten jüdischer Kölnerinnen und Kölner. Köln 1993.

Bender, Franz: Illustrierte Geschichte der Stadt Köln. Köln 1912.

Berger, Eva: Die Frau als Projektion des Mannes – eine Museumsführung. In: Kindermann, Gisela (Hg.): Frauen verändern Schule. Dokumentation des 5. Fachkongresses der AG Frauen und Schule. Berlin 1987, S. 150-173.

Bericht der Verhandlungen des Bevölkerungspolitischen Kongreß der Stadt Köln, Pfingstwoche vom 17.-21. Mai 1921, o.O., o.J.

Bers, Günter E. (Hg.): Die Kölner Sozialdemokratie im Jahre 1914. Wentorf b. Hamburg 1974.

Beu, Angelika: Die bürgerliche Frauenbewegung im Kampf um politische Rechte für die Frau vor dem Ersten Weltkrieg. Die Zeitschrift »Die Frauenbewegung« als Beispiel. Hausarbeit zur Ersten Staatsprüfung für das Lehramt an der Realschule, unveröffentlichtes Manuskript, Köln 1977.

Beutler, Christian: St. Maria im Kapitol in Köln. Neuss o.J. [1956].

Beuys, Barbara: Familienleben in Deutschland. Neue Bilder aus der deutschen Vergangenheit. Reinbek 1984.

Billstein, Reinhold (Hg.): Das andere Köln. Demokratische Traditionen seit der französischen Revolution. Köln 1979.

Bock, Gisela: Historische Frauenforschung: Fragestellungen und Perspektiven. In: Hausen, Karin (Hg.): Frauen suchen ihre Geschichte. Historische Studien zum 19. und 20. Jahrhundert. München 1983, S. 22-60.

Böll, Heinrich: Der Zeitungsverkäufer (1959). In: Ders.: Werke – Essayistische Schriften und Reden, Bd. I (1952-1963). Hg. von Bernd Balzer, Köln o.J., S. 315-317.

Brandenberg (Schulrat Dr.): Der mit der Volksschule verbundene Haushaltungsunterricht. In: Krautwig, Peter (Hg.): Naturwissenschaft und Gesundheitswesen in Cöln. Köln 1908, S. 252-258.

Brandts, Max: Die katholischen Wohltätigkeits-Anstalten und -Vereine sowie das katholisch-sociale Vereinswesen insbesondere in der Erzdiöcese Köln, Separat-Abdruck aus Arbeiterwohl, Köln 1895.

Brehmer, Ilse: Koedukation in der Diskussion dieses Jahrhunderts. In: Kindermann, Gisela (Hg.): Frauen verändern Schule. Dokumentation des 5. Fachkongresses der AG Frauen und Schule. Berlin 1987, S. 34-63.

Bremme, Gabriele: Die politische Rolle der Frau in Deutschland. Göttingen 1956.

Breuer, Lore (Hg.): Frauenhandbuch. Koblenz 1974.

Brinker-Gabler, Gisela (Hg.): Frauen gegen den Krieg. Frankfurt/M. 1980.

Brinker-Gabler, Gisela/Ludwig, Karola/Wölffen, Angela: Lexikon deutschsprachiger Schriftstellerinnen 1800-1945. München 1986.

Brisch, Carl: Geschichte der Juden in Cöln und Umgebung aus ältester Zeit bis auf die Gegenwart, Bd. 1 und 2. Unv. Nachdruck der Ausgabe von 1879-82, Walluf b. Wiesbaden 1973.

Brodmeier, Beate: Die Frau im Handwerk in historischer und moderner Sicht. Münster 1963.

Brüll, M. Feliciana: Anna Maria Augustina von Heers. In: Beiträge zur Darstellung und zur Geschichte des Ursulinenordens, Jahrbuch 5, 1930, S. 37-54.

Brunn, Gerhard (Hg.): Sozialdemokratie in Köln. Ein Beitrag zur Stadt- und Parteiengeschichte. Köln 1986.

Brunn, Gerhard: Vom Politischen Kellerkind zur Mehrheitspartei. Die SPD in Köln 1875-1914. In: Ders. (Hg.): Sozialdemokratie in Köln. Ein Beitrag zur Stadt- und Parteiengeschichte. Köln 1986, S. 49-82.

Budde, Rainer: Köln und seine Maler 1300-1500. Köln 1986.

Buschmann, Erna: Mittelalterliche Anschauungen über die politische Begabung der Frau. In: Die Frau, H. 5, Februar 1920, S. 147-149.

Bussenius, O./Hüttemann, M./Schwend, G. (Hg.): Hundert Jahre Kölner Anwaltsverein. Festschrift. Köln 1987.

Caljé-van den Berg, Ellen: Vincent van der Vinnes Eindrücke in Köln 1652-1653, mit Anmerkungen von Fried Mühlberg und Horst Vey. In: Wallraf-Richartz-Jahrbuch 35, 1973, S. 281-308.

Campe, Joachim Heinrich: Väterlicher Rath für meine Tochter. Ein Gegenstück zum Theophron. Der erwachsenen weiblichen Jugend gewidmet. Frankfurt und Leipzig 1789.

Cardauns, Helma (Verbeek-): Riehler Straße 13. Eine Kölner Kindheit. Köln 1985.

Cauer, Minna: Wohltätigkeit. In: Die Frauenbewegung Nr. 15, 1.8.1904, S. 114-116.

Christmann, B. (Hg.): Engagement im Ehrenamt. 90 Jahre Deutsch-Evangelischer Frauenbund, Ortsverband Köln e.V. (1900-1990). Eine Dokumentation. Köln 1990.

Clemen, Paul (Hg.): Die Kunstdenkmäler der Stadt Köln. (Düsseldorf 1906-37) Nachdruck Düsseldorf 1980. Bd. 1.1/2: Krudewig, Johannes/Klinkenberg, Joseph: Quellen. Das römische Köln, 1906, VI,1/2; Bd. 1.1/3: Clemen, Paul: Der Dom zu Köln, 1937, VI,3; Bd. 2.1: Rathgens, Hugo: St. Gereon, St. Johann Baptist, die Marienkirchen, Groß St. Martin, 1911, VII,1; Bd. 2.3: Arntz, Ludwig: Die ehemaligen Kirchen, Klöster, Hospitäler u. Schulbauten der Stadt Köln, 1937, VII,3a; Bd. 2.4: Vogts, Hans: Die profanen Denkmäler, 1930, VII,4.

Corbach, Irene und Dieter: Sophie Sondhelm und die Kölner Jüdische Kinderheilstätte Bad Kreuznach. Köln 1987.

Corsten, Severin (Hg.): Die Kölnische Chronik von 1499 (sog. Koelhoffsche Chronik), Originalgetreuer Nachdr. von 1499, Hamburg 1982.

Dalhoff, Jutta/Frey, Uschi/Schöll, Ingrid (Hg.): Frauenmacht in der Geschichte. Beiträge des 6. Historikerinnen-Treffens in Bonn. Düsseldorf 1986.

Daly, Mary: Pure Lust. Elemental Feminist Philosophy. Boston 1984.

David, Eduard: Säuglingsfürsorge und Rassenhygiene. In: Die Neue Generation, hg. von Helene Stöcker, H. 1, 6. Jg., Berlin 14.1.1910, S. 2-8.

Deeters, Joachim: Das Bürgerrecht der Reichsstadt Köln seit 1396. In: Zeitschrift der Savigny-Stiftung für Rechtsgeschichte, Germ. Abt. Bd. 104, 1987, S. 1-83.

Dehmel, Ida: Mannheimer Rede von 1927. In: Ariadne, H. 8, Juli 1987, S. 4-7.

Denis, Elisabeth: Aus der Erfahrung des katholischen Mädchenschutzes. In: Ehrle, Dr. Gertrud (Hg.): Licht über dem Abgrund. Freiburg 1951, S. 88-96.

Deutscher Lyceumclub e.V. (Hg.): Sechzig Jahre Kölner Frauenclub 1902-1962. Festschrift, Köln 1962.

Dicks, Johannes: Die stadtkölnische Waisenerziehung von 1520-1825. Phil. Diss., Köln 1925.

Dieckhoff, Reiner: Heiliges Köln. In: Maier, Thomas/Murena, Heidrun (Hg.): Köln zwischen Himmel und Ääd. Texte, Gespräche, Tips. Köln 1984, S. 107-115; ders.: Revolutionen in Köln. In: ebd., S. 203-221.

Dieckhoff, Reiner: Grins Kampf mit dem Löwen und seine Bedeutung in der profanen Ikonographie der Stadt Köln. In: Schäfke, Werner (Hg.): Der Name der Freiheit 1288-1988. Aspekte Kölner Geschichte von Worringen bis heute. Handbuch zur Ausstellung (Bd. 1), Köln 1988, S. 416-421.

Diederich, Toni (Bearb.): Revolutionen in Köln 1074-1918. Ausstellungskatalog. Köln 1973.

Dietlein, Hedwig: Bedeutende Frauen aus Kölns 1900jähriger Geschichte, als Vortrag gehalten auf der Diözesantagung des Katholischen Deutschen Frauenbundes Köln, 15.3.50, und der Kölner Frauentagung im Rahmen des Stadtjubiläums Köln, 6.7.50. Unveröff. Manuskript (Frauengeschichtsverein).

Dietmar, Carl: Die Chronik Kölns, Dortmund 1991.

Dolff-Bonekämper, Gabi: Raum-Erleben, Raum-Erfassen, Raum-Beschreiben: Für einen selbst-bewußten Umgang mit mittelalterlicher Architektur. In: Barta, Ilsebill u.a. (Hg.): Frauen, Bilder, Männer, Mythen. Kunsthistorische Beiträge. Berlin 1987, S. 421-438.

Dörhöfer, Kerstin: Frauenhaus und Herrensitz. Ergebnisse aus Architektur und Städtebau. In: Hausen, Karin/Novotny, Helga (Hg.): Wie männlich ist die Wissenschaft? Frankfurt/M. 1986, S. 255-275.

Duncker, Käthe: Unsere Frauen und der nationale Frauendienst. In: Hering, Sabine/Wenzel, Cornelia (Hg.): Frauen riefen, aber man hörte sie nicht. Die Rolle der deutschen Frauen in der internationalen Frauenfriedensbewegung zwischen 1892 und 1933. Quellenband. Kassel 1986, S. 75-77 (= Schriftenreihe des Archivs der deutschen Frauenbewegung, Bd. 2).

Ebbinghaus, Angelika (Hg.): Opfer und Täterinnen. Frauenbiographien des Nationalsozialismus. Nördlingen 1987.

Eck, Werner: Agrippina, die Stadtgründerin Kölns. Ein Frau in der frühkaiserzeitlichen Politik. Köln 1993.

Eckert, Christian: Die Hochschule für kommunale und soziale Verwaltung. In: Gothein, E. (Bearb.): Die Stadt Cöln im ersten Jahrhundert unter Preußischer Herrschaft 1815 bis 1915, hg. von der Stadt Cöln, Köln 1915/6, Bd. 2, S. 16-20.

Eckert, Li: Mathilde von Mevissen, Gedächtnisrede gehalten im Gürzenich am 12.10.1924, hg. vom Stadtverband Cölner Frauenvereine 1924.

Ellscheid, Rosemarie: Die Frau in den deutschen Arbeiterberufsvereinen. Diss. Köln 1923.

Ellscheid, Rosemarie: Dreißig Jahre Deutscher Frauenring, Manuskript. Köln 1977 (Hist. Archiv).

Ellscheid, Rosemarie: Der Stadtverband Kölner Frauenvereine. Ein Kapitel Frauenbewegung und Zeitgeschichte 1909-1933. Köln 1983.

Ellscheid, Rosemarie: Erinnerungen von 1896-1987. Köln 1988.

Ennen, Edith: Frauen im Mittelalter. München 1984.

Erkelenz, Dr.: Das weibliche höhere Bildungswesen am Rhein und insbesondere in Köln. In Vergangenheit und Gegenwart. In: Lent, Eduard (Hg.): Köln. Festschrift für die Mitglieder und Theilnehmer der 61. Versammlung deutscher Naturforscher und Aerzte. Köln 1888, S. 435-452.

Erkens, Josephine (Hg.): Weibliche Polizei. Ihr Werden, ihre Ziele und Arbeitsformen als Ausdruck eines neuen Wollens auf dem Gebiete der Polizei. Lübeck 1925.

Erster Bericht über die Tätigkeit des Cölner Vereins für Haushaltspflege für die Zeit vom 1. Juni bis 31. Dezember 1913, Köln [1914].

Erster Bericht über die Tätigkeit des Wöchnerinnen-Asyl-Vereins in Köln, Köln 1890.

Ewald, Wilhelm/Kuske, Bruno (Hg.): Führer durch die Jahrtausend-Ausstellung der Rheinlande in Köln (Mai bis Juni 1925). Köln 1925.

Faust, Manfred: Elisabeth Kirschmann-Roehl. Abgeordnete in der Nationalversammlung. In: Brunn, Gerhard (Hg.): Sozialdemokratie in Köln. Ein Beitrag zur Stadt- und Parteiengeschichte. Köln 1986, S. 213-216; ders.: Henriette Ackermann. Eine unabhängige Sozialistin. In: ebd., S. 217-222; ders.: Krieg, Revolution, Spaltung. Die Kölner Sozialdemokratie 1914-1920. In: ebd., S. 83-104.

Festschrift zur 75-Jahr-Feier der Kaiserin-Augusta-Schule, Mönchengladbach 1977.

Filter, Conny: Nicht geschenkt, das Frauenwahlrecht! In: Emma, Heft 11, 1988, S. 18-24.

Fings, Karola/Sparing, Frank (Hg.): Nur wenige kamen zurück. Sinti u. Roma im Nationalsozialismus. Ausstellungskatalog. Köln 1990.

Finzsch, Norbert: Obrigkeit u. Unterschichten. Zur Geschichte der rheinischen Unterschichten gegen Ende des 18. und zu Beginn des 19. Jahrhunderts. Stuttgart 1990.

Florian, Fritz Franz: Köln am Rhein, Du schönes Städtchen – Köln am Rhein, Du schöne Stadt. Kleine Gebrauchsanweisung für eine Großstadt. Köln 1955.

Förster, Otto Helmut: Kölnische Kunstsammler vom Mittelalter bis zum Ende des bürgerlichen Zeitalters. Ein Beitrag zu den Grundfragen der neueren Kunstgeschichte. Berlin 1931.

Franken, Irene/Hoerner, Ina: Hexen. Die Verfolgung von Frauen in Köln, Köln 1987, ³1991.

Franken, Irene/Kling Mathey, Christiane (Hg.): Köln der Frauen. Ein Stadtwanderungs- und Lesebuch. Köln 1992.

Franzheim, Liesel: Jetzt gutbürgerliche Gemütlichkeit. In: Stadtsparkasse Köln (Hg.): Köln vor 150 Jahren. Die kleine Ausstellung. Köln 1976, S. 19-22.

Frauenkommunikation e.V./Bender, Ursula/Hohmuth, Marion/Wagner-Klingner, Regina (Hg.): Zierlich und zerbrechlich. Zur Geschichte der Frauenarbeit am Beispiel Düsseldorf. Köln 1988.

Frevert, Ute: Frauen-Geschichte zwischen Bürgerlicher Verbesserung und Neuer Weiblichkeit, Frankfurt/M. 1986.

Fricke, Dieter u.a. (Hg.): Lexikon zur Parteiengeschichte. Die bürgerlichen und kleinbürgerlichen Parteien und Verbände in Deutschland in vier Bänden (1789-1945). Bd. 3, Leipzig 1985 (»Gesellschaft für soziale Reform«).

Fuchs, Peter: Das Rathaus zu Köln. Köln 1990.

Fuchs, Peter (Hg.): Chronik zur Geschichte der Stadt Köln, Bd. 1: Von den Anfängen bis 1400. Köln 1990. Bd. 2: Von 1400 bis zur Gegenwart. Köln 1991.

Fuchs, Peter: 100 Jahre Kaufhof Köln 1891-1991. Köln 1991.

Führer durch die Verwaltung der Stadt Köln, Köln 1930.

Fünfhundert Jahre Rosenkranz. Kunst und Frömmigkeit im Spätmittelalter und ihr Weiterleben. Ausstellungskatalog. Köln 1975.

Fünfundsiebzig Jahre Edith-Stein-Schule. Städtische Realschule für Mädchen vormals Realschule Niederichstrasse Köln 1896-1971, Köln 1971.

Fussbroich, Helmut: Gedenktafeln in Köln. Spuren der Stadtgeschichte. Köln 1985.

Fussenegger, Gertrud: In Deine Hand gegeben. Düsseldorf/Köln 1953/4.

Gallwitz, S.D.: Das Haus der Frau auf der Werkbundausstellung in Köln. In: Die Frau, H. 10, Juli 1914, S. 591-95.

Garlet, Günter: Die Klosterfrau und ihre Zeit. Die Lebensgeschichte der Maria Clementine Martin, nach Unterlagen des Hauses Klosterfrau, Manuskript (Firmenarchiv), Köln 1984.

Gegen den braunen Strom. Kölner WiderstandskämpferInnen heute in Portraits der Arbeiterfotografie Köln. Ausstellungskatalog hg. vom NS-Dokumentationszentrum der Stadt Köln. Köln 1991.

Gegenlicht – 60 Jahre Gedok vom 19. Juni-30. Juli 1986, Katalog hg. von der Gedok in Zusammenarbeit mit der Staatlichen Kunsthalle Berlin, Berlin 1986.

Geiger, Gabriele: Frauen – Körper – Bauten. Weibliche Wahrnehmung des Raums am Beispiel Stadt. Teil 1 und 2 in einem Band (Tour d'horizon und Plädoyer für eine feministische Gesellschaft). München 1986.

Gerhard, Adele: Die Geschichte der Antonie von Heese. Roman. Braunschweig 1906.

Gerhard, Adele: Vom Sinken und Werden. Zeitbild aus Alt-Köln. Roman, Berlin 1912.

Gerhard, Adele: Das Bild meines Lebens. In: Gerhard, Melitta: Das Werk Adele Gerhards als Ausdruck einer Wendezeit. Bern und München 1963, S. 189-278.

Gersdorff, Ursula von: Frauen im Kriegsdienst 1914-45. Stuttgart 1969.

Geschäftsbericht des Stadtverbandes Kölner Frauenvereine 1928/29, Köln 1929 (und andere Jahrgänge, im Historischen Archiv).

Glückel von Hameln: Denkwürdigkeiten der Glückel von Hameln, hg. von Alfred Feilchenfeld. Königstein/Taunus 1980.

Gössmann, Elisabeth: Die streitbaren Schwestern. Was will die feministische Theologie? Freiburg/Brsg. 1981.

Gothein, E. (Bearb.): Die Stadt Cöln im ersten Jahrhundert unter Preußischer Herrschaft 1815 bis 1915, hg. von der Stadt Cöln, Bd. 1 (Teil 1 und 2) und 2, Köln 1915/6.

Göttner-Abendroth, Heide: Die Göttin und ihr Heros. Die matriarchalen Religionen in Mythos, Märchen und Dichtung. München (1980) ³1983.

Greven, J.: Die Anfänge der Beginen. Ein Beitrag zur Geschichte der Volksfrömmigkeit und des Ordenswesens im Hochmittelalter. Münster 1912.

Grevens Adreßbuch »Köln«, verschiedene Jahrgänge.

Greving, Joseph: Protokoll über die Revision der Konvente der Beginen und Begarden zu Köln im Jahre 1452. In: Annalen des Historischen Vereins für den Niederrhein, Bd. 73, 1902, S. 25-77.

Großstadt im Aufbruch. Köln 1888. Ausstellungskatalog (anläßlich der Ausstellung des Hist. Archivs in Zus.arb. mit der Stadtsparkasse Köln 15.4.-1.7.1988). Köln 1988.

Grundmann, Herbert: Religiöse Bewegungen im Mittelalter. Berlin 1935.

Guilleaume, Ella von: Rheinische Geschichte – ganz privat. Eitorf a.d.S. 1968.

Habermas, Rebekka: Die Beginen – eine »andere« Konzeption von Weiblichkeit? In: Bechtel, Beatrix (Hg.): Die ungeschriebene Geschichte. Wiener Frauenverlag, Wien 1984, S. 199-207.

Hacker, Hanna: Frauen und Freundinnen. Studien zur »weiblichen Homosexualität« am Beispiel Österreich 1870-1938. Weinheim, Basel 1987.

Handbuch der Erzdiözese Köln. Soziale Berufsvereine, Caritative Anstalten, Köln 1901.

Handbuch der jüdischen Gemeindeverwaltung und Wohlfahrtspflege, Berlin 1924/25.

Handbuch der jüdischen Gemeindeverwaltung und Wohlfahrtspflege. Statistisches Jahrbuch, Jg. 20, Berlin 1911.

Hartmann, Sibille: Ehrung der Stadtverordneten Oberbürgermeister Görlinger, Sibilla Hartmann, P.J. Schaeven aus Anlaß ihrer 30jährigen Zugehörigkeit zur Stadtvertretung, 11. außerordentliche Sitzung vom 5.10.1949. In: Verhandlungen der Stadtvertretung zu Köln vom Jahre 1949, Köln 1949, S. 443-448: Rede Frl. Hartmann.

Hartmann, Sibille: Und die Frau ... In:
Zehn Jahre Christlich-Demokratische
Union in Köln. Eine Festschrift, hg.
vom CDU-Stadtverband, Köln 1955,
S. 71 f.

Häßlin, Johann Jakob (Hg.): Kunstlieben-
des Köln. Dokumente u. Berichte aus
150 Jahren. München 1957.

Häßlin, Johann Jakob (Hg.): Köln. Die
Stadt und ihre Bürger, Stuttgart 1964.

Haverkamp, Alfred (Hg.): Haus und Familie in der spätmittelalterlichen Stadt.
Köln und Wien 1984.

Hege, Marianne: Idealisierung und Dämo-
nisierung weiblicher Kraft, Wein-
heim/Basel 1985.

Heidebrecht, Petra/Nolte, Cordula: Leben
im Kloster – Nonnen und Kanonissen.
Geistliche Lebensformen im frühen
Mittelalter. In: Becher, Ursula A.J./Rü-
sen, Jörn (Hg.): Weiblichkeit in
geschichtlicher Perspektive. Fallstudi-
en und Reflexionen zu Grundproble-
men der historischen Frauenforschung. Frankfurt/M. 1988, S. 79-115.

Heimann, F.C.: Die öffentlichen Hochbau-
ten. In: Gothein, E. (Bearb.): Die Stadt
Cöln im ersten Jahrhundert unter
Preußischer Herrschaft 1815 bis 1915,
hg. von der Stadt Cöln, Köln 1915/6,
Bd. 2, S. 307-340.

Heimbüchel, Max/Papst, Klaus: Kölner
Universitätsgeschichte, Bd. 2: Das
19. und 20. Jahrhundert. Köln 1988.

Heimbucher, Max: Die Orden und Kongregationen der katholischen Kirche,
Bd. II, 3. neub. Auflage Paderborn
1934.

Hellenkemper, Hansgerd/Meynen, Emil
(Bearb.): Köln. Deutscher Städteatlas.
Hg. von Heinz Stoob. Lfg. 2, Nr. 6,
Dortmund 1979.

Henschke, Margarete: Die Mädchen-Fort-
bildungsschule. In: Schreiber, Adele
(Hg.): Das Buch vom Kinde. 2. Band,
Leipzig und Berlin 1907, S. 106-113.

Hergemöller, Bernd-Ulrich: Homosexuelle
als spätmittelalterliche Randgruppe. In:
Forum Homosexualität und Literatur,
H. 2, 1987, S. 53-91.

Hering, Sabine: Die Kriegsgewinnlerin-
nen. Praxis und Ideologie der deutschen Frauenbewegung im Ersten
Weltkrieg. Pfaffenweiler 1990.

Hilger, Hans Peter: St. Maria im Kapitol zu
Köln. Köln [6]1985.

Hoeber, Karl: Minna Bachem-Sieger und
die Deutsche Frauenbewegung. Köln
1940.

Hoeltzsch, Cornelie: Frauenarbeit unter
dem Roten Kreuz. In: Schmidt-Beil,
Ada (Hg.): Die Kultur der Frau. Eine
Lebenssymphonie der Frau des XX.
Jahrhunderts. Berlin 1931, S. 323-326.

Hoffa, Lizzie: Moderne Klubentwicklung.
In: Schmidt-Beil, Ada (Hg.): Die Kultur
der Frau. Eine Lebenssymphonie der
Frau des XX. Jahrhunderts. Berlin
1931, S. 510-513.

Höhler, Gertrud: Die Bäume des Lebens.
Baumsymbole in den Kulturen der
Menschheit. Stuttgart 1985.

Houben, Heinrich Hubert: Die Rheingräfin. Das Leben der Kölnerin Sibylle
Mertens-Schaaffhausen. Essen 1935.

Howell, Martha C.: Women, Production
and Patriarchy in Late Medieaval Cities
[Köln und Leiden], Chicago/London
1986.

Huch, Ricarda: Im alten Reich. Lebensbilder deutscher Städte. Bremen 1927.

Hüppe, Barbara/Schrapper, Christian
(Hg.): Freie Wohlfahrt und Sozialstaat.
Der Deutsche Paritätische Wohlfahrtsverband in Nordrhein-Westfalen 1949-
1989. München 1989.

In Köln verliebt – um Köln verdient. Bio-
graphisch-bibliographisches Lexikon
des Heimatvereins Alt-Köln, Köln
1973.

Irmgardis-Schule 1927-1977, Festschrift
zum 50jährigen Bestehen, Köln 1977.

Irsigler, Franz/Lassotta, Arnold: Bettler
und Gaukler, Dirnen und Henker.
Randgruppen und Außenseiter in Köln
1300-1600. Köln 1984.

Jahrbuch der Frauenbewegung 1912, hg.
von Dr. Elisabeth Altmann-Gottheiner
im Auftrage des Bundes deutscher
Frauenvereine, 2. Abdruck, Leipzig,
Berlin o.J.; Jahrbuch der Frauenbewegung 1914, Leipzig, Berlin 1914; u.a.
Jahrgänge.

Jaitner, Angela: Die Anfänge der sozialistischen Frauenbewegung am Beispiel
des Kölner Frauen- und Mädchen-Bil-
dungsvereins (1892-1894). In: Billstein,
Reinhold (Hg.): Das andere Köln.
Demokratische Traditionen seit der
französischen Revolution. Köln 1979,
S. 156-169.

Janetzki, Ulrich (Hg.): Ottilie von Goethe:
Goethes Schwiegertochter. Ein Portrait. Frankfurt/M., Berlin, Wien 1982.

Jansen, Rosemarie und Hans Helmut:
Prof. Dr. phil. Amalie Lauer 1882-1950.
Zum Gedächtnis einer führenden Persönlichkeit der katholischen Frauenbewegung. In: Die christliche Frau, Köln
1960, H. 5, S. 141-144.

Janßen, Renate: Frauen ans Gewehr? Im Gleichschritt marsch … Köln 1980.

Janssen-Jurreit, Marieluise: Sexualreform und Geburtenrückgang – Über die Zusammenhänge von Bevölkerungspolitik und Frauenbewegung um die Jahrhundertwende. In: Kuhn, Annette/Schneider, Gerhard (Hg.): Frauen in der Geschichte. Frauenrechte und die gesellschaftliche Arbeit der Frauen im Wandel, Bd. I. Düsseldorf 1982, S. 56-81.

Johag, Helga: Die Beziehungen zwischen Klerus und Bürgerschaft in Köln zwischen 1250 und 1350. Bonn 1977 (Rhein. Archiv 103).

Jünemann, Maria Regina: Kriegshilfe der Stadt Cöln, hg. vom Sekretariat Sozialer Studentenarbeit, Mönchengladbach o.J. [1915].

Jütte, Robert: Obrigkeitliche Armenfürsorge in deutschen Reichsstädten der frühen Neuzeit. Städtisches Armenwesen in Frankfurt a. M. und Köln. Köln und Wien 1984.

Kahl, Wilhelm: Die Volksschule; das mittlere und höhere Schulwesen. In: Gothein, E. (Bearb.): Die Stadt Cöln im ersten Jahrhundert unter Preußischer Herrschaft 1815 bis 1915, hg. von der Stadt Cöln, Köln 1915/6, Bd. 2, S. 30-74.

Kaiser, Maggie: Wieverfastelovend. Hommage an die Beueler Wäscherinnen und ihre Weiberfastnacht. Textheft zum Konzert. Bonn 2000/Frauenmuseum Bonn. Bonn 1989.

Kall, Alfred: Katholische Frauenbewegung in Deutschland. Eine Untersuchung zur Gründung katholischer Frauenvereine im 19. Jahrhundert. Paderborn 1983.

Kallen, G.: Die politische Entwicklung der Stadt. In: Stadt Köln (Hg.): Köln. Köln 1948, S. 47-75.

Kaplan, Marion A.: Die jüdische Frauenbewegung in Deutschland. Organisation und Ziele des Jüdischen Frauenbundes 1904-1938. Hamburg 1981.

Kaufmann, Doris: Vom Vaterland zum Mutterland. Frauen im katholischen Milieu der Weimarer Republik. In: Hausen, Karin (Hg.): Frauen suchen ihre Geschichte. Historische Studien zum 19. und 20. Jahrhundert. München 1983, S. 250-276.

Kaufmann, Doris: Frauen zwischen Aufbruch und Reaktion. Protestantische Frauenbewegung in der ersten Hälfte des 20. Jahrhunders. München 1988.

Keller, Hiltgart L.: Reclams Lexikon der Heiligen und der biblischen Gestalten. Legende und Darstellung in der bildenden Kunst. Stuttgart [6]1987.

Kemp, Jacob: Die Wohlfahrtspflege des Kölner Rates in dem Jahrhundert nach der grossen Zunftrevolution. Kulturhistorische Studie. Bonn 1904.

Kern, Elga (Hg.): Führende Frauen Europas. Sechzehn Selbstschilderungen. München 1928.

Ketsch, Peter: Frauen im Mittelalter. Quellen und Materialien. Bd. 1: Frauenarbeit im Mittelalter, Bd. 2: Frauenbild und Frauenrechte in Kirche und Gesellschaft, hg. von Annette Kuhn. Düsseldorf 1983 bzw. 1984.

Keun, Irmgard: Gilgi – eine von uns. Düsseldorf 1979.

Keussen, Hermann: Topographie der Stadt Köln im Mittelalter. 2 Bde., Bonn 1910.

Keussen, Hermann: Köln im Mittelalter. Topographie und Verfassung. Bonn 1918.

Keussen, Hermann (Hg.): Köln. Werden, Wesen, Wollen einer deutschen Stadt. Köln 1928.

Kier, Hiltrud (Hg.): Köln. DKV-Bildhandbuch. Mit Fotos von Celia Körber-Leupold. München 1988.

Klebe, A.: Reise auf dem Rhein, durch die deutschen Rheinländer, und durch die frz. Departemente. Von Julius bis Dezember 1800. 2. Band, Frankfurt 1801.

Kleinertz, Everhard: Mit 150000 Talern die Stadt regieren. In: Stadtsparkasse Köln (Hg.): Köln vor 150 Jahren. Die kleine Ausstellung. Köln 1976, S. 8-11.

Kleinertz, Everhard (Bearb.): Alte, handgezeichnete Kölner Karten. Ausstellungskatalog. Köln 1977.

Klersch, Joseph: Die kölnische Fastnacht. Köln 1961.

Klersch, Joseph: Volkstum und Volksleben in Köln. Ein Beitrag zur historischen Soziologie der Stadt Köln. Bd. 1, Köln 1965; Bd. 2, Köln 1969.

Klöcker, Dr. Alois (Bearb.): Der erste preußische Landtag. Ein Handbuch über die preußischen Landtagswahlen und den Landtag. Hg. vom Landessekretariat der preußischen Zentrumspartei, Berlin 1921.

Klossowski, Pierre: Kultische und mythische Ursprünge gewisser Sitten der Römischen Damen. Berlin 1979.

Kober, Adolf: Grundbuch des Kölner Judenviertels 1135-1425. Beitrag zur mittelalterlichen Topographie, Rechtsgeschichte und Statistik der Stadt Köln. Bonn 1920.

Kober, Adolf: History of Jews in Cologne. Philadelphia 1940.

Köbler, Gerhard: Das Familienrecht in der spätmittelalterlichen Stadt. In: Haverkamp, Alfred (Hg.): Haus und Familie in der spätmittelalterlichen Stadt. Köln und Wien 1984, S. 136-160.

Köbler, Gerhard: Bilder aus der deutschen Rechtsgeschichte von den Anfängen bis zur Gegenwart. München 1988.

Kochs, Hermann (Hg.): Köln – Stadt des Handels und der Träume. Ein Lese- und Bilderbuch aus unvergänglicher Vergangenheit. Köln 1973.

Kolberg, Gerhard (Hg.): Skulptur in Köln. Bildwerke des 20. Jahrhunderts im Stadtbild. Mit Texten von G.K. und Karin Schuller-Procopovici. Köln 1988.

Köln. Kunstführer, hg. von einer Arbeitsgruppe unter Leitung von Hiltrud Kier, Stuttgart 1980.

Köln. [Merianheft]. Unter Mitarbeit von Ricarda Huch u.a., Jg. 1, H. 3, Hamburg 1948.

Kölner Frauen-Klub e.V.: Erster Jahres-Bericht für 1906, Köln o.J.

Kölner Frauen-Zeitung, Köln 1894-1930.

Kölner Frauenklub/Deutscher Lyceumklub (Hg.): Festabend des Kölner Frauen-Klub e.V. im großen Saale der Bürgergesellschaft am Donnerstag, 30. Januar 1908, Köln 1908. Festschrift anläßlich der Einweihung des wiederaufgebauten Clubhauses. Köln 1956.

Kölner Frauenzeitung, Köln 1979-1981.

Kölner Hausfrau. Rheinische Wochenschrift für Hauswirtschaft, Mode, Handarbeiten und Unterhaltung, 1. Jg. 1904-4. Jg. 1907, ab 8/1907 weiter als »Rheinische Hausfrau«.

Kölner Römer-Illustrierte H. 2, hg. von H.G. Hellenkemper, Köln 1975.

Kölnische Gesellschaft für Christlich-Jüdische Zusammenarbeit (Hg.): Hundert Jahre deutscher Rassismus. Katalog und Arbeitsbuch. Köln 1988.

Körner, Marianne: Friedensbestrebungen im deutschen Kaiserreich an Beispiel von Aktivitäten der Frauenbewegung während des Ersten Weltkrieges. Unveröff. Magisterarbeit, Göttingen 1983.

Korsch, Hans-Peter: Das materielle Strafrecht der Stadt Köln vom Ausgang des Mittelalters bis in die Neuzeit. Köln 1958.

Krautwig, Peter (Hg.): Naturwissenschaft und Gesundheitswesen in Cöln, Festschrift für die Teilnehmer an der 80. Versammlung der Gesellschaft deutscher Naturforscher und Ärzte in Cöln. Köln 1908.

Krautwig, Peter: Säuglingsfürsorgestellen. In: Ders. (Hg.): Naturwissenschaft und Gesundheitswesen in Cöln. Köln 1908, S. 206-210.

Krautwig, Peter: Die soziale Hygiene im Dienste der Wohlfahrt. Die Cölner Wohlfahrtsschule. Sonderabdruck aus: »Öffentliche Gesundheitspflege«, 2. Jg. Heft 2, Braunschweig 1917, S. 69-84.

Krings, Ulrich: Der Kölner Hauptbahnhof. Köln 1977.

Krümmel, Dieter/Loogen, Thomas: Soziale Arbeit der Stadt Köln von 1933 bis 1945 unter Berücksichtigung der freien Wohlfahrtsverbände und der Wohlfahrts- bzw. Volkspflegeschule. Diplomarbeit an der Fachhochschule Köln Fachbereich Sozialarbeit. Unveröff. Manuskript, Köln 1989.

Kuckhoff, Josef: Das Mädchenschulwesen in den Ländern am Rhein im 17. und 18. Jahrhundert. In: Zeitschrift für Geschichte der Erziehung und des Unterrichts, H. 1, Berlin 1923.

Kuhn, Annette/Schneider, Gerhard (Hg.): Frauen in der Geschichte. Frauenrechte und die gesellschaftliche Arbeit der Frauen im Wandel, Bd. I. Düsseldorf 1982.

Kuhnen, Emil (Bearb. u. Hg.): Hundert Jahre Kölner Karneval. Die Wiedergeburt 1925! Was bietet Köln im Karneval 1926? Köln 1925.

Kuphal, E.: Die Entwicklung der Verfassung und Verwaltung Kölns. In: Stadt Köln (Hg.): Köln. Köln 1948, S. 76-88.

Kurnitzky, Horst: Ödipus. Ein Held der westlichen Welt. Berlin 1978.

Kuske, Bruno: Hundert Jahre Stollwerckgeschichte 1839-1939, [Köln] 1939.

Kyll (SVO): Die Waisenpflege in Köln. In: Lent, Eduard (Hg.): Köln. Festschrift für die Mitglieder und Theilnehmer der 61. Versammlung deutscher Naturforscher und Aerzte. Köln 1888, S. 341-358.

Lange, Helene/Bäumer, Gertrud (Hg.): Handbuch der Frauenbewegung. Teil II: Frauenbewegung und soziale Frauentätigkeit in Deutschland nach Einzelgebieten, Alice Salomon u.a. (1901), Nachdruck Weinheim, Basel 1980. Teil IV: Die deutsche Frau im Beruf, Dr. Robert Wilbrandt und Lisbeth Wilbrandt (1902), Nachdruck Weinheim, Basel 1980.

Lauer, Amalie: Die Frau in der Auffassung des Nationalsozialismus, Köln 1932.

Lauer, Rolf: Die Skulpturen des 19. Jahrhunderts am Kölner Dom. In: Trier, Eduard/Weyres, Willi (Hg.): Kunst des 19. Jahrhunderts im Rheinland. Bd. 4 (Plastik). Düsseldorf 1980, S. 13-62.

Lauing, Paul: Die Geschichte der Kölner Polizei vom Mittelalter bis zur Gegenwart. Köln 1926.

Lemke, Lotte: Herta Kraus. Sozialpolitik für Köln. In: Brunn, Gerhard (Hg.): Sozialdemokratie in Köln. Ein Beitrag zur Stadt- und Parteiengeschichte. Köln 1986, S. 223-226.

Lent, Eduard (Hg.): Köln. Festschrift für die Mitglieder und Theilnehmer der 61. Versammlung deutscher Naturforscher und Aerzte. Köln 1888.

Lent, Eduard: Über Wöchnerinnen-Asyle. Vortrag gehalten vor der Damen-Versammlung berufen zur Gründung eines Frauenvereins für ein in der Stadt Köln zu errichtendes Wöchnerinnen-Asyl am 9. April 1889 im Hansasaal des Rathauses, Köln 1889.

Lent, Eduard: Rede bei der Einweihung des neuen Wöchnerinnen-Asyls, gehalten am 4. Dezember 1894, Köln 1894.

Lent, Eduard: Das Wöchnerinnen-Asyl in Köln. In: Ders. (Hg.): Köln in hygienischer Beziehung. Köln 1898, S. 318-321.

Lent, Eduard (Hg.): Köln in hygienischer Beziehung. Festschrift für die Theilnehmer an der 23. Versammlung des Deutschen Vereins für öffentliche Gesundheitspflege zur Feier des 25jährigen Bestehens des Vereins. Köln 1898.

Lent, Eduard: Das Wöchnerinnen-Asyl in Cöln. In: Krautwig, Peter (Hg.): Naturwissenschaft und Gesundheitswesen in Cöln. Köln 1908, S. 489-491.

Leonhard, Gisela: Aus Tradition der Zeit weit voraus. 150 Jahre F.W. Brügelmann Söhne, hg. von Fa. F.W. Brügelmann Söhne, Köln 1979.

Leson, Willy (Hg.): Wenzel Hollar in Köln 1632-1636. Mit Johann Jacob Merlos biographischen Notizen und Bilderläuterungen. Köln 1979.

Leverkus, Iris: Frauenfiguren für den Kölner Rathausturm. Broschüre herausgegeben zum Rathausfest am 4. Dezember 1987. Köln 1987.

Leyden, Marie von: Klub und Klubhäuser. In: Schmidt-Beil, Ada (Hg.): Die Kultur der Frau. Eine Lebenssymphonie der Frau des XX. Jahrhunderts. Berlin 1931, S. 504-506.

Liese, Wilhelm: Handbuch des Mädchenschutzes. Insbesondere für Priester und die Mitglieder charitativer Vereine. Freiburg/Breisgau 1904.

Loebe, Paul: Der Weg war lang. Lebenserinnerungen von Paul Loebe, ehemals Präsident des deutschen Reichstages. Berlin 1954.

Loesch, Heinrich von (Bearb.): Die Kölner Zunfturkunden nebst anderen Kölner Gewerbeurkunden bis zum Jahre 1500. 2 Bde., Bonn 1907.

Loewe, Raphael: The Position of Women in Judaism. London 1966.

Louis, Reinhold: Kölner Originale. Die Welt der alten Kölner Originale und Straßenfiguren. Köln 1985.

Macco, Ida: Die GOA-Gaststätten in Köln. In: Neue Hauswirtschaft, Jg. 31, H. 3 (NI 1138, 50 Historisches Archiv).

Macha, Jürgen/Herborn, Wolfgang (Bearb.): Kölner Hexenverhöre aus dem 17. Jahrhundert. Köln, Weimar, Wien 1992.

Mägdehäuser. 1. Evangelisches Mägdehaus »Marthastift«. In: Lent, Eduard (Hg.): Köln. Festschrift für die Mitglieder u. Theilnehmer der 61. Versammlung deutscher Naturforscher u. Aerzte. Köln 1888, S. 375 f.

Maiworm, Angelika: Räume, Zeiten, viele Namen. Ästhetik als Kritik der Weiblichkeit. Weingarten 1984.

Mallinckrodt, Gustav: Kölner Frauen-Fortbildungsverein. In: Lent, Eduard (Hg.): Köln in hygienischer Beziehung. Festschrift für die Theilnehmer an der 23. Versammlung des Deutschen Vereins für öffentliche Gesundheitspflege zur Feier des 25jährigen Bestehens des Vereins. Köln 1898, S. 477-78.

Mamozai, Martha: Schwarze Frau, weiße Herrin. Frauenleben in den deutschen Kolonien. Reinbek bei Hamburg 1989.

Marelle, Luise: Deutscher Lyzeumklub. In: Schmidt-Beil, Ada (Hg.): Die Kultur der Frau. Eine Lebenssymphonie der Frau des XX. Jahrhunderts. Berlin 1931, S. 507-509.

Mathar, Franz/Spiegel, Rudolf: Kölsche Bier- und Brauhäuser. Köln 1989.

Matzerath, Horst (Hg.): Jüdisches Schicksal in Köln 1918-1945. Ausstellungskatalog. Köln 1988.

Matzerath, Horst/Holzhauser, Brigitte (Bearb.): »... vergessen kann man die Zeit nicht, das ist nicht möglich ...« Kölner erinnern sich an die Jahre 1929-1945. Köln ³1987.

Meese, Anke, u.a.: Der Kaufhof (vormals Leonhard Tietz AG), Warenhaus im Dritten Reich, Brühl 1981 (= Schülerwettbewerb Deutsche Geschichte um den Preis des Bundespräsidenten).

Menne, Franz Rudolf: Kulturgeschichte der Schokolade. Begleitheft zur Ausstellung im Gürzenich zu Köln vom 8. Juli bis 20. August 1989, Köln 1989.

Merlo, Johann Jacob: Kölnische Künstler in alter und neuer Zeit. Neu bearb. und erw. Nachrichten von dem Leben und den Werken kölnischer Künstler, hg. von Eduard Firmenich-Richartz (und H. Keussen), Düsseldorf 1895.

Meyer-Renschhausen, Elisabeth: Weibliche Kultur und soziale Arbeit. Eine Geschichte der Frauenbewegung am Beispiel Bremens 1810-1927. Köln 1989.

Michel, N.: Das alte freiherrliche Kanonissenstift St. Cäcilien in Köln. Phil. Diss., Saarlouis 1914.

Mies, F.H.: Die Kölner Hospitäler. Phil. Diss., Bonn 1921.

Militzer, Klaus: Die vermögenden Kölner 1417-1418. Namenslisten einer Kopfsteuer von 1417 und einer städtischen Kreditaufnahme von 1418. Köln, Wien 1981.

Miller, Susanne: Marie Juchacz. Gründerin der Arbeiterwohlfahrt. In: Brunn, Gerhard (Hg.): Sozialdemokratie in Köln. Ein Beitrag zur Stadt- und Parteiengeschichte. Köln 1986, S. 203-211.

Mitgliederverzeichnis der Reichs-Gedok 1932/33 (Gemeinschaft der Vereinigung deutscher und österreichischer Künstlerinnen und Kunstfreundinnen Sitz Hamburg), Hamburg 1933.

Mitrovic, Emilija: Fürsorgerinnen im Nationalsozialismus: Hilfe zur Aussonderung. In: Ebbinghaus, Angelika (Hg.): Opfer und Täterinnen. Frauenbiographien des Nationalsozialismus. Nördlingen 1987, S. 14-36.

Mitteilungen des Rheinisch-Westfälischen Frauenverbandes, Organ des Rheinisch-Westfälischen Frauenverbandes, 1903-1920 als Beilage zum »Centralblatt« des BDF, Leipzig bzw. zu dessen Nachfolgezeitschrift »Die Frauenfrage«, Berlin.

Moers, Ellen: Literary Women, London 1978.

Mumm, Elisabeth von: Die Pflichtfortbildungsschule des weiblichen Geschlechts in hygienischer Hinsicht. Vortrag gehalten in der Generalversammlung des Niederrheinischen Vereines für öffentliche Gesundheitspflege zu Cöln am 31.10.1906. Bonn 1906.

Nachrichtenblatt des Stadtverbandes Kölner Frauenvereine, Beilage im Stadtanzeiger von 1925-1933.

Naredi-Rainer, Paul von: Kölns genius loci in seinen Brunnen. In: Maier, Thomas/Murena, Heidrun (Hg.): Köln zwischen Himmel und Ääd. Texte, Gespräche, Tips. Köln 1984, S. 19-27.

Neuhaus, Georg: Das Wohnungswesen. In: Gothein, E. (Bearb.): Die Stadt Cöln im ersten Jahrhundert unter Preußischer Herrschaft 1815 bis 1915, hg. von der Stadt Cöln, Köln 1915/6, Bd. 2, S. 402-445; ders.: Die Armen- und Waisenpflege. In: ebd., S. 543-580.

Neuhausen, Christiane: Köln und die Kreuzzüge. In: Geschichte in Köln, H. 31, Juni 1992, S. 23-50.

Notz, Gisela: Frauen, die zum Nulltarif arbeiten, waren immer unentbehrlich. Zur Geschichte der ehrenamtlichen Tätigkeit im sozialen Bereich. In: Dalhoff, Jutta/Frey, Uschi/Schöll, Ingrid (Hg.): Frauenmacht in der Geschichte. Beiträge des 6. Historikerinnen-Treffens in Bonn. Düsseldorf 1986, S. 295-309.

Nyassi, Ulrike (Hg.): Wilhelm Sollmann zum hundertsten Geburtstag am 1. April 1981, Ausstellung des Historischen Archivs der Stadt Köln in der Halle des Hist. Rathauses vom 2. April bis 30. Mai 1981. 2 Bde., Köln 1981.

Offizieller Bericht des Fünften Reichsparteitages der deutschen Zentrumspartei, Tagung zu Köln am 8. und 9. Dezember 1928, Berlin 1928.

Ogilvie, Robert: ... und bauten die Tempel wieder auf. Die Römer und ihre Götter im Zeitalter des Augustus. München 1984.

Pernoud, Régine: Leben der Frauen im Hochmittelalter, Pfaffenweiler 1991.

Peters, Hans: Der Dom zu Köln 1248-1948. Mit Aufnahmen von K.H. Schmölz. Düsseldorf 1948.

Plum, Yvonne: Brunnen. Ein Spaziergang durch die Kölner Altstadt und Südstadt. Köln 1992.

Poensgen, Martha: Die Bedeutung der Hauspflege. In: Schmidt-Beil, Ada (Hg.): Die Kultur der Frau. Eine Lebenssymphonie der Frau des XX. Jahrhunderts. Berlin 1931, S. 323-326.

Pohl, Dr. H.: Die neuere soziale Entwicklung von Köln. In: Stadt Köln (Hg.): Köln. Köln 1948, S. 156-169.

Prégardier, Elisabeth/Mohr, Anne: Politik als Aufgabe. Engagement christlicher Frauen in der Weimarer Republik. Essen 1990.

Prieur, Jutta: Das Kölner Dominikanerinnenkloster St. Gertrud am Neumarkt. Köln 1983.

Pünder, Marianne: Hedwig Dransfeld. Sonderdruck aus: Westfälische Lebensbilder Band XII. Münster 1979.

Reder, Dirk: »Im Felde Soldat mit Soldat, daheim Männerbund mit Männerbund, Frauenverein mit Frauenverein.« Der Patriotische Frauenverein Köln in Krieg und Armenpflege 1813-1826. In: Geschichte in Köln, H. 32, (Dezember) 1992.

Reicke, Ilse: Die großen Frauen der Weimarer Republik. Erlebnisse im »Berliner Frühling«. Freiburg 1984.

Rheinische Hausfrau, Fortsetzung der »Kölner Hausfrau« ab 8/1907-30. Jg. 1933; Fortsetzung unter dem Titel »Rheinisch-westfälische Hausfrau«.

Riemann, Ilka: Die Rolle der Frauenvereine in der Sozialpolitik: Vaterländischer Frauenverein und gemäßigter Flügel der Frauenbewegung zwischen 1865 und 1918. In: Kickbusch, Ilona/Riedmüller, Barbara (Hg.): Die armen Frauen. Frauen und Sozialpolitik. Frankfurt/M. 1984, S. 201-224.

Riemann, Ilka: Soziale Arbeit als Hausarbeit. Von der Suppendame zur Sozialpädagogin. Schriftenreihe der Fachhochschule Frankfurt am Main, Frankfurt/M. 1985.

Riemann, Ilka: »Er mit der Waffe, sie mit Herz und Hand«. Die Rolle der Frauenvereine in der Sozialpolitik, insbesondere die der Vaterländischen Frauenvereine. In: Dalhoff, Jutta/Frey, Uschi/Schöll, Ingrid (Hg.): Frauenmacht in der Geschichte. Beiträge des 6. Historikerinnen-Treffens in Bonn. Düsseldorf 1986, S. 347-353.

Rippmann, Dorothee/Simon-Huscheid, Katharina: Weibliche Lebensformen und Arbeitszusammenhänge im Spätmittelalter und in der frühen Neuzeit. In: Othenin-Girard, Mireille/Gossenreiter, Anna/Trautweiler, Sabine (Hg.): Frauen und Öffentlichkeit. Beiträge der 6. Schweizerischen Historikerinnentagung. Zürich 1991, S. 63-98.

Roehl, Fritzmichael: Marie Juchacz und die Arbeiterwohlfahrt, überarb. von Hedwig Wachenheim, Hannover 1961.

Romberg, Friedrich: Das gewerbliche Unterrichtswesen (Schulwesen) bis zur Trennung der einzelnen Anstalten 1906. In: Gothein, E. (Bearb.): Die Stadt Cöln im ersten Jahrhundert unter Preußischer Herrschaft 1815 bis 1915, hg. von der Stadt Cöln, Köln 1915/6, Bd. 2, S. 75-93.

Ruether, Rosemary R.: Sexismus und die Rede von Gott. Schritte zu einer anderen Theologie. Gütersloh 1990.

Rumpen, (Dr.): Die höhere Mädchenschule und Lehrerinnen-Bildungsanstalt der Stadt Köln. In: Lent, Eduard (Hg.): Köln in hygienischer Beziehung. Festschrift für die Theilnehmer an der 23. Versammlung des Deutschen Vereins für öffentliche Gesundheitspflege zur Feier des 25jährigen Bestehens des Vereins. Köln 1898, S. 466-470.

Rumpen, (Dr.): Die städtischen mittleren Mädchenschulen. In: Lent, Eduard (Hg.): Köln in hygienischer Beziehung. Festschrift für die Theilnehmer an der 23. Versammlung des Deutschen Vereins für öffentliche Gesundheitspflege zur Feier des 25jährigen Bestehens des Vereins. Köln 1898, S. 470-472.

Salomon, Alice: Die Frau in der sozialen Hilfsthätigkeit. In: Lange, Helene/Bäumer, Gertrud (Hg.): Handbuch der Frauenbewegung. Teil II: Frauenbewegung und soziale Frauentätigkeit in Deutschland nach Einzelgebieten, Alice Salomon u.a. (1901), Nachdruck Weinheim, Basel 1980, S. 1-122.

Salomon, Alice: Der soziale Frauenberuf. In: Schmidt-Beil, Ada (Hg.): Die Kultur der Frau. Eine Lebenssymphonie der Frau des XX. Jahrhunderts. Berlin 1931, S. 309-316.

Sander, Clara: Alte Geschichten. Erinnerungen, unveröff. Manuskript, o.O. o.J. [nach 1954, vor 1958].

Satzung des Cölner Vereins für Haushaltspflege e.V., Köln 1914.

Schaeffer-Hegel, Barbara (Hg.): Vater Staat und seine Frauen. Beiträge zur politischen Theorie. Bd. 1. Pfaffenweiler 1990.

Schäfer, Friedrich: Das Hospital zum hl. Geist auf dem Domhofe zu Köln. Teildruck, Kreuznach o.J. [1910].

Schäfer, Karl Heinrich: Die (Kölner) Kanonissenstifter im deutschen Mittelalter. Stuttgart 1907.

Schäfke, Werner: St. Maria im Kapitol. Broschüre, Köln o.J.

Schäfke, Werner: Kölns romanische Kirchen. Architektur, Ausstattung, Geschichte. Köln 1984.

Schäfke, Werner (Hg.): Der Name der Freiheit 1288-1988. Aspekte Kölner Geschichte von Worringen bis heute. Handbuch zur Ausstellung nebst Erg. Bd. Köln 1988.

Schantz, Julius: Die Conventsstiftungen. In: Lent, Eduard (Hg.): Köln. Festschrift für die Mitglieder u. Theilnehmer der 61. Versammlung deutscher Naturforscher u. Aerzte. Köln 1888, S. 305-311.

Schantz, Julius: Die Conventsstiftungen. In: Lent, Eduard (Hg.): Köln in hygienischer Beziehung. Festschrift für die Theilnehmer an der 23. Versammlung des Deutschen Vereins für öffentliche Gesundheitspflege zur Feier des 25jährigen Bestehens des Vereins. Köln 1898, S. 289-293.

Schilling, Birgit: Brunnen in Köln. Köln 1988.

Schirmacher, Käthe: Die Bedeutung der Frauenfrage für das Familienleben. Vortrag, gehalten im Frauenbildungsverein zu Cöln a. Rh. am 31. Jan. 1896. In: Dies. (Hg.): Aus aller Herren Länder. Paria, Leipzig 1897, S. 371-382.

Schmidt, Alfred: Die Kölner Apotheken von der ältesten Zeit bis zum Ende der reichsstädtischen Verfassung. Mittenwald/Bayern ^{2}1930.

Schmidt-Beil, Ada (Hg.): Die Kultur der Frau. Eine Lebenssymphonie der Frau des XX. Jahrhunderts. Berlin 1931.

Schmitz, D. (Bearb.): Was der Kölner Bürger von den wichtigsten staatlichen und kommunalen Einrichtungen wissen soll. Köln 1910, besonders S. 75-103.

Schneider Weidman, Susan: Jewish and Female. Choices and Changes in Our Lives Today. New York 1985.

Schönwandt, Barbara: Die Quelle – Männer Frauen. In: Frauenmuseum Bonn (Hg.): Die Rheinkonferenz. Zu Ökologie und Sagenwelt, Ausstellung 12.8.-2.11.1990. Bonn 1990.

Schopenhauer, Johanna: Ausflug an den Niederrhein und nach Belgien 1828, Leipzig 1831 (davon Teil 1 erschienen als: Schopenhauer, Johanna: Ausflug nach Köln im Jahr 1828, eingel. und hg. von Willy Leson, Köln 1975).

Schreiber, Adele (Hg.): Das Buch vom Kinde. Ein Sammelwerk für die wichtigsten Fragen der Kindheit unter Mitarbeit zahlreicher Fachleute. 2 Bde., Leipzig und Berlin 1907.

Schreiber, Adele: Kinderhorte. In: Dies. (Hg.): Das Buch vom Kinde. Bd. 2, Leipzig und Berlin 1907, S. 146-151.

Schulamt der Stadt Köln, Abt. f. Berufs- u. Fachschulen (Hg.): Berufsschulen u. Fachschulen in Köln. Denkschrift zur Eröffnung der Berufsschule Ulrepforte. Köln 1928.

Schulte, Aloys: Der hohe Adel im Leben des mittelalterlichen Köln. München 1919.

Schulten, Walter: Der Dom zu Köln. Köln 1977.

Schulz, Günter: Die Arbeiter und Angestellten bei Felten u. Guilleaume. Sozialgeschichtliche Untersuchung eines Kölner Industrieunternehmens. Wiesbaden 1979.

Schumacher-Köhl, Minna: Stadtmütter von 1919-1933, unveröff. Manuskript im Archiv des Katholischen Deutschen Frauenbundes, o.O. [Köln], o.J.

Schütz, J.H. (Hg.): Praktischer Sozialpolitiker aus allen Ständen. Bd. 1: Köln o.J. [1906]; Bd. 2: Köln o. J. [1909].

Schwarz, Johann: Das Armenwesen der Stadt Köln vom Ende des 18. Jahrhunderts bis 1918. Ein Beitrag zur westdeutschen Wirtschafts- und Sozialgeschichte, hg. von der Stadt Köln, Köln 1922.

Schwerhoff, Gerd: Köln im Kreuzverhör. Kriminalität, Herrschaft und Gesellschaft in einer Reichsstadt am Beginn der Frühen Neuzeit. Bonn 1991.

Schwering, Max-Leo: Handwerk in Köln 1884-1984, hg. von der Kreishandwerkerschaft Köln, Köln 1984.

Sechster Bericht über die Tätigkeit des Vereins für Haushaltspflege für die Zeit vom 1. Januar bis 31.12 1918.

Shahar, Shulamith: Die Frau im Mittelalter. Königstein/Ts. 1981.

Siebel, Friedrich Wilhelm: Die Hexenverfolgung in Köln. Jur. Diss., Bonn 1959.

Signon, Helmut: Alle Straßen führen durch Köln. Köln ^{2}1982.

Silbermann, Alphons: Verwandlungen. Eine Autobiographie. Bergisch Gladbach 1989.

Slomka, Petra: Die Kölner Altstadt. Das Martinsviertel und seine Umgebung. Köln 1985.

Soden, Eugenie von (Hg.): Frauenberufe und -ausbildungsstätten. Stuttgart 1918.

Sonstige Lehreinrichtungen. Wohlfahrtsschule der Stadt Köln, staatl. anerkannte Ausbildungsanstalt für soziale Frauenberufe. In: Wegweiser durch die Lehreinrichtungen der Stadt Köln, Köln 1928, S. 56 f.

Spitthöver, Maria: Frauen in städtischen Freiräumen. Köln 1989.

Springer, Peter: Das Fussbodenmosaik des Domchores. In: Wolff, Arnold/Diederich, Toni (Hg.): Das Kölner Dom Jubiläumsbuch 1980. Offizielle Festschrift der Hohen Domkirche Köln. Köln 1980, S. 117-129.

Städtische und private Wohlfahrtseinrichtungen der Städte Köln, Mülheim am Rhein und Kalk, hg. von der Vereinigung »Rechtsschutzstelle für Frauen, Köln«, zusammengest. von Mathilde Scholl, Köln 1905.

Stadtsparkasse Köln (Hg.): Köln vor 150 Jahren. Die kleine Ausstellung. Köln 1976.

Stankowski, Martin: Köln. Der Andere Stadtführer. Bd. 1, Köln 1988; Bd. 2, Köln 1989.

Stehkämper, Hugo/Müller, Gerd (Bearb.): Kölner Neubürger 1356-1798. Teil 1-4. Köln, Wien 1975-83.

Stehkämper, Hugo (Hg.): Widerstand und Verfolgung in Köln 1933-1945. Ausstellungskatalog. unveränd. Nachdr. der Ausgabe von 1974, Köln 1981.

Steimel, Robert: Mit Köln versippt. Köln 1955/56.

Steimel, Robert: Kölner Köpfe. Köln 1958.

Stein, Albert Gereon: Das Kloster und spätere adelige Damenstift an der Kirche der heiligen 11000 Jungfrauen zu Köln. In: Annalen des Historischen Vereins für den Niederrhein 31, 1877, S. 45-111.

Stein, Frederick Marc: The Religious Women of Cologne; 1120-1320. Phil. Diss., New Haven 1977.

Stelzmann, Arnold: Illustrierte Geschichte der Stadt Köln, hg. von Robert Frohn, Köln ⁹1981.

Stern, Carola: »Ich möchte mir Flügel wünschen«. Das Leben der Dorothea Schlegel. Hamburg 1990.

Stoehr, Irene: Emanzipation zum Staat? Der Allgemeine Deutsche Frauenverein – Deutscher Staatsbürgerinnenverband (1893-1933). Pfaffenweiler 1990.

Straus-Ernst, Luise: Nomadengut [Lebenserinnerungen, 1941]. In: Herzogenrath, Wulf (Hg.): Max Ernst in Köln. Die rheinische Kunstszene bis 1922. Ausstellungskatalog. Köln 1980, S. 295-302.

Thur, Josef: Allenthalben Sorgen um das Geld. In: Stadtsparkasse Köln (Hg.): Köln vor 150 Jahren. Die kleine Ausstellung. Köln 1976, S. 13-14; ders.: Anstrengungen für den Aufschwung, ebd., S. 15-16; ders.: Um Schulen war es schlecht bestellt, ebd., S. 23-24.

Thürmer-Rohr, Christine: Vagabundinnen. Feministische Essays. Berlin 1987.

Tietz, Margarete: [Interview mit verschiedenen Beteiligten der Firma und Familie, u.a. Margarete Tietz, über die familiäre und politische Situation des Konzerns Tietz (arisiert zu Kaufhof Köln) in der Weimarer Republik und bei der Machtergreifung], Manuskript im Kaufhof Archiv o.O., o.J. [Köln 1966].

Troeger, Annemarie: Die Dolchstoßlegende der Linken: »Frauen haben Hitler an die Macht gebracht«. Thesen zur Geschichte der Frauen am Vorabend des Dritten Reiches. In: Gruppe Berliner Dozentinnen (Hg.): Frauen und Wissenschaft. Beiträge zur Berliner Sommeruniversität für Frauen im Juli 1976, Berlin 1977, S. 324-355.

Uitz, Erika: Die Frau in der mittelalterlichen Stadt. Stuttgart 1988.

Ungar, Heda: Die Frauen-Heimarbeit in Köln. Phil. Diss., Bonn 1915.

Varnhagen, Rahel: Gesammelte Werke Bd. 1: Ein Buch des Andenkens für ihre Freunde (1834), hg. von Konrad Feilchenfeld u.a. München 1983.

Vierzig Jahre Akademikerinnenbund Gruppe Köln 1949-1989, Köln 1989.

Vogts, Hans: Das Kölner Wohnhaus. Bis zur Mitte des 19. Jahrhunderts. Neuss 1966.

Vom Dadamax zum Grüngürtel. Köln in den 20er Jahren. Kölnischer Kunstverein 15. März-11. Mai 1975, Ausstellungskatalog, hg. von Dr. Wulf Herzogenrath, Köln ²1975.

Vom tausendjährigen jüdischen Wohltun in den Rheinlanden. Handschriftliches Manuskript, o.J. o.O. (Kopie in der Germanica Judaica).

Voß, Ludwig: Geschichte der Höheren Mädchenschule. Allgemeine Schulentwicklung in Deutschland und Geschichte der höheren Mädchenschulen Kölns. Opladen 1952.

Voß-Zietz, Martha: Die Frau im Parteileben. In: Jahrbuch der Frauenbewegung 1912, hg. von Dr. Elisabeth Altmann-Gottheiner im Auftrage des Bundes deutscher Frauenvereine, 2. Abdruck, Leipzig, Berlin 1912, S. 120-129.

Wagner, Rita: Die Revolution und die Frauen. In: Schäfke, Werner (Hg.): Der Name der Freiheit 1288-1988. Aspekte Kölner Geschichte von Worringen bis heute. Handbuch zur Ausstellung (Bd. 1), Köln 1988, S. 551-554.

Wagner, Rita: Cöln. Die sozialen Verhältnisse um 1900. Köln 1989.

Walker, Barbara: The Woman's Encyclopedia of Myths and Secrets. New York 1983.

Walterfang, Anna Marie Friederike: Studien zur Geschichte des Stiftes St. Maria im Kapitol zu Köln. Crefeld 1922 (Auszug aus der Dissertation von 1920, Bonn).

Warner, Marina: In weiblicher Gestalt. Die Verkörperung des Wahren, Guten und Schönen. Reinbek bei Hamburg 1989.

Weber, Heinz: Baden im Rhein. In: Jahrbuch des Kölnischen Geschichtsvereins, H. 46, 1975, S. 139-170.

Wedderkop, H. von: Köln, Düsseldorf, Bonn. Was nicht im Baedecker steht. München 1928.

Wegener, Gertrud (Bearb.): Fünfhundert Jahre Buch und Zeitung in Köln. Ausstellungskatalog. Köln 1965.

Wegener, Gertrud: Geschichte des Stiftes St. Ursula in Köln. Köln 1971.

Wegweiser durch die Lehreinrichtungen der Stadt Köln, zusammengest. von Dr. Ludwig Voß, Köln 1928.

Wegweiser durch die Wohlfahrtseinrichtungen der Stadt Köln für Katholiken, hg. von der Sozialen Konferenz von Geistlichen der Stadt Köln, Köln 1902.

Weigel, Sigrid: »Die Städte sind weiblich und nur dem Sieger hold«. Zur Topographie der Geschlechter in Gründungsmythen und Städtedarstellungen. In: Dies.: Topograhie der Geschlechter. Kulturgeschichtliche Studien zur Literatur, Reinbek bei Hamburg 1990, S. 149-179.

Weiland, Daniela: Geschichte der Frauenemanzipation. Hermes Handlexikon, Düsseldorf 1983.

Wensky, Margret: Die Kölner Frauenzünfte im Spätmittelalter. In: Geschichte in Köln, H. 7, 1980, S. 65-80.

Wensky, Margret: Die Stellung der Frau in der stadtkölnischen Wirtschaft im Spätmittelalter. Köln/Wien 1980.

Wensky, Margret: Die Stellung der Frau in Familie, Haushalt und Wirtschaftsbetrieb im spätmittelalterlichen-frühneuzeitlichen Köln. In: Haverkamp, Alfred (Hg.): Haus und Familie in der spätmittelalterlichen Stadt. Köln und Wien 1984, S. 289-303.

Wenzel, Luise: Von der Arbeit im Nationalen Frauendienst. In: Die Frauenfrage, H. 13, 1.10.1914, S. 99-100.

Wevering, Renate: Prostitution in der zweiten Hälfte des 19. Jahrhunderts. Aufgezeigt am Beispiel der Stadt Köln unter besonderer Berücksichtigung von sozialpädagogischen und ordnungsbehördlichen Maßnahmen zu ihrer Bekämpfung und Verhütung, Diplomarbeit GHS Wuppertal, unveröff. Manuskript, Köln 1990.

Weyden, Ernst: Köln am Rhein vor 50 Jahren, Sittenbilder nebst historischen und sprachlichen Erklärungen. Köln 1862.

Wickert, Christl: Unsere Erwählten. Sozialdemokratische Frauen im Deutschen Reichstag und im Preußischen Landtag 1919-1933, Bd. 1 und 2. Göttingen 1986.

Wickert, Christl (Hg.): »Heraus mit dem Frauenwahlrecht«. Die Kämpfe der Frauen in Deutschland und England um die politische Gleichberechtigung. Pfaffenweiler 1990.

Wiessing, Mathijs C. (Hg.): Gertrud Meyer, die Frau mit grünen Haaren. Erinnerungen von und an G. Meyer(-Plock). Hamburg 1978.

Wiethase, H./Schellen, K./Stübben, J. (Hg.): Köln und seine Bauten. Festschrift zur VIII. Wanderversammlung des Verbandes deutscher Architekten- und Ingenieurvereine in Köln (Hg.), Köln 1888.

Wiggershaus, Renate: Geschichte der Frauen und der Frauenbewegung in der Bundesrepublik Deutschland und in der Deutschen Demokratischen Republik nach 1945. Wuppertal 1979.

Wilczek, Gerhard: Kölnisches Karnevalskaleidoskop, Köln, o.J. (unveröff. Manuskript).

Wilson, Elizabeth: In Träume gehüllt. Mode und Modernität. Hamburg 1989.

Witting, Petra: Die Klosterfrau Maria Clementine Martin, Köln. In: Schinzinger, Francesca/Müller-Thomas, Angelika in Verbindung mit der Industrie- und Handelskammer zu Aachen (Hg.): Symposium über Unternehmerinnen. Referate eines Symposiums an der Rheinisch-Westfälischen Technischen Hochschule Aachen im November 1988. Aachen 1988, S. 101-112.

Witzel, Georg: Marktwesen und Markthallen. In: Gothein, E. (Bearb.): Die Stadt Cöln im ersten Jahrhundert unter Preußischer Herrschaft 1815 bis 1915, hg. von der Stadt Cöln, Köln 1915/6, Bd. 2, S. 491-498.

Wolf-Graaf, Anke: Die verborgene Geschichte der Frauenarbeit. Eine Bildchronik. Weinheim und Basel 1983.

Wolff, Arnold/Diederich, Toni (Hg.): Das Kölner Dom Jubiläumsbuch 1980. Offizielle Festschrift der hohen Domkirche Köln. Köln 1980.

Wolff, Gerta: Das Römisch-Germanische Köln. Führer zu Museum und Stadt, Köln 1981, ³1989.

Wrede, Adam: Neuer kölnischer Sprachschatz, 3 Bde. Köln 1956-58.

Wurmbach, Edith (Meyer-): Das Wohnungs- und Kleidungswesen des Kölner Bürgertums um die Wende des Mittelalters. Bonn 1932.

Zehnder, Frank Günther: Altkölner Malerei. Katalog des Wallraf-Richartz-Museums. Köln 1990.

Zehnter Jahresbericht der Rechtsschutzstelle für Frauen in Cöln (Kopie im Feministischen Archiv).

Zentrale für die gesamte private Wohltätigkeit und öffentliche Wohlfahrtspflege (Hg.): Die Wohlfahrtseinrichtungen in der Stadtgemeinde Köln. Ein Auskunfts- und Handbuch. Köln ²1922.

Zentralwohlfahrtsstelle der deutschen Juden (Hg.): Führer durch die jüdische Gemeindeverwaltung und Wohlfahrtspflege in Deutschland. Berlin 1924.

Zentralwohlfahrtsstelle der deutschen Juden (Hg.): Führer durch die jüdische Wohlfahrtspflege in Deutschland. Charlottenburg, 1928/29 und 1932/33.

Zerlett, Rolf: Köln von den Römern bis heute. Historische Daten, Köln 1990.

Zimmermann, (Beig.): Die Armenpflege der Stadt Köln. In: Lent, Eduard (Hg.): Köln. Festschrift für die Mitglieder u. Theilnehmer der 61. Versammlung deutscher Naturforscher u. Aerzte. Köln 1888, S. 224-233.

Zimmermann-Jatho, Käthe: Schutzgeister eines Kölnischen Kindes. In: Köln [Merianheft], 1. Jg., 3. Heft, 1948, S. 47 f.

Zum 75jährigen Bestehen der Deutschen Lyceum-Clubs 1905-1980. Zusammengestellt nach Berichten der Clubs und ergänzt von Dr. Friedel Hömke und Albertine Maier-Dependorf, Ravensburg 1979.

Zur Geschichte der kölnischen Fastnacht. Festschrift, hg. vom Haus des Kölner Karneval anläßlich der Eröffnung am 11.11. 1967 vom Festkomitee Kölner Karneval von 1823 e.V., Köln 1967.

K.Z.: Minna Schumacher-Köhl, Köln, Lehrerin – Politikerin – Mitarbeiterin. In: Katholische Frauenbildung, 71. Jg., 1970.

Register

Bildnachweise

1. Aus Archiven und Bibliotheken:

S. 9, 10, 17, 23, 28, 40 (Museum Ludwig, Graph. Sammlung), 41 oben
(Römisch-Germanisches Museum), 42 unten (Aquarell mit Federzeichnung
von J.J. Merlo, ca. 1874), 53 oben und unten (nach L. Lange), 59, 61, 70, 76,
78 oben, 86, 90 oben, 96 (Kölnisches Stadtmuseum), 100 oben, 106, 108
oben, 117, 120 oben und unten, 123 (Kupferstich von Franz Hogenberg um
1589, Kölnisches Stadtmuseum), 124, 125, 132, 136, 137, 151, 152 unten,
159, 169, 171, 172, 176, 180, 182 unten, 184, 185, 186, 193, 197, 199, 201,
203, 206, 207, 211, 223, 234 oben und unten, 239, 240, 241, 242: Rheinisches Bildarchiv

S. 11, 24 (Güttler), 26 (Vortragsanzeiger 1914, Güttler), 49 unten, 51 oben, 57,
58, 60, 64 oben und unten, 65, 74, 90 unten links, 107, 109, 110, 112, 133,
139, 155, 156, 187 (Die Frau, Juni 1918), 189, 190, 194, 209, 213, 214, 243
(Der Volkswart, 1908), 245, 247, 250: Bildarchiv des Kölner Frauengeschichtsvereins

S. 25 (Bestand 903), 43 (NL 1175), 45 (NL 1175), 88, 90 unten rechts, 154, 227
(NL 1138), 229, 231 (NL 1138), 232 (NL 1138): Historisches Archiv der Stadt
Köln

S. 29 (Zeitgenössische Hinterglasmalerei): Archiv der Klosterfrau Melissengeist

S. 34, 92: Archiv der Sozialen Demokratie in der Friedrich Ebert-Stiftung/Bonn

S. 38: Peter Fuchs

S. 46: Archiv der Firma Tonger

S. 47, 108 unten: Universitäts- und Stadtbibliothek (Zeitungsausschnittsamm-
lung)

S. 100 unten, 104 oben, 249: Klaus Bonert

S. 91: Dr. Elisabeth Sautter/Bad Honnef

S. 94: Archiv des Katholischen Deutschen Frauenbundes

S. 95 oben: Elisabeth Pregardier

S. 95 unten: Gidal-Bildarchiv im Ludwig Steinheim Institut/Duisburg

S. 163: GEDOK

S. 164: Verlagsarchiv Kiepenheuer & Witsch (aus: Kurt Neven DuMont. Einem
Verleger zum Gedenken. Köln 1973)

S. 175: Landschaftsverband Rheinland, Rheinisches Volkskundearchiv im Amt
für Rheinische Landeskunde/Bonn

S. 200 (Innenplan St. Maria im Kapitol): Ernst Budschan

S. 230: NS-Dokumentationszentrum, Köln

S. 235, 238 (Hauszeitung 29.3.1935): Archiv der Firma Kaufhof - Archiv bei der
Hauptgeschäftsstelle

S. 236: Bildarchiv Foto MARBURG - Deutsches Dokumentationszentrum für
Kunstgeschichte

S. 246: Leo Baeck Institute/New York

2. Aus Büchern:

S. 12: Grundriß von ca. 1909, aus: Krings, Ulrich: Der Kölner Hauptbahnhof.
Köln 1977.

S. 13, 42 oben, 69: Städtische und private Wohlfahrtseinrichtungen der Städte Köln, Mülheim am Rhein und Kalk, hg. von der Vereinigung »Rechtsschutz-stelle für Frauen, Köln«, zusammengest. von Mathilde Scholl, Köln 1905.

S. 15: Revolutionäres Christentum, Band I, Berlin o.J.,

S. 16: Kölner Stadtanzeiger vom 29.3.1994.

S. 18: Ottilie von Goethe. Erlebnisse und Geständnisse 1832-1857, Hg: Heinrich Hubert Houben. Leipzig 1923.

S. 19: Lithographie von Levy Elkan zur Frage der Gestaltung der Querhausfassade (1844), aus: Klein, Adolf: Der Dom zu Köln. Die bewegte Geschichte seiner Vollendung. Köln 1980.

S. 20: Janetzki, Ulrich (Hg.): Ottilie von Goethe: Goethes Schwiegertochter. Ein Portrait. Frankfurt/M., Berlin, Wien 1982.

S. 22: Förster, Otto Helmut: Kölnische Kunstsammler vom Mittelalter bis zum Ende des bürgerlichen Zeitalters. Ein Beitrag zu den Grundfragen der neueren Kunstgeschichte. Berlin 1931.

S. 32: Mitteilungen des Rheinisch-Westfälischen Frauenverbandes vom 15.11.1914.

S. 41 unten, 49 oben, 52, 148: Steimel, Robert: Kölner Köpfe. Köln 1958.

S. 51 unten: Kölner Frauenklub/Deutscher Lyceumklub (Hg.): Festschrift anläßlich der Einweihung des wiederaufgebauten Clubhauses. Köln 1956.

S. 54: Wurmbach, Edith (Meyer-): Das Wohnungs- und Kleidungswesen des Kölner Bürgertums um die Wende des Mittelalters. Bonn 1932 (Israhel van Meckenem).

S. 68: Käthe Kollwitz: Betrunkener Mann, Bilder vom Elend, Blatt 5, Simplicissimus 1910; aus: Käthe Kollwitz: Druckgrafik, Plakate, Zeichnungen. Hg. von Renate Hinz, Berlin 1980; VG Bild-Kunst Bonn 1995.

S. 71: Wiessing, Mathijs C. (Hg.): Gertrud Meyer, die Frau mit den grünen Haaren. Erinnerungen von und an G. Meyer(-Plock). Hamburg 1978.

S. 77, 78 unten (Ausschnittvergößerung), 115 (Holzschnitt gedr. bei Hans Vintler, Augsburg 1486), 116 (Ausschnitt aus einem Gemälde von Max Reichlich, um 1515), 143 (Ausschnitt aus einer Miniatur eines flämischen Meisters von um 1440), 174 (Codex Vindobonensis von 1420) aus: Uitz, Erika: Die Frau in der mittelalterlichen Stadt, Stuttgart 1988.

S. 79 (Holzschnitt, zweite Hälfte des 16. Jahrhunderts), 84 (aus dem Hausbuch der Cerruti, Ende 14. Jh.), 103 (Kupferstich von W. v. Olmütz, 15.-16. Jh.): Wolf-Graaf, Anke: Die verborgene Geschichte der Frauenarbeit. Eine Bildchronik. Weinheim und Basel 1983.

S. 89 oben: Kölnische Gesellschaft für Christlich-Jüdische Zusammenarbeit (Hg.): Hundert Jahre deutscher Rassismus. Katalog und Arbeitsbuch. Köln 1988.

S. 98: Die DEWOG-Familie. Sprachrohr der deutschen Wohnungsbaugesellschaft und ihrer Mieter. Januar/Februar 1965.

S. 104 unten: Anita Chmielewski-Hagius und Silvia Dürmeier (Hg.) Frauenalltag - Frauenforschung: Beiträge zur 2. Tagung der Kommission Frauenforschung in der Deutschen Gesellschaft für Volkskunde, 22.-25.5.1986, Frankfurt u.a. 1988.

S. 127 (David Vinckeboons/Vinckeboom, ca. 1604), 182 oben (Bilderhandschrift um 1450): Marie Lise Göpel: Frauenalltag durch die Jahrhunderte. Ein Bilder-Lesebuch, München 1986.

S. 140 (Auszug aus der Auflistung von Beginenkonventen), 152 oben: Corsten, Severin (Hg.): Die Kölnische Chronik von 1499 (sog. Koelhoffsche Chronik), Originalgetreuer Nachdr. von 1499, Hamburg 1982.

S. 146: Mathieu Schwann: F.W. Brügelmann Söhne 1820-1920. Köln o.J./Rheinisch-Westfälisches Wirtschaftsarchiv Köln, mit Erlaubnis von Jan Brügelmann.

S. 147: Inge Frick, Helmut Kommer, Antje Kunstmann und Siegfried Lang: Frauen befreien sich. Bilder zur Geschichte der Frauenarbeit und Frauenbewegung. München 1976.

S. 150: Schwerhoff, Gerd: Köln im Kreuzverhör. Kriminalität, Herrschaft und Gesellschaft in einer Reichsstadt am Beginn der Frühen Neuzeit. Bonn 1991.

S. 157 (nach Finckenbaum/Vinckeboom, ca. 1670): Clemen, Paul (Hg.): Die Kunstdenkmäler der Stadt Köln. (Düsseldorf 1906-37) Nachdruck Düsseldorf 1980. Bd. 2.4: Vogts, Hans: Die profanen Denkmäler, 1930, VII,4.

S. 158 (Holzschnitt nach Claus Magnus): Dietmar, Carl: Die Chronik Kölns, Dortmund 1991.

S. 195: Parisse, Michel: Les nonnes au Moyen-Age, Le Puis 1983.

S. 196: Berger, Eva: Die Frau als Projektion des Mannes - eine Museumsführung. In: Kindermann, Gisela (Hg.): Frauen verändern Schule. Dokumentation des 5. Fachkongresses der AG Frauen und Schule. Berlin 1987, S. 150-173., S. 155.

S. 212 links: Dorothea Schlegel: Florentin. Roman, Fragmente, Varianten. Hg.: Liliane Weissberg. Berlin 1987.

S. 212 rechts: Kritische Friedrich Schlegel-Ausgabe, 7. Band, 1. Abtl. München, Paderborn, Wien, 1966.

S. 217: Karl Hoeber: Minna Bachem-Sieger und die Deutsche Frauenbewegung. Köln 1940.

S. 220: Cardauns, Helma (Verbeek-): Riehler Straße 13. Eine Kölner Kindheit. Köln 1985.

S. 224: Nordrheinwestfälisches Hauptstaatsarchiv (Hg.): Armut im Rheinland. Düsseldorf, 1992.

S. 225 (Mercatorplan): Clemen, Paul (Hg.): Die Kunstdenkmäler der Stadt Köln. (Düsseldorf 1906-37) Nachdruck Düsseldorf 1980. Bd. 2.1: Rathgens, Hugo: St. Gereon, St. Johann Baptist, die Marienkirchen, Groß St. Martin, 1911, VII, 1.

KÖLN-SERVICE

zusammengestellt
von

IRMGARD SCHOLTEN

INHALT

Martin Stankowski
KÖLN – Der andere Stadtführer

Band I (Altstadt/Innenstadt/Dom)
Band II (Neustadt/Südstadt/Ringe/Rhein/Deutz)

Gebunden

Köln wird oft als die nördlichste Stadt Italiens bezeichnet. Bei Kirchen, Karneval und Klüngel stimmt das sicher, bei der mediterran-leichten Lebensform wird es bisweilen behauptet, und beim Klima ist sicher Schluß mit dem südlichen Vergleich. Wie auch immer – Köln ist eine Stadt mit eigenständigem und ausgeprägtem Charakter, den nicht nur Dom und Rhein, Rathaus und romanische Kirchen, Altstadt oder Ringe ausmachen, sondern auch die Hinterhöfe, Seitenpfade und vergessenen Plätze.
Die Wanderungen in diesem Band meiden daher die ausgetrampelten Pfade des Tourismus, bewegen sich jedoch auch entlang historischer Epochen oder kunstgeschichtlicher Stile.
Die vorgeschlagenen Touren sind die täglichen Wege über Straßen und Plätze, entlang an Häusern, Kirchen und Büros – und immer werden dabei Geschichten erzählt. Geschichten, bei denen nicht die Hauptanliegen der Minderheiten aus Rathaus, Kirche und Salon im Vordergrund stehen, sondern die Nebensachen der Mehrheiten.

Kiepenheuer & Witsch

JÜRGEN BECKER UND
MARTIN STANKOWSKI
BIOTOP FÜR BEKLOPPTE
Ein Lesebuch für Immi's und Heimathirsche

KiWi 369
Mit Illustrationen von papan und Fotos von Manfred Linke
Neue Ausgabe

Das Buch zum erfolgreichen Kabarettprogramm!

Jürgen Becker, Kabarettist und Karnevalist, und Martin Stankowski, Stadtführer und Autor, haben die Geschichte(n) um
Knochen, Klüngel und Klerus in die gemeinsame Kappe geworfen. Heraus kommt ein Lesebuch über Köln und die Welt, eine
außergewöhnliche Geschichtstour durch ein liebenswertes Biotop für Bekloppte.

KiWi Paperbackreihe bei Kiepenheuer & Witsch

ANKUNFT UND ABFAHRT, REISEPLANUNG

Köln ist mit dem Zug von allen deutschen Städten und vielen europäischen Großstädten im Direktverkehr zu erreichen; ebenso mit dem Flugzeug und natürlich aus allen Himmelsrichtungen mit dem Auto. Frauenparkplätze, die mehr oder weniger bewacht werden, gibt es mittlerweile in allen Kölner Parkhäusern. Ein Frauen-Nacht-Taxi für Köln gibt es nicht.
Erste Anlaufstelle, zentral gegenüber dem Domportal:

FREMDENVERKEHRSAMT DER STADT KÖLN
Unter Fettenhennen 19
50667 Köln
✆ 221-33 45
Mo-Sa 8.00-21.00, So 9.30-19.00
(November bis April)
Mo-Sa 8.00-22.30, So 9.00-22.30
(Mai bis Oktober)
Von den zahlreichen Broschüren und Informationsheften, die dort erhältlich sind, empfehlen wir zum Einstieg:
– »Informationsprospekt Köln« (2 DM), übersichtliche Einführung;
– »Köln-Monatsvorschau« (2 DM), Überblick über kulturelle Veranstaltungen, Messen und Sportereignisse – auch über längere Zeiträume hinweg;
– »Tips und Touren«, mit einem kleinen Anhang mit Adressen und Informationen. Dies ist nur ein kleiner Ausschnitt.

KÖLNER FRAUENGESCHICHTSVEREIN
Marienplatz 4
50676 Köln
✆ 24 82 65
Fax 240 35 69

Historische Stadtrundgänge und Kirchenführungen, Sammeln von Informationen, Forschen über Frauenleben in der Vergangenheit, Programm wird auf Wunsch gegen frankierten Umschlag zugeschickt.

FUSS- UND AUTOPLÄNE
Zu Preisen unter 12,- DM sind folgende übersichtliche Pläne erhältlich:
– Fußgängerplan, näherer Innenstadtbereich, Maßstab 1:10.000, dt. u. engl., Verlag W. Kühn, Fürstenfeldbruch Falk-Plan, Maßstab 1:20.000, Citybereich 1:12.000, ungefaltet und patentgefaltet, Falk-Verlag, Hamburg;
– RV-Plan, Maßstab 1:20.000, Citybereich 1:10.000, RV Reise- und Verkehrsverlag, Stuttgart;
– ADAC-Stadtplan, Maßstab 1:20.000 mit City 1:10.000;
– Plan der Stadt Köln, Maßstab 1:25.000 mit gesondertem Straßenverzeichnis. Mit Werbung DM 6,-, ohne Werbung DM 14,-. Wer seinen Aufenthalt auch auf Bonn und das Umland ausdehnen möchte, sollte sich einen Stadtatlas zulegen:
– Städteatlas Köln-Bonn-Aachen, Maßstab 1:25.000, Citybereich 1:10.000, DM 24.80.
In den meisten Hotels liegt ein kostenloser Innenstadtplan aus, und beim Verkehrsamt gibt es einen kostenlosen Stadtplan.

FAHRRADKARTEN
– Fahrradplan Köln, Maßstab 1:20.000, 12,80 DM, hg. vom ADFC Köln.

MITFAHRGELEGENHEITEN
vermitteln die folgenden, in der Innenstadt gelegenen Mitfahrzentralen:

Mitfahrzentrale
Saarstr. 22
50996 Köln
✆ 1 94 44

McShare Mitfahrzentrale
Trierer Str. 47
50674 Köln
✆ 1 94 40

Mitfahrzentrale
Maximinenstr. 2
50668 Köln
✆ 12 20 21/23

Car Sharing
Stattauto
Krefelder Wall 10
50670 Köln
✆ 739 22 33

ÖFFENTLICHE VERKEHRSMITTEL

Die **Kölner Verkehrsbetriebe (KVB)**
bieten telefonische Auskunft rund um
die Uhr unter ✆ 547-33 33.

KVB-Fahrgastcenter Neumarkt
Neumarkt 25
50667 Köln
✆ 547-46 46
Mo-Fr 7.30-19.00, Sa 8.30-14.30 Uhr
Billigangebote für TouristInnen:
3-Tage-Ticket 19,- DM und 24-Stun-
den-Ticket 9.50 DM.
Zonenfahrplan und U-Bahn-Pläne
sind zu niedrigen Preisen im Fahr-
gastcenter am Neumarkt erhältlich.

MIT DEM SCHIFF

Von Mai bis Oktober und zu Messezeiten fährt täglich von 9.00-18.00
Uhr alle 10 Minuten eine Personen-
fähre von der Hohenzollernbrücke
aus nach Köln-Deutz/Messe. Die einfache Fahrt kostet 1,50 DM, Hin- und
Rückfahrt 2,50 DM. Fahrräder werden
zum gleichen Preis befördert. Da die
Schiffahrt auch Sonderfahrten veranstaltet, hierzu eine Adresse:
H. Linden
Personenschiffahrt u. Fährbetriebe
Oberländer Ufer 168
50968 Köln
✆ 38 47 38

MIT DER RHEINSEILBAHN

Seit dreißig Jahren verkehrt zwischen
Zoo und Rheinpark die Rheinseil-
bahn. Eine Fahrt damit lohnt sich vor
allem wegen des weiten Blicks auf
das Rheinpanorama.
Mitte März bis Ende Oktober täglich
von 10.30-18.00 Uhr, einfache Fahrt
5,- DM, Hin- und Rückfahrt 9,50 DM,
Kinder zahlen die Hälfte.

BAHNHOF

Der Kölner Hauptbahnhof, zentral
am Rheinufer neben dem Kölner Dom
gelegen, ist die Drehscheibe für den
gesamten Zugverkehr. Die **Fahr-
kartenausgabe** in der Eingangshalle
ist Mo-Fr von 6.00-23.00 Uhr und
Sa-So von 6.00-22.30 Uhr geöffnet,
ebenso die **Kundendienststelle** auf
Gleis 1, die jedoch ausschließlich
Auskünfte über Verspätungen erteilt.
Telefonisch ist die (ständig besetzte)
Reiseauskunft unter ✆ 1 94 19
zu erreichen; die automatische
Fahrplanauskunft hat die Rufnummer
✆ 1 15 31.
Die Gebühren für **Gepäckaufbewah-
rung in Schließfächern** beträgt
4,- DM für 24 Stunden, maximale
Lagerdauer 72 Stunden. Gepäck-
aufbewahrung ist während der Weihnachtszeit auch in der U-Bahn-
Station der KVB möglich.
Wie in jedem Bahnhof, so ist auch
im Kölner Hauptbahnhof noch vieles
außerhalb der normalen Laden-
öffnungszeiten möglich; der **Service
im Hauptbahnhof** umfaßt:
– die Bahnhofsbuchhandlung
  Ludwig: deutsche und ausländische Presse, aktuelle Fachzeit-
  schriften, täglich von 6.00-24.00
  Uhr geöffnet;
– die Wechselstube der Deutschen
  Verkehrs-Kredit-Bank (DVKB):
  Umtausch, Reisechecks, Euro-
  schecks und Überweisungen, täglich von 7.00-21.00 Uhr geöffnet;

– die Poststelle: Einzahlungen, Telegramme, Postsparkassendienst, Einschreiben und Briefmarken, Mo-Fr von 7.00-21.00 Uhr geöffnet, Sa-So von 11.00-20.00 Uhr; Eilsendungen können in der Stolkgasse (nähe Hauptbahnhof) von 21.00-24.00 Uhr aufgegeben werden.

Wer zu **ungünstigen Zeiten** in Köln ankommt, kann sich in den Geschäften im Hauptbahnhof – Lebensmittel, Bäckerei, Drogerie u.v.m. – mit dem Nötigsten versorgen. Die Öffnungszeiten sind unterschiedlich, generell von 7.00-22.15 Uhr, die Preise liegen allerdings höher als in normalen Läden.

Wer in **Schwierigkeiten** ist, kann sich an die Bahnhofsmission wenden, die in aktuellen Notsituationen rund um die Uhr zur Verfügung steht. Für Kleinkinder ist ein Wickelraum vorhanden.

Hinter dem Hauptbahnhof, am Breslauer Platz, liegt der **Busbahnhof**. Hier verkehren die Busse im Regionalverkehr, unter anderen auch der Flughafenbus. Der Infoschalter für Busse, mit den Dienstleistungen Reiseauskunft und Fahrkartenverkauf, ist unter ✆ 12 44 12 zu erreichen und Mo-Fr 7.15-19.45 Uhr geöffnet.

BERUF UND WEITERBILDUNG

Institut zur Berufsförderung
B. Broermann, C. Flohr-Stein
Cäsarstr. 78
50823 Köln
✆ 38 35 71
Mo-Fr 9.00-13.00 Uhr
Im Institut zur Berufsförderung arbeiten wir seit Jahren im Bereich der beruflichen Weiterbildung für Frauen. Wir – ein Team von zwei engagierten Frauen – haben Berufsjahre in öffentlichen Instituten verbracht und erfahren, wie notwendig es ist, gezielt berufliche Weiterbildung für Frauen zu leisten. Ziel der beruflichen Weiterbildung ist es, fach- und persönlichkeitsbezogen zu wirken, das heißt Frauen zu motivieren, ihre Kenntnisse und Fähigkeiten am Arbeitsplatz optimal einzusetzen. Weitere Schwerpunkte sind: individuelle Laufbahn- und Lebensberatung, Analyse von Beschäftigungsstrukturen in Betrieben, Aufstellung von Frauenförderplänen und Beratung bei Existenzgründungen.

Frauensicht e.V. – Feministische Weiterbildung
Holbeinstr. 32
50733 Köln
✆ 73 70 00
Information Di-Do ab 13.00 Uhr
Der Verein leistet Bildungsarbeit zu unterschiedlichen frauenpolitisch relevanten Themen. Wir veranstalten berufsbezogene und interdisziplinäre Fortbildungen in Form von Vorträgen, Wochenend- und Wochenseminaren, die als ArbeitnehmerInnenweiterbildung anerkannt sind.

Schöne Aussichten
Verband freiberuflicher Frauen
Gereonshof 36
50670 Köln
✆ 91 28 07 80
Netzwerk selbständiger Frauen / Regionales Frauenbranchenbuch »Lila Seiten« / Infodienst / Frauenversorgungswerk

Frauen gegen Erwerbslosigkeit
Severinstr. 92-96
50678 Köln
✆ 31 85 77
Fr 10.00-13.00 Uhr
und nach Vereinbarung

Beratungsangebot für Berufsrückkehrerinnen
»Jour-Fixe«
In der Höhle 4
50667 Köln
✆ 94 29-13 18
Do 14.00-18.00 Uhr

Weiterbildungsberatung der Stadt Köln
Helmholtzstr. 76
50825 Köln
✆ 54 88-458
Mo-Do 9.00-12.00, Di 15.00-19.00,
Do 15.00-17.00 Uhr
Beratung bei: Arbeitslosigkeit, Wiedereingliederung, Schulabschlüssen, Bewerbungen, Bildungsurlaub

**Hochschulzentrum des
Arbeitsamtes Köln**
Zülpicher Str. 58
50674 Köln
℡ 9429-2901-2900
Mo-Do 8.30-16.00, Fr 8.30-13.00 Uhr
Das Hochschulzentrum bietet Studentinnen, Absolventinnen und Studienabbrecherinnen Rat und Hilfe an.

Landesarbeitsamt NRW
Referat: Beauftragte für
Frauenfragen
Josef-Gockeln-Str. 7
40474 Düsseldorf
℡ 0211/43 06-0

Handwerkerinnenhaus Köln e.V.
Kempener Str. 135
(Worringer Bahnhof)
50733 Köln
℡ 739 05 55
Mo-Do 9.00-16.00 Uhr,
Fr 9.00-14.00 Uhr
oder nach Vereinbarung
Ziel des Handwerkerinnenhauses ist
es, wirtschaftlich arbeitende Frauenbetriebe zu schaffen, in denen Lehrlinge ausgebildet werden und Gesellinnen die Jahre zur Anerkennung zur Meisterinnenschule erhalten. Als erster Schritt dahin wurde am 1.5.91 die Werkstatt im »Worringer Bahnhof«, Kempener Str. 135, eingerichtet. Frauen mit und ohne Erfahrungen können die Werkstatt an festgelegten Tagen zur Selbsthilfe nutzen. Einmal monatlich findet ein Handwerkerinnentreff mit Informationen und Beratung statt.

Frauen Computer Schule
Köln & ComFrau
Ingrid Victor-Kilberth & Friedel Wild
Niehler Kirchweg 62
50733 Köln
℡ 760 76 71
Wir schulen Frauen am PC von den Grundlagen bis zu spezieller Software. In kleinen Gruppen und angenehm entspannter, streßfreier Atmosphäre können Frauen in EDV einstei-

gen und/oder sich weiterqualifizieren. Wir beraten individuell und produktunabhängig bei Kaufentscheidungen und unterstützen beim effektiven Einsatz des Computers. ComFrau bildet Frauen zur Netzwerk-Administratorin aus und übernimmt Beratung, Service und Installation von Einzel- und Mehrplatzsystemen in Ärztinnenpraxen und Frauenprojekten.

Frauenbildungs- und Ferienhaus
Prälat-Franken-Str. 13
53909 Zülpich-Lövenich
℡ 02252/65 77
Das Frauenbildungshaus Zülpich liegt ca. 30 km von Köln entfernt und ist ein zur Bildungsstätte umgebauter Bauernhof mit großem Garten, geschützem Innenhof und Sauna im Garten. Bis zu dreißig Frauen können untergebracht werden.
Zülpichs Stärke ist die Vielseitigkeit des Angebots (z.B. Selbstverteidigung, Massage, Astrologie, Frauengeschichte, Fasten, Zeichnen, Psychodrama, Frauen in der Lebensmitte), so daß sich recht unterschiedliche Frauen von dem vierteljährlich erscheinenden Programmheft angesprochen fühlen.

BIBLIOTHEKEN UND ARCHIVE

Frauen Media Turm
Das Feministische Archiv und
Dokumentationszentrum
Bayenturm
50678 Köln
℡ 931 88 10
Das Feministische Archiv und Dokumentationszentrum wurde 1982 von Alice Schwarzer initiiert und als unabhängige, gemeinnützige Stiftung konstituiert.
Sammelschwerpunkte sind vor allem die Neue Frauenbewegung (seit 1971) und die Alte Frauenbewegung (seit 1848), aber durchaus auch alle ande-

ren Stationen der Menschheitsge-
schichte.
Bestand: ca. 9.000 Dokumentationen
(Bücher, Aufsätze), 220 Pressedoku-
mentationen, 428 nationale und inter-
nationale Frauenzeitschriften-Titel,
rund 2.000 Flugblätter und
Plakate und laufend aktualisierte
Statistiken zu allen Bereichen.
Jährlich kommen etwa 2.000 neue
Dokumente dazu.

Zentralbibliothek (Stadtbücherei)

Josef-Haubrich-Hof 1
50676 Köln
℡ 221-38 28
Di und Do 11.30-20.00,
Mi und Fr 9.00-18.00,
Sa 10.00-15.00 Uhr
Bezirksfilialen finden sich in vielen
Stadtteilen. Neben Büchern und
Medien zu allen Themen sowie einem
modernen Suchdienst über Daten-
banken gibt es hier auch einen Infor-
mationsdienst für UrlauberInnen über
Sprache, Kultur, Hotels und Routen
des jeweiligen Reiselandes.

Germania Judaica

Josef-Haubrich-Hof 1 (4. Etage)
50676 Köln
℡ 23 23 49
Di, Do 11.30-20.00, Mi, Fr 9.00-18.00,
Sa 10.00-15.00 Uhr
Die Germania Judaica (Kölner Bibliothek zur Geschichte des deutschen
Judentums) wurde 1959 auf Anregung einer Bürgerinitiative gegründet.
Sie wird vom Land NRW, der Stadt
Köln und freien Förderern unterhalten.
Ausleihbibliothek mit Präsenzbestand. Sammelschwerpunkte: Jüdische Geschichte und Kulturgeschichte, insbesondere jüdische Geschichte
in Deutschland, Zionismus, Staat
Israel, Antisemitismus, Rechtsradika-
lismus, Belletristik (Bild der Juden in
der Literatur). Die Germania Judaica
pflegt intensive Kontakte zu ausländi-
schen Institutionen wie etwa dem
Leo-Baeck-Institut in New York oder

dem Holocaust-Archiv von
Yad Vashem, Israel.

Katholischer Deutscher Frauenbund

Kaesenstr. 18
50677 Köln
℡ 31 49 30
Sammelschwerpunkt: Materialien
(nicht nur) zur katholischen Frauenbewegung ab 1903

Universitäts- und Stadtbibliothek Köln

Universitätsstr. 16
50937 Köln
℡ 472-91 36
Öffnungszeiten in der Hauptabteilung:
Lesesäle, Kataloge, Informationszen-
trum Mo-Do 9.00-21.00 Uhr, Fr 9.00-
20.00 Uhr, Leihstelle und Lehrbuch-
sammlung Mo-Fr 9.00-13.00 Uhr,
14.00-16.15 Uhr, Di und Do bis 18.00
Uhr; Sofortausleihe: Mo-Fr 10.00-
11.30 Uhr, Do 15.30-18.00 Uhr; Foto-
stelle Mo-Do 15.30-18.00 Uhr, Fr
9.00-12.00 Uhr.
Ausleihbibliothek mit Präsenzbestand. Zentrale Ausleihbibliothek für
den Bereich der Universität Köln und
gleichzeitig Anlaufstelle für Benutze-
rInnen aus Köln, die wissenschaftliche Literatur suchen.

Erzbischöfliche Diözesan- und Dombibliothek

Maternushaus
Kardinal-Frings-Str. 1-3
50668 Köln
℡ 16 42-7 21
Mo-Fr 9.00-18.00 Uhr
Ausleihbibliothek mit großem Allge-
mein- und Präsenzbestand. Sofortige,
unkomplizierte Ausleihe möglich.
Sammelschwerpunkte: Katholische
Theologie und Grenzgebiete, Rheini-
sche Kirchen- und Landesgeschichte,
Dante-Sammlung.

Amerika-Haus Köln, Bibliothek
Apostelnkloster 13-15
50672 Köln
✆ 2 09 01-47
Mo-Fr 13.00-18.00 Uhr, geschlossen
an allen deutschen und amerikani-
schen Feiertagen
Freihand- und Ausleihbibliothek mit
Präsenzbestand.
Sammelschwerpunkte: Vereinigte
Staaten von Amerika/Americana.
Anschluß an die New-York-Times-
Data-Bank (benutzbar über die U.S.-
Botschaft Bonn).

T.T. Embargo-Bibliothek
Bürgerzentrum »Alte Feuerwache«
Melchiorstr. 3-5
50670 Köln
✆ 73 17 98
Öffnungszeiten telefonisch erfragen.
Alternative Bibliothek. Hier sind etwa
5.500 Bücher frei ausgestellt und mit
Ausnahme einiger Serien kostenlos
nutzbar und entleihbar. Ein Archiv
(Zeitungsausschnitte, Flugblätter)
dient mit dazu, die Bibliothek zu
einem Treffpunkt werden zu lassen.
Schwerpunkte: Frauenbücher, Neue
Soziale Bewegung in Deutschland,
Linke Bewegung und Anarchismus in
den letzten 150 Jahren, Belletristik,
Osteuropa, Drogen.

Engl. Seminar der Universität
Albertus-Magnus Platz
50931 Köln
Umfangreiche Frauenabteilung.

**Bibliothek des Kölnischen
Stadtmuseums
Zeughausstr. 1-3
50667 Köln**
nach Absprache

**Historisches Archiv
der Stadt Köln**
Severinstr. 222-228
50676 Köln
✆ 221-44 50
Mo-Fr 9.00-16.30, Sa 9.00-13.00 Uhr

**Rheinisch-Westfälisches
Wirtschaftsarchiv**
Unter Sachsenhausen 10
50667 Köln
✆ 16 40-1 06
Mo-Do 9.30-16.30, Fr 9.30-12.00 Uhr
Erfaßt und erschließt Quellen aus
Unternehmen, Kammern und Verbän-
den. Dazu gehören ältere Akten und
Geschäftsbücher ebenso wie
gedruckte Berichte, Werkszeitschrif-
ten oder Firmenfestschriften. Das
Wirtschaftsarchiv unterhält selbst
einen Präsenzbestand.

Rheinisches Bildarchiv
Kattenbug 18-24
50667 Köln
✆ 221-23 54
Di-Fr 10.00-12.30, Do 16.30-18.30

Universitätsarchiv
Universitätsstr. 33
50931 Köln
✆ 470-33 45

Köln-Archiv
Glasstr. 80
50823 Köln
✆ 51 53 23
Mo-Fr 9.00-13.00 Uhr außer Mi
Sammlung zu den sozialen und politischen Protestbewegungen in Köln
nach 1945.

EINKAUFSBUMMEL

Das Haupteinkaufsgebiet von Köln
liegt im Zentrum zwischen Rhein und
Ringen. In den beiden klassischen
Geschäftsstraßen, der Hohe Straße
und der Schildergasse, befinden sich
auch die großen Kaufhäuser. Die
»edlere« Geschäftsszene hat sich in
den letzten Jahren nach Westen in
die Breite Straße und Mittelstraße und
um den Neumarkt verschoben.
Wer sich auf »Einkaufsrummel« dort
nicht einlassen will, wird sich eher in
den Einkaufsstraßen oder auf den
Plätzen und Märkten in Kölner Vier-

teln wohlfühlen – der Severinstraße in der Kölner Südstadt, der Neusser Straße in Nippes oder der Frankfurter Straße in Mülheim. In der Innenstadt noch einigermaßen erträglich ist die Ehrenstraße, von den Preisen her erschwinglich ist es am Eigelstein und in der Weidengasse.

Wem es denn gefällt, für den/die sind auch die vier größten Ladenpassagen von Köln interessant, die jeweils eine Vielzahl von kleinen und größeren Geschäften, Cafés und Restaurants bieten. Dazu gehören:
- Bazaar de Cologne, Mittelstraße;
- Kölner Ladenstadt, Glockengasse;
- Neumarktpassage, Neumarkt;
- Olivandenhof, Zeppelinstraße.

In Köln-Sülz im Südwesten der Stadt haben sich Geschäftsfrauen nach dem Motto »Miteinander statt Gegeneinander« zusammengetan.

MODE

Rica Caiser
Kurfürstenstr. 29
50678 Köln
✆ 31 27 13
Mo-Fr 11.00-18.00,
Sa 10.00-14.00 Uhr
Modedesign

Modepforte
Hohe Pforte 24
50667 Köln
✆ 24 75 67
Leder & Textil

Kleiderbörse
Lindenstr. 71
50674 Köln
✆ 23 10 21
Di-Fr 10.00-13.00 u. 14.00-18.00,
Sa 10.00-13.00 Uhr
Second Hand

Clan 1920-1950
Kurfürstenstr. 1
50678 Köln

✆ 31 20 46
Hollywood-Mode

Frauengalerie
Gertrudenstr. 15
50667 Köln
✆ 24 84 87

Macke
Metzer Str. 28
50677 Köln
✆ 32 12 06
Mo-Fr 11.00-18.30 Uhr,
Sa 10.00-14.00 Uhr
Hochwertige Kollektionen mit kleinen Fehlern

STEINE

Atelier Phoenix
Maastrichter Str. 5
50672 Köln
✆ 25 25 77

Iris
Flandrische Str. 10
50674 Köln
✆ 25 14 53
Duft und Wohlbefinden,
schöne Steine

Somanes
Der esoterische Buchladen
Antwerpener Str. 24
50672 Köln
✆ 52 85 87
Edelsteine, Schmuck, Klangschalen,
ätherische Öle

MÖBEL

Kunsthandlung Küppers
Teutoburger Str. 12
50679 Köln
✆ 34 39 73
Originelles und Originales aus alter
und neuer Zeit

Pesch Einrichtungshaus
Kaiser-Wilhelm-Ring 22 und 34
50672 Köln
✆ 16 130

Konkretes Anschauungsmaterial zur
Krise im aktuellen Möbeldesign

Abitare
Auf dem Berlich 3-5
50667 Köln
✆ 24 59 38

Magazin
Luxemburger Str. 61
50674 Köln
✆ 44 60 44

May Raum-Design
Friesenstr. 5-15
50670 Köln
✆ 24 54 42

pro natura
Baudriplatz 1
50733 Köln
Florastraße 19
50733 Köln (ab September '95)
✆ 73 54 19, Fax 73 79 34
Hochwertige Naturprodukte für Wohnung, Haus und Garten

Raum
Burgunderstraße 33
50677 Köln
✆ 23 36 95
Naturprodukte für Haus und Garten

Regaleladen
Lütticher Str. 38
50674 Köln
✆ 51 69 07

Traum-Station Schlafsysteme
Hohenzollernring 21
50672 Köln
✆ 257 15 60

BUCHHANDLUNGEN

Frauenbuchladen Rhiannon
Moltkestr. 66
50674 Köln
✆ 52 31 20

Der Andere Buchladen
Zülpicher Str. 197
50937 Köln
✆ 41 63 25

Wahlenstr. 1
50823 Köln
✆ 52 05 79

Georg Büchner Buchladen
Berrenrather Str. 199
50937 Köln
✆ 41 28 61
Regelmäßig Lesungen

Bunt Buchhandlung
Ehrenstraße 86
50672 Köln
✆ 25 32 18
Regelmäßig Lesungen

Kinderbuchladen Gebrüder Grimm
Mauritiussteinweg 110
50676 Köln
✆ 231 52 27

Buchhandlung am Leipziger Platz
Bülowstr. 32
50733 Köln
✆ 760 61 06

Schwarz auf Weiß
Venloer Str. 220
50823 Köln
✆ 51 24 60

Bücherkaufhaus Gonski
Neumarkt 18 a
50667 Köln
✆ 209 09-0

FLOH- UND TRÖDELMÄRKTE

Nippes
Wilhelmplatz
50733 Köln
jeden zweiten So im Monat

Südstadt
Vorgebirgsstraße
50969 Köln
alle 2 Monate, 1. So März bis Oktober

Altstadt
Martinstraße
50667 Köln
jeden 3. Sa., März bis Dezember

Zentrum
Kölner Ladenstadt
50667 Köln
jeden 2. So im ungeraden Monat

CAFÉS, KNEIPEN, RESTAURANTS

Es gibt kaum Cafés oder Zentren in
Köln, die ausschließlich Frauen
vorbehalten sind. Die folgende
Auswahl ist daher mehr oder weniger
willkürlich und geht auf Tips von uns
befreundeten Frauen zurück.

CAFÉS

Café Anders
Klarastr. 3
50823 Köln
✆ 510 14 72
täglich 11.00-24.00 Uhr
Café mit direktem Durchgang zum
»Anderen Buchladen«

Café Krümel
Zülpicher Str./Weyertal
50937 Köln
✆ 42 67 67
täglich 8.30-1.00 Uhr,
Sa 9.30-1.00 Uhr, So 10.00-1.00 Uhr

Café Moka
Weyertal 32
50937 Köln
✆ 44 92 08
täglich 9.30-1.00, Sa 17.00-1.00,
So 10.30-1.00 Uhr

Café Sehnsucht
Körnerstr. 67
50823 Köln
✆ 52 83 47

Caféteria im Museum für Ostasiatische Kunst
Universitätsstr. 100
50674 Köln
✆ 40 55 00
Di-So 10.00-18.00 Uhr
Wunderbarer Ausblick auf den
Aachener Weiher. Ruhig und ohne
Hektik. Außer Kaffee, Tee und selbst-
gebackenem Kuchen gibt es ein klei-
nes Angebot an vegetarischen
Gerichten.

Caféteria im Museum Ludwig
Heinrich-Böll-Platz
50667 Köln
✆ 24 31 00
Selbstbedienung, leckere Kleinigkei-
ten zu überdurchschnittlichen Preisen, Plätze gibt es drinnen und
draußen.

Café Central
Jülicher Str. 1
50674 Köln

✆ 23 47 55
täglich bis 3.00 Uhr geöffnet

Moderne Zeiten
Breite Str. 100
50667 Köln
✆ 21 15 77
täglich 7.00-3.00 Uhr

Bauturm Café
Aachener Str. 24
50674 Köln
✆ 52 88 21
täglich 9.00-3.00 Uhr
Direkt neben dem gleichnamigen
Theater

Kaffeeböhnchen
Kurfürstenstr. 27
50678 Köln
✆ 31 26 70
täglich 10.00-22.30 Uhr,
Fr/Sa 23.30 Uhr
Plüschsofas aus vergangenen Zeiten

Oscar
Hohenstaufenring 225-227
50674 Köln
✆ 24 46 28
täglich 11.00-3.00 Uhr,
So 13.00-3.00 Uhr
Lädt dazu ein, dem hektischen Treiben auf den Ringen zuzuschauen

Schröder's
Alteburger Str. 11
50678 Köln
✆ 32 68 38

Rhiannon-Café
Frauenbuchladen
Moltkestr. 66
50674 Köln
✆ 52 92 08/52 31 20
Mo-Fr 10.00-18.30 Uhr,
Sa 10.00-14.00/16.00 Uhr
Jeden zweiten und vierten Samstag
im Monat gibt es ein reichhaltiges
Frühstücksbuffet, ansonsten immer
eine Tasse Kaffee.
Jeden Montag ab 20.00 Uhr Stamm-
tisch für Frauen ab 40.

SCH.U.L.Z.-Café
Kartäuserwall 18
59678 Köln
✆ 931 88 00
Mo-Fr 10.00-1.00 Uhr,
Sa-So 10.00-3.00 Uhr
Im Lesben- und Schwulenzentrum

KNEIPEN

Frauencenter George Sand
Marsilstein 13
50676 Köln
✆ 21 61 62/21 96 91

Weinstube Morio
Schillstr. 12
50733 Köln
✆ 76 97 37
Der Schwerpunkt liegt auf deutschen
Weinen, aber auch die Franzosen und
Italiener kommen zum Zuge.
Jeden Samstag wird zur Weinprobe
geladen.

Spitz I
Ehrenstr. 43
50672 Köln
✆ 54 49 75

Spitz II
Lübecker Str. 1
50668 Köln
✆ 13 16 25

Stollwerck-Bistro
Dreikönigenstr. 23
50678 Köln
✆ 31 80 53

Opera
Alteburger Str. 1
50678 Köln
✆ 32 91 87

Päffgen
Friesenstr. 64-66
50670 Köln
✆ 13 54 61
Kölsches Brauhaus mit vorzüglichem
Kölsch, rüden Köbessen und
gemischtem Publikum

Feez
Holbeinstr. 35
50733 Köln
✆ 739 10 86

Stadtgarten
Venloer Str. 40
50672 Köln
✆ 51 60 37/38
Regelmäßige Literaturlesungen
(dienstags) in Zusammenarbeit mit
dem Anderen Buchladen

HotelLux
Rathenauplatz 21
50674 Köln
✆ 24 11 36
Für alle, die russische Trinkkultur von
Tee bis Wodka lieben.

RESTAURANTS

PARK
Restaurant Bar
Kartäuserwall 14
50678 Köln, (Nähe Chlodwigplatz)
✆ 31 61 17
täglich außer So 18.00-1.00 Uhr,
Küche 18.00-24.00 Uhr

Weinhaus im Walfisch
Salzgasse 13
50667 Köln
✆ 21 95 75
Mo-Fr 12.00-14.00, 18.00-24.00,
Sa 18.00-24.00 Uhr, So und an Feiertagen geschlossen
Vorzügliche Weinkarte, häufig wech-
selnde, frische Fischgerichte, gut und
teuer

Restaurant im Wasserturm
Kaygasse 2
50676 Köln
✆ 2 00 80
täglich 7.00-10.30, 12.00-14.30,
18.00-22.30 Uhr
gut und teuer

GRIECHISCH

Tavernaki
Alteburger Str. 87
50678 Köln
✆ 37 61 497
Hier können Frauen mit ihren Kindern
in Ruhe essen; mit speziellem Raum
für Kinder zum Austoben

MEXIKANISCH

Cantina mexicana
Café, Bar, Restaurant
Weyertal 38
50937 Köln
✆ 42 80 07

VEGETARISCH

Grünlilie
Weyertal 15
50937 Köln
✆ 42 88 59
täglich 12.00-15.00, 18.00-24.00

Melisse
Dellbrücker Mauspfad 305
51069 Köln
✆ 68 74 38
täglich 12.00-15.00, 18.00-23.00
Mo Ruhetag

Restaurant Pur
Jahnstr. 26
50676 Köln
✆ 24 72 20
Di-So 18.00-23.00 Uhr

Sprößling
Mozartstr. 9
50674 Köln
✆ 23 21 24
täglich 12.00-15.00, 19.30-23.00
So Ruhetag

Zorba the Buddha
Brüsseler Str. 54
50674 Köln
✆ 56 12 63
Mo-Sa 12.00-24.00
So 10.00-24.00 Uhr

Zum Henkelmann
Hoffnungsthaler Str. 23
51503 Rösrath-Forsbach
✆ 02205/49 81
Di 18.30-23.00, Mi-So 12.00-15.00
und 18.30-23.00 Uhr, Mo Ruhetag

Zikade
Kurfürstenstr. 2a
50678 Köln
✆ 31 15 91
täglich 11.00-19.00 Uhr
Vegetarischer Imbiß

AUF DEM RHEIN

Bootshaus Alte Liebe
Rheinufer Rodenkirchen
kurz hinter der Brücke:
rot-weiß-quer-gestreift
✆ 39 23 61
12.30 bis max. 24.00 Uhr (je nach
Wetter), Mo Ruhetag

Marienburger Bootshaus
Rheinufer Marienburg in Höhe des
Militärrings
Straßenbahn 15, 16: Haltestelle
Marienburg
täglich 12.30-23.00 Uhr, Mo Ruhetag
Bei gutem Wetter kann es außerordentlich entspannend sein,
sich auf dem Rhein zu wiegen und
vorbeifahrende Schiffe zu beobachten.
Während die Alte Liebe sich eher als
Kaffee-Ausflugslokal und weniger
wegen ihrer Mittagskarte empfiehlt,
hat sich das Marienburger Bootshaus
stärker auf die Küche kapriziert.

FILM UND FOTO

Feminale
Luxemburger Str. 71
50674 Köln
✆ 41 60 66/42 45 18
Mo-Fr 10.00-13.00 Uhr
Die Feminale entstand 1983 aus der
Unzufriedenheit über die Benachteili-

gung der Filme von Frauen im Produktions- und Distributionsbereich. Um diesem Mangel entgegenzuwirken, bietet das Festival die Möglichkeit, vor allem solche Filme, die aus den üblichen Verleihstrukturen herausfallen und schwer einen Absatzmarkt finden (Nachwuchsregisseurinnen, Kurz- und Experimentalfilme), der Öffentlichkeit zu präsentieren.

FRAUENKINO

Bürgerhaus Stollwerck
Kino im 5. Stock
Dreikönigenstr. 23
50678 Köln
✆ 31 80 53

Jeden ersten Freitag im Monat gestalten deutsche und ausländische Frauen gemeinsam ein Filmprogramm, das durch kulturelle Darbietungen und kleine Vorträge ergänzt wird.

FRAUENFOTOGRUPPE
c/o Susanne Kieselstein
Schillingstr. 31
50670 Köln
✆ 739 29 31

Durchführung von Photoseminaren, Auftragsarbeiten für Gruppen und Einzelpersonen, Videodokumentationen

FÜHRUNGEN

Frauengeschichtsverein
Marienplatz 4, 50676 Köln
✆ 24 82 65

Organisiert historische Stadtrundgänge für Frauen.

Frauenamt
Markmannsgasse 7
50667 Köln
✆ 221-64 82

Infomaterial über unterschiedliche Stadttouren zum Mitnehmen

(Herausgeberin des Kölner Frauenhandbuches)

Fremdenverkehrsamt
Siehe: Ankunft und Abfahrt

Stattreisen
Hansaring 35
50670 Köln
✆ 732 51 13

Bürozeiten: Mo-Do 9.30-13.00 Uhr
Versteht sich als Ergänzung und Alternative zum herkömmlichen »sightseeing« und wendet sich an BesucherInnen und Einheimische, die Köln auf unkonventionelle Weise kennenlernen möchten.
Aktuelles Programm erfragen.

Köln von unten
c/o Martin Stankowski
An der Bottmühle 6
50678 Köln
✆ 32 99 56

Alternative Stadtführung, Zielgruppe: vom Kindergarten bis zur Betriebsbelegschaft

Museumspädagogische Gesellschaft
c/o Museumsdienst Köln
Richartzstr. 2-4
50667 Köln
✆ 221-40 76

Die städtischen Museen sind montags geschlossen. Die Eintrittspreise liegen bei 4,- DM, öffentliche Führungen sind kostenlos, Gruppenführungen werden gegen Entgelt durchgeführt.

Stadtteilarchiv Nippes
Bülowstr. 32
50733 Köln
✆ 760 56 68

Sozialgeschichte: 100 Jahre Nippes

GALERIEN

Galerie 68 elf
Bismarckstr. 68
50672 Köln
✆ 52 25 38
Di-Fr 14.00-18.30,
Sa 10.00-14.00 Uhr
Engagiertes Programm

Produzentinnen-Galerie
Buttermarkt 23
50667 Köln
✆ 24 87 20
Di/Fr 16.00-18.00 Uhr
Mi/Do 19.00-21.00 Uhr
Sa 11.00-14.00 Uhr und nach Vereinbarung
Existiert seit 1984 und ist Forum für
junge Kunst in der Kölner Altstadt.
Das Ausstellungsprogramm ist interessant für mutige und eigenwillige
SammlerInnen, für Kunstinteressierte,
die das persönliche und ungezwun-
gene Gespräch mit der Künstlerin
schätzen.

Galerie Inge Baecker
Zeughaustr. 13
50667 Köln
✆ 257 04 01
Di-Fr 10.00-13.00, 15.00-18.00 Uhr,
Sa 11.00-14.00 Uhr

Galerie Karin Bolz
Hansaring 77
50670 Köln
✆ 13 46 26/13 19 65
Di-Fr 11.00-13.00 Uhr, 15.00-18.00
Sa 10.00-14.00 Uhr

Galerie Debut
Mauritiuswall 64
50676 Köln
✆ 23 05 90

DiDa Galerie & Atelier
Maybachstr. 96
50670 Köln
✆ 139 02 16

Galerie Wanda Dunikowski
Neusser Str. 46
50670 Köln
✆ 72 44 7
Di-Fr 11.00-18.00 Uhr,
Sa 11.00-14.00 Uhr

Galerie Tanja Grunert
Venloer Str. 19
50672 Köln
✆ 56 20 06
Di-Fr 10.00-13.00 Uhr,
Sa 10.00-14.00 Uhr

Galerie Anette Gulberg
St.-Apern-Str. 17-21
50667 Köln
✆ 23 89 28
Di-Fr 10.00-13.00, 15.00-18.00 Uhr,
Sa 10.00-14.00 Uhr

Galerie Dorit Jacobs
Bismarckstr. 62
50672 Köln
✆ 52 68 67
Di-Fr 10.00-13.00, 15.00-18.00 Uhr,
Sa 11.00-14.00 Uhr

Galerie Hiltrud Jordan
Friesenstr. 68
50670 Köln
✆ 13 66 88
Di-Fr 14.00-18.30 Uhr,
Sa 10.00-14.00 Uhr

Galerie K
Eifelstr. 19
50677 Köln
✆ 32 69 86
Di-Fr 15.00-18.30 Uhr,
Sa 11.00-14.00 Uhr

Galerie Isabella Kacprzak
Maria-Hilf-Str. 15
50677 Köln
✆ 31 20 25/6
Di-Fr 11.00-13.00, 15.00-18.30 Uhr,
Sa 11.00-14.00 Uhr

Galerie Kaos
Genter Str. 6
50672 Köln
✆ 56 24 74
Di-Fr 15.30-19.30 Uhr

Galerie Lecesse Sprüht
Maria-Hilf-Str. 17
50677 Köln
℡ 32 20 77
Mi-Fr 15.00-18.30 Uhr

Galerie Janine Mautsch
Ehrenstr. 15-17
50672 Köln
℡ 24 39 02
Di-Fr 11.00-18.00 Uhr,
Sa 11.00-13.00 Uhr

Mayer & Mayer
Galerie für Photograhie
Maria-Hilf-Str. 17
50677 Köln
℡ 31 58 99
Di-Fr 11.00-13.00, 15.00-18.30 Uhr,
Sa 11.00-14.00 Uhr

Projekt Herzgehirn
Neusser Str. 569
50737 Köln
℡ 740 70 44
Di 18.00-20.00, Do 11.00-13.00
Sa 16.00-18.00

Galerie Ultimate Academy
Mozartstr. 60
50674 Köln
℡ 23 85 83
Di-Fr 14.00-18.00 Uhr,
Sa 11.00-14.00 Uhr

Galerie Sophia Ungers
Aachener Str. 23
50674 Köln
℡ 25 21 18
Di-Fr 10.00-13.00, 15.00-18.00 Uhr,
Sa 10.00-14.00 Uhr

Wachsfabrik
Industriestr. 170
50996 Köln
℡ 02236/6 73 60

GESUNDHEIT, KRANKHEIT UND BEWEGUNG

Hagazussa
Feministisches
Frauengesundheitszentrum
Roonstr. 92
50674 Köln
℡ 23 40 47
Mo, Do 16.00-19.00 Uhr,
Di 12.00-15.00 Uhr
Kurse zu Verhütung, Diaphragma-Anpassung, anatomische und zyklische Gegebenheiten des Körpers, Sexualität und Körperbewußtsein, Behandlungsmöglichkeiten bei Brustkrebs, Eßstörungen, psychischen Problemen. Außerdem ständig aktualisierte Frauenärztekartei, § 218 Information.

Ernährungsberatung, Kochkurse, Seminare
Sooni Kind
Weidenbend 3
53927 Schleiden
℡ 02445/52 13
Ernährungsberatung bei Vitalschwächen, Allergien und chronischen Erkrankungen. Erstellung eines individuellen Ernährungsplans (ohne tierisches Eiweiß).

**Frauengruppe
bei der Aids-Hilfe Köln**
Heidi Eichenbrenner
Beethovenstr. 1
50674 Köln
℡ 202 03-22
Mi 19.00-21.00 Uhr
Die Frauenselbsthilfegruppe trifft sich alle zwei Wochen, Termine in den Stadtmagazinen. Auf Wunsch persönliche Beratung für Mädchen und Frauen.

**Zentrum für
Selbstbestimmtes Leben**
Jakobstr. 22
50678 Köln
✆ 32 22 90
Spezielles Angebot für Frauen mit
Behinderungen von Frauen mit
Behinderungen. Genaue Termine tele-
fonisch erfragen.

Anonyme Alkoholikerinnen
Frauengruppe im Bürgerhaus
Stollwerck, Raum 510
Dreikönigenstr. 23
50678 Köln
✆ 31 80 53
Sa 17.00-19.00 Uhr

**Kölner Frauen-Netz gegen
Reproduktionstechnologie**
c/o Gesundheitsladen
Vondelstr. 28
50677 Köln
✆ 32 87 24
Unabhängiges Frauenprojekt, Arbeit
zu vorgeburtlicher Diagnostik, unge-
wollter Kinderlosigkeit und Reagenz-
befruchtung etc.
Treffen jeden 3. Do im Monat,
19.00 Uhr.

**Frauenplenum zu
Reproduktionstechnologie**
c/o Alte Feuerwache,
Melchiorstr. 3
50670 Köln
✆ 550 52 58
Treffen: jeden 1. Di im Monat,
20.00 Uhr

Lilith-Center für Frauen
Sülzburgstr. 33-35
50937 Köln
✆ 44 85 39
Workshops zu körperorientierter
Arbeit mit dem Schwerpunkt Massage (schwedische Esalen-Technik) und
Tai Chi. Ein anderer Bereich widmet
sich eßgestörten Frauen, die über
den körperbezogenen Zugang neue
Erfahrungen in geleiteten Gruppen
machen können.

Die Kurse finden in der Alten Feuerwache statt.
Kontakt: Ahlers, Rennebergstr. 17
50939 Köln, ✆ 44 85 39
Mo 15.00-17.00 Uhr

glf Sozialwerk im SCH.U.L.Z.
Lesben- und
Schwulenberatungsstelle
Kartäuserwall 18
50678 Köln
✆ 194 46
Mo-Fr 16.00-18.00 Uhr,
Di-Fr 20.00-22.00 Uhr
Vermittelt auf Wunsch Adressen von
Ärztinnen, Therapeutinnen und
Selbsthifegruppen. Im Aids-Bereich
bietet sie Hilfe für Menschen, die
durch HIV infiziert und/oder an Aids
erkrankt sind und berät deren Partne-
rInnen, Angehörige und Freunde.

GEGEN GEWALT

NOTRUF UND BERATUNG FÜR VERGEWALTIGTE FRAUEN UND MÄDCHEN

Frauen gegen Gewalt e.V.
Glasstr. 80
50823 Köln
✆ 56 20 35
Mo 18.00-20.00, Fr 17.00-19.00 Uhr
Außerhalb dieser Zeit ist der Anrufbeantworter eingeschaltet, der täglich
abgehört wird.
Der Verein unterstützt vergewaltigte
Frauen und Mädchen in persönlichen
Gesprächen oder anonym am Telefon. Juristische Informationen sowie
Kontaktadressen von Rechtsanwäl-
tinnen, Ärztinnen, Selbsthilfegruppen
können vermittelt werden.

Autonomes Frauenhaus Köln e.V.
✆ 02203/810 91

Zweites Autonomes Frauenhaus
✆ 740 64 64

Donner & Doria
Beratungsstelle für Mädchen und
junge Frauen (SKF)
Kaiser Wilhelm Ring 22
50672 Köln
✆ 13 25 05
Mo 14.00-17.00, Do 9.00-12.00 und
nach Vereinbarung

Frauenberatungszentrum Köln
Sülzburgstr. 203
50937 Köln
✆ 420 16 20
Mo, Di, Do, Fr 9.30-12.00,
Mo, Di, Do 13.00-16.30 Uhr

**Frauenberatungsstelle, Frauen
lernen Leben e.V.**
Beratung, Bildung, Therapie
Venloer Str. 405-407
50825 Köln
✆ 54 46 16
Mo, Di, Mi, 10.00-12.00,
Do 17.00-19.30 Uhr

Mädchenhaus Köln e.V.
Ubierring 47
50678 Köln
✆ 32 92 27, 52 94 40
Mo 10.00-12.00 Uhr
Beratung für Mädchen ab dem 12.
Lebensjahr in den Bereichen der
sexuellen Gewalt, die Mädchen in der
Familie oder dem nahen Umfeld
erfahren.

Zartbitter e.V.
Kontakt- und Informationsstelle
gegen sexuelle Gewalt gegen
Kinder
Stadtwaldgürtel 89
50935 Köln
✆ 40 57 80
Mo, Mi, Do 10.00-12.30,
Mi 10.00-18.00 Uhr

agisra e.V.
Informationstelle für Migrantinnen
Niederichstr. 6
50668 Köln
✆ 12 40 19

ELISA
Im Exil lebende Frauen,
Immigrantinnen und schwarze
Frauen in Aktion
Wahlenstr. 22
50823 Köln
✆ 51 56 21

Lysistrata e.V.
Prostituierten-Selbsthilfe
Beethovenstr. 1
50674 Köln
✆ 62 20 81
Di 14.00-18.00 Uhr,
Do 9.00-12.00 Uhr
Besteht seit 1987 als Selbsthilfegrup-
pe von und für Prostituierte.
Aufgaben: Einsatz für die Belange
und Interessen von Prostituierten und
gegen deren Diskriminierung;
Darstellung und Verbesserung der
Lebens- und Arbeitsbedingungen von
Prostituierten in der Öffentlichkeit;
Hilfe bei gesundheitlichen, persön-

lichen, beruflichen und rechtlichen
Fragen; Unterstützung für umstiegs-
willige Prostituierte

Hagazussa
Feministisches
Frauengesundheitszentrum
Roonstr. 92
50674 Köln
✆ 23 40 47

**Selbstverteidigung für Frauen
und Mädchen**
Arbeitsgemeinschaft Kölner
Trainerinnen
»Frau Schmitzz«
Postfach 30 13 43
50783 Köln,
Fax 739 16 06
Selbstverteidigung und Selbstbe-
hauptung von Frauen für Frauen und
Mädchen

**Frauenbildungs- und Ferienhaus
Zülpich**
Prälat-Franken-Str. 13
53909 Zülpich-Lövenich
✆ 02252/65 77

**Selbstbehauptung und
-verteidigung für Anfängerinnen
und Fortgeschrittene**
Fachhochschule Sportreferat
Reitweg 1
50679 Köln
✆ 88 30 40

GEFÄHRLICHE PLÄTZE
Für nähere Informationen über (stati-
stisch) besonders gefährliche Orte in
Köln wendet sich frau an das Frauenamt oder an die Sittenpolizei.

KARTEN-
VORVERKAUF

**24 Stunden Konzertansage-
Service für städtische Bühnen**
✆ 24 55 22

**VORVERKAUFSSTELLEN IN
DER KÖLNER INNENSTADT**

**Theater- und Konzertkasse
am Neumarkt**
Neumarkt/U-Bahn-Station
50667 Köln
✆ 21 42 32

**Next,
Theaterkasse Rudolfplatz**
Hohenzollernring 2-4
50672 Köln
✆ 258 29 57

**Theater- und Konzertkasse
im Kaufhof**
Hohe Str./Schildergasse
50667 Köln
✆ 21 66 92

**Theater- und Konzertkasse
im Saturn**
Hansaring 64
50670 Köln
✆ 12 19 12 und 13 19 12

Theater- und Konzertkasse Köln
Beethovenstr. 16-18
50674 Köln
✆ 21 03 53 55

**KARTEN FÜR DIE KONZERTE IN
DER PHILHARMONIE**

Köln-Ticket
Bischofsgartenstr. 1
50667 Köln
✆ 28 01

Der Andere Buchladen
Wahlenstr. 1
50823 Köln
✆ 52 05 79

**Hauptbahnhof
Touristenschalter, Köln Ticket**
✆ 141 26 86/28 86

KARTENVORVERKAUF DER STÄDTISCHEN BÜHNEN

Oper der Stadt Köln
Offenbachplatz
50667 Köln
☏221-84 00
Mo-Fr 11.00-14.00, 16.00-18.00 Uhr,
Sa 11.00-14.00 Uhr

KARTEN FÜR KONZERTE DES WDR
Unter Fettenhennen 5
50667 Köln
Mo-Fr 11.00-13.00, 15.00-17.30 Uhr

KIRCHLICHE EINRICHTUNGEN

Über die Kölner Kirchen, einschließlich Dom, ist beim Verkehrsamt die
Broschüre »Kölner Kirchen laden ein«
kostenlos erhältlich; speziell zum
Dom eine weitere Broschüre für
2,- DM und zu den romanischen Kirchen eine Großbroschüre für 6,- DM.
Kurzführungen im Dom finden ganz-
jährlich zu folgenden Terminen statt:
Mo-Fr 10.00, 11.00, 14.30, 15.30,
16.30 Uhr, Sa 10.00, 11.00 und So
14.30, 15.30 Uhr

Evangelische Informationsstelle Antoniterkirche
Schildergasse
50667 Köln
☏ 24 72 12
Mo-Fr 14.00-18.00 Uhr
Informationen zu den evangelischen
Kirchen

Melanchthon Akademie
Bildungswerk der evang. Kirche
Kartäuserwall 24b
50678 Köln
☏ 931 80 30
Mo-Fr 9.00-17.00 Uhr

Katholisches Bildungswerk
Gilbachstr. 23
50672 Köln
☏ 579 09-50
Informationen zu den katholischen
Kirchen

Karl Rahner-Akademie
Haus der Begegnung
Jabachstr. 4-8
50676 Köln
☏ 23 42 22
Mo-Do 9.00-12.00 Uhr
und 14.00-17.00 Uhr,
Fr 9.00-13.00 Uhr

Katholischer Deutscher Frauenbund
Kaesenstr. 18
50677 Köln
☏ 31 49 30
siehe Bibliotheken und Archive

Sozialdienst katholischer Frauen e.V. (SKF)
Hansaring 20
50670 Köln
☏ 12 04 21

KULTUR

Rhiannon-Infothek im Frauenbuchladen
Moltkestr. 66
50674 Köln
☏ 52 31 20 / 52 92 08
Die Infothek für Frauen und Mädchen
ist eine Informationszentrale, in der
gesammelt, ausgewertet und weiter-
gegeben wird. Sie gibt Hinweise auf
Frauen-/Mädchen-Projekte, Kultur-
und Veranstaltungstips, empfiehlt
frauen- und mädchenfreundliche
Beratung.

FrauenKulturHaus Köln e.V.
Niederichstraße 6
50668 Köln
☏ 13 87 27, Fax 139 01 94
Das FrauenKulturHaus hat sich zur
Aufgabe gemacht, FrauenKultur aller

Sparten in Köln sichtbar zu machen.
Schwerpunkte: Planen und Organisieren von Konzerten, Tanz- und Kaba-
rettaufführungen, Festen und vielem
mehr.

Con Brio
Agentur für Musikerinnen GmbH
Hochstadenstr. 1-3
50674 Köln
℡ 21 02 27/28

Freytag lebt – Frauen-Band-Duo
Lothringer Str. 27
50677 Köln
℡ 31 82 74, 32 64 41

Frauenmusikvertrieb
Hardtstr. 25
40629 Düsseldorf
℡ 0211/6 79 09 98

Frauenjazzband
c/o U. Oster
Marsiliusstr. 62
50827 Köln
℡ 41 97 47

Frauen-Musik-Club e.V.
Herwarthstraße 12
50672 Köln
℡ 510 23 28
Forum für Musikerinnen und musik-
interessierte Frauen. Regelmäßige
Workshops im Bereich
Jazz/Rock/Pop für die verschiedensten Instrumente, einschließlich
Bandarbeit. Workshops für P.A.-Tech-
nik. Vermittlung von Instrumental-
unterricht von und für Frauen. Regelmäßige kulturelle Veranstaltungen,
z.B. die Musikmatinée im Bürgerhaus
Stollwerck.

Frauen im Theater
c/o Müller
Stolberger Str. 118
50933 Köln
℡ 49 62 48

**GEDOK – Gemeinschaft der
Künstlerinnen e.V.**
Lindenthalgürtel 105
50935 Köln
℡ 43 33 49
Die GEDOK umfaßt folgende Fach-
gruppen: Bildende Kunst, Darstellen-
de Kunst, Handwerk, Literatur, Musik.
Die KunstfreundInnen bilden eine
eigene Gruppe und fördern die Ziele
der GEDOK durch aktive Mitarbeit. In
Deutschland ist die GEDOK heute der
maßgebliche Verband, der die Interessen der Künstlerinnen auf breiter
Ebene vertritt.

KULTURINSTITUTE

Amerika Haus
Apostelnkloster 13
50672 Köln
℡ 209 01-0
Bibliothek: Di-Fr 13.00-18.00 Uhr

Belgisches Kulturinstitut
Cäcilienstr. 46
50667 Köln
℡ 257 55 11

British Council
Hahnenstr. 6
50667 Köln
℡ 20 64 40
Bibliothek: Mo, Do, Fr 11.00-17.00,
Di, Mi 11.00-19.00 Uhr

Casa de España
An Groß St. Martin 9
50667 Köln
℡ 257 79 25
Hausaufgabenbetreuung speziell für
spanische Schulkinder:
Mo-Fr 12.00-17.00 Uhr, laufend spanische Sprachkurse

Ignis e.V.
Osteuropäisches Kulturinstitut
Elsa-Brandström-Str. 6
50668 Köln
℡ 72 51 05
So 15.00-20.00 Uhr Jazz-Jam Sessi-
on; Di 18.00-23.00 Uhr russische,

polnische u.a. Nationalgerichte und
Musik

Institut Français
Sachsenring 77
50677 Köln
✆ 931 87 70
Bibliothek: Di 15.00-18.45,
Do 10.00-12.00 u. 15.00-18.45 Uhr,
(6.-26. April geschlossen)

Istituto Italiano
Universitätsstr. 81
50931 Köln
✆ 40 29 23
Bibliothek: Di-Do 11.00-13.00,
Fr 14.30-17.00 Uhr

Japanisches Kulturinstitut
Universitätsstr. 98
50674 Köln
✆ 40 10 71/72
Bibliothek: Mo 14.00-17.00 und
18.30-21.00, Di-Fr 9.00-13.00 und
14.00-17.00 Uhr

Kulturhaus Lateinamerika e.V.
Heliosstr.
50825 Köln
✆ 72 50 61

LESBEN

SCH.U.L.Z. – Schwulen- und Lesbenzentrum
Kartäuserwall 18
50678 Köln
✆ 931 88 00
Fax 93 18 80 85

Entre Nous e.v.
c/o Sch.U.L.Z.
Kartäuserwall 18
50678 Köln
Die Motivation des Vereines:
einen Raum für Lesben zu schaffen,
wo frau sich treffen kann, um miteinander zu reden, sich kennenzulernen,
zu tanzen und vieles mehr.

Aids-Aufklärung und Beratung für Lesben
Mónica Priester
✆ 202 03-24

Schwul-lesbisches Pressearchiv
c/o R. Syben
Kartäuserwall 18
50678 Köln
✆ 931 88 00

CAFÉS, LOKALE

SCH.U.L.Z.-Café
Kartäuserwall 18
50678 Köln
✆ 931 88 00
Mo-Fr 10.00-1.00 Uhr,
Sa/So 10.00-3.00 Uhr

Frauencenter George Sand
Marsilstein 13
50676 Köln
✆ 21 61 62

Hotel Timp
Heumarkt 25
50667 Köln
✆ 258 14 09
ab 1.00 Uhr nachts ist täglich
Stimmung mit hausgemachter
Travestieshow

Vampire
Rathenauplatz 5
50674 Köln
✆ 240 12 11
Di-So 18.00-1.00 Uhr,
Mo geschlossen

Schwoof und Tanz
Lesbenschwoof im SCH.U.L.Z.
Kartäuserwall 18
50677 Köln
Jeden ersten Samstag im Monat ab
21.00 Uhr

Lesbendisco im Gloria
Apostelnstr. 11
50667 Köln
✆ 25 44 33, 25 36 56
Jeden zweiten Sa im Monat
ab 23.00 Uhr

Bürgenzentrum Stollwerck
Dreikönigenstr. 23
50678 Köln
✆ 31 80 53
Jeden dritten Fr im Monat
ab 22.00 Uhr

Mülheimer Mütze
Berliner Str. 77
51063 Köln
✆ 62 41 01
Jeden zweiten Fr im Monat
ab 21.00 Uhr

MUSEEN

Zu den Kölner Museen ist im Verkehrsamt und in den städtischen Museen die Broschüre »Kunststadt Köln« kostenlos erhältlich, die einen ersten Überblick ermöglicht.

Museumsdienst Köln
Richartzstr. 2-4
50667 Köln
✆ 221-40 76
Zuständig für Führungen von auswärtigen Gruppen, Kurse und museumspädagogische Veranstaltungen; der automatische Informationsdienst der Kölner Museen ist unter
✆ 221-43 43 erreichbar.

ANDERE KULTUREN

Museum für Ostasiatische Kunst
Universitätsstr. 100
50674 Köln
✆ 40 50 38
Di-So 10.00-17.00 Uhr, jeden ersten Fr im Monat bis 20.00 Uhr
Kulturfilmvorführungen
Di 11.00 Uhr und So 15.00 Uhr
Kunst aus China, Japan und Korea

Rautenstrauch-Joest-Museum für Völkerkunde
Ubierring 45
50678 Köln
✆ 33 69-40

Di-So 10.00-17.00 Uhr und jeden ersten Mi im Monat bis 20.00 Uhr
Kultur und Kunst außereuropäischer Völker

GESCHICHTE

Kölnisches Stadtmuseum
Zeughausstr. 1-3
50667 Köln
✆ 221-23 98
Di-So 10.00-17.00,
Mi, Do 10.00-20.00 Uhr
Geschichte, Wirtschaft und Politik der Stadt Köln vom 10. bis zum 20. Jahrhundert.

Judenbad/Mikwe
Rathausplatz
50667 Köln
✆ 221-45 42
Unter dem Pflaster des mittelalterlichen Judenviertels vor dem Rathaus ist unter einer Glaspyramide das frühere Kultbad der alten Judengemeinde zugänglich. Den Schlüssel gibt es beim Rathauspförtner. Öffnungszeiten wie das Rathaus.

Römisch-Germanisches Museum
Roncalliplatz 4
50667 Köln
✆ 221-23 04, 221-44 38, 221-45 90
Öffnungszeiten wie Stadtmuseum
Römische Kunst-, Kultur- und Stadtgeschichte, Vor- und Frühgeschichte des Rheinlandes.

Römische Grabkammer
Aachener Str. 1328
50859 Köln
✆ 02234/733 99
Bedeutende unterirdische Grabanlage mit Skulpturenschmuck

Ubiermonument
An der Malzmühle 1
50676 Köln
Außenstelle des Römisch-Germanischen Museums

Mai bis Oktober, Do 16.30-18.00 Uhr, jeden 1. So im Monat öffentliche Führung
Der älteste Hafenturm (Steinquaderbau) des frührömischen Köln an der Süd-Ost-Ecke der alten Stadt. Die Fundamente sind zu besichtigen.

EL-DE-Haus
Appellhofplatz 23-25
50667 Köln
✆ 221-43 40
Di-So 10.00-17.00 Uhr
Gedenkstätte im ehemaligen Kölner Gestapo-Haus. Der Zellentrakt im Keller umfaßt 10 Zellen mit über 1.200 Wandinschriften von Gefangenen aus den Jahren 1943 bis 1945 sowie eine Dokumentenausstellung zur Geschichte der Kölner Gestapostelle.

Museum des Mineralogisch-Petrographischen Instituts der Universität Köln
Zülpicher Str. 49
50674 Köln
✆ 470-33 68
Mi 14.00-20.00 Uhr während des Semesters
Minerale aus Köln und Umgebung, synthetische Kristalle und Meteorite (schöne Steine für Fans)

KIRCHENKUNST

Erzbischöfliches Diözesanmuseum
Roncalliplatz 2
50667 Köln
✆ 257 76 72
Täglich außer Do 10.00-17.00 Uhr
Mittelalterliche sakrale Kunst

Schnütgen-Museum
Cäcilienstr. 29
50667 Köln
✆ 221-23 10, 221-36 20
Di-So 10.00-17.00 Uhr
Sakrale Kunst vom frühen Mittelalter bis zum Barock

Domschatzkammer
Roncalliplatz 2
50667 Köln
✆ 24 45 46
Mo-Sa 9.00-17.00,
So 12.30-17.00 Uhr
Kirchliche Schätze vom frühen Mittelalter bis zum 20. Jh.

ROMANISCHE KIRCHEN
Die meisten romanischen Kirchen lohnen eine Besichtigung, besonders die ehemaligen Frauenstifte:
St. Maria im Kapitol, St. Ursula, St. Cäcilien.

WELTLICHE KUNST

Käthe Kollwitz Museum der Kreissparkasse Köln
Neumarkt 18-24
50667 Köln
✆ 227-23 63/28 99
Di-So 10.00-17.00,
Do 10.00-20.00 Uhr,
öffentliche Führungen So 11.00 Uhr
Handzeichnungen, Druckgraphiken und Bronzen, Skulpturen

Wallraf-Richartz-Museum/ Museum Ludwig
Bischofsgartenstr. 1
50667 Köln
✆ 221-23 82
Di-Do 10.00-20.00,
Fr-So 10.00-18.00 Uhr
Zeugnisse abendländischer Malerei vom 13. bis zum 19. Jh., Schwerpunkte: Kölner Schule, Skulpturen ab 1800, Kunst von 1900 bis zur Gegenwart

Museum für Angewandte Kunst
An der Rechtschule
50667 Köln
✆ 221-38 60, 221-67 14
Di-So 10.00-17-00 Uhr
Angewandte Kunst und Kunstgewerbe (auch Kleidung) vom Mittelalter bis zur Gegenwart

Theaterwissenschaftliches Museum der Universität
Schloß Wahn, Burgallee 2
51147 Köln (Wahn)
☏ 02203/6 41 95
Besuch nach Voranmeldung
Straßenbahn Linie 7, 2 bis Endstation
Zündorf, umsteigen in den Bus, Linie
162, Haltestelle Wahn.
Bilddokumente und Schriften zur
Theatergeschichte seit dem 16. Jahrhundert, Programmhefte, Aufführungen und diverse Objekte

Agfa-Foto-Historama im Wallraf-Richartz-Museum/Museum Ludwig
Bischofsgartenstr. 1
50667 Köln
☏ 221-24 11
Di-Do 10.00-20.00,
Fr 10.00-18.00 Uhr
Fotografien aus dem 19. und 20. Jh.,
Exponate zur Geschichte der »Fotoapparate der Firma Agfa«

Frauenmuseum
Im Krausfeld 10
53111 Bonn
☏ 0228/69 13 44
Di-Sa 14.00-20.00, Do 14.00-20.00,
So 11.00-17.00 Uhr
Eine Fahrt mit der KVB-Linie 16 ins
benachbarte Bonn lohnt sich. Das
Frauenmuseum wurde 1981 gegründet. Es ist das erste und in seiner Art
einzige Frauenmuseum der Welt.
Intention und Zielsetzung ist die Förderung der Kunst von Frauen. Seit
Beginn der Arbeit hat das Museum in
über 150 Ausstellungen Werke von
Künstlerinnen aus dem In- und Ausland präsentiert. Neben Themen-,
Gruppen- und Einzelausstellungen
gehört eine Dokumentationsreihe zum
Ausstellungsprogramm. Ein Archiv
zur Kunstgeschichte, ein historisches
Archiv, Abteilungen Museumspädagogik, Fotografie und Neue
Medien sind dem Museum angeschlossen. Eine Sammlung ist im Aufbau.

MÜTTER

Feministisches Frauengesundheitszentrum Hagazussa
Roonstr. 92
50674 Köln
☏ 23 40 47
Dort erhältlich die Broschüre
»Schwanger in Köln« mit Tips, Informationen, Adressen und Erfahrungen
zu Geburtsvorbereitung, Hebammen,
Entbindung, Geld und Recht; kostet
7,- DM zzgl. 1,- DM Porto.

Kölner Geburtshaus e.V.
Cranachstr. 21
50670 Köln
☏ 72 44 48
Mo-Fr 9.00-13.00,
Di, Do 16.00-19.00 Uhr

Pro familia
Hansaring 84-86
50670 Köln
☏ 12 20 87
Unstrutweg 27a
50765 Köln
☏ 70 35 11

Alleinerziehende Mütter
c/o A. Fings
Neusser Str. 762
50737 Köln
☏ 74 19 94

Alleinerziehende Mütter
c/o Erziehungsberatungsstelle
Helmholtzstr. 76
50825 Köln
☏ 54 40 19

Müttercafé Elterntreff beim PEV
Zugweg 22
50677 Köln
☏ 32 34 74
Mo-Do 10.00-12.30, 15.00-18.00 Uhr
Treffpunkt für Mütter und Kinder.
Vormittags wird ein Frühstück angeboten.

Bauchladen
Bergisch-Gladbacher-Str. 1116
51069 Köln
℡ 680 32 29
Treffpunkt für schwangere Frauen,
Väter und Kinder

Oase e.V.
Schwangerschafts- und
Geburtsvorbereitungszentrum
Longericher Str. 389
50739 Köln
℡ 599 49 49
Sprechzeiten: Di 11.00-13.00 Uhr
Weitere Informationen zu Schwanger-
schaft, Hebammen, Stillgruppen usw.
bietet das **Kölner Frauenhandbuch**
der Stadt.

ÖFFENTLICHKEIT, MEDIEN, FRAUENMAGAZINE

Kulturamt der Stadt Köln
Richartzstr. 2-4
50667 Köln
℡ 221-34 74
Hier wie in allen städtischen Dienst-
stellen, die sich mit Kultur befassen,
ist das zweimal jährlich erscheinende
Programmheft »**Frauenzeichen**«
erhältlich, das Aktivitäten und Initiati-
ven der Kölner Künstlerinnen verzeichnet.
Daneben erscheint noch das Kölner
Monatsjournal »**Köln im...**«, das
wegen seines Kultur- und Galerien-
überblicks sowie regelmäßiger
Rezensionen von Köln-Büchern zu
empfehlen ist.

Heinrich Böll und Köln

Herausgegeben und mit einem Vorwort versehen
von Viktor Böll
Mit einer Wanderung durch Heinrich Bölls Köln
von Martin Stankowski
KiWi 336

Alle Texte Heinrich Bölls, in denen dieser sich mit seiner
Heimatstadt Köln beschäftigt. Ein Dokument einer ambivalen-
ten Liebesbeziehung – und ein spannendes Lesebuch über die
Stadt Köln aus der Sicht ihres größten literarischen Sohns.

KiWi Paperbackreihe bei Kiepenheuer & Witsch

RÜDIGER HOFFMANN
JA HALLO ERSTMAL

KiWi 371

Originalausgabe

Das erste Buch des neuen deutschen Kabarett-Stars Rüdiger Hoffmann.

Und das sagen die Medien zu Rüdiger Hoffmann:

»Rüdiger Hoffmann trägt mit stoischer Miene Alltäglichkeiten vor – und brachte es damit zum Kabarettaufsteiger der Saison (. . .)«   *Der Spiegel*

»Hoffmann genügen einige Blicke und Bewegungen. Er spielt keine Klischees, sondern Menschen.«   *Tagesspiegel, Berlin*

KiWi Paperbackreihe bei Kiepenheuer & Witsch

Emma
Alteburgerstr. 2
50678 Köln
✆ 31 60 71
Überregionale Zeitschrift von Frauen

**Beiträge zur feministischen
Theorie und Praxis**
Niederichstr. 6
50668 Köln
✆ 13 84 90
Ziel der Beiträge ist die Erarbeitung
einer Gesellschaftstheorie, die aus
der Frauenperspektive gesellschaftliche Verhältnisse im kapitalistischen
Patriarchat analysiert.

Frauenpress
Verein zur Förderung von Frauen in
den Medien
Sachsenring 2-4
50677 Köln
✆ 31 40 34
Fax 31 47 11

Frauenradio Lästerhertz
c/o Infoladen Köln
Ludolf-Camphausen-Str. 36
50672 Köln
✆ 72 53 03, 32 60 61

SPORT, SPIEL UND ENTSPANNUNG

**Feministischer Seglerinnen-
Verein e.V.**
c/o ledje Giesen
Auguststr. 9
50733 Köln
✆ 32 43 89/31 44 65
Segeltörns und -ausbildungsmöglich-
keiten werden von den Frauen des
Vereins in eigener Initiative und mit
Absprache untereinander geplant und
organisiert.

Damen-Footballteam
Cologne-Erocochils
✆ 72 01 98 und 02234/6 21 43

FITNESS-STUDIOS
Sülzburgstr. 104
50937 Köln
✆ 42 75 74
Mo-Fr 11.00-21.00,
Sa 12.00-16.00 Uhr

Brüsseler Str. 37
50674 Köln
✆ 25 18 77
Mo-Fr 11.00-21.00,
Sa 12.00-16.00 Uhr

Baudristr. 8
50733 Köln
✆ 73 32 55
Mo-Fr 10.00-21.00,
Sa 11.00-16.00 Uhr

Heidelberger Str. 14-18
51065 Köln
✆ 61 22 11
Mo 10.00-22.00, Di-Fr 10.00-21.00,
Sa 12.00-17.00 Uhr

St.-Apern-Str.1
50667 Köln
✆ 21 51 38
Mo-Fr 9.30-22.00,
Sa 10.00-16.00 Uhr

Dürener Str. 75
50931 Köln
✆ 40 24 24

Olpener Str. 114
51103 Köln
✆ 87 55 94

Wilhelmstr. 42
50722 Köln
✆ 39 54 01

Breite Str. 100
50667 Köln
✆ 24 61 01

Bildungswerk im Stadtsportbund
Schaevenstr. 1b
50676 Köln
✆ 2 40 12 34
Mo-Do 8.30-14.30,
Fr 8.30-12.30 Uhr

FRAUENTAGE IN SAUNEN UND SCHWITZBÄDERN

Agrippabad
Kämmergasse 1
50676 Köln
℡ 221-33 05/07
Mi 8.00-21.30 Uhr,
Fr 8.00-13.30 Uhr, 20,- DM

Neptunbad
Neptunplatz 1
50823 Köln
℡ 51 61 94, 548 83 64
Di 9.00-20.00 Uhr,
Do 9.00-21.30 Uhr, 20,- DM
Jugendstilambiente

Maternusbad
Hauptstr. 25a
50996 Köln
℡ 39 11 00
Mo 9.00-16.00 Uhr, 18,-/14,- DM
Sehr gemütliche, frauenfreundliche
Atmosphäre

Mommsen-Bad
Mommsenstr. 1
50935 Köln
℡ 43 45 65
Mi 8.00-22.00 Uhr,
Fr 8.00-13.00 Uhr, 16,-/13,- DM

Severinsbad-Sauna
Ubierring 5
50678 Köln
℡ 31 59 19
Mi 15.00-22.00 Uhr, 20,- DM

Sauna im Studentenhaus
Universitätsstr. 16
50937 Köln
Di 18.00-22.00 Uhr, 12,-/10,- DM

Uni-Mare
Luxemburger Str. 126-134
50939 Köln
℡ 41 97 94
Di 9.00-22.00 Uhr, 15,- DM

Die Therme in Bonn
Kapuzinerstr. 11
53111 Bonn
℡ 0228/65 50 65
Di 9.00-15.00 Uhr, 19,-/22,- DM

FREIBÄDER
Sommerbetrieb der Frei- und Kombi-
bäder von Mai bis September

Freibad Stadion
Aachener Str.
50933 Köln
℡ 49 83-259

Frei- und Hallenbad
In der Groov
51145 Porz-Zündorf
Einfach erwähnenswert

Freibad Vingst
Vingster Ring
51107 Köln (Vingst)
℡ 87 18 22
Naturfreibad, Betrieb nur an Sonnta-
gen, im Zweifelsfall vorher anrufen

Eis- und Schwimmstadion
Lentstr. 30
50668 Köln

TANZ, THERAPIE, SPIRITUALITÄT

TANZEN
Es gibt drei bekannte Frauendiscos
in Köln, die immer gut besucht sind:

Frauendisco
Bürgerhaus Stollwerck
Dreikönigenstr. 26
50678 Köln
℡ 31 80 53
3. Fr im Monat ab 22.00 Uhr

Frauen- und Lesbendisco im Gloria
Apostelnstr. 11
50667 Köln
℡ 25 44 33, 258 36 56
Jeden 2. Sa im Monat ab 23.00 Uhr

Frauendisco im SCH.U.L.Z.
Kartäuserwall 18
50678 Köln
✆ 931 88 00
Jeden ersten Sa im Monat
ab 21.00 Uhr

Mülheimer Mütze
Berliner Str. 77
51063 Köln
✆ 64 41 01
Jeden zweiten Fr im Monat,
ab 21.00 Uhr

Zorba the Buddha
Brabanter Str. 15
50672 Köln
✆ 56 22 50
Alteingesessene Disco im Belgischen
Viertel mit lockerer Atmosphäre

TANZSCHULEN UND BAUCHTANZ

Samira Sabri
Vereinsstr. 29
51103 Köln
Unterrichtsort: Jülicher Str. 19
50674 Köln
✆ 85 22 40
Bewegung, Entspannung, Bauchtanz

Ellen Varsamis
Domstr. 81
50668 Köln (am Ebertplatz)
✆ 73 76 90

Bildungswerk im Stadtsportbund
Schaevenstr. 1b
50676 Köln
✆ 240 12 34
Anmeldung: Mo-Do 8.30-14.30,
Fr 8.30-12.00 Uhr

Flamenco
E. Niggenkemper
Zugweg 1
50677 Köln
✆ 32 99 66
Flamenco-Tanzkurse für AnfängerInnen und Fortgeschrittene

Hilde's Studio
Ostlandstr. 40
50858 Köln
✆ 02234/755 11

Step in
Kölner Steptanzschule
Sudermannstr. 1
50670 Köln
✆ 72 61 41/13 51 79
Bietet zwölf Klassen (Jazz-)Step bzw.
(American) Tap Dance an

Institut für Bühnentanz
c/o Ballettakademie Köln
Vogelsanger Str. 28-32
50823 Köln
✆ 52 70 31
Ausrichtung der alljährlichen
»Sommerakademie des Tanzes«

Deutsche Ballett-Bühne e.V.
Richard-Wagner-Str. 33
50674 Köln
✆ 23 66 36
Träger der Initiative »Kölntanz«

SPIRITUALITÄT

Schwarze Hecke
Ziriah Voigt
Falderstr. 1
53902 Bad Münstereifel
✆ 02253/33 03
Frauenrituale, Seminare, Einzelbera-
tung

Institut für angewandte Intuition
Schlichenbach 1
53804 Much
✆ 02206/58 23
Vorträge, Seminare, Seminarreisen,
Meditation, Alpha-Rhythmen-Training,
Selbstheilungskräfte bis hin zu Pola-
rit-Energie-Massage u.v.m.

Susanne Kirchner
✆ 41 41 07
Horoskoperstellung, Einzel- und
Paarberatung, Bachblüten-Übungs-
gruppen

Atelier Phoenix
Maastrichter Str. 5
50672 Köln
✆ 25 25 77
Astrologische Amulette und Beratung

Zentrum für Tanz und Therapie
Dürener Str. 165
50931 Köln
✆ 400 92 42

Meditatives Tanzen
Ursula Sarnow
Hammerschmidtstr. 96
50999 Köln
✆ 618 90
Alle Tanzzyklen finden Mo 19.30-
21.45 Uhr im Canisiushaus,
Stolzestr. 1a, 50674 Köln, statt.

Neeitje Machat
✆ 12 21 76
Ganzheitliche Methode der Entspannung, tantrische Körper- und Energie-
arbeit. Info und Terminabsprache
Mo-Fr 8.30-9.30 Uhr

Zentrum für Wesentliches
Bobstr. 18
50676 Köln
✆ 24 24 07
Mo-Fr 9.00-12.00 Uhr

**WEITERE ANGEBOTE BIETEN
DIE FRAUENFERIEN- UND
BILDUNGSHÄUSER:**

**Frauenferien- und Bildungshaus
Altenbücken**
Schürmannsweg 25
27333 Bücken
✆ 04251/78 99

**Frauenbildungsstätte Anraff-
Edertal**
Königsberger Str. 6
34549 Edertal-Anraff
✆ 05621/32 18

Frauenlandhaus Charlottenberg
Holzappeler Str. 3
56379 Charlottenberg
✆ 06439/75 31

Frauenbildungsstätte Hasenfleet
Hasenfleet 4
21787 Oberndorf-Oste
✆ 04772/206

Frauenbildungsstätte Osteresch
Zum Osteresch 1
48496 Hopsten-Schale
✆ 05457/15 13

Frauenbildungshaus Zülpich
Prälat-Franken-Str. 13
53909 Zülpich-Lövenich
✆ 02252/65 77

Franzenhof
16269 Lüdersdorf
✆ 033456/21 36

Lichtquelle
Hochstraße 11
57539 Brunken
✆ 02742/15 87

Tara e.V. Koppenwind
Bergstraße 3
96181 Rauhenebrach
✆ 09554/481

Weiber-Divan
Burgstallberg 39
94139 Breitenberg
08584/17 30

THEATER

Die telefonische Spielplandurchsage
ist unter ✆ 115 17 zu erreichen; über
Spielplan und Termine informiert
jeden Freitag ausführlich die Beilage
»Tips und Termine« des Kölner Stadt-
Anzeigers.

STÄDTISCHE BÜHNEN DER
STADT KÖLN

Oper der Stadt Köln
Offenbachplatz
50667 Köln
✆ 221-84 00

Schauspielhaus
Offenbachplatz
50667 Köln
✆ 221-84 00

Schlosserei im Schauspielhaus
Krebsgasse
50667 Köln
✆221-83 21

**Halle Kalk
(Kölner Schauspielhaus)**
Neuerburgerstraße
51103 Köln
✆ 221-82 46

**West-End-Theater (Kölner
Schauspielhaus)**
Offenbachplatz
50667 Köln
✆ 221-84 00, 221-82 52

FREIE THEATER
Von den Freien Theatern verdienen
die folgenden aufgrund ihres
anspruchsvollen Programms
besondere Beachtung:

atelier-theater
Roonstr. 78
50674 Köln
✆ 24 24 85

Comedia Colonia
Löwengasse 7-9
50676 Köln
✆ 24 76 70

Figurentheater im Helios
Mainzer Str.71
50937 Köln
✆ 34 18 76
Kölns kleinstes Theater

Freies Werkstatt Theater
Zugweg 10
50677 Köln
✆ 32 78 17

Kabarett-Theater Machtwächter
Gertrudenstr. 24
50667 Köln
✆ 257 83 60
Kabarett und Kleinkunst

Mamma Grappa Frauenkabarett
c/o B. Pacht
Mainzer Str. 29
50678 Köln
Drei Kölner Frauen bringen eigene
Texte, Szenen, Sketche und Lieder
auf die Bühne

Musikkabarett
Siebengebirgsallee 125
50939 Köln
✆ 46 57 54
Heide Michels & Rita Zimmermann
als hochbetagtes, aber rüstiges Tin-
gel-Duett

Piccolo Theater
Zülpicher Str. 28
50674 Köln
✆ 23 27 04, 72 99 75

Senftöpfchen
Große Neugasse 2-4
(im Brügelmannhaus)
50667 Köln
✆ 258 10 58

Severins-Burg-Theater
Eifelstr. 33
50677 Köln
✆ 32 17 92

Studio Bühne und Filmwerkstatt
Universitätsstr. 16, 50937 Köln
✆ 470-45 13

Theater am Sachsenring
Sachsenring 3
50677 Köln
✆31 50 15

Theater der Keller
Kleingedankstr. 6
50677 Köln
✆ 31 80 59

Theater im Bauturm
Aachener Str. 24
50674 Köln
✆ 52 42 42

Urania-Theater
Platenstraße 32
50825 Köln
✆ 55 65 65
Straßenbahn Linien 3, 4, Haltestelle
Gutenbergstraße

UNIVERSITÄT

Trotz der über 50.000 StudentInnen
spielt die Kölner Universität im
öffentlichen Bewußtsein der Stadt
kaum eine Rolle. Das mag u.a. auch
daran liegen, daß von ihr in jüngster
Zeit kaum einmal relevante Impulse
ausgegangen sind. Der Universitäts-
bereich liegt an der halbringförmigen
Universitätsstraße im Stadtteil Sülz.
Dort, wo Luxemburger Straße,
Zülpicher Straße und Lindenstraße
auf die Universitätsstraße treffen,
befinden sich fast alle wichtigen Gebäude. Zu erreichen ist die Universität
mit Straßenbahn Linie 7 und 9, Haltestelle Universität; weiterhin auch
mit den Bahnlinien 17, 18, 19, Haltestelle Weißhausstraße und den Bus-
linien 136, 146, Haltestelle Hildegar-
dis-Krankenhaus.
Der **ASTA** mit seinen verschiedenen
Referaten befindet sich im:

ASTA-Haus
Universitätsstr. 16
50937 Köln
✆ 470-29 92/93
Mo-Fr 9.00-16.00 Uhr

DIE ÜBRIGEN ASTEN:

ASTA der Fachhochschule
Reitweg 21
50679 Köln
✆ 88 30 40

**ASTA der katholischen
Fachhochschule**
Wörthstr. 10
50668 Köln
✆ 739 14 52

ASTA der Musikhochschule
Dagobertstr. 38
50668 Köln
✆ 12 29 86

**ASTA der pädagogischen
Hochschule**
Frangenheimer Str. 4
50931 Köln
✆ 40 53 18

**ASTA der Deutschen
Sporthochschule**
Carl-Diem-Weg 1
50933 Köln
✆ 49 58 46

Fachschaft Jura
Universitätsstr. 16
50937 Köln
✆ 470-28 73

Die Stadtmagazine geben jeweils zu
Semesterbeginn kostenlos Hoch-
schulnummern mit umfangreichen
Serviceteilen heraus, die eine Orientierung in und an der Universität
erleichtern.

**Autonomes Frauen- und
Lesbenreferat der erziehungs-
wissenschaftlichen und heilpäda-
gogischen Fakultät der Uni Köln**
Gronewaldstr. 2
50931 Köln
Raum 007 A (Keller)
✆ 40 42 31
Plenum Di ab 18.00 Uhr

**Autonomes Frauen- und
Lesbenreferat**
Universitätsstr. 16
50937 Köln
✆ 470-34 55

**Frauenbeauftragte der
Universität**
Christel Tomson
Eckertstr. 4
50931 Köln
✆ 470-48 30
Die Frauenbeauftragte setzt sich u.a.
für Frauen bei geschlechtsspezifi-

scher Diskriminierung ein, bemüht sich um Frauen-Förderung und bietet Weiterbildungsprogramme an. Außerdem ist sie Veranstalterin der regelmäßig stattfindenden Ringvorlesung, die in jedem Semester unter einem anderen Motto steht.

UNTERKUNFT

Wer die Stadt kurzfristig besucht, sollte sich ein Hotel oder Gästehaus leisten. Aus der Fülle von Möglichkeiten haben wir eine kleine Auswahl getroffen. Grundsätzlich sollte frau immer versuchen, den Preis herunterzuhandeln.

Hotel Ariane
Hohe Pforte 19
50667 Köln
℡ 23 60 33

Hotel Chelsea
Jülicher Str. 1
50674 Köln
℡ 23 47 55/56
Künstlerhotel abseits der Ringe, das nach einem gleichnamigen Haus in New York benannt ist. Die 25 Zimmer sind mit verschiedenen Kunstwerken ausstaffiert, sozusagen eine Ausstellung mit Schlafmöglichkeit. Das Haus ist auf die Künstlerszene zugeschnitten: Essen gibt es bis um 3.00 Uhr nachts und Frühstück bis High Noon. Neoexistentialistischer Stil in schwarz-weiß, angegliedert ist eine stadtbekannte Bar, das »Café Central«. Preise ab 90,- DM für EZ und 130,- DM für DZ, in Messezeiten doppelt so hoch. Ermäßigungen nach Vereinbarung in den ruhigen Monaten April, Juni/Juli und Dezember.

Flandrischer Hof
Flandrische Str. 5
50674 Köln
℡ 25 20 95
EZ mit Frühstück ab 70.- DM, Konferenzraum vorhanden

Kolpinghaus
St.-Apern-Str. 32
50667 Köln
℡ 20 93-0
EZ mit Frühstück 95,- DM, DZ mit Frühstück 145,- DM.

Hotel Plümo
Cranachstraße 9
50733 Köln
℡ 73 06 06
Gemütliches kleines Hotel

Pullmann Hotel Mondial
Kurt-Hackenberg-Platz 1
50667 Köln
℡ 20 63-0
Das Hotel liegt unmittelbar am Dom und verfügt über eine Parkgarage. Übernachtung: EZ ab 160,- DM und DZ ab 180,- DM.

Hotel Viktoria
Worringer Str. 23
50668 Köln
℡ 72 04 76
Hotel im Stil der Jahrhundertwende. EZ ab 145,- DM, DZ ab 220,- DM (mit Frühstück).

Pension Jansen
Richard-Wagner-Str. 18
50674 Köln
℡ 25 18 75
EZ 30,- bis 50,- DM, DZ 70,- bis 90,- DM.

Tagunghotel Engelshof
Gütersloher Str. 16
51109 Köln
℡ 6 99 99 10/27
Hotel in einem umgebauten und teils restaurierten Gutshof mit grünem Innenhof am Rande der Stadt; vor allem für Gruppen, aber auch für Einzelpersonen zu empfehlen, die nicht nur eine Nacht in Köln bleiben wollen. Bietet Halb- und Vollpension, auf Wunsch auch vegetarisch oder vollwertgekocht.
Preise für Gruppen: 70,- DM pro Person (Halbpension); bei Einzelbuchungen wird beim Doppelzimmer pro

Person ein Aufschlag von 20,- DM
und für ein Einzelzimmer ein Aufschlag von 40,- DM verlangt. Gute
Verbindung in die Innenstadt.

St. Georg
Tagungs- und Gästehaus
Rolandstr. 61
50677 Köln
✆ 38 30 46/47

Das Haus liegt am Rande der Südstadt, so daß der Weg ins Vergnügen
nur wenige Minuten dauert. Neben
Einzel- und Doppelzimmern auch
Mehrbettzimmer für Gruppen. Ausgestattet mit Restaurant, Café und
großer Terrasse.
Die Preise beginnen bei 38,- DM für
EZ mit WC/Dusche auf der Etage und
reichen bis zu 100,- DM für DZ mit
Bad/Dusche/WC im Zimmer. Halb-
und Vollpension möglich, Mahlzeiten
zwischen 9,- und 12,50 DM.

Jugendgästehaus
(Jugendherberge)
An der Schanz 14
50735 Köln
✆ 76 70 81

Straßenbahnlinien 5, 15, 16, 18, Haltestelle Boltensternstr.
Übernachtung mit Frühstück
ca. 25,- DM.

Weiterhelfen bei der Zimmersuche
kann im übrigen die

Zimmervermittlung
✆ 221-33 45

Für längerfristige Aufenthalte in der
Stadt bieten sich Aushänge im Frauenbuchladen an:

Frauenbuchladen Rhiannon
Moltkestr. 66
50674 Köln
✆ 52 31 20

Wer länger bleiben möchte, sollte
sich an eine Mitwohn-Zentrale wenden:

Mitwohnagentur
Lindenstr. 77
50674 Köln
✆ 21 05 11

Mitwohnzentrale
An der Bottmühle 16
50678 Köln
✆ 32 70 84

Sollte frau in Not geraten und gar
keine Bleibe haben, dann könnte
möglicherweise die folgende Adresse
weiterhelfen:

Mäc up Mädchencafé
Breslauer Platz 2a
(Eingang Johannisstr.)
50668 Köln
✆ 13 35 57

JÄHRLICHE FESTE & VERANSTALTUNGEN

JANUAR
Jazznächte in der Philharmonie und
im Stadtgarten, siehe Stadtmagazine

FEBRUAR/MÄRZ
Kölner Karneval
Donnerstag: Wieverfastelovend,
    11.11 Uhr Eröffnung Alter Markt,
    14.00-15.00 Uhr Jan-und-Griet-
    Spiel am Severinstor.
Samstag: die ersten Stadtteilzüge,
    außerdem der Geisterzug, der 1992
    erstmals nach dem Zweiten Welt-
    krieg abends wieder durch die
    Innenstadt gezogen ist.
Sonntag: Schull- und Veedelszöch
    in der Innenstadt
Montag: Rosenmontagszug
    in der Innenstadt
Dienstag: Nachmittag: Stadtteilumzü-
    ge in der Südstadt und in der Alt-
    stadt;

um Mitternacht: vor diversen Kneipen Nubbelverbrennung

MÄRZ

8. März: Internationaler Frauentag.
Westdeutsche Kunstmesse: Präsentation von Kunst und Antiquitäten
vom Altertum bis zur Neuzeit.

APRIL

30. April: Walpurgisnacht

MAI

Fronleichnam: Mülheimer Gottestracht, eine jahrhundertealte,
farbenprächtige Prozession von
zahllosen Schiffen und Booten
auf dem Rhein zwischen 11.00 und
13.00 Uhr; den besten Blick hat
frau am linken Rheinufer zwischen
Zoobrücke und Mülheimer Brücke
Tanzbrunnen: Eröffnung des Programms auf der Freilichtbühne.

JUNI

Feminale: Internationales Frauen-
FilmFestival, findet alle zwei Jahre
(gerade Jahre) statt.

JULI

Kappesrollen rund um den Vogelsanger Markt im Stadtteil Vogelsang
am Anfang des Monats.
Internationale Sommerakademie des
Tanzes (verschiedene Spielstätten)

SEPTEMBER

Kölner Bücherherbst: Vier Tage lang
präsentieren Kölner Verlage und
Buchhandlungen ihre Bücher auf
dem Neumarkt. Neben der Ver-
kaufsschau findet ein – mit der
Zeit immer weiter reduziertes –
kulturelles Beiprogramm im
Spiegelzelt statt.
Öffnungszeiten 11.00-20.30 Uhr
Antiquariatstage: Antiquariate aus
vielen Ländern bieten im Rahmen

einer umfassenden Verkaufsausstellung wertvolle und seltene
Bücher, Graphiken und Auto-
graphen aus diversen Spezial-
bereichen an.
Filmfestival Köln: Jährlich in der
letzten Septemberwoche statt-
findendes Festival.

OKTOBER

21. Oktober: Ursula-Prozession (mit
goldenem Schrein). Das Fest findet
rund um die Kirche St. Ursula statt.
Photokina: großer Rummel der Welt-
neuheiten aus den Bereichen Foto,
Film und Video. Die Messe findet in
Jahren mit geraden Zahlen statt
(KölnMesse).

NOVEMBER

Elfter im Elften: An diesem Tag wird
pünktlich um 11 Uhr 11 auf dem
Alter Markt die Karnevalssaison
eröffnet.
25. November: Internationaler Tag
gegen Gewalt an Frauen
Außerdem: Kölner Jazz Haus Festival
mit regional und international
bekannten Interpreten im Stadtgarten
Art Cologne: große internationale
Kunstmesse in der KölnMesse

NOV./DEZEMBER

Konzerte in den romanischen
Kirchen.

WICHTIGE RUFNUMMERN

agisra, Informationsstelle für Migrantinnen
℡ 12 40 19

Aids-Beratung der Aids-Hilfe Köln e.V.
℡ 194 11 / 20 20 30

Anonyme AlkoholikerInnen
℡ 31 24 24

Apotheken-Notdienstansage
℡ 115 00

Arzt-/Ärztinnenrufzentrale
℡ 192 92

Auskunft
℡ 011 88

Bundesbahn-Reiseauskunft
℡ 194 19

Donner und Doria Beratung bei sexueller Gewalt
℡ 13 25 05

Drogenhilfe Köln e.V.
℡ 739 37 37

Feministisches Archiv und Dokumentationszentrum
℡ 931 88 10

Flughafen
℡ 02203/40 40 01

Frauenamt
℡ 221-64 82

Frauenärztekartei und -gesundheitszentrum
℡ 23 40 47

Frauenbuchladen
℡ 52 31 20

Frauengeschichtsverein
℡ 24 82 65

Frauen gegen Erwerbslosigkeit
℡ 31 85 77

Frauenhaus
℡ 740 64 64, 02203/810 91

Frauenkulturhaus
℡ 13 87 27

Frauenkulturzentrum, Rhiannon
℡ 52 92 08

Frauenmuseum
℡ 0228/69 13 44

Frauennotruf bei Vergewaltigung (Anrufbeantworter)
℡ 56 20 35

Frauenreisebörse
℡ 51 52 54

Fremdenverkehrsamt
℡ 221-33 45

Feuerwehr
℡ 112

Fundbüro der Stadt Köln
℡ 221-63 12

Fundstelle Hauptbahnhof
℡ 141-21 72

glf Lesben- und Schwulenberatungsstelle
℡ 194 46

Handwerkerinnenhaus
℡ 739 03 32

Krankenwagen
℡ 74 54 54

Fahrplanauskunft Bahn/Bus
℡ 547-33 33

Lesben- und Schwulenzentrum
℡ 931 88 00

Mädchenhaus
℡ 32 92 27

Notruf für Suchtgefährdete (Tag und Nacht)
℡ 31 55 55

Polizei-Notruf
℡ 110

Prostituierten-Selbsthilfe
℡ 32 34 45

Taxiruf
℡ 28 82

Theater-/Konzertveranstaltungen
℡ 115 17

Zartbitter e.V. (sexuelle Gewalt gegen Kinder)
℡ 40 57 80

Freizeit

Kabarett, Kombibad, Kirmes, Küssen, KEC, Kaygasse, Karneval, Kaufhausbummel, Kinderfest, Kamele, Knollendorf, Kebab.

Wir fahren Sie hin.
KVB

Martin Stankowski

KÖLN – Der andere Stadtführer

Band I (Altstadt/Innenstadt/Dom)
Band II (Neustadt/Südstadt/Ringe/Rhein/Deutz)

Gebunden

Köln wird oft als die nördlichste Stadt Italiens bezeichnet. Bei Kirchen, Karneval und Klüngel stimmt das sicher, bei der mediterran-leichten Lebensform wird es bisweilen behauptet, und beim Klima ist sicher Schluß mit dem südlichen Vergleich. Wie auch immer – Köln ist eine Stadt mit eigenständigem und ausgeprägtem Charakter, den nicht nur Dom und Rhein, Rathaus und romanische Kirchen, Altstadt oder Ringe ausmachen, sondern auch die Hinterhöfe, Seitenpfade und vergessenen Plätze.
Die Wanderungen in diesem Band meiden daher die ausgetrampelten Pfade des Tourismus, bewegen sich jedoch auch entlang historischer Epochen oder kunstgeschichtlicher Stile.
Die vorgeschlagenen Touren sind die täglichen Wege über Straßen und Plätze, entlang an Häusern, Kirchen und Büros – und immer werden dabei Geschichten erzählt. Geschichten, bei denen nicht die Hauptanliegen der Minderheiten aus Rathaus, Kirche und Salon im Vordergrund stehen, sondern die Nebensachen der Mehrheiten.

Kiepenheuer & Witsch

JÜRGEN BECKER UND
MARTIN STANKOWSKI
BIOTOP FÜR BEKLOPPTE
Ein Lesebuch für Immi's und Heimathirsche

KiWi 369
Mit Illustrationen von papan und Fotos von Manfred Linke
Neue Ausgabe

Das Buch zum erfolgreichen Kabarettprogramm!

Jürgen Becker, Kabarettist und Karnevalist, und Martin Stankowski, Stadtführer und Autor, haben die Geschichte(n) um
Knochen, Klüngel und Klerus in die gemeinsame Kappe
geworfen. Heraus kommt ein Lesebuch über Köln und die
Welt, eine außergewöhnliche Geschichtstour durch ein liebenswertes Biotop für Bekloppte.

KiWi Paperbackreihe bei Kiepenheuer & Witsch

Die Autorin

Irene Franken, geboren 1952, Lehramtsstudium, konzipierte den historischen Stadtrundgang »Touristin in der eigenen Stadt«, ist Mitbegründerin des Kölner Frauengeschichtsvereins, beteiligte sich an Forschungsprojekten zur Kölner (Frauen-)Geschichte. 1992-1994 arbeitete sie als Historikerin mit Schworpunkt »Historische Frauenforschung« im FrauenMediaTurm Köln und war dort Mitautorin des ersten deutschsprachigen feministischen Thesaurus (1994). 1995 wirkte sie bei der Ausstellung »10 Uhr pünktlich Gürzenich. 100 Jahre Frauenbewegung und Frauenorganisation in Köln« mit und erarbeitete die Ausstellung »Ja, das Studium der Weiber ist schwer!«.